Vallabh Patel

Klares Denken – Lügen inbegriffen

Angelika Lenz Verlag

www.lenz-verlag.de

Originalausgabe
© 2020 by Angelika Lenz Verlag
Ortrun E. Lenz M.A.
Beethovenstraße 96   63263 Neu-Isenburg
Druck: Druckerei Siefert GmbH, Frankfurt/Main
Printed in Germany
ISBN 978-3-943624-42-7

Gewidmet unserem Sohn Anant,
dem Ebenbild seines Vaters.

Inhalt

1. Einführung

Gesellschaftsabend bei den Meiers.

„Gestern Abend hörte ich in einer Radiosendung, dass ein etwa 13-jähriges Mädchen aus Dresden sich beschwerte, dass sie zu fünft in einer Zweizimmerwohnung lebten, und sie könne sich deswegen keine Katze halten, wo sie doch so gerne eine Katze hätte."

„Sie sollen doch still sein, diese Ossis. Wir haben doch Milliarden an sie verschenkt."

„Wozu will sie eine Katze haben? Das sind doch faule und falsche Biester! Ich mag lieber Hunde."

„Och, hören Sie bloß auf damit! Hunde! Die pinkeln doch alles an, machen überall ihre Häufchen – ist doch die reinste Umweltverschmutzung."

„Ja, und die Umweltverschmutzung hat ja so zugenommen! Schauen Sie doch die Schornsteine der Fabriken an! Nachts, wenn es keiner merkt, blasen sie ihre Giftstoffe in die Luft."

Daraufhin der Fabrikbesitzer: „Alles gelogen. Das sind die Linken, Alternativen, Grünen und die Kommunisten, die solche Lügen verbreiten. Die Kommunisten sind die wahren Verbrecher!"

„Also, da muss ich sagen, den Gorbatschow, auch wenn er ein Kommunist ist, finde ich sehr sympathisch!"

Daraufhin Frau Meier: „Ich habe die Raissa neben Gorbatschow gesehen. Die ist mir viel sympathischer. Typisch Männer! Euch ist nur der Mann wichtig. Wir Frauen werden gar nicht beachtet!"

Herr Meier: „Aber Liebling, darum geht es doch gar nicht."

Frau Meier: „Ach, nee? Du bist ja auch so ein Macho! Immer musst du recht haben."

Herr Meier: „Ich? Du bist doch rechthaberisch!"

Frau Meier: „Nein, du!"

Herr Meier: „Nein, du!"

Frau Meier: „Jawohl, du!"

Herr Meier: „Nein, du!"

Solche oder ähnliche Diskussionen finden oft bei geselligen Zusammenkünften statt. Man fängt bei Adam und Eva an und landet schließlich bei der Kochkunst! Sie allerdings, liebe Leser, haben zweifelsohne ein kristallklares Denkvermögen. Aber schauen Sie einfach in Ihre Umgebung. Bleiben Sie in so einer Diskussion zur Abwechslung unbeteiligt. Nehmen Sie alles in sich auf und analysieren Sie die Äußerungen. Sie werden entdecken, dass sehr viele Leute – bewusst oder unbewusst – gar nicht in der Lage sind, zielbewusst und klar zu denken. Oder analysieren Sie einmal nachträglich Ihre eigenen Gesprächsbeiträge nach so einem Diskussionsabend, bei einer zwanglosen gesellschaftlichen Zusammenkunft oder beim Mittagessen in der Kantine. Sie werden überrascht sein, dass Sie sich vielleicht eingestehen müssen, dass auch Sie nicht gerade das Vorzeigemodell eines klaren Denkers/einer klaren Denkerin sind. Wie viele Denkfehler haben sich wohl auch bei Ihnen eingeschlichen! Solche Denkfehler können wir weitgehend ausschalten, wenn wir erst einmal wissen, wie sie entstehen. Ich bin überzeugt davon, dass es unbedingt notwendig ist, in der Familie und in der Gesellschaft klarer und zielbewusster zu denken, ohne Vorurteile, ohne unnötige Emotionen, die den Verstand trüben könnten.

Diese Ausführungen sind ein Versuch in diese Richtung.

Ich erhebe selbstverständlich keinen Anspruch auf Vollständigkeit. Hinsichtlich der Ursachen des unklaren Denkens glaube ich aber doch, die wichtigsten Punkte erfasst zu haben.

2. Wörter und Bedeutungen

Ein Wort, verschiedene Bedeutungen: Es war einmal eine philosophische Schulklasse, die beim Picknick in eine heftige Diskussion vertieft war. Worum ging es? In der Nähe stand ein Baum, und ein Eichhörnchen saß am Stamm. Einige Schüler versuchten, um das Eichhörnchen genau anzuschauen, auf die andere Seite des Stammes zu gehen, wo es sich versteckte. Wenn sich die Schüler aber im Kreis bewegten, lief das Eichhörnchen auch im Kreis um den Stamm, so dass es immer hinter dem Stamm versteckt blieb. Die Zuschauer bewegten sich also einmal um den Baum herum, ohne es gesehen zu haben. Die anschließende Diskussion ging um die Frage, ob man das Eichhörnchen umrundet hatte.

Die eine Gruppe meinte, das Eichhörnchen umrundet zu haben, weil sie einen Kreis um den Baumstamm, auf dem das Eichhörnchen saß, vollführt hatte. Die andere Gruppe meinte: Um das Eichhörnchen zu umrunden, müsste man, vom Bauch des Eichhörnchens angefangen, um dessen linke Seite, seinen Rücken und die rechte Seite gehen. Dies sei nicht geschehen, da das Eichhörnchen sich synchron mit der Gruppe immer auf der anderen Seite des Stammes bewegte, so dass es nicht möglich gewesen sei, alle Seiten des Eichhörnchens zu umrunden.

So diskutierten die beiden Seiten sehr lange, ohne einen Konsens zu erreichen. (Inzwischen hatte sich das Eichhörnchen schlafen gelegt.) Ein Konsens aber ist bei so einer Diskussion gar nicht möglich. Warum nicht? Die Erklärung ist einfach: Beide benutzten das Wort „umrunden", aber mit unterschiedlicher Bedeutung. Die beiden Gruppen taten so, als ob es um ein und denselben Sachverhalt ginge. Vor so einer Diskussion muss man aber zuerst klären, worum es geht. Also in diesem Fall klarstellen, was mit dem Wort „umrunden" gemeint ist. Dann wäre die Diskussion nicht nötig gewesen.

Oder nehmen wir noch ein Beispiel: Ein Kind könnte beim Nachtischessen durchaus meinen, der süßsaure Rhabarber sei Obst. Ein Erwachsener könnte rein wissenschaftlich argumentieren, er sei ein Blattstängel. Für das Kind ist Rhabarber Obst, weil er mit Zucker gekocht wurde.

Es stellt sich also wieder die Frage der Definition. Beide Diskutierenden verstehen unter dem Wort „Obst" etwas anderes. Vieles ist einfach nur Definitionssache. Wenn man sich dieser Tatsache bewusst wird, werden manche Diskussionen überflüssig. Ich habe für den Anfang derart triviale Beispiele gewählt, damit uns Emotionen und Vorurteile vor unkritischer Anteilnahme für die eine oder andere Seite schützen

Anschließend wählen wir einige Themen, die in der Gesellschaft häufig diskutiert werden: Gerechtigkeit, Freiheit, Demokratie, Monarchie, Würde, Gott, Sozialismus, Korruption, um nur einige zu nennen.

Demokratie: Wenn es um Demokratie geht, ist den Teilnehmern oft nicht klar, ob sie über den gleichen Inhalt diskutieren. Mit Demokratie meinen wir in diesen Breitengraden nur die parlamentarischen Demokratien. Wenn wir über die parlamentarische Demokratie reden, meinen wir vielleicht die repräsentative Demokratie, wo die Abgeordneten nach ihrem Gewissen Entscheidungen treffen sollen? Oder meinen wir eventuell die parlamentarische Demokratie, in der die Abgeordneten den Auftrag der Wähler zu erfüllen haben, auch wenn es gegen ihre Überzeugung ginge? Oder verstehen wir unter Demokratie die Form, die die Machthaber der Deutschen Demokratischen Republik meinten?

Freiheit: Was verstehen wir darunter? Ist damit die Freiheit der totalitären Diktatorialregime gemeint? Oder die Freiheit, die in dem reichen Land USA unter den Obdachlosen grassiert, nämlich die Freiheit, zu verhungern und zu erfrieren? Geht es überhaupt um die Debatte „Freiheit oder keine Freiheit"? Sobald der Mensch in einer Gesellschaft lebt, kann er nie ganz frei sein. Er kann nicht tun und lassen, was er will. Wenn mir das Gesicht meines Gegenübers nicht gefällt und ich ihn am liebsten mit einer Ohrfeige bedenken möchte, so kann ich es doch nicht einfach tun. Oder ist die Frage eher, wie frei der Mensch in einer Gemeinschaft sein darf?

Korruption: Ist es Korruption, wenn ein reicher Mann wie Flick ein paar Steuermillionen hinterzieht? Ist es Korruption, wenn ein Sportprofi Steuermillionen nicht abführen muss, weil er seinen Wohnsitz in eine Steueroase verlegt hat? Ist es Korruption, wenn ein Durchschnittsbürger ein paar Euro am Finanzamt vorbei zu mogeln versucht? Lassen Sie mich von einer interessanten Begegnung erzählen:

Einmal wollte ich von Delhi nach Bombay erster Klasse mit der Eisenbahn fahren. Lassen Sie mich zur Erklärung sagen, dass die Erste-Klasse-Tickets in Indien wegen der zunehmenden Zahl wohlhabender Reisender Mangelware sind. Der Schalterbeamte musterte mich eine halbe Sekunde lang mit unverständlicher und kritischer Miene und meinte schließlich, es seien keine Tickets mehr da. Ich ging zu meinem wartenden Freund zurück und erzählte ihm dies. Er gab mir einen Tipp. Ich ging wieder zum Schalter und erhielt die gleiche Antwort. Daraufhin sagte ich, bedeutungsvoll auf meine Geldbörse tippend, „und wenn Sie sich besondere Mühe geben?" Darauf gab er mir tatsächlich ein Ticket. Ich schob zwei Zehn-Rupien-Scheine – über dem offiziellen Fahrkartenpreis – durch den Schalter. Er gab mir einen Schein zurück und sagte: „Ich bin ein ehrlicher Mann. Mein Preis sind zehn Rupien. Mehr nehme ich nicht." Ist dies eine korrupte Handlung?

Ein anderes Beispiel: Ein Kollege aus Bayern regte sich immer auf, wenn es um die Besetzung der Chefarztstellen ging. „Es ist doch alles Korruption. Die Politiker setzen doch ihren Kandidaten als Chefarzt ein, auch wenn dieser weniger kompetent ist als ein anderer Bewerber." Ein anderes Mal kam es vor, dass ein Kandidat aus Hannover von einem Verantwortlichen abgelehnt wurde mit der Bemerkung: „Was will denn der hier, der Preuße?" Dies aber regte den erwähnten Kollegen nicht auf. Er meinte, dass er das als richtig empfände, denn in Bayern sollten doch nur Bayern Chefärzte werden. Wo kämen wir denn sonst hin? Ich fragte ihn daraufhin: „Wäre dies eine richtige Entscheidung, auch wenn der Kollege aus Hannover qualifizierter wäre als jemand aus Bayern?" Ja, er wäre der Meinung. Haftet solchen Entscheidungen und Äußerungen nicht auch ein Hauch von Korruption an?

Wie wir sehen, können wir unter Korruption Verschiedenes verstehen. Bevor man darüber eine Diskussion entfacht, ist es den Versuch wert zu klären, mit welchem Inhalt man das Wort „Korruption" füllen sollte.

Auch vom praktischen Standpunkt aus sind diese Überlegungen wichtig. Ein Kollege von mir meinte, er gehe nicht wählen, weil alle Politiker korrupt seien. Ist ein Politiker, der durch Waffenhandel, Mafiageschäfte und Steuerhinterziehung Millionen verdient, genauso korrupt wie ein viel fliegender Politiker, der seine Bonusmeilen nicht angab? Oder gar eine Politikerin, die ein Dienstauto für eine private Fahrt benutzte? Sicher sind das nicht ganz korrekte Handlungen. Die Frage ist aber keineswegs „korrupt oder nicht", sondern, *wie* korrupt die eine oder andere Handlung war. Die quantitative Frage ist wichtiger als die qualitative. Wenn man den entstandenen gesamtgesellschaftlichen Schaden in Betracht zieht, sieht die Sache anders aus. Darüber sollte man sich im Klaren sein, bevor man ein Pauschalurteil über alle Politiker und Parteien fällt.

Gott: Schwieriger wird die Diskussion, wenn zum Beispiel über Gott diskutiert wird, unter anderem, weil Emotionen und Vorurteile eine wesentliche Rolle spielen. Mir geht es an dieser Stelle darum, ob alle Beteiligten unter „Gott" das gleiche verstehen. Oft beginnt die Diskussion damit, dass einige Teilnehmer erklären, es gäbe Gott, aber andere, es gäbe ihn nicht.

Irgendwann kam ich darauf, dass unter Gottesgläubigen verschiedene Vorstellungen über Gott herrschen. Um einige zu nennen:

- Gott ist ein alter Herr, der vor 4012 Jahren Adam und Eva schuf.
- Gott ist eine undefinierbare Kraft, die uns nur Gutes tun will.
- Gott lässt sich durch unsere persönlichen Handlungen wie z. B. Gebet oder Bitten beeinflussen.
- Gott hat den Kosmos erschaffen. Aber jetzt nehmen die Dinge ihren Lauf. Er greift nicht mehr persönlich ein.
- Unter Gott verstehe ich die Kraft, die allem innewohnt, mir, dir, dem Baum, dem Stein ...
- Gott ist die persönlichste Erfahrung, die ich gemacht habe.

Und so gibt es viele verschiedene Bedeutungen für „Gott". Eine Diskussion, besonders wenn in einer Gruppe unterschiedliche Vorstellungen von Gott existieren, wird zwangsläufig chaotisch und vermutlich im Sande verlaufen. Es wäre sinnvoll, zuerst zu klären, welchen Inhalt man diskutiert (beispielsweise über den religiösen Begriff eines Gotts mit Attributen wie allmächtig, unendlich gütig, allwissend und persönlich handelnd).

Bei vielen Themen wie zum Beispiel Demokratie oder Religion wird es nötig sein, dass man sich Klarheit darüber verschafft, was mit dem diskutierten Begriff ursprünglich gemeint war. Jemand wird im Lexikon nachschlagen. Wir finden beispielsweise zu Demokratie heraus, dass das Wort aus dem Griechischen stammt: *demos* = Volk und *krateo* = regieren. Also bedeutet Demokratie: *Regieren durch das Volk.* Schwieriger ist es mit Religion: Das Wort Religion stammt aus dem Lateinischen, *re* = zurück und *ligio* = binden. Also heißt Religion *zurückbinden.* Solche etymologischen Interpretationen helfen uns wenig in der Diskussion, wenn wir entscheiden wollen, welcher Teilnehmer das Wort im richtigen Sinne verwendet. Es ist ratsam, den Begriff so zu benutzen, wie es heute üblich ist. Schon allein, weil über die Bedeutung diskutiert werden soll und die Worte im Laufe der Zeit oft andere Definitionen bekommen haben als der etymologische Ursprung vermuten lässt.

Diskussionen über die Definition der Begriffe bergen noch eine andere Gefahr. Sie können so lang werden, dass das eigentliche Thema auf der Strecke bleibt. Nach meinen Vorträgen zum Thema „Das Glück liegt diesseits des Todes" entstand oft eine interessante Diskussion. Immer wieder landete die Debatte bei dem Punkt, dass wir zunächst bestimmen sollten, was Glück sei. Versuchen Sie, Glück zu definieren! Ein Philosoph würde eine andere Definitionsmethode als ein Psychologe, ein Neurophysiologe oder ein Quantenphysiker haben.

Ein Neurophysiologe könnte meinen, dass die Zellen des Glückszentrums durch die Ausschüttung der Acetylcholinestarase die Hemmung von Acetylcholin verursache und dadurch wiederum die Zellen so angeregt werden, dass sie gewisse Stoffe ausscheiden, die wiederum usw.

Der Quantenphysiker könnte meinen, dass die elektrischen Potenziale in bestimmten Gehirnregionen eine chaotische Ausstreuung von Quarks verursachen, die wiederum usw.

Aber auch wenn Sie ein gängiges Philosophie-Lexikon aufschlagen, werden Sie verschiedenste Definitionen finden. Dies alles würde uns in unserem täglichen Leben nicht weiterbringen.

Wenn ich einfach sage „oh, heute fühle ich mich glücklich", dann habe ich meinem Gesprächspartner mitgeteilt, was ich meine. Darauf kommt es an. Ich habe den Gehalt des Begriffs „glücklich sein" mitgeteilt ohne Versuche, das Wort zu definieren.

Man könnte die inhaltliche Bedeutung eines Begriffs auch folgendermaßen mitteilen:

Ein Ehepaar sitzt auf einer Bank, der Mann erzählt: „Gestern habe ich im Gemüseladen eine Frucht entdeckt." Die Ehefrau: „Was für eine Frucht meinst du?" „Ach herrje, jetzt fällt mir der Name nicht ein. Aber weißt du, als wir im vorigen Monat auf den Seychellen waren, haben wir doch jeden Abend zum Nachtisch diese Frucht bekommen. Und die hat so gut geschmeckt." „Ach ja, ich weiß genau, welche Frucht du meinst."

So ist es in diesem Fall gelungen, ohne den Namen der Frucht zu nennen, ohne auf Geschmack, Form, Farbe und Größe einzugehen, der Frau mitzuteilen, was gemeint war. Darauf kommt es an.

Im täglichen Leben kann man sich schließlich nicht damit aufhalten, jedes Wort, das man gebraucht, zu definieren. Und wenn man diskutiert, sollte man sich bereits vorher im Klaren sein, dass es vernünftig ist, nicht über Worte, sondern Inhalte zu diskutieren sowie darüber, dass ein Wort verschiedene Bedeutungen haben kann.

Verschiedene Wörter, eine Bedeutung: So wie aber ein Wort verschiedene Inhalte haben kann, so kann man den Inhalt mit unterschiedlichen Worten ausdrücken. Zur Veranschaulichung folgende Deklination: „Ich habe meine Prinzipien. Du bist unflexibel, und er ist stur wie ein Esel." Beim näheren Analysieren würde man feststellen, dass eigentlich jeweils die gleiche Eigenschaft gemeint ist.

Ähnlich liegt der Fall, wenn man dekliniert: „Ich bin empfindsam. Du bist empfindlich, und er ist eine Mimose." Wie kommt es, dass man zu solchen Aussagen kommt? Im Allgemeinen haben wir eine hohe Meinung von uns selbst. Wir halten uns für eigentlich fehlerfrei, während die anderen nur aus Fehlern zu bestehen scheinen. Wir sind leicht bereit, bei Anderen Fehler zu entdecken, festzustellen und zu unterstellen und sind dann unangenehm überrascht, wenn andere auch bei uns Fehler feststellen.

Sicherlich ist ein angenehmes Leben ohne gesundes Selbstbewusstsein kaum möglich, aber ebenso wichtig erscheint es mir, selbstkritisch zu sein. Zu viel Selbstkritik würde dem gesunden Selbstbewusstsein schaden und eventuell zu Resignation und Depression führen. Aber zuviel von irgendetwas ist nie gut. Das Wort *zuviel* beinhaltet schon einen negativen Inhalt.

3. Einige und alle

Vor einiger Zeit hörte ich in einer Unterhaltung, dass die Tiroler wortkarg und introvertiert seien. Dann erwähnte jemand, die Russen seien schwermütig, Amerikaner selbstgefällig, Engländer hochnäsig und die Deutschen fleißig und zuverlässig.

Eines der großen Hindernisse für das klare Denken ist das Verwechseln von „alle" und „einige". Wenn jemand sagt, Chinesen seien geschäftstüchtig, heißt das im Klartext, alle Chinesen sind geschäftstüchtig, auch wenn das dem Betroffenen so explizit nicht klar sein sollte. Auf diese zunächst banal erscheinende Denkweise sind viele Katastrophen der Menschheit zurückzuführen.

Sagen wir einfach als Illustration dieser Denkweise: „Die Rothaarigen sind jähzornig." Also meint der, der an einem Stammtisch so einen Spruch loslässt, inhaltlich: „Alle Rothaarigen sind jähzornig." Stimmt es denn, sind alle Rothaarigen jähzornig? Sicherlich nicht. Man könnte höchstens sagen, falls er diese Erfahrung gemacht hat: „Die Rothaarigen, die ich kennengelernt habe, waren jähzornig". Oder noch präziser: „Alle Rothaarigen, die ich kennengelernt habe, waren jähzornig." Und wenn er selbst keine kennengelernt hat, kann er sagen: „Alle meine Bekannten, die Rothaarige kennengelernt haben, meinen, dass alle Rothaarigen jähzornig seien." Oder es wurde in den Medien über Rothaarige berichtet, die alle jähzornig waren. Sind solche Schlussfolgerungen und Behauptungen aufrechtzuerhalten? Der Grundfehler liegt in der Verwechslung von „alle" und „einige". Anstatt „alle" – was er explizit nicht ausdrückt – sollte er lieber „einige" sagen.

Dies ist ein banales Beispiel, aber diese Denkweise – die Verwechslung von „einige" und „alle" – hat in der Geschichte katastrophale Auswirkungen gehabt und hat sie immer noch. Nehmen wir uns ein paar ernsthafte Beispiele vor.

Aufgrund der Einstellung „Frauen sind politisch unmündig" hat die Schweiz bis in die jüngste Zeit den Frauen das Wahlrecht verweigert. Sind alle Frauen politisch unmündig? Sind einige – viele? – Frauen politisch unmündig? Ist jede Frau im Vergleich zu jedem Mann politisch „unmündiger"? Dies sind differenzierte Fragen, die eine Antwort verlangen. Natürlich kann die erwähnte Entscheidung biblisch begründet werden. In der Bibel steht „Die Frau soll dem Manne untertan sein". Wenn sie etwas wissen will, soll sie ihren Mann fragen. In der Gemeinde soll die Frau schweigen usw. Aber ich kann mir vorstellen, dass auch in biblischer Zeit viele Frauen gescheiter waren als ihre Männer. Und heute ist es nicht anders. Oder nehmen Sie ein anderes Beispiel, das sehr viele Vorurteile in sich birgt: „Dunkelhäutige Menschen sind weniger intelligent als Weiße." Sind alle Menschen mit schwarzer Hautfarbe weniger intelligent als alle Weißen? War Martin Luther King weniger intelligent als ein Durchschnittsamerikaner? Oder ein geistig Minderbemittelter aus Deutschland, der weniger Hautpigmente hat als ein Dunkelhäutiger? Solche Pauschalurteile und Einstellungen haben verheerende Konsequenzen, wenn man z. B. das Chaos in vielen afrikanischen Ländern mit dem Argument zu erklären versucht, die Schwarzen könnten sich nicht allein verwalten. So eine Erklärung ist bequem und entbindet von der Pflicht, die vielfältigen Ursachen des Missstandes einschließlich des Kolonialerbes des weißen Mannes zu verstehen.

Man könnte auch sagen: „Die Amerikaner sind selbstherrlich. Sie versuchen, seitdem es die zweite Weltmacht UdSSR nicht mehr gibt, die Welt als selbsternannte Weltpolizei zu beherrschen." Unabhängig davon, ob dies stimmt oder nicht, ist die Behauptung „Amerikaner sind selbstherrlich" an sich falsch. Man kann nicht sagen „alle Amerikaner sind selbstherrlich". Damit sind eigentlich nur US-Amerikaner gemeint. Wenn Bush gegen den Irak Krieg führen wollte, hieß das dann, alle anderen Amerikaner wollten das auch? Es gab mächtige Bewegungen in den USA, die dagegen waren. Wenn man sagt, dass die USA gegen den Irak Krieg führen wollten, dann sollte man präziser sagen, dass die US-Regierung gegen die irakische Regierung Krieg führen wollte. Dies ist eine völlig andere Aussage als „alle US-Amerikaner wollten gegen alle Iraker Krieg führen".

4. Pauschalurteile

Dass Pauschalurteile, die auf der Verwechslung von „alle" und „einige" basieren, zu wahnsinnigen Katastrophen führen können, hat uns die Geschichte des jüdischen Volkes zur Genüge bewiesen. An mehreren Stellen der biblischen Texte ist ein Ausgangspunkt für Judenverfolgung auszumachen. Z. B. stehen in der Bibel Sätze wie „Die Juden haben den Propheten und unseren Herrn Jesus getötet." „Die Juden haben nach dem Todesurteil über Jesus gesagt: Sein Blut komme über uns." „Die Juden (und die Heiden) sind verleumderisch, selbstsüchtig, unzüchtig" und vieles andere mehr. Nun wiederum die Frage: Haben alle Juden Jesus umgebracht – unabhängig von dieser Geschichtsdarstellung? Stimmt sie überhaupt? Ist denn auch ein Jude in einem kleinen Dorf weit weg von Jerusalem gemeint? Oder nur die damals herrschende Priesterklasse und ihre Anhänger? Logischerweise kann man nicht die Priesterklasse mit allen Juden gleichsetzen – sogar mit denen der zukünftigen Generationen! Diese Pauschalbeurteilung hat zur Verfolgung von Generationen von Juden geführt. Als ob heutige Juden dafür verantwortlich seien, dass die damalige Priesterklasse angeblich so entschieden hat. Es ist erschreckend, wie noch heute in vielen Köpfen versteckter oder offener Antisemitismus herumspukt.

Dies bringt uns näher zu einer weiteren aktuellen Problematik, nämlich zu Israel und dem Judentum. In Deutschland ist es problematisch, Kritik an der Politik der israelischen Regierung zu üben, ohne als antisemitisch abgestempelt zu werden. Das ist psychologisch verständlich, aber logisch nicht haltbar. Hier liegt der gleiche Gedankenkurzschluss wie bei den vorhergehenden Beispielen vor. Sind alle Juden Israelis? Sind alle Juden in Israel mit der Politik der jetzigen israelischen Regierung einverstanden? Ist die Kritik an der israelischen Regierung gleichzusetzen mit der Kritik am israelischen Volk insgesamt – auch an denen, die gegen diese Politik sind? Ist die Kritik an der israelischen Regierungspolitik auch als Kritik an allen Juden, egal wo sie auch leben, also als Antisemitismus zu deuten? Die Antwort darauf ist doch offensichtlich! Doch viele Menschen sind leider nicht bereit, differenzierter zu denken.

Wenn sich Länder im Kriegszustand befinden, betreiben sie beispielsweise Schwarz-Weiß-Denken. Die Älteren unter Ihnen werden wissen, dass während des Zweiten Weltkriegs in Deutschland alle Russen und in Russland alle Deutschen negativ beurteilt wurden. Gab es denn auf beiden Seiten nicht auch gute Menschen? Im Deutsch-Französischen Krieg war es auch nicht anders: „Jeder Stoß ein Franzos" war ein beliebtes Sprichwort der deutschen Truppen im Ersten Weltkrieg. Der Verstand wurde nicht nur während der Kriege vernebelt, sondern auch in Zeiten des Kalten Krieges. Das „Kommunistenschwein" war ein beliebtes Schimpfwort. Waren wirklich alle Kommunisten Schweine? Auch Gorbatschow, der ein erklärter Kommunist war und ist? Die Antwort überlasse ich Ihnen.

Schauen wir uns religiöse Konflikte an. In Irland brachten sich Protestanten und Katholiken gegenseitig um. Sind denn alle Protestanten widerwärtig, schlecht, militant, also zu beseitigen? Und umgekehrt? In Indonesien bringen Muslime durchaus schon mal einen Christen um, einfach weil er Christ ist, auch wenn er sonst ein liebenswürdiger Nachbar war. Aber umgekehrt bringen Christen auch Muslime um, so z. B. in Äthiopien und Eritrea sowie in einigen anderen afrikanischen Ländern. Auch im ehemaligen Jugoslawien hatten die ethnischen Säuberungen religiöse Hintergründe. In Indien brachten Hindus Moslems um, nur weil sie Moslems waren. Nur weil eine kleine fanatische Gruppe von Islamisten einen Zug angegriffen und einige Hindus getötet hatte. Und die Moslems töteten Hindus, die wiederum mit der ganzen Sache nichts zu tun gehabt hatten.

Man könnte jede Menge weiterer Beispiele nennen. Aber letzten Endes deutet alles auf einen Mangel an klarem Denken hin, in diesen Fällen auf eine Verwechslung der Begriffe „alle" und „einige". Wie kann es sein, obwohl diese Verwechslung offensichtlich falsch ist, dass dies trotzdem geschieht?

Im Allgemeinen hält ein Mensch viel von sich. Er oder sie glaubt, dass er/sie ein toller Mann/eine tolle Frau sei und einiges Gewichtige zu sagen habe, sei es am Stammtisch oder beim gesellschaftlichen Beisammensein. Versuchen wir, dies anhand eines banalen Beispiels zu erklären. Wenn ein Mensch anstatt Boxer sind jähzornig" sagen würde: „Einige Boxer sind jähzornig", wäre seine Aussage verwässert. Sein Gegenüber könnte sagen: „Einige Fußballer bzw. Handballer sind jähzornig". Wenn er aber sagen würde: „Ich bin der Meinung, dass Boxer dazu neigen, jähzornig zu sein", dann hat er zwar seine Meinung kundgetan, muss aber nicht recht haben. Vielleicht ist er aufgrund seiner selektiven Erfahrung mit einigen Boxern zu diesem Ergebnis gekommen. So etwas nennt man Beweis durch ausgesuchte Fälle – und dies ist unzulässig. Wenn man 1000 Boxer und 1000 Fußballer wissenschaftlich untersuchen und dabei einen signifikanten Unterschied feststellen würde, hätte man eher eine verlässliche Aussage.

Auch im täglichen Leben spielt diese Denkweise eine Rolle. Wenn jemand z. B. sagt: „Mein Gott, das Kaufhaus war voll. Die Leute kaufen wie verrückt, von Rezession keine Spur", oder „In meiner Umgebung haben so viele Geschäfte zugemacht. Es geht alles den Bach runter. Es herrscht Rezession." In beiden Fällen beruht die Beurteilung auf persönlicher Erfahrung durch begrenzt ausgesuchte Fälle. Das ist unzulässig. Wenn man statistische Größen hat, wie z. B. in der gesamten Bundesrepublik, wieviel mehr oder weniger der Handel verdient hat, wie sich das Bruttoinlandsprodukt geändert hat, wie es sich mit der Kaufkraft verhält usw., kann man sich ein fundiertes Urteil erlauben. Aber die Skepsis gegenüber fundierten Erkenntnissen ist beim Durchschnittsmenschen groß, der sich damit weder ausführlich befassen kann noch will. Er sucht Zuflucht in Sätzen wie: „traue keiner Statistik" oder „traue keiner Statistik, die du nicht selbst gefälscht hast". Im modernen Zeitalter kommen wir ohne Fachleute nicht mehr aus, auch wenn sie sich irren können. Aber ihrer Aussage ist nach der Wahrscheinlichkeits-Rechnung eher zu trauen als den Sprüchen eines Nicht-Fachmanns, der ja jeder von uns in den meisten Bereichen ist.

5. Falsche Fragestellungen

Um eine richtige Antwort zu bekommen, muss ich die richtige Frage stellen. Wenn ich die richtige Frage stelle, habe ich schon die halbe Antwort.

Die Geschichte der Menschheit zeigt, dass sie in der Vergangenheit überwiegend falsche Fragen stellte. So haben sich wahrscheinlich im Zeitalter des Ahnenglaubens viele Menschen die Frage gestellt, welche von den Ahnen für diese oder jene gute oder schlechte Tat verantwortlich zu machen sind. Während der Ära der polytheistischen Mythologie haben sich Menschen etwa folgende Fragen gestellt: Welcher Gott bedroht uns mit Donner und Blitz? Und bei wem sollten wir Schutz suchen? Wenn man diese Art der Fragestellung extrapoliert, dann ist durchaus einzusehen, dass auch wir dem Fehler der falschen Fragestellung erliegen. Auch wenn es uns nicht bewusst sein sollte, genauso wie es in der Vergangenheit der Fall war. Der zukünftige Homo superior könnte womöglich mit einem mitleidigen Lächeln Fragestellungen des heutigen Homo sapiens quittieren, ähnlich wie wir meinen, Denkweisen des Neandertalers beurteilen zu können. Wir sind die Neandertaler der Zukunft!

In Indien existiert eine Gruppe von Fachleuten, die sich seit Jahrhunderten damit beschäftigt, zu klären und zu begründen, welche Bedeutung die Gegenstände haben, die die Göttin Kali in ihren vier Händen hält. Darüber haben sie viele intellektuelle Überlegungen angestellt, ganze Bände damit gefüllt. Aber die grundlegende Frage, ob es Kali überhaupt gibt, stellten sie nie. Ich habe dieses Beispiel aus einem anderen Kulturkreis gewählt, weil Ungereimtheiten in anderen Kulturkreisen leichter auffallen als in der eigenen Denkweise. Es ist leichter, den Splitter im Auge des Anderen zu entdecken als den Balken im eigenen Auge. Einfach deshalb, weil man mit diesen sogenannten Wahrheiten groß geworden ist. Man könnte zwar zu einer anderen Antwort kommen, wenn man diese hinterfragt, aber wir sind gewohnt, eine selbstverständlich erscheinende Annahme nicht zu hinterfragen.

Betrachten wir das Gesetz von Ursache und Wirkung, an das wir gewöhnt sind. Wir betrachten es als Selbstverständlichkeit in diesem gewaltig großen Kosmos, in dem die Erde nicht mehr als ein großes Staubkorn ist. Dabei hat Bertrand Russell vor mehreren Jahren postuliert, dass das Gesetz von Ursache und Wirkung nicht im ganzen Universum Gültigkeit haben müsse. In der Zeitschrift „Bild der Wissenschaft" wurde über ein Experiment von Schweizer Physikern berichtet, die ein Elektron durch eine Messapparatur schickten. Besagtes Elektron kam zur selben Sekunde an, in der es losgeschickt wurde. Verdauen Sie diese Erkenntnis! Sie fegt alle unsere Vorstellungen über Ursache und Wirkung weg. Vielleicht können wir in der Zukunft zu Milliarden Lichtjahren entfernten Planeten reisen und dort auch ankommen, in dem Augenblick, wo wir gerade hier stehen! Dies ist natürlich Zukunftsmusik. Für jemanden, der gewohnt ist, in alten Mustern zu denken, und der die Annahmen, die ihm eingetrichtert wurden, für selbstverständlich und wahr hält, sind solche Thesen schwer verdaulich.

Diese Gedankengänge sind keine rein intellektuellen Spinnereien, sondern haben praktische Konsequenzen, wenn wir z. B. über existenzielle Fragen nachdenken: Wo kommt der Mensch her? Wozu ist er da? Wo geht er hin? Wer hat die Welt bzw. den Kosmos geschaffen? Zu welchem Zweck? Denn, wer so etwas schafft, kann nicht ganz dumm sein, vor allem wenn er nicht nur aus Spaß den Kosmos erschaffen hat! Dies sind selbstverständlich unsinnige Fragen. Ich will es verdeutlichen. Nach der gängigen kosmologischen Lehre, der Big-Bang-Theorie, sind Materie, Raum und Zeit gleichzeitig mit dem Urknall entstanden. Weil auch die Zeit mit dem Urknall entstanden ist, ist die Frage, was vor dem Urknall war, nicht zulässig. Denn es ist eine Zeitfrage, was vor dem Urknall war, und die gab es vorher nicht! Deswegen ist die Annahme, dass vor dem Urknall eine Kraft existiert hat, die den Urknall verursacht hat, ein Irrweg, weil es sie vorher nicht gab. Ich gebe zu, dass diese Art von Gedankengängen nicht für jedermann leicht verständlich ist, mich eingeschlossen. Man muss relativieren und extrapolieren können, um Verständnis hierfür aufzubringen, auch wenn man solche Gedankengänge anfangs nicht versteht.

Im Mittelalter stellten sich die Menschen vor, auf einer flachen Erdscheibe zu leben. Man glaubte, wenn ein Mensch immer weiterginge, würde er irgendwann von der Scheibe fallen. Dieses Konzept war gängig, bis die Idee einer Erdkugel aufkam. Die meisten Menschen wollten dies anfangs nicht wahrhaben, weil sie sich nicht vorstellen konnten, wie die Menschen auf der anderen Seite der Erde „kleben bleiben" und nicht herunterfallen könnten, bis Newton das Prinzip der Gravitation entdeckte und veröffentlichte. Aber auch danach war das Konzept einer runden Erde für viele Menschen unvorstellbar.

Bewegen sich die Gedankengänge der heutigen Menschen qualitativ nicht in einer ähnlichen Weise wie damals, wenn auch vielleicht auf einer höheren Stufe der Erkenntnis? Früher dachten die Menschen, am Rand der Scheibe befinde sich das Ende der Welt. Wer aber auf einer runden Kugel herumgeht, kann ewig spazieren ohne Anfang oder Ende zu finden. Diese Vorstellung lässt sich analog auf das Universum anwenden. Es hat keinen Anfang und kein Ende. Wenn eine Ameise auf einer Kugel herumkrabbelt und man ihr genügend Zeit lässt, wird sie die gesamte Oberfläche der Kugel erkunden. Ganz gleich, wie lange die Ameise auf der Kugel herumkrabbelt – also auch unendlich lange –, sie wird niemals in der Lage sein, ein Ende der Kugeloberfläche zu entdecken. Es ist möglich, eine geometrische Figur wie die Kugel von begrenzter Ausdehnung zu haben, die trotzdem grenzenlos ist.

Im Zeichen der Quantengravitation gibt es etwas Ähnliches. Sie kann in ihrer Ausdehnung begrenzt sein und doch keine Grenzen haben. Wäre es denkbar, dass das Universum zwar einen Ursprung, also eine begrenzte Ausdehnung in raumzeitlichen Dimensionen, aber keinen Ausgangspunkt in Raum oder Zeit haben könnte? Damit würde die Frage, was vor der Singularität des Urknalls war, bedeutungslos, insbesondere ausgehend von der These, dass es vor dem Urknall keine Zeit gegeben habe. Der Astrophysiker Stephen Hawking formulierte es so: „Im ganz frühen Universum hört die Zeit auf, wohl definiert zu sein, so, wie die Richtungsangabe am Südpol ihre klare Definition verliert. Wenn man danach fragt, was vor dem Urknall geschah, ist das so, als würde man nach einem Punkt fragen, der einen Kilometer südlicher als der Südpol ist.“

Dies sind also falsche Fragen. Vielleicht sollten wir in völlig anderen Dimensionen denken. Dimensionen, die der begrenzte Verstand des jetzigen Homo sapiens noch nicht erschlossen hat, der deswegen die passenden Fragen noch nicht formulieren kann. Die Menschheit muss weiterhin die Frage stellen: „Wie kommt es?“ Anhand der neuen Erkenntnisse sollten wir diese eigentliche Frage immer wieder neu for-

mulieren, anstatt eine übernatürliche Kraft anzunehmen, die in Erscheinung tritt, sobald wir die Grenzen unseres Erkenntnishorizonts
und unserer Erklärungsfähigkeit erreichen. Andernfalls sind erneut Tür
und Tor für weitere ungesicherte Annahmen geöffnet, die die Frage
nach dem Sinn und Zweck unseres Daseins nur um eine Stufe hinter
den neuen Erkenntnishorizont verschieben und auf Nichtwissen basie-
rende metaphysische Klugschwätzerei weiter betreiben. Wir sollten
uns also angewöhnen, anstatt „warum" vielmehr „wie kommt es" zu
fragen. Wenn wir „warum" fragen, also „zu welchem Zweck", dann
sind bei metaphysischen Dimensionen Spekulationen und unsachliche
Diskussionen möglich. Aber wenn wir „wie kommt es" fragen, können
wir die Problematik wissenschaftlich bearbeiten.

Zunächst ein Sachverhalt aus dem täglichen Leben. Eine Dame
meinte einmal, sie habe so viele Aufgaben, so viel zu tun, dass sie
durcheinander gerate und deswegen ihre Aufgaben nicht effektiv erledigen könne. Hierzu werde ich nur zwei Dinge nennen, einmal Prioritäten setzen und zweitens Konzentration bzw. geistige Disziplin. Ich
erzähle in diesem Zusammenhang, wie ich persönlich vorgehe. Diese
Erfahrungen und Schlussfolgerungen sind nicht hundertprozentig für
jeden umsetzbar, denn wir alle sind verschieden, haben andere Lebensumstände und -erfahrungen. Trotzdem glaube ich, dass meine Tipps
für den einen oder anderen interessant sein könnten.

6. Prioritäten setzen

Wir alle haben sicherlich so viel zu tun, dass wir im Leben Prioritäten
setzen müssen. Wie oft hört man den Satz: „Ich habe keine Zeit." Zeit
ist aber keine Zeitfrage, sondern eine Frage der Prioritäten. Wofür habe
ich keine Zeit, ist die Frage. Ich fragte einmal einen Stadtratskollegen,

ob er mein Buch gelesen habe. Er antwortete, er habe noch keine Zeit dafür gehabt. Er hatte aber Zeit, sich in einer gemütlichen Runde ein paar Bierchen zu genehmigen. Dafür reichte seine Zeit. Er setzte seine Prioritäten anders.

Mein Beispiel: Was hatte ich gestern, was habe ich in der nächsten Zeit zu erledigen? Mülleimer hinausbringen, Pflanzen im Glashaus und Blumentöpfe im Hause bewässern, einkaufen gehen, Essen machen, Korrespondenz erledigen, einige Leute anrufen; Vortrag für den nächsten Tag fertigstellen, wissenschaftliche Arbeiten schreiben, abends an der Mahnwache für Frieden und an der Ortsvereinssitzung teilnehmen usw. Ich habe nur einige Aufgaben aufgezählt. Sie haben sicher anders gestaltete Aufgaben. Aber immerhin Aufgaben, die erledigt werden müssen. Wie gehe ich am besten vor? Zunächst sollte man zwei verschiedene Aufteilungen machen: zeitlicher Umfang und inhaltliche Gewichtung. Es gibt kurzfristige, mittelfristige und langfristige Aufgaben, wobei der Übergang fließend sein kann. Und dann die Wertung: wichtige und weniger wichtige sowie dringende und weniger dringende Aufgaben.

Also: Mülleimer raustragen oder Pflanzen gießen sind kurzfristige, aber dringende und wichtige Aufgaben. Sie dulden keinen Aufschub und müssen erledigt werden, denn morgen ist der Müllabfuhrtag, die Pflanzen verdursten, wenn sie nicht gewässert werden. Erledige ich sie nicht, muss ich Unerfreuliches erwarten, wenn meine Frau zurückkommt. Morgen ist aber auch mein Vortrag, ich muss ihn fertig schreiben, sonst blamiere ich mich. Dagegen sind die wissenschaftlichen Arbeiten sowie die fünf weiteren Bücher, die ich schreiben will, zwar für mich höchst wichtig, aber nicht dringend. Aber auch das ist eine Frage der Prioritäten. Die wissenschaftlichen Arbeiten über neue Operationsmethoden und -techniken sind wichtig. Ebenso wichtig sind mir aber die Vorträge und die geplanten Bücher mit den Themen klares Denken, Atheismus und Agnostizismus, Science Fiction, Märchen und Poesie.

Auch hier liegt eine Prioritätsfrage vor. Ich muss meine Entscheidung treffen, in welcher Reihenfolge ich vorgehe.

Wichtig ist es also, eine Entscheidung zu treffen. Nichts ist so frustrierend wie sich nicht entscheiden zu können. Wenn man die Wahl getroffen hat, muss man mit voller Konzentration an die Aufgaben herangehen.

7. Konzentration und geistige Disziplin

Wenn man zu viele Aufgaben im Kopf hat, fällt es schwer, sich auf einen Punkt mit voller Kraft zu konzentrieren. Ich will das anhand eines Beispiels aus meinem Leben aufzeigen.

Ich habe meinen Facharzt für Chirurgie in Großbritannien erworben. Dafür muss man zwei Examen bestehen. Im ersten Examen fallen in der Regel etwa 82 % durch. Vier Jahre später kommt das zweite Examen. Von den Übriggebliebenen fallen nochmals 80–82 % durch. Deswegen gilt der Erwerb der Spezialisierung chirurgischer Facharzt in Großbritannien als eine der schwierigsten Aufgaben im medizinischen Bereich. Dazu kam mein Hintergrund: Ich studierte Medizin in Deutschland, kannte viele englische Lehrbücher nicht, auch nicht die englischen Fachwörter, erst recht nicht viele der Abkürzungen, die die Engländer gerne benutzen. Wie ging ich vor? Als erstes mietete ich ein Zimmer gemeinsam mit einem englischen Kollegen. Ich kaufte die notwendigen Bücher zu chirurgischen Fachthemen. Die zu lernenden Seiten addierte ich. Drei Monate hatte ich Zeit, also las ich jeden Tag die entsprechende Zahl an Seiten. Dann teilte ich mein Pensum ein: Wenn ich täglich 10 Stunden lerne, muss ich in jeder Stunde jene Anzahl Seiten lesen. Ich hatte eine Uhr vor mir. Jede Stunde notierte ich die gelesenen Seitenzahlen. Wenn ich merkte, dass ich manchmal mein Plansoll nicht erfüllt hatte, zwang ich mich zu mehr Konzentration. Die gleiche Technik wendete ich drei Monate später beim zweiten Examen an. So erreichte ich den Facharzt bereits nach einem Jahr.

Wer sich so konzentrieren will, muss alle ablenkenden Dinge ausschalten. Ich bin in jenem Jahr nicht einmal ins Kino oder sonst ausgegangen, habe keine Verabredungen getroffen oder mir andere Ablenkungen gestattet.

Dazu wandte ich einen weiteren Trick an. Ehe ich nach Großbritannien ging, teilte ich allen Freunden und Verwandten mit, dass ich die Examen nach einem Jahr erfolgreich schaffen würde. Ich musste meinen Zeitplan einhalten, sonst hätte ich mich blamiert. Deshalb musste ich mich extrem konzentrieren. Ich habe mich also selbst unter Druck gesetzt. Den gleichen Trick wandte ich beim ersten Examen des Medizinstudiums an. Dieses erste Examen, das Physikum, findet nach zweieinhalb Jahren statt. Wer zweimal durchfällt, muss das Medizinstudium aufgeben. Meine Situation damals? Als ich 1954 nach Deutschland kam, sprach ich kein Wort Deutsch. Aber ich ging zum Rektor, fragte ihn – natürlich in Englisch – ob er mir nicht zwei Semester erlassen könne, da ich diplomierter Zoologe sei und mich mit Anatomie, Physiologie, Chemie, Botanik und Zoologie auskennen würde. Der Rektor schaute erst verdutzt. Dann meinte er: „Sie können ja nicht einmal Deutsch. Wie wollen Sie in drei Semestern das Physikum schaffen, wofür die deutschen Studenten in der Regel sechs bis acht Semester benötigen? Ich antwortete ihm: „Das ist meine Sache. Sie brauchen mir nur die Erlaubnis zu geben.“ Nun, wir wurden handelseinig, er erließ mir ein Semester. Jetzt kommt das Wichtigste: Ich schrieb meiner Familie in Indien, dass ich mein Physikum ein Semester früher absolvieren würde und das auch noch mit Bestnote. Also war ich im Zugzwang. Das half mir beim Lernen, mich zu konzentrieren. Ich habe all das erwähnt, auch auf die Gefahr hin, dass es nach Selbstlob klingt. Das nehme ich in Kauf. Aber das ganze Buch ist durchzogen von praktischen Beispielen aus dem Leben, wie kann ich da Beispiele aus meinem eigenen Leben ignorieren?

Es gibt in diesem Zusammenhang noch einen anderen Punkt zu erwähnen. Sehr verehrter Leser, nehmen Sie sich stets eine Aufgabe vor, die Ihnen eine Nummer zu groß erscheint. Sie werden sehen, Sie wachsen hinein.

Ein weiteres Hilfsmittel für Konzentration ist Termindruck. Wenn ich für einen Kongress einen Vortrag angemeldet hatte, musste ich mich zwingen, mich hinzusetzen, um den Vortrag fertig zu konzipieren. Das ging mir genauso mit einer Vortragsreihe. Ich mache mir zwar seit über 20 Jahren Notizen über ein bestimmtes Thema, habe auch gelegentlich Vorträge über Teile davon gehalten. Dann aber ruhte das Ganze. Das gefiel meiner energischen Frau nicht. Sie hat kurzerhand bei unserer Volkshochschule – natürlich mit meinem Einverständnis – eine Vortragsreihe angemeldet, die dann in dieses Buch mündete. So war ich gezwungen, endlich schriftlich zu fixieren, was ich dachte. Um die Vorträge rechtzeitig fertig zu stellen, schrieb ich mehrere Wochen fast immer nachts bis halb drei, manchmal auch bis vier Uhr. Ohne Termindruck undenkbar. Sie, liebe Leser, werden sicher auch mit Konzentration an einer Aufgabe arbeiten, wenn Sie sich selbst unter Termindruck setzten. Wenn Sie eine größere Aufgabe vor sich haben, erledigen Sie zuerst die Kleinigkeiten, die aber dringend sind, bevor Sie sich an die Aufgabe begeben. So werden Sie nicht abgelenkt.

Ich muss zugeben, auch mir gelingt es nicht immer, diese Regel einzuhalten. Aber ich versuche es zumindest. Wer 100 % anstrebt, erreicht vielleicht 50 % oder 80 %. Wer aber nichts anstrebt, erreicht auch nichts.

8. Tabu-Moral

Das Wort Tabu kommt aus der polynesischen Kultur. Dort war es verboten, gewisse Dinge zu tun, z. B. bestimmte Gegenstände des Häuptlings zu berühren oder gar zu stehlen und anderes mehr. Manches wurde verboten, ohne dass das Volk Gründe dafür erfuhr.

Das Wort Tabu im Zusammenhang mit Moral wird meines Wissens erstmals von Bertrand Russell als Tabu-Moral verwendet. Die Zehn Gebote gehören meiner Ansicht nach zur Tabu-Moral. Sie sind eigentlich Verbote, außer dem vierten Gebot „Du sollst Vater und Mutter ehren".

Manchmal wird über die Rolle der Theologie diskutiert. Welche Theologie meinen wir? Die buddhistische, hinduistische, shintoistische, islamische, christliche oder eine der 600 anderen heute existierenden Theologien? Sie unterscheiden sich in wesentlichen Punkten. Wenn aber fünf unterschiedliche Theologen fünf verschiedene Behauptungen aufstellen, sagt uns unser gesunder Menschenverstand, dass aus logischen Gründen nicht alle Recht haben können, wenn überhaupt, dann höchstens einer. Wenn ja, welcher und warum? Dies müsste begründet werden. Das kann die Theologie einfach nicht. Weil es immer um Glaubensinhalte, Annahmen – Hypothesen – geht, die weder bewiesen noch beweisbar sind. Bedenken Sie bitte, wenn Sie ihre eigenen theologischen Vorstellungen verteidigen, dass Sie Christ sind, weil Sie in europäischen Breitengraden geboren wurden. Wären Sie im Iran geboren, gehörten Sie der Wahrscheinlichkeitsrechnung nach den Muslimen an. Wären Sie in einer hinduistischen Familie in Indien geboren, glaubten Sie wahrscheinlich dieser Religion.

9. Theologie und Demokratie

Die Magna Charta – das Dokument über Menschenrechte – wurde von König John in England um das Jahr 1217 verfasst. Danach ruhte die Umsetzung von Menschenrechten und Demokratie jahrhundertelang. Die Aristokratie regierte weiterhin. Erst die Aufklärung und in der Folge die Französische Revolution Ende des 18. Jahrhunderts, die nicht nur gegen die Herrschaft der Aristokratie kämpfte, sondern auch gegen die Macht des Klerus, legte mit ihren Maximen „liberté, égalité, fraternité" (Freiheit, Gleichheit, Brüderlichkeit) die Grundlagen zu unserer Demokratie. Aber wenn wir die hierarchischen Strukturen der katholischen Kirche beleuchten, kann dort bis heute von Demokratie keine Rede sein. Ein Beispiel: 50 % der Bevölkerung, nämlich Frauen, bekommen auch heute noch keinen Zugang zu sakralen Weihen, eben weil sie Frauen sind.

10. Wahrheit

Können wir die reale Wahrheit überhaupt erkennen, da wir doch alles nur mit unseren fünf Sinnen erfassen können? Das ist eine wichtige Frage. Wir interpretieren die Eindrücke der Wirklichkeit, so wie unsere fünf Sinne sie uns vermitteln. Ein Wesen mit zehn oder völlig anders gearteten Sinnen würde seine objektive Wahrheit anders erfassen. Es ist also weder dem Wissenschaftler noch dem Theologen wie allen Menschen mit ihren fünf Sinnen möglich, die eine, absolute Wahrheit zu erfahren. Um aus diesem Dilemma herauszukommen, sollten wir meiner Ansicht nach einen anderen Zugangsweg zu dieser Problematik wählen. Um das tägliche praktische Leben zu bewältigen, sollte man nicht über Wahrheiten reden, sondern über Erkenntnisse. Die Erkenntnis, dass 4H + O2 = 2H2O bleibt; die Erkenntnis, wie ein Verbrennungsmotor funktioniert, bleibt auch unabhängig davon, ob es in der absoluten realen Wahrheit H2O und den Prozess der Verbrennung, so wie wir sie kennen, überhaupt gibt. Dies sind Überlegungen, die zwangsläufig nur spekulativer Natur sein können. Wir müssen aber, um im täglichen Leben zurechtzukommen, unser Handeln auf Erkenntnissen aufbauen und nicht auf Spekulationen.

11. Metaphysik

Das Wort Metaphysik stammt aus dem Griechischen. *Meta ta Physika*, Titel der „Metaphysik" von Aristoteles, wörtlich übersetzt: „Nach bzw. hinter dem Physischen". Im Oxford English Dictionary wird Metaphysik wie folgt definiert: Hinter der physischen Erkenntnis, übernatürlich, magisch, okkult, abstrakt, Einbildung usw. In der westlichen Philosophie hat sich Aristoteles als erster mit Metaphysik befasst. Seit jener Zeit hat der Begriff viele Abwandlungen erfahren. In seinen Schriften über Metaphysik meint Aristoteles, Gott sei die Ursache allen Seins. Dies ist natürlich eine unwissenschaftliche Behauptung. Seit Kant wissen wir, dass Gott weder bewiesen noch beweisbar ist. Wenn diese Prämisse in Frage gestellt wird, dann ist jedes logische wissenschaftliche Konstrukt oder jede Schlussfolgerung, die auf diese Prämisse aufgebaut ist, hinfällig. Es sind, aufgrund der Abdrücke auf Jesu Grabtuch, wissenschaftliche Abhandlungen darüber verfasst worden, welche Nasenlänge, welchen Augenabstand etc. Jesus hatte. Aber solange nicht bewiesen ist, dass dieses Grabtuch Jesus überhaupt umhüllt hat, haben alle diese sogenannten wissenschaftlichen Abhandlungen keinen Sinn.

Natürlich meinte Thomas von Aquin, Metaphysik sei die Königin aller Wissenschaften. Aber damals galt Alchemie auch als Wissenschaft, und für Thomas von Aquin galt unumstößlich genau so wie für Aristoteles die Annahme, dass es Gott gibt. Wissen galt damals als Wissen um Gott. In altindischen religiösen Schriften galt Wissen als Wissen um das, was in den heiligen Schriften wie den Vedas steht. In den Veden wird berichtet, wie viele Götter es gibt und welchen Riten man sich unterziehen solle, um diese gnädig zu stimmen.

Der Aufschwung der modernen Wissenschaft begann erst im vergangenen Jahrhundert. Nach deren Definition hat Metaphysik mit Wissenschaft nichts, aber rein gar nichts zu tun, sondern mit, wie anfangs erwähnt, dem Übernatürlichen, Magischen, Okkulten, Spekulativen.

Ich will kurz darauf eingehen, ob die Fragen „Woher kommt der Mensch?", „Wozu ist er da?", „Wo geht er hin?" sinnvoll sind. Wissenschaftlich logisch formuliert würde die Frage heißen: „Wie ist es zu der Entwicklung der Rasse Homo sapiens gekommen? Wie geht die Entwicklung weiter?" Dies ist rein evolutionstechnisch zu erklären. Wenn die Lebensbedingungen etwas anders gewesen wären, hätte wahrscheinlich eine andere Spezies eine führende Rolle auf diesem kleinen Staubkorn im gewaltigen Kosmos, nämlich der Erde, übernommen. Wir Homo sapiens sind nichts anderes als das vorläufige Endprodukt der Evolution, wie andere Lebewesen, beispielsweise Elefanten und Mücken, es auch sind. Vielleicht machen wir dem Homo superior der Zukunft Platz, so wie die Neandertaler dem Homo sapiens aus Afrika weichen mussten. Dinosaurier haben die Welt etwa 170 Mio. Jahre beherrscht, bis sie vor 65 Mio. Jahren ausstarben. Der archaische Homo sapiens entstand in der Zeitspanne zwischen 300.000 und 200.000 Jahren vor heute, vermutlich in Ostafrika. Vor 70.000 Jahren begann sich der Homo sapiens in ganz Afrika und dem Nahen Osten auszubreiten. Das ist kein Grund, uns eine solche Wichtigkeit zuzubilligen, dass wir uns als Lieblingswesen Gottes wähnen sollten. Da sind die Fragen „Wo kommt der Mensch her?" oder „Wo geht er hin?"

überflüssig. Wir fragen uns auch nicht, „Wo kommt der Elefant her? Wo geht er hin"? „Wo kommt das Bakterium her? Wo geht es hin?", „Welch übernatürlicher Zweck steckt da drin?"

Nur eines möchte ich noch kurz erwähnen. Ich hatte bereits gesagt, dass man, um eine richtige Antwort zu erhalten, eine richtige Frage stellen muss. In dem Zusammenhang wurde der gängige Spruch erfunden: „Es gibt keine dummen Fragen, sondern nur dumme Antworten." Das stimmt oft, aber nicht immer. Gibt es überhaupt keine dummen Fragen? Sind die Antworten dumm? Ich glaube, das lässt sich beliebig kombinieren. Es gibt Fragen, die weder dumm noch klug sind, sondern nur einen informativen Charakter haben. Wenn ich einen Patienten frage: „Wann sind die Schmerzen aufgetreten?", dann ist dies eine informative Frage. Wenn der Patient darauf antwortet: „Warten Sie mal, als der Großvater 71 Jahre alt geworden ist, da genau kamen die ersten Schmerzen", dann ist das nicht unbedingt eine kluge Antwort, denn ich kann ja nicht wissen, wann der Großvater 71 Jahre alt geworden ist. Solche Antworten sind also mit Vorsicht zu genießen.

12. Sprüche

Eine mit dem Autoritätsglauben verwandte Thematik ist die Verwendung von Sprüchen. Sie können witzig, lustig und interessant sein, zeigen aber fast immer die bewusste oder unbewusste intellektuelle Unredlichkeit des Sprücheklopfers an und bedeuten oft ein Hindernis für das klare Denken. In unserer örtlichen Zeitung gibt es eine Kolumne „Spruch zum Tage". Man kann durchaus behaupten, dass einige davon den Verstand vernebeln. So soll Winston Churchill gesagt haben: „Ein Experte ist ein Mann, der hinterher genau sagen kann, warum seine Prognose nicht gestimmt hat." Für mich ist dies purer Blödsinn. Inhaltlich ist gemeint: „Alle Experten sind Leute, die hinterher genau sagen können, warum alle ihre Prognosen nicht gestimmt haben." Ich glaube, dass das hämische Grinsen aus Schadenfreude bei den Leuten, die prinzipiell gegen Experten sind, bei einer genaueren Analyse verstummen würde. Treffen denn alle Prognosen aller Experten zu allen Themen nicht zu? Dies ist doch todsicher nicht der Fall.

Ein anderer Spruch, den wir vielleicht im Kindesalter von unseren Müttern lernten, heißt: „Auf Lachen folgt Weinen." Inhaltlich heißt das, auf jedes Lachen folgt immer Weinen. Stimmt dies denn so? Haben Sie nicht schon oft gelacht, ohne dass Weinen darauf folgte? Was sollen solche die Lebensfreude eindämmenden Sprüche? Oder: „Ein Unglück kommt selten allein." Stimmt das? Ist immer noch ein zusätzliches Unglück hinzugekommen, nachdem Sie eine Misere erleben mussten? Ist manchmal nicht auch ein Glückserlebnis nach einem Unglücksfall eingetreten? Wer es bewusst analysiert, wird feststellen, dass die meisten Sprüche keinen Anspruch auf Wahrheit haben. Viele sind logisch nicht haltbar und trüben nur das klare analytische Denken. Sprüche können zwar zur Illustration eines Ereignisses dienen, aber nicht als Beweis für eine Behauptung.

13. Seele und Geist

Eine Frage lautet, ob es eine Seele unabhängig vom Körper gibt. Was verstehen wir darunter, wenn wir *Seele* sagen? Man hat früher die Seele mit dem Atem identifiziert. Wenn ein Mensch nicht mehr atmete, glaubte man, er habe mit dem letzten Atemzug die Seele ausgehaucht. Man glaubte und auch heute glauben noch viele, dass sich die Existenz des einzelnen Menschen nicht in unserer Körperlichkeit erschöpft. Dieser Glaube lässt sich bis in die Altsteinzeit zurückverfolgen. Daraus entstanden Totenkulte. Dann kam eine Zeit, wo der Mensch glaubte, dass die Seelen seiner Ahnen im Wald herumwanderten. Je nach ihrem ursprünglichen Charakter seien sie ihnen behilflich oder sie würden die Nachkommen strafen.

Im Gegensatz zur christlichen Tradition ist in der indischen Mythologie die Seele nicht mit „Ich", „Selbst" oder „Bewusstsein" identisch. Dort besitzt die Seele ein eigenes Ich und wandert von einem Körper in den anderen. Daher das Konzept von Seelenwanderung und Wiedergeburt. Hier kann die Seele nach ihrer Trennung von einem Körper in einen anderen eingehen, und zwar bei dessen Geburt. Auch Tiere und Pflanzen sind Formen von Wiederverkörperung. Diese Ideen sind für das christliche Seelenverständnis völlig fremd. Geist ist eine der umstrittensten Terminologien in der Philosophie. Geist kann als göttliches Prinzip, Träger des Lebens, immaterielles Wesen, schöpferische Intelligenz oder Geist wie Seele als Gegenprinzip zu Materie verstanden werden. Wenn ich an dieser Stelle von Geist rede, dann werde ich ihn in der letzten Auslegung benutzen, also als Gegenprinzip zu Materie. In dieser Interpretation soll Geist die gleichen Eigenschaften wie die Seele haben.

Existiert die Seele wirklich oder ist sie nur eine metaphysische Behauptung? Hat sie materielle Formen oder ist sie nur eine Idee? Und wenn es sie gibt, ist sie so wie die Steinzeitmenschen, Ahnengläubigen, Hindus, Shintoisten oder die Christen behaupten? Kann irgendein Denkschema Beweise dafür bringen, dass dessen Behauptungen richtig sind? Klar, sagen manche, darüber gibt es viele Bücher. Da berichten Leute, die Erlebnisse gehabt haben sollen, wie ihre Seele im Zustand des klinischen Todes sich vom Körper trennte und über ihnen schwebte. Sie behaupten das, und ich glaube, sie sind felsenfest davon überzeugt, dass dies tatsächlich passiert sei. Wenn ich in der Wüste bin und eine Fata Morgana sehe, sieht mein Gehirn tatsächlich diese Bäume und Tiere, die aber nachweislich nicht da sind. Wenn ein psychiatrischer Patient felsenfest davon überzeugt ist, dass er ein Vogel ist, kann er trotzdem nicht fliegen. Die Aussagen dieser Personen sind also nicht nachprüfbar. Die wissenschaftliche Erklärung dafür liegt zwar schon lange vor, ist aber oft nicht bekann. Was ist die Erklärung?

Wissenschaftler haben festgestellt, dass während der sogenannten REM-Phase des Schlafs, in der ein Mensch am intensivsten träumt, ein wahres Feuerwerk an elektrischen Impulsen stattfindet, das die Großhirnrinde erreicht. Die Großhirnrinde ist voller Erinnerungsspeicher. Diese werden systematisch, aber auch z. T. durcheinander abgerufen, sodass vor unserem „inneren Auge" ein Bild oder Bildfolgen erweckt werden, die wir Traum nennen. Ähnliches passiert bei zerebraler Ischämie – also bedrohlicher Minderdurchblutung des Gehirns – die bei sogenannten klinisch Toten stattfindet. Dies hat man bei kritischen Narkose-Zwischenfällen festgestellt, wo die Patienten dann nachher berichteten, was ihre über dem Körper schwebende Seele alles im Operationssaal gesehen hat. Sie konnten aber nur die Einzelheiten einigermaßen gut beschreiben, die sie vorher wahrgenommen hatten, alles andere stimmte nicht. Auch Drogenabhängige beschrieben ihre Erlebnisse während eines Trips. Selbst Paulus hat in der Bibel behauptet, dass er im dritten Himmel gewesen sei. Er beschreibt genau, wie es dort ausgesehen hat. Ich weiß nicht, ob er Drogen einnahm. Bewiesen ist, dass Weihrauch berauschende Wirkung hat. Bewiesen ist auch, dass Paulus körperlich nicht völlig gesund war. Vielleicht hat er zeitweise eine Minderdurchblutung seines Gehirns erlebt. Wir wissen auch, dass durch extremen Flüssigkeits- und Elektrolytmangel, wie er in der Wüste vorkommen kann, Halluzinationen erzeugt werden können, ebenso bei Menschen, die beinahe erfroren sind. Paulus wanderte lange in der Wüste.

Bedeutend ist die Tatsache, dass die Jenseits-Erlebnisse von Muslimen, Christen und Hindus jeweils anders ausfallen, je nach ihrer Vorstellung von Jenseits oder Seele. Es gibt auch genügend Bücher in Indien, in denen von Wiedergeburt berichtet wird – was natürlich dem christlichen Begriff von Seele widerspricht. Es gibt Menschen, die genauestens beschreiben, was sie im vorigen Leben waren. In Indien gibt es eine Rationalisten-Vereinigung, die sich damit befasst. Ihre Mitglieder haben in allen durchleuchteten Fällen festgestellt, dass es sich um mehr oder minder raffinierte Täuschungen handelte. Also haben Bücher, die über solche Erlebnisse berichten, keine Beweiskraft.

Oft fängt eine Erzählung bei einem gesellschaftlichen Beisammensein so an: „Meine Tante hat erzählt, dass ... und sie ist wirklich glaubwürdig!" Hierbei ist es nicht leicht zu entgegnen, dass Tanten auch lügen können, um sich wichtig zu machen. Schwer fällt auch die Äußerung, dass, auch wenn sie glaubte es so erlebt zu haben, es in der Tat nicht so gewesen sein müsse.

Der springende Punkt ist jedoch die Neigung von Menschen, etwas Außergewöhnliches zu erzählen, aber auch die Bereitschaft der Zuhörer, dies ohne weitere Nachprüfung zu akzeptieren. Wenn ein Gast erzählen würde: „Meine Tante aß gestern Pudding, der ihr gut schmeckte", dann wäre das keine interessante Erzählung. Aber wenn er über die übernatürlichen Erlebnisse seiner Tante erzählte, würde es für alle Beteiligten ein interessanter Abend.

Es gibt also keine Beweise für das Vorhandensein einer Seele. Im Gegenteil, alle Eigenschaften, die wir seelische Eigenschaften nennen, haben ihren Sitz in verschiedenen Arealen des Gehirns. Da gibt es seit Jahrzehnten handfeste Beweise, die aber von Seelenpropagierern meisterhaft ignoriert werden. Es gibt Zentren für Liebe, Aggression, Wahn, Wut, Halluzination, Glauben usw. Das wurde in Tierexperimenten und auch beim Menschen nachgewiesen. Vor etwa 40 Jahren haben Wissenschaftler in einem Versuch einem Stier zwei Elcktroden ins Gehirn eingepflanzt, die der Forscher manuell aktivieren konnte. Er stellte sich vor Zuschauern in eine Arena, der Stier wurde losgelassen. Der Wissenschaftler drückte auf den Knopf für Agressionsauslösung, und der Stier rannte mit gesenkten Hörnern auf ihn los. Kurz bevor er den Forscher erreichte, drückte dieser auf den Knopf für das Erzeugen von Zuneigung. Der Stier stoppte abrupt, kam langsam auf ihn zu und leckte seinen ausgestreckten Arm. Solche Versuche sind früher bereits mit Hunden und Katzen gemacht worden.

Auch bei Menschen weiß man mittlerweile, dass Verletzungen bestimmter Areale des Gehirns sie ihre Fähigkeit zu lieben (oder andere Emotionen zu empfinden) verlieren lassen, während ihre Leistungen im Beruf unverändert bleiben.

Das alles lässt nur eine Schlussfolgerung zu: Was wir seelische Eigenschaften nennen, sind die Eigenschaften unseres Gehirns. Und wenn das Gehirn tot ist, ist die sogenannte Seele auch weg, weil es sie gar nicht gibt.

Wie kam es dann dazu, dass die Menschen an eine Seele glaubten? Ich stelle fest, dass dies daher kommt, dass wir uns zu ernst nehmen. Wir sind doch <u>so</u> immens wichtig als Lieblingskreatur Gottes, da kann es doch nicht sein, dass mit unserem Tod einfach alles zu Ende ist! Es muss doch irgendwie weitergehen! Also erfindet der Mensch die unsterbliche Seele, ein Leben nach dem Tode und auch noch einen Gott, der dies alles gewährleistet.

Sind wir Menschen in diesem gewaltigen Kosmos so wichtig? Wir sind eine relativ junge Spezies auf dem winzig kleinen Planeten Erde, der eine mittelgroße Sonne umkreist. Es gibt Milliarden solcher Sonnen in unserer Galaxie. Und es gibt Milliarden solcher Galaxien in unserem Universum, dabei haben wir nur einen kleinen Teil des Universums erforscht. Vielleicht gibt es auch Milliarden solcher Universen. Angesichts des grandiosen Kosmos sollte der Mensch bescheidener sein, sich nicht derart hohe Bedeutung zumessen. Wenn sich der Homo sapiens auf der Erde nicht entwickelt hätte, den gewaltigen Kosmos hätte es überhaupt nicht geschert. Es gibt keinen Grund zur Annahme, dass wir so wichtig sind, um uns die metaphysische Frage zu stellen, wo der Mensch herkommt, wozu er da ist, wo er hingeht. Keine Ursache anzunehmen, dass nach dem Tod die Seele des Menschen weiterlebt. Wenn wir tot sind, dann ist für uns alles vorbei, so wie es bei Tieren, Pflanzen und Bakterien auch der Fall ist. Sie sind, genau wie Menschen, das vorläufige Endprodukt der Evolution.

14. Esoterik

Was ist Esoterik? Wenn Sie im philosophischen Wörterbuch nachschlagen, steht Folgendes darin: „Esoterisch: Geheim, mysteriös, nur einigen Auserwählten zugänglich". Sie haben sicherlich von der Heilkraft von Steinen, Duftölen oder Gebeten gehört. Sie haben bestimmt von der Fernheilung über das Fernsehen gehört. Manche Menschen behaupten auch, telefonisch oder sogar ohne jegliche mechanische oder elektronische Verbindung heilen können, durch reine Gedankenkraft. Fernbeten gehört natürlich auch zum Angebot. In „Bild der Wissenschaft" war sogar ein Bericht über Mediziner, die glaubten, dass eine Operation besser verliefe, wenn die Angehörigen solange zu Hause beten würden. Einige Ärzte glaubten sogar, dass die Heilung gut verliefe, wenn Angehörige nach der OP beten würden. Natürlich wurde dem von ernsthaften Medizinern widersprochen. Die australische Regierung hat vor elf Jahren während einer großen Dürre allgemeines Beten angeordnet.

Zu den bekannten Scharlatanen gehörte auch Uri Geller, der medienwirksam Besteckteile ohne Berührung bog, nur mit seiner Gedankenkraft – bis man seinen Trick entlarvte.

Wenn es bei Esoterik um ein geheimes, mysteriöses Wissen für Auserwählte geht, muss ich gestehen, dass ich nicht zu diesen Auserwählten gehöre, und genauso wenig zu irgendwelchen Sekten, bei denen die

Erlösung nur einigen wenigen zuteil wird. (Ist es beim Christentum anders, wo es heißt: „Ich bin der Weg und die Wahrheit, und niemand kommt zum Vater denn durch mich"?)

Wie kommt es, dass für den gesunden Verstand unverdauliche Esoterik seit Jahren Buchläden, Medien und den Seminarmarkt überschwemmt? Die Ursache ist meiner Meinung nach bei Folgendem zu suchen. Die Religion hat in diesen (nur unseren?) Breitengraden versagt. Dies ist belegt durch die zunehmende Zahl der Kirchenaustritte und die rapide wachsende Zahl von Atheisten und Agnostikern. Viele andere sind mit der Kirche zwar nicht einverstanden, glauben aber an irgendeine übernatürliche, unbeweisbare Kraft. In dieses geistige Vakuum dringen alternative übernatürliche Theorien und deren Prediger, ein.

Sie können sich ausbreiten, weil es heutzutage schwer ist, Häretiker, Ketzer und Andersgläubige zu verfolgen. Ich persönlich bin der Meinung, dass mit zunehmendem Wissen, vor allem durch konsequentes Denken, Esoterik eines Tages eine Fußnote der Geschichte sein wird.

15. Alternativmedizin, Homöopathie, Akupunktur

Zunächst zwei Bemerkungen: Erstens ist die Homöopathie meines Wissens nur in Deutschland zugelassen. Und zweitens wird das Wort „Schulmedizin" von den Anhängern der Alternativmedizin abwertend benutzt, mit negativem Beigeschmack. Der korrekte Begriff lautet nicht „Schulmedizin", sondern schlicht und einfach „Medizin".

Wahrscheinlich ist bekannt, wie homöopathische Mittel wirken sollen. Verschiedene Verdünnungsstufen eines wirksamen oder auch unwirksamen, chemischen oder natürlichen Stoffes werden hergestellt, Verdünnungsreihen von D1 bis D12. Wie dünn ist Verdünnung D12? Wenn Sie eine Flasche medizinisch wirksamen Stoffs in den Bodensee gießen, den Bodensee ordentlich umrühren und dann eine Flasche mit dem Wasser auffüllen würden, wäre die Wahrscheinlichkeit 50 %, dass sich in der Flasche auch nur ein einziges Molekül des Wirkstoffs befände. Warum wird trotzdem oft eine positive Wirkung durch den Patienten beschrieben? Mehrere Antworten sind möglich: Erstens, auch in der wissenschaftlichen Medizin werden oft Placebos, also Scheinmedikamente, mit Erfolg verabreicht. Wesentlich mehr Erfolg wurde erzielt, wenn der Arzt nicht wusste, dass er nur ein Placebo verabreichte, sondern selbst glaubte, dass er ein wirksames Medikament verordnete. Wenn also beide, Patient und Arzt, glaubten, ein wirksames Medikament gewählt zu haben, war die Wirkung wesentlich stärker. Bei homöopathischer Behandlung ist es nicht anders. Hier glauben Patient und Arzt, ein wirksames Medikament eingenommen bzw. verabreicht zu haben.

Zweitens nehmen sich Homöopathen mehr Zeit für den Patienten als ein Arzt mit überfüllter Praxis. Ein gutes Gespräch ist bei vielen Erkrankungen die halbe Behandlung.

Drittens haben sehr viele Schmerzen psychische Ursachen. Und auch wenn primär keine psychische Ursache vorliegt, wirkt die verängstigte Psyche gravierend auf die Schmerzschwelle. Ein gutes Gespräch kann die Schmerzschwelle erheblich herabsetzen, da der Erfolgsglaube sowohl des Patienten als auch des Homöopathen eine Kombination aus Hypnose und Autosuggestion bewirken würde.

Viertens erzählen diejenigen, die Erfolg erlebten, überall, wie ihnen geholfen wurde. Die Erfolglosen liegen vielleicht schon im Grab und können nicht mehr erzählen. Diejenigen, die weiterleben, wollen nicht darüber reden, damit sie sich nicht blamieren.

Fünftens: Es gibt auch Spontanheilungen, ohne jegliche Behandlung. Ich habe leider in meiner 40-jährigen Krankenhaus-Erfahrung immer wieder erleben müssen, dass mich Patienten in ziemlich späten Stadien aufsuchten, die vorher bei Heilpraktikern, Homöopathen und Alternativ-Mediziner jahrelang ihr Geld gelassen hatten. Natürlich wissen Vollmediziner auch, dass bei einigen Krankheiten ein psychosomatischer Zusammenhang besteht. Ich muss zugeben, dass diesem Sachverhalt im Medizinstudium zu wenig Bedeutung beigemessen wird. Die psychische Wirkung von Alternativ-Medizinern auf Patienten spielt bei entsprechenden Symptomen sicher eine erhebliche Rolle.

Alternativ-Mediziner können zwar Symptome feststellen, aber nicht eine Krankheit diagnostizieren. Dazu fehlt ihnen die gründliche Ausbildung in den Fächern Anatomie, pathologische Anatomie, pathologische Physiologie sowie weiterer wichtiger Fachgebiete. Wie sollten sie da eine korrekte Diagnose stellen?

Wenn die Diagnose und Therapie durch alternative Mediziner effektiver und damit billiger ist, wenn keine teuren apparativen Untersuchungen und keine teure Medizin notwendig wären, warum erkennt die Krankenkasse diese Behandlungsmethoden nicht an? Sie muss doch auch wirtschaftlich arbeiten! Die Krankenversicherung könnte sehr viel Geld sparen! Das allein zeigt, dass jene Therapeuten keine statistischen Beweise für erfolgreiche Behandlungen haben. Belege für Wirksamkeit durch selektive Fälle haben keine Beweiskraft. Mein Opa hat geraucht und ist 90 geworden, also ist Rauchen nicht schädlich. Das ist ebenfalls eine Beweisführung durch einen selektiven Fall, aber offensichtlich kein verlässliches Kriterium. Es wäre doch toll, wenn große Krankenhäuser Augendiagnostiker anstellen würden. Er schaut in die Iris und stellt die Diagnose. Damit entfallen teure Untersuchungen, der Krankenhausaufenthalt verkürzt sich erheblich!

Dr. Köhnlechner, der Verleger war, hat später alternative Medizin betrieben und angeblich viele Patienten kuriert einschließlich so bekannte Menschen wie Senta Berger. Als er selbst Kopfschmerzen bekam, schluckte er so viele Tabletten, dass er beinahe daran starb. Man rettete ihn im letzten Augenblick.

Zusammenfassend konstatiere ich, bei gewissen psychosomatischen Störungen haben alternative Therapie sowie Placebo- und Psychotherapie ihren Platz. Aber über die allgemeine Wirksamkeit haben sie keine Beweise liefern können. Deswegen gehört vieles, was sie als wirksam anpreisen, ins Reich der Fantasie. Mit klarem Denken hat diese Therapie wenig zu tun.

Mit Akupunktur ist die Sachlage etwas anders. Es ist erwiesen, dass sie bei manchen Schmerzzuständen hilft. Vor mehreren Jahren wurde in der Erlanger Uniklinik in der Narkose-Abteilung eine Untersuchung über Akupunktur durchgeführt. Sie ergab, dass man durch Akupunktur zwar nicht ganz ohne Betäubung auskam, aber bis zu 30 % der Narkosemittel konnten eingespart werden.

Diese Untersuchungen müssten natürlich durch andere Untersuchungs-Gruppen bestätigt werden. Dies ist, soviel ich weiß, noch nicht erfolgt, sonst wäre Akupunktur wohl schon längst in allen Anästhesie-Abteilungen als Routine-Anwendung eingeführt.

Trotzdem kann ich mir theoretisch vorstellen, dass Akupunktur aus folgenden Gründen effektiv ist. In der Vollmedizin gibt es Erkenntnisse über sogenannte Dermatome. Es gibt organische Erkrankungen der inneren Organe, die sensitive Reaktionen in der Haut verursachen. Das ist bewiesen. Aber ob durch entsprechende Behandlungen der Hautareale die Erkrankung der inneren Organe zu beeinflussen seien, wurde noch nicht bewiesen. Hierzu sind weitere Untersuchungen und Beweise nötig. Wir wissen, dass es im Körper allgemeine Systeme wie Nervensystem, Blutkreislauf, Hormonbalance etc. gibt. Vielleicht gibt es noch ein anderes System auf molekularer oder bioelektrischer Ebene, das wir noch nicht kennen. Auf Grund des möglichen (noch unerforschten und unbewiesenen) Systems können wir vielleicht eines Tages die Wirksamkeit der Akupunktur beweisen und vor allem optimieren. Bis dahin bleibt sie unerklärbar.

Ich habe oben erwähnt, dass Akupunktur eventuell Schmerzen beseitigen kann. Nehmen wir ein Beispiel aus der Praxis. Eine Patientin hat einen Bandscheibenvorfall mit entsprechenden Schmerzen. Sie sucht einen Orthopäden nach dem anderen auf, ohne dass ihr geholfen werden kann. Schließlich landet sie bei einem Akupunkteur. Und sie spürt, dass durch die Akupunktur die Schmerzen sofort nachlassen. Wie könnte man dies erklären? Da gibt es mehrere Wege:

1. Spontaner Zurückfall des Bandscheibenvorfalls.
2. Durch Akupunktur wird die Schmerzschwelle herabgesetzt, auch wenn der Bandscheibenvorfall bestehen bleibt. Also werden die Symptome gelindert, nicht aber die Krankheit geheilt.
3. Es ist bekannt, dass der Körper in Stresssituationen körpereigene Stoffe wie z. B. Endorphine freisetzt, die Schmerzen sogar völlig aufheben können.

Es ist bekannt, dass ein Soldat im Krieg seinen eigenen Daumen abschießen kann und es nicht merkt. Also ist es möglich, dass durch Reizung bestimmter Hautareale Endorphine freigesetzt werden. Dies müsste noch erforscht werden, z. B. die Frage, durch Reizung welcher Areale mehr Endorphine freigesetzt werden als durch die Reizung anderer Areale, wenn überhaupt. So könnten Wissenschaftler die Wirksamkeit von Akupunktur beweisen und sie optimieren. Das genau ist Aufgabe moderner Medizin. Natur- und Alternativ-Medizin sind auf Erfahrungen und Beobachtungen aufgebaut. Übersehen wird die Tatsache, dass auch Medizin auf Beobachtungen und Erfahrungen aufgebaut ist. Es kommt ein wesentlicher Faktor hinzu. Durch Experimente mit statistisch signifikanten Größen in Beobachtung und Erfahrung werden die letztgenannten optimiert.

Ein gutes Beispiel ist Fingerhut. Da Fingerhut bei Herzbeschwerden half – das wurde beobachtet –, analysierten Wissenschaftler die chemischen Komponenten des Fingerhutes. Sie fanden durch Anwendung bei Tieren und später bei Menschen heraus, dass nur ein einziger Stoff im Fingerhut herzwirksam war. Einige andere hatten keine Wirkung, andere sogar unerwünschte Nebenwirkungen. Daraufhin isolierte man diesen wirksamen Stoff und verwendete nur ihn in der Behandlung von Herzkrankheiten.

Das gleiche war bei Morphium der Fall. Wissenschaftler stellten fest, dass seit Jahrhunderten in der Volksmedizin bei starken Schmerzen Opium verabreicht wurde. Also analysierte man es und fand heraus, dass im Opium nur zwei Alkaloide schmerzstillende Wirkung mit geringen Nebenwirkungen hatten. Also wurden sie isoliert. Später analysierten Wissenschaftler diese Stoffe chemisch und fanden chemisch ähnliche, die noch weniger Nebenwirkungen hatten. So wurde die Therapie wissenschaftlich optimiert. Ein konsequenter Anhänger der Naturmedizin muss behaupten, reines Opium müsse verabreicht werden, weil das der natürliche Saft der Pflanze sei.

Diese Art, die Spreu vom Weizen zu trennen, muss, wer mit gesundem Menschenverstand denkt, auch bei der Naturmedizin anwenden. Ich bin sicher, dass aus der Alternativ- und Naturmedizin vieles anwendbar ist. Allerdings ist es notwendig, mit Hilfe von verlässlichen statistischen Beweisen Nützliches von Sinnlosem zu trennen. Es geht mir nicht darum, Alternativ-Mediziner pauschal zu verurteilen. Auf manchen Gebieten können sie mit ihrem ganzheitlichen Denken bestimmt bessere Ergebnisse erzielen als der vollbeschäftigte Super-Spezialist, z. B. ein Urologe. Aber dann sollten sie diese Heilerfolge an größeren Krankengruppen dokumentieren. Nicht nach Gutdünken handeln, sondern streng wissenschaftlich, so dass ihre Erfolge nachvollziehbar sind. Dann kann man diese Erkenntnisse in die Medizin zum Wohle der Patienten inkorporieren.

Mein Thema ist klares Denken. Wir müssen jede Problematik mit logisch-analytischem Verstand angehen, also alles wissenschaftlich erforschen, um zu verlässlichen Schlussfolgerungen zu gelangen.

16. Unnütze Gedanken

„Warum gerade ich, Herr Doktor?", fragte mich mein Patient. „Warum muss ausgerechnet mich diese Krankheit treffen? Dabei habe ich doch immer gesund gelebt! Vor allem habe ich niemandem Böses angetan!" Was sollte ich als Arzt darauf antworten? Sollte ich etwa sagen: „Der liebe Gott wollte es wahrscheinlich so, denn alles hat seinen Sinn." Das wäre wohl Hohn! Ich habe auch erlebt, dass Menschen nach einem schweren Unfall in Verzweiflung gerieten und sich immer wieder fragten: „Warum muss gerade mir dies passieren?" Menschen, die sich solche Fragen stellen, treffen wir auch in anderen Situationen an, z. B. nach einer Katastrophe in ihrem Leben, dem Tod eines Angehörigen, wenn finanzieller Ruin ohne eigenes Verschulden droht, bei Arbeitslosigkeit oder wenn beruflich etwas schief geht. Lohnt es sich, solchen Gedanken nachzugehen? Bringt es etwas ein? Kann ein Mensch durch solche Gedanken etwas ändern? Können wir Geschehenes, die Vergangenheit ändern? Ich kenne Patienten, die mir erzählen: „Wenn ich bloß nicht zu Doktor X, sondern zu Doktor Y gegangen wäre, er hätte vielleicht meine Krankheit rechtzeitig erkannt. Es wäre nicht soweit gekommen." Es ist klar, dass sie dies nicht nur mir erzählen, sondern sich diese Frage selbst etliche Male gestellt haben. Ist das produktiv?

Es ist nicht nur die Vergangenheit, die wir nicht ändern können, sondern auch in der Gegenwart sind wir oft machtlos. Es gibt Situationen, die wir hier und jetzt nicht ändern, nicht beeinflussen können.

Ein persönliches Erlebnis: Meine Frau und ich waren auf dem Rückflug von Indien nach Deutschland, Zwischenlandung in Dubai. Wir saßen ziemlich weit vorne inmitten vieler Kinder, die recht laut waren. Da im hinteren Bereich des Flugzeuges einige Sitze frei waren, standen wir auf und begaben uns dahin.

Etwa eineinhalb Stunden später kam eine Durchsage über den Lautsprecher: „Hier spricht der Kapitän. Meine Damen und Herren, begeben Sie sich auf Ihre Sitzplätze und schnallen Sie sich an. Bitte beunruhigen Sie sich nicht, aber wir müssen nach Dubai zurückfliegen. In einem der Motoren ist ein Brand entstanden; deswegen muss ich auch Kerosin ablassen. Erschrecken Sie sich bitte nicht, wenn jetzt ein dicker Kerosinstrahl an Ihrem Fenster vorbeifliegt." Im Flugzeug wurde es auf einmal sehr still. Sogar die Kinder hörten auf zu lärmen. Das Flugzeug legte Tempo zu, es flog tatsächlich ein dicker Kerosinstrahl an unserem Fenster vorbei. Meine Frau war ganz still und hielt liebevoll meine Hand. Ich sagte aber: „Es ist jammerschade, dass meine Kamera jetzt vorne liegt und ich deswegen diesen dicken Kerosinstrahl nicht fotografieren kann. Das ist eine einmalige Gelegenheit. So etwas gibt es bestimmt nicht wieder." Meine Frau schaute mich verdutzt an und meinte: „Ich denke die ganze Zeit, wenn wir sterben müssen, dann sterben wir wenigstens gemeinsam. Und du denkst ans Fotografieren! Was nützt das Fotografieren, wenn wir abstürzen?" „Na ja", sagte ich, „solche Bilder gibt es nicht oft. Falls wir sterben, findet jemand meine Kamera und die Bilder." Meine Frau schaute mich mit großen Augen an.

Was bringt es, in solchen Situationen zu jammern und zu denken: „Hätten wir diese billige Fluglinie nicht genommen, oder wären wir besser ein paar Tage später geflogen?" Ist es nicht besser in solchen Fällen, in denen wir die Situation nicht ändern können, stoische Ruhe zu bewahren und das Beste daraus zu machen?

Vor ein paar Jahren saß ich in meinem Zimmer. Das Wetter war miserabel, es goss in Strömen. Ich hörte Radio. Da sagte der Sprecher: „Ich freue mich so, dass es regnet." Nach kurzer Pause: „Wenn ich mich nicht freue, regnet es auch." Ist das nicht eine kluge Einstellung?

Es gibt Autofahrer, die fürchterlich anfangen zu schimpfen, wenn sie glauben ungerechtfertigt überholt zu werden, oder sich stark aufregen, wenn sie das Gefühl haben, bedrängt zu werden. Dann hauen sie mit beiden Händen aufs Lenkrad, machen obszöne Zeichen oder verfallen in eine Sprache, die sie ihren Kindern verbieten würden. Das Ergebnis? Sie können den unbotmäßigen Autofahrer nicht beeinflussen, der sich unkorrekt verhielt, seine Verhaltensweise nicht ändern. Sie schaden nur sich selbst, wenn sie sich aufregen. Wäre es nicht besser anzunehmen, dass der Überholende vielleicht einen triftigen Grund hatte, viel zu schnell zu sein? Vielleicht war sein Kind krank und er musste schnell nach Hause!

Einmal fuhr ich mit einem deutschen Freund und meiner Schwester von unserer Farm in Indien zur Provinzhauptstadt. Es war Nacht und stockfinster, natürlich gab es keine Straßenbeleuchtung. Auf einmal bremste der Fahrer. Mitten auf der Fahrbahn stand ein Sattelzug, unbeleuchtet, ohne Warnzeichen. Es lagen nur ein paar Steine einige Meter davor als Warnzeichen, wie es in Indien üblich ist. Mein Freund schimpfte: „So eine Unverfrorenheit, mitten auf der Straße stehen zu bleiben, ohne Beleuchtung. Wir hätten doch glatt auffahren können!" Er erwartete eine ähnliche Reaktion von mir, oder mindestens Zustimmung. Aber fast zeitgleich sprach meine Schwester in unserer Muttersprache mit mir. Ich lächelte nur. Deswegen fragte mein Freund: „Was sagte sie?" „Sie meinte, der arme Kerl, sein Fahrzeug ist in dieser einsamen Gegend stehen geblieben. Wo wird er wohl mitten in der Nacht Hilfe finden?" Die Schlussfolgerung ist klar. Weder mein Freund noch ich hätten die Verhaltensweise des Sattelzugfahrers in Indien durch unser Schimpfen ändern können. Jede Aufregung schadete uns nur. Außerdem zeigte sein Verhalten mangelnde Feinfühligkeit für die Not des Anderen. Ist dies klug und weise?

Um wieder auf die Vergangenheit zurückzukommen, die wir nicht ändern können: Von vielen Menschen ist der Satz in einer nachdenklichen Stunde zu hören – mit oder ohne Alkohol: „Hätte ich bloß ...", „Hätte ich in der Schule besser aufgepasst ...", „Hätte ich den Lehrerberuf gewählt anstatt Jurist zu werden ...", „Hätte ich beim Autofahren aufgepasst, dann wäre der Unfall nicht passiert ...", „Hätte ich eine zusätzliche Unfallversicherung abgeschlossen ...", „Hätte ich meinem

Partner dies oder jenes nicht vorgeworfen, jetzt ist er weg." Auch hier kann ich viele Beispiele anführen. Aber hat eine Frage, die mit „Hätte ich ..." beginnt, einen produktiven Sinn? Bringt sie etwas? Die Vergangenheit können wir nicht ändern. Lohnt es, sich über unabänderliche Tatsachen zu ärgern?

Die Frage der Berufswahl ist typisch. Jeder Beruf hat Vor- und Nachteile. Irgendwann, wenn man gerade ein negatives berufsgebundenes Erlebnis hatte, sagt man sich: „Hätte ich bloß einen anderen Beruf gewählt, z. B. Lehrer, die haben so viel Ferien! Und sind auch noch verbeamtet!" Der Lehrer sagt: „Arzt hätte ich werden sollen. Ich muss mich mit den Gören rumärgern, während die Patienten tun, was der Arzt sagt." Der Chirurg sagt: „Hätte ich vielleicht doch einen anderen Beruf wählen sollen? Nachts operieren und morgens früh wieder auf der Matte stehen!" Eine moderne Ehefrau: „Hätte ich bloß nicht geheiratet, dann hätte ich mich selbst verwirklichen können." – Die Gedankengänge kann man fast unendlich fortsetzen. Wäre es nicht besser, sich auf die Vorteile zu konzentrieren als auf die Nachteile? Denn ändern kann man die Situation jetzt nicht mehr. Sie ist wie ein halb gefülltes Weinglas. Ich kann sagen: „Das Glas ist schon halb leer." Ich kann aber auch sagen: „Das Glas ist immer noch halb voll." Die Situation bleibt unverändert, dass das Glas zur Hälfte gefüllt ist. Nur die Betrachtungsweise ist entscheidend. Ich für meinen Teil versuche mich bei unveränderbaren Tatsachen auf die positiven Aspekte zu konzentrieren.

Ich besuchte einen Freund, der einen wunderschönen Garten mit vielen Blumen hatte. Er besaß vor allem eine Vielzahl fantastischer Dahlien. Diese waren wunderschön, wir erwähnten das auch. Er sagte daraufhin: „Immer, wenn ich meine schönen Dahlien anschaue, muss ich an den Frost denken. Dann ist die ganze Pracht dahin! Das vergällt mir die ganze Freude." Ist diese Art und Weise zu denken gesund? Natürlich wissen wir alle, dass eines Tages der Frost kommen wird. Sollten wir uns deswegen die im Augenblick vorhandene Freude an den wunderschönen Blumen zerstören lassen? Wir alle werden einmal alt. Vielleicht auch gebrechlich und krank ... Müssen wir uns deswegen den jetzigen Spaß am Leben verderben lassen?

Es gibt einen anderen Aspekt der Vergangenheit, den wir nicht verändern können. Ich habe eine Bekannte, die in den USA lebt. Sie hat eine eigenartige Schwäche. Wenn sie etwas gekauft hat und diese Ware einen Mangel aufweist, hat sie Hemmungen es zu reklamieren. Es gehört zum guten Ton in den USA, bei geringsten psychologischen Problemen einen Psychiater aufzusuchen. Also tat sie dies auch. Es folgten mehrere Sitzungen. Sie musste ihm alles erzählen, einschließlich ihrer Kindheitserlebnisse. Endlich hatte der Psychiater eine Erklärung. Als sie klein war, hatte sie ihre Mutter gefragt: „Mama, wo komme ich her?" Die Mutter sagte: „Töchterchen, eines Tages haben die Zigeuner dich vor die Tür gelegt und so kamst du zu uns." Dieses Kindheitstrauma sei verantwortlich für ihre Hemmungen bei der Reklamation von Waren. Nun sagt sie: „Ich habe halt dieses Trauma, deswegen bin ich so. Dieses Trauma kann man nicht ungeschehen machen, deswegen habe ich weiterhin Hemmungen bei einer Reklamation. Das kann ich nicht ändern."

Der gedankliche Kurzschluss ist offensichtlich. Ob die Erklärung des Psychiaters richtig war oder nicht, steht im Augenblick nicht zur Debatte. Aber eine Erklärung, wie richtig sie auch sein mag, darf nicht zur Entschuldigung des eigenen Fehlverhaltens werden. Die Vergangenheit kann man nicht ändern. Aber der Mensch ist flexibel; er kann sich durchaus umstellen. Ein Verbrecher kann sein Verbrechen auch nicht rechtfertigen, indem er sagt, dass seine Eltern ihn in ein Heim gesteckt hätten und er in schlechter Gesellschaft aufgewachsen sei. Auch wenn vor Gerichten diese Kindheitserlebnisse oft als Verteidigungsargumente geltend gemacht werden.

Im täglichen Leben gibt es entsprechende Korrelate. Ich hatte einen Kollegen, der sehr ausländerfeindlich war. Irgendwann entschuldigte er sich bei mir, da er merkte, dass ich ein Mensch war wie die anderen auch. Er sagte dann, das komme daher, weil sein Vater ein Militarist gewesen sei. Immerhin hat er seine Einstellung mindestens zu einem gewissen Prozentsatz ändern können. Ähnliches hört man auch von manchen Menschen, wenn sie als Entschuldigungsversuch das Argument wählen, sie seien streng katholisch erzogen worden. Gut, wenn sie das erkennen können, denn nur nach Erkenntnis ist eine Änderung möglich. Aber diese Änderung muss folgen. Karl Marx hatte recht, als er konstatierte: „Die Philosophen haben die Welt nur interpretiert. Es kommt darauf an sie zu verändern."

Es gibt Menschen, die zum Meckern und Stänkern neigen. Im Sommer schimpfen sie auf die Hitze, im Winter über die Kälte und zwischendurch sind sie unglücklich über Regen. Aber Wetterbedingungen sind eben nicht beeinflussbar. Was nützt einem die Schimpferei? Wir sollten versuchen, aus dem, was ist, das Beste zu machen. Bei stürmischem Wetter könnten wir sagen: „Wie schön, dass wir Schutz in unseren vier Wänden haben!" Im Winter: „Gut, dass wir warme Kleidung und beheizte Wohnhäuser haben – im Gegensatz zu Menschen in vielen Ländern, die im Winter erfrieren." Es ist unproduktiv, über unveränderbare Tatsachen zu grübeln. Damit komme ich zum Stichwort „Grübeln". Grübeln ist etwas anderes als Nachdenken. Nachdenken ist ziel- und ergebnisorientiertes Denken, während Grübeln zielloses Wiederkäuen derselben Gedankengänge darstellt, ohne zu einem Ergebnis zu kommen.

Natürlich ist es im täglichen Leben unmöglich, wenn Probleme auftauchen, sich nicht mit ihnen zu befassen, wenn nötig, wiederholt. Aber das muss dann systematisch geschehen. Nehmen wir ein praktisches Beispiel. Die Scheidung vom Partner steht an. Natürlich ist das ein schwerwiegendes Problem. Man kann nicht leicht zu einer Entscheidung kommen. Dann würde ich folgenden Weg vorschlagen. Setzen Sie sich an den Schreibtisch, nehmen Sie ein Stück Papier und einen Stift in die Hand und fangen Sie an, systematisch alles aufzuschreiben. Denn beim Schreiben ordnen sich die Gedanken, es eröffnen sich neue Perspektiven. Stellen Sie zunächst fest, wie die Situation jetzt ist. Kam es zur Entfremdung zwischen beiden oder existiert sie nur in ihrem Kopf? Wenn es zur Entfremdung kam, dann fragen Sie sich: „Was sind die möglichen Gründe? Sind sie schwerwiegend oder banal? Gibt es möglicherweise einen Ausweg; z. B. ein offenes klärendes Gespräch mit dem Partner?" Wenn sich aber herausstellen sollte, dass das Zusammenleben sehr problematisch scheint, auch dann ist so eine Entscheidung nicht leicht. Ein Mensch kann leicht ins Grübeln kommen. Dann notieren Sie auf der einen Seite Ihres Blatts die negative Punkte für eine Entscheidung zur Scheidung. Behandeln Sie dabei wichtige Themen wie z. B. die Möglichkeit Ihrer Befreiung aus einer bedrückenden sowie unerträglichen Situation: Was geschieht mit den Kindern, wie ist dann Ihre finanzielle Situation, und falls Ihnen dies wichtig erscheint, Ihre mögliche Reaktion auf das Verhalten Ihrer nahen Verwandten und des sozialen Umfeldes. Schreiben Sie auf, was Ihnen sonst noch wichtig erscheint. Die Entscheidung zur Scheidung sollte fallen, wenn die Punkte dafür überwiegen. Nebenbei möchte ich konstatieren, solche Überlegungen sind gläubigen Christen nicht gestattet, denn in der Bibel steht: „Was nun Gott zusammengefügt hat, das soll der Mensch nicht scheiden."

Falls Sie aber Ihren gesunden Menschenverstand benutzen wollen, schlage ich Folgendes vor: Lassen Sie vor dem Schlafengehen alle Punkte vor Ihrem geistigen Auge Revue passieren. Geben Sie Ihrem Unterbewusstsein den Befehl sich damit zu beschäftigen. Und dann versuchen Sie, nicht mehr daran zu denken. Das kann man leicht bewirken, indem man versucht, seine Gedanken auf die positiven und angenehmen Dinge im eigenen Leben zu lenken. Und diese existieren sicherlich. Man muss nur suchen, dann findet man sie.

Ein Beispiel, dass Sie nicht hungern müssen und medizinisch gut versorgt sind – was in der übrigen Welt keineswegs selbstverständlich ist. Oder dass Sie nette Freunde, liebe Kinder haben usw. Jedenfalls wäre es falsch, ins Grübeln und in Selbstmitleid zu geraten. Dies würde nur zu Schlaflosigkeit und Unausgeglichenheit in der nächsten Zeit führen.

Nehmen wir ein anderes Beispiel. Ihr Arzt hat Ihnen geraten, eine Operation durchführen zu lassen. Aber Sie können sich nicht entscheiden. Auch hier lohnt es sich, ähnlich vorzugehen anstatt lange in einem Zustand der Unentschiedenheit zu verharren. Schreiben Sie die Situation auf wie sie ist, anstatt Vogel-Strauß-Politik zu betreiben. Schreiben Sie auf, was passieren könnte, wenn Sie sich operieren oder nicht operieren lassen. Besprechen Sie dies dann mit Ihrem Arzt oder holen Sie einen zweiten Rat von einem anderen Doktor. Aber entscheiden Sie! Wenig ist zermürbender als ein dauerhafter Zustand der Unentschiedenheit.

Oder Sie sind mit Ihrem Arbeitsplatz oder Beruf unzufrieden. Schreiben Sie alles auf: Möglichkeiten eines Arbeitsplatzwechsels und die damit verbundenen Plus- oder Minuspunkte. Damit klären Sie das Problem.

Unter unnütze Gedanken würde ich Themen wie Neid, Eifersucht, Gewissensbisse, Selbstmitleid, Sorgen usw. einreihen. Darüber habe ich ausführlich in meinem Buch „Das Glück liegt diesseits des Todes" berichtet. Neid ist ein weit verbreitetes Phänomen, auch wenn wir uns dessen nicht bewusst sind. Aber Neid ist unproduktiv und damit ein unnützer Gedankengang. Wir erreichen damit nichts, aber machen uns selbst unglücklich. Anstatt selbst etwas zu erreichen, sind manche Menschen neidisch auf die, die etwas oder gar mehr erreicht haben. Es lohnt sich aber nicht, auf die Reichtümer von Bill Gates, Jeff Bezos oder George Clooney neidisch zu sein, etwa unter dem Deckmantel von Gefühlen für Gerechtigkeit. Sie selbst verdienen wesentlich mehr für die gleiche Arbeit als ein Mensch in der Dritten Welt, umgeben sich mit selbstverständlich gewordenem Luxus wie Auto, Kühlschrank, Waschmaschine usw. Sicher gibt es Situationen, wo Gerechtigkeitssinn und Neid berechtigt gepaart sind, z. B bei der Kritik an Steuer hinterziehenden Multimillionären. Aber auch hier wäre es Verschwendung Ihrer Zeit, wenn Sie nicht bereit sind, konsequent etwas gegen Steuerhinterziehung zu unternehmen; seien es Leserbriefe, politische Aktivitäten oder anderes.

Es gibt natürlich Fälle, bei denen man keine genaue Grenze zwischen unnützen und produktiven Gedanken ziehen kann. Beispiele wären Mülldeponien, Thermolyse oder Elektrosmog. Es ist zu 98 % unnütz, wenn man sich darüber aufregt und nichts unternimmt. Es gibt Menschen, die sich intensiv damit beschäftigt und mächtige Bürgerbewegungen ins Leben gerufen haben, die nicht ohne nachhaltige Wirkung geblieben ist. Das ist ein positiver Beitrag, auch zur Bürgerbeteiligung am Prozess der Demokratie.

17. Angst vor dem Tod

Ebenso beschäftigen sich viele Menschen, die mitten im Leben stehen, mit dem Thema „Angst vor dem Tod", anstatt ihr Leben zu genießen. Vielleicht hat das dumme Sprichwort: „Auf Lachen folgt Weinen", das wir von klein auf hörten, uns verformt, das Gute nicht genießen zu können, das uns gewährt wird.

Dass der Frost kommen wird, wissen wir. Dass wir eines Tages sterben werden, das wissen wir auch. Das ist nicht zu ändern. Dann aber sollten wir uns nicht dauernd mit dem Thema Tod beschäftigen.

Eine schöne Geschichte von Buddha. Als Wanderprediger machte er einmal halt in einem Dorf. Da kam eine Mutter mit ihrem toten Kind auf dem Arm zu ihm und sagte: „Du bist ein Heiliger, kannst du nicht mein Kind wieder lebendig machen?" Er antwortete: „Aber dazu brauche ich einige Senfkörner." „Oh, die hole ich sofort", entgegnete die

Mutter. Buddha aber sagte: „Diese müssen aber aus einem Haushalt stammen, in dem bisher keiner starb." Die Mutter lief von Haushalt zu Haushalt und konnte natürlich nicht ein Haus finden, in dem niemand gestorben war. Buddha erklärte daraufhin: „Tod ist ein Naturgesetz. Naturgesetze kann niemand ändern, nicht einmal Götter, falls es sie überhaupt geben sollte."

Trotzdem haben Menschen Angst vor dem Tod. Woher kommt dies? Ich glaube, zunächst muss man unterscheiden zwischen Angst vor dem Tod an sich und Angst vor einem schmerzhaften Tod. Wenn wir die Geschichte der menschlichen Evolution anschauen, war der Tod fast immer mit Schmerzen verbunden. Entweder wurde der Urmensch von wilden Tieren gefressen oder er starb an einer Krankheit. Heute muss ein Mensch nicht an einer Blinddarmentzündung oder Zahnvereiterung sterben. Dabei gilt es zu erkennen, dass ohne Angst vor einem schmerzhaften Tod der heutige Homo sapiens ausgestorben wäre. Ein mutierter Mensch, der sich gerne von wilden Tieren auffressen ließ, konnte seine Gene nicht weiter vererben, überlebte nicht. Wir haben natürlich Gene, in denen Angst vor Schmerzen verankert ist. Angst vor einem schmerzhaften Tod ist also natürlich. Angst vor dem Tod an sich ist etwas anderes.

Angst vor dem Tod an sich kann durchaus ihren Ursprung in religiösen Vorstellungen haben. Die meisten Religionen lehren ein tugendhaftes Leben. Diese Tugenden sind aber häufig derart, dass sie praktisch kaum lebbar sind. Gebote und Verbote wie „Liebe Deinen Feind"; „Sobald du im Geist eine fremde Frau begehrt hast, hast du schon mit ihr die Ehe gebrochen", „Richte nicht, damit du nicht gerichtet wirst", „Verkaufe dein Hab und Gut und verteile es unter den Armen", Verteufelung der Sexualität einschließlich Masturbation usw. usf. Ein Mensch, der durch seine Erziehung an all diese „Tugenden" glaubt und doch nicht in der Lage ist, sie alle zu befolgen, könnte hinsichtlich seines Lebens nach dem Tod sehr unsicher sein. Vielleicht, da er doch nicht so tugendhaft war, kommt er doch in die Hölle! Diese Vorstellung einer ungewissen Zukunft kann natürlich Angst vorm Tod erzeugen. Wenn aber jemand glaubt, dass der Tod das absolute Ende ist, muss er dennoch keine Angst davor haben.

Mein Vater verstarb mit 78 Jahren. Er hatte ein arbeitsreiches, aber auch erfolgreiches und erfülltes Leben gehabt. Nachdem mein Bruder die Farm übernommen hatte, erzählte mein Vater immer wieder, dass er eigentlich aus dem Leben scheiden dürfe. Er habe alles erreicht; er war für seine Verdienste um die Landwirtschaft geadelt worden, aus seinen Kindern sei etwas geworden; seine Farm sei von der FAO als beste Farm Asiens bezeichnet worden. Das genüge ihm, er möchte vor meiner Mutter gehen und auf keinen Fall eventuell als Pflegefall weiterleben. Wohlgemerkt, er war nicht krank. Eines Tages, als mein Bruder mit seiner Familie unterwegs war, sagte mein Vater zu meiner Mutter: „Morgen früh stehe ich um fünf Uhr auf und mache einen kurzen Spaziergang auf der Farm. Wir trinken hinterher zusammen Tee. Anschließend lege ich mich ins Bett, dann rufst du den Arzt." So geschah es dann auch. Nach dem Spaziergang durch die Farm und nach dem Tee legte sich mein Vater auf sein Bett, tat einen tiefen Atemzug und starb. Voll zufrieden mit seinem Leben. Er hatte keine Angst vor dem Tod. Er glaubte nicht an Wiedergeburt oder an irgendeine andere Art von Leben nach dem Tode.

Wahrscheinlich können wir uns nicht alle so verhalten wie mein Vater. Aber warum sollen wir uns jetzt und dauernd damit befassen und uns dadurch das Leben vergällen? Der Frost wird kommen, aber erfreuen wir uns an den Blumen, solange sie blühen. Sagen Sie sich selbst, auf Lachen folgt Lachen, und nicht auf Lachen folgt Weinen. Wir sind nun mal auf dieser Welt, ob wir wollen oder nicht. Ist es dann nicht weise, uns auf das Positive zu konzentrieren, das Leben zu genießen, anstatt sich mit trüben Gedanken zu befassen wie beispielsweise was uns wohl blüht, wenn wir tot sind?

Ich für meinen Teil werde kurz vor dem Tod auf ein erfülltes Leben zurückblicken und das Unvermeidliche akzeptieren. Wir halten uns für sehr wichtig, deswegen können wir uns nicht vorstellen, dass mit dem Tod alles vorbei sein soll. Aus diesem Grund erfindet der Mensch ein Leben nach dem Tod, in welcher Form auch immer. Sind wir in diesem gewaltigen Kosmos so wichtig? Wäre die kosmische Geschichte anders verlaufen, wenn Sie und ich, der Homo sapiens auf dieser Erde überhaupt nicht erschienen wären?

Wir sollten Selbstdisziplin üben! Sobald wir feststellen, dass wir im Begriff sind, Unnützes zu denken, sollten wir damit aufhören, um unsere Zeit nicht zu verschwenden. Viele solcher Gedanken erzeugen unglückliche Gefühle. Das wollen wir nicht, denn Leitmotiv menschlichen Tuns ist der Wunsch glücklich zu sein.

18. Wie kann man unnütze Gedanken vermeiden?

1. Spazieren gehen, Fahrrad fahren, Entspannungsbad nehmen.
2. Gespräch, jemandem sein Herz ausschütten.
3. Sich mit dem Problem konfrontieren und nicht ignorieren, nicht ergebnislos wiederkäuen (grübeln), aufschreiben, das Problem analytisch angehen.
4. Sich selbst sagen: Es gibt Schlimmeres. Sich mit Menschen vergleichen, denen es schlechter geht. Sich über Selbstverständlichkeiten freuen (genug Essen, Dach über dem Kopf, gute medizinische Versorgung und anderes).
5. Sich mit positiven und angenehmen Aspekten des Lebens befassen und nicht grübeln.

6. Ablenkungen: Musik, tanzen, Hobbys betreiben.

7. Sich sagen: Meine Zeit ist kostbar, sie nicht mit negativen Gedanken und Banalitäten verschwenden.

8. Sich fragen: Ist die Lage wirklich so schlimm, wie sie im ersten Augenblick erscheint?

9. Beschäftigung mit uneigennützigen Tätigkeiten wie beispielsweise Rotes Kreuz, Amnesty International, Green Peace, Tafel, kirchliche und anderen wohltätigen Organisationen.

10. Sorgen symbolisch in eine Tüte packen, sie verabschieden, wegwerfen.

11. Raus aus der gewohnten Umgebung: Spazieren gehen, Urlaub machen, Freunde für mehrere Tage besuchen.

12. Sich nicht so wichtig nehmen. Sich sagen: Wärst du nicht geboren worden, die Welt wäre nicht anders. So wichtig du für dich bist, für andere bist du es nicht.

13. Falls chemische Moleküle frei werden, die durch eine Beziehungskatastrophe entstehen und in den Räumlichkeiten hängen, was tun?

a. Raus aus dieser Umgebung, Spazierengehen,

b. Räume lüften.

14. Einwand: Menschen haben unterschiedliche Temperamente. Manche Menschen können nicht anders als grübeln.

Eine Erklärung darf nicht zur Entschuldigung werden. Der Mensch ist flexibel. Er kann sich durch geistige Disziplin ändern. Die Person muss es versuchen. Wer nichts versucht, sondern resigniert, erreicht nichts. Wer versucht 100 % zu erreichen, erzielt vielleicht 50, 20 oder nur 10 %. Das ist aber mehr als gar nichts!

Im Zusammenhang mit der Angst vor dem Tod tauchte die Frage auf: Was geschieht mit dem Bewusstsein nach dem Tod? Hier nur eine kurze Stellungnahme: Geist, Seele, Bewusstsein sind Eigenschaften des

Gehirns. Wenn das Gehirn tot ist, sind auch diese Eigenschaften für immer verloren. Nur die Eindrücke bleiben, die unsere Persönlichkeit in den Köpfen unserer Bekannten und Verwandten zurückgelassen hat. Dazu später mehr und ausführlich.

19. Der Mangel an Feinfühligkeit

Gesellschaftsabend bei Meiers: Familie Müller ist auch eingeladen. Gleich nach dem Abendessen sagt Herr Müller „Ich habe euch etwas mitgebracht. Wir verbrachten unseren Urlaub in den Rocky Mountains. Da haben wir viele Dias gemacht, ich habe sie zum Anschauen dabei." Gesagt, getan. Er holt aus seiner Tasche eine Menge Dias und ein Gucki. Das Gucki ist ein kleines mobiles Gerät, zur Betrachtung von Dias ohne großen Aufwand. Der erste Gast nimmt das Gerät, hält es nach einigen Verrenkungen gegen eine denkbar ungeeignete Lichtquelle. Da ertönt der Kommentar von Herrn Müller: „Die Berge, die Sie sehen, sind eigentlich sehr hoch. Sie sehen so klein aus, weil ich sie von weitem aufnahm. Das Bild ist nicht ganz scharf, da ich aus dem fahrenden Auto fotografierte. Weil ich den falschen Film in der Kamera hatte, ist das Foto überbelichtet." Nun stecken 20 Gäste ein Dia nach dem anderen in den Gucki, reichen ihn weiter. Es waren schrecklich viele Bilder. Derweil rutschte Herr Meier auf seinem Stuhl ungeduldig hin und her, weil er seine Urlaubsdias auch zeigen wollte. Irgendwann ist die Gucki-Horrorschau beendet.

Nun projiziert Herr Meier seine Dias auf eine Wand, die mit einer nicht ganz weißen Wandtapete versehen war. Sein Kommentar zum ersten Bild: „Da ist die kleine Erna am Meer. Ach, war das schön! Und obwohl es richtig warm war, hat sich Erna erkältet. Wir mussten einen Arzt aufsuchen, was in so einem kleinen Urlaubsdorf nicht ganz einfach war." Und so ging es weiter. Frau Meier vor der Dorfkirche, Herr Meier beim Biertrinken – alles mit entsprechend geistreichen Kommentaren und Schilderungen über ihre Erlebnisse. Als alle Gäste ermattet gehen wollten, trumpfte Herr Meier mit einer Überraschung auf. Tochter Erna soll etwas auf dem Klavier spielen. Während Familie Meier völlig entzückt dem wundervollen Musikstück „Alle meine Entchen schwimmen auf dem See" lauschten, das Klein-Erna gestern vom Klavierlehrer gelernt hatte, dachten die Gäste: „Wann hört das kleine Biest endlich mit dem Geklimper auf?" Aber Erna hatte noch mehr Stücke eingeübt, die ihren Gästen keinesfalls vorenthalten bleiben sollten, meinten Meiers. Auch der schönste Abend geht einmal zu Ende. Gott sei Dank, meinten die Gäste. Einige sannen auf Rache. Bei der nächsten Einladung hätten sie für Familie Meier und Familie Müller ebenfalls einige Überraschungen parat.

Was lief hier schief? Dies ist eindeutig ein Fall fehlender Feinfühligkeit und der Unfähigkeit, sich in andere hineindenken zu können. Jedes Urlaubsbild, das Meiers und Müllers zeigten, hatte für sie einen anderen Wert als für die Gäste. Mit jedem Bild verbanden sie ein emotionales Erlebnis, was bei den Gäste nicht der Fall war. Die Meiers sind mit der Tante nachher Kaffeetrinken gegangen, was sehr schön war, besonders weil sie Tante Emma lange nicht gesehen hatten. Das Bild davon ist für sie nicht nur ein Fotodokument, sondern hat eine starke emotionale Bedeutung. Sogar ein unscharfes, überbelichtetes und verwackeltes Bild kann für Familie Meier von großem Wert sein, aber nicht für ihre Gäste.

Kennen wir nicht stolze Großeltern, die Bilder von den Enkeln aus der Brieftasche holen und zeigen? Was bleibt einem höflichen Gast übrig, als „ach, wie süß" zu sagen? Natürlich finden Eltern und Großeltern eigene Kinder und Enkelkinder toll und süß. Das ist auch gut so. Aber zu erwarten, dass andere dieselben Maßstäbe anlegen, ist etwas viel verlangt. Vielleicht hat ihr Gegenüber im Augenblick andere Sorgen und Probleme, mit denen es fertig werden muss! Es ist durchaus in Ordnung, wenn man diese Bilder zeigt. Man sollte sich allerdings vorher Gedanken machen, ob der andere tatsächlich Interesse daran haben könnte. Man muss sich in ihn hineindenken können.

Auch trifft man auf Menschen, die lange über ihre Krankheiten reden. Sie merken dabei nicht, dass der andere nicht unbedingt alle Details erfahren möchte. Während wieder andere, nach ihrem Gesundheitszustand befragt, mit „so la-la" antworten. Somit ist ein höflicher Gesprächspartner aufgefordert, sich näher nach Gesundheit oder anderen Sorgen zu erkundigen. Normalerweise benutzt, wer „wie geht's" fragt, die übliche Begrüßungsformel, ohne unbedingt wissen zu wollen, wie es dem anderen tatsächlich geht. Aber auch nach dieser Frage – außer beim Arzt – gilt es nicht als gutes Benehmen, den anderen mit seinen Sorgen zu überschütten. Er hat vielleicht selbst Probleme. Er würde sich bestimmt freuen, hörte er Erfreuliches. Ich persönlich, nach meinem Befinden gefragt, antworte in der Regel, dass es mir gut gehe.

Es ist etwas ganz anderes, wenn jemand fragt „Ich habe gehört, dass Sie einen schweren Unfall hatten. Geht es Ihnen wieder besser?" Diese Formulierung zeigt, dass der andere tatsächlich daran interessiert ist, wie es mir jetzt geht. Neulich fragte mich ein flüchtiger Bekannter „Wie geht's?" Irrtümlich nahm ich an, dass er ernsthaft an meinen Gesundheitszustand interessiert sei, da er wusste, dass ich längere Zeit im Krankenhaus gelegen hatte. Wahrheitsgemäß antwortete ich: „Seit zehn Tagen wieder besser." Ich erwartete, dass er dann fragen würde „Was war los?" Er aber meinte „Na, dann ist es ja gut. Ich bin auch erkältet, wahrscheinlich habe ich Fieber. Ich glaube, Herr Müller hat mich angesteckt ..." Kommentar überflüssig.

Fehlende Feinfühligkeit stellt man auch an Kleinigkeiten fest. Schauen Sie sich das Verhalten mancher Gastgeber an. Sie sind zum Beispiel zum Abendessen eingeladen bei ihm – oder bei ihr. Wie verhält er sich? Ist er mit seinem Essen lange fertig, bevor Sie aufgegessen haben? Oder isst er langsamer, wenn er merkt, dass Sie länger brauchen werden? Ist er zu schnell mit Essen fertig, gibt er Ihnen indirekt, meist unbewusst, zu verstehen, dass Sie so wie er mit Essen fertig sein sollten. Beobachten Sie, ob der Gastgeber noch Essen anbietet, obwohl sein eigener Teller leer und Ihrer noch halbvoll ist? Oder schaut er ab und zu auf Ihren Teller, um festzustellen, ob Ihnen Kartoffeln oder andere Beilagen fehlen? Schaut der Gastgeber nach Ihrem Weinglas, ob es fast leer ist? Oder sitzen Sie vor Ihrem leeren Glas und trauen sich aus Höflichkeit nicht, selbst nachzuschenken oder gar den Gastgeber darum zu bitten?

Es existieren aber auch bei Gästen besondere Typen. Da ist zum Beispiel ein Gast, der sich wahnsinnig gerne selbst hört. In seiner Erzählwut vergisst er zu essen. Er redet und redet, aber isst seinen Suppenteller nicht leer. Die anderen sind längst fertig, warten auf den Hauptgang. Das geht aber nicht, solange einer noch bei der Suppe ist. Das zeigt natürlich genauso einen Mangel an Feinfühligkeit.

Die Unfähigkeit, sich in andere hineindenken zu können, kann auf internationaler Ebene katastrophale Folgen haben. Ich kenne Leute, die meinen, wenn Inder verhungern, haben sie selbst Schuld. So viele Kühe laufen herum. Warum müssen sie für heilig gehalten werden? Man kann sie doch zu Nahrung verarbeiten. Wenn man aber etwas ändern will, muss man zuerst die Sachlage verstehen. Man muss sich in die Psyche des anderen hineinversetzen. Da Hindus Kühe für heilig halten, werden sie Rindfleisch niemals essen. Erst recht wären sie nicht in der Lage Kühe zu töten. Ich komme aus einer Gegend, wo die meisten Menschen Vegetarier sind. Sie würden niemals Fleisch essen. Schon der Gedanke ans Fleischessen verursacht ihren Widerwillen.

Eine lustige Geschichte – aus unserer indischen Sicht lustig. Weil in der Gegend meiner Herkunft Fleischessen verpönt ist, kam ein Mann auf eine glorreiche Idee. Er stammte aus einem anderen Landesteil, in dem Fleischessen üblich ist. Er setzte etliche Wildschweine in einigen großen Städten aus. Diese Tiere fraßen den ganzen Unrat auf der Straße. Innerhalb kürzester Zeit vermehrten sie sich explosionsartig, weil niemand sie abschoss. Jägerherzen hierzulande würden höher schlagen, wenn sie diese Menge Wildschweine sähen. Der erwähnte Fleischesser kam dann mit einigen Lastwagen und sammelte heimlich diese Schweine ein. Ein sehr profitables Geschäft.

Dies nebenbei; ich erachte es auch als falsch, Kühe für heilig zu erklären. Aber ich verstehe, wenn Hindus dies tun. Es gibt manche Erklärungen. Wenn man sich aber in andere Menschen nicht hineindenken kann, dann nutzen Argumente nichts, sie sollten gefälligst Rindfleisch verzehren. So etwas demonstriert nur die Holzhacker-Psyche des Betreffenden.

Berühmt-berüchtigt ist das Vorgehen Heinrich Lübkes, als er den Staat Malawi besuchte. Lübke begrüßte das dortige Staatsoberhaupt als den Präsidenten von Sierra Leone und sagte dann: „Meine sehr verehrten Damen und Herren, liebe Neger." Sie können sich vorstellen, welchen Eindruck er bei seinem afrikanischen Gastgeber hinterließ!

Diffizil wird die Argumentation, wenn es zum Beispiel um Menschenrechte in China geht. Keiner von uns wird für Menschenrechtsverletzungen in China sein. Aber versuchten wir zu verstehen, wie es dazu kam? Verfügt China über demokratische Traditionen? Hätte China diese gewaltigen wirtschaftlichen Fortschritte machen können, wenn es nicht mit eiserner Hand, sondern mit demokratischen Methoden regiert worden wäre? Dies ist eine komplexe Problematik. Mir ist an dieser Stelle wichtig zu zeigen, dass ein Diplomat aus westlichen Gefilden, der in China Menschenrechte einforderte, bei uns große Zustimmung ernten, aber bei seinen chinesischen Zuhörern nur Kopfschütteln hervorrufen würde.

Mit einem ehemaligen Verwaltungsrichter sprach ich über den Kopftuchstreit. Er klärte mich auf, dass das Thema nicht sei, ob muslimische Lehrerinnen ein Kopftuch im Unterricht tragen dürfen oder nicht.

Die Frage sei, ob dieses Kopftuch-Tragen als Zeichen von muslimischem Fundamentalismus zu deuten sei und damit die Lehrkraft negativen Einfluss auf Schüler ausüben könne. Die Lehrbefähigung muss aber individuell geprüft werden. Deswegen wäre ein generelles Verbot juristisch nicht haltbar, auch wenn die baden-württembergische Landesregierung anders entschieden habe. Die damalige deutsche Kultusministerin Schavan argumentierte: „Das Kopftuchtragen ist auch eine fundamentalistische Stellungnahme für einen Gottesstaat, und bedeutet eine mindere Stellung der Frau in der Gesellschaft, dem Staat und in der Familie." Viele argumentieren ähnlich. Dieser Richter erklärte mir, dass Kopftuch-Tragen verschiedene Gründe haben kann.

Es gibt muslimische Frauen, die das Tragen eines Kopftuchs sogar als Zeichen von Emanzipation und Individualität deuten. Insbesondere da viele muslimische Frauen in westlichen Ländern, die Türkei eingeschlossen, das Kopftuch ablegten. Nebenbei sei angemerkt, dass auch christliche Frauen nur mit Kopftuch eine Kirche betreten durften, als ich vor über 50 Jahren nach Europa kam. Auch dies ist eine komplexe Materie.

Bevor wir aber ein Urteil fällen, müssten wir in der Lage sein, uns in den Kopf der betreffenden Frau hineinzudenken. Wie steht sie zu dieser Sachlage? Deutet sie das Kopftuchtragen als Zeichen von Emanzipation oder als Zeichen von Unterwürfigkeit und Fundamentalismus? Da aber die Lehrbefähigung individuell zu prüfen ist, wird der Streit wahrscheinlich wieder vor Gericht landen.

Feinfühligkeit ist bei Menschen unterschiedlich ausgeprägt. Meiner Ansicht nach ist Feingefühl erlernbar, mindestens zum Teil. Ich fliege seit 45 Jahren fast jedes Jahr nach Indien, und ich bin immer wieder überrascht, wie feinfühlig meine Familie ist. Sie lesen mir jeden Wunsch sozusagen von den Augen ab.

Einmal im Spätwinter, als es bereits anfing, wärmer zu werden, saß ich auf dem Schaukelsofa im Garten und bekam Durst. Ich weiß nicht, was ich genau machte, vielleicht drehte ich den Kopf in Richtung Küche, wo die Wasserbehälter standen oder ich unterbrach kurz das Gespräch und räusperte mich etwas, keine Ahnung. Mein Neffe stand auf und holte ein Glas Wasser. Ich schaute ihn erstaunt an und sagte „Ich habe doch nichts gesagt!" Er entgegnete „Aber du wolltest doch Wasser haben."

Meine Frau gab eine Kette beim Silberschmied in der Hauptstadt Bhavnagar, etwa 18 Kilometer von unserer Farm entfernt, in Auftrag. Zwei Tage später saßen wir wieder im Garten. Meine Frau sinnierte, wann die Kette wohl fertig wäre, wann sie sie abholen könne. Auf einmal sagte mein Bruder „Heute um 15 Uhr." Meine Frau fragte „Was ist um 15 Uhr?" Mein Bruder: „Heute kommt der Fahrer mit dem Auto. Du kannst dann nach Bhavnagar fahren und die Kette abholen." Meine Frau schaute ihn verdutzt an. Er sagte: „Das wolltest du doch, oder?"

Wir besitzen auf unserer Farm einen runden Esstisch für etwa zehn bis zwölf Personen. In der Mitte befindet sich eine drehbare Scheibe, auf der Speisen und Getränke stehen. Und jeder kann nehmen, was er möchte, indem er die Scheibe dreht. Natürlich wird die Scheibe mal in die eine, mal in die andere Richtung gedreht. Jeder wartet geduldig, bis der andere sich bedient hat. Einmal dachte meine Frau, wenn die Scheibe sich so drehen würde, dass der Joghurttopf in ihre Nähe käme, nähme sie sich etwas davon. Auf einmal stoppte die Bewegung der Scheibe; sie drehte sich jetzt in die andere Richtung weiter, bis der Joghurttopf vor meiner Frau stand. Meine Frau schaute hoch und sah, dass meine Schwester sie vom anderen Ende des Tisches anlächelte. Wahrscheinlich bemerkte sie, dass meine Frau den Joghurttopf aus der Ferne mit einem verlangenden Gesichtsausdruck anschaute, und drehte die Scheibe entsprechend. Meine Schwester wusste, was sich im Kopf meiner Frau in diesem Moment abspielte. Sie hat sich in die Gedanken meiner Frau hineindenken können.

Glauben Sie bitte jetzt nicht, das könnten nur Inder. Wir alle können dies lernen, wenn wir in uns echtes Interesse an anderen Menschen entwickeln. Wenn wir lernen, nicht nur egozentrisch zu sein, sondern uns auch feinfühlig in andere Menschen hineinzudenken. Das hilft uns auch innerhalb unserer Familie und der Gesellschaft, unser Leben harmonisch und glücklicher zu gestalten.

20. Die Unfähigkeit zuzuhören

Wer mitreden will, muss zuhören können. Wie wahr! Aber ebenso wahr ist es, dass es vielen Menschen schwer fällt, den eigenen Redefluss im Zaum zu halten, sowohl im eigenen wie im Interesse des Zuhörers.

Ich besuchte ein kirchliches Seminar. In der Pause wurden in kleinen Kreisen unterschiedliche Themen besprochen. In meinem Kreis war der Chefredakteur einer regionalen Zeitung. Er ließ keinen anderen zu Wort kommen. Er spürte auch nicht, wie andere Teilnehmer auf die Gelegenheit warteten, ihren Beitrag zu leisten. Nach einer halben Stunde schaffte er es kurz Luft zu holen. Ich nutzte diese Gelegenheit und sagte dann schnell „Herr Schneider, ich schreibe gerade ein Buch über das Thema 'Klares Denken in Familie und Beruf'. Darin werde ich Sie verewigen." Auch da wollte er schon freudig loslegen über so eine erfreuliche Mitteilung. Er glaubte sicher, dass er so viel Gescheites geäußert habe, dass ich es wichtig fände, ihn in meinem Buch zu erwähnen. Ich aber sagte ruhig, wenn auch mit fester Stimme: „Darin ist ein Kapitel zum Thema 'Nicht zuhören können'. Da passen Sie sehr schön hinein, denn erstens können Sie nicht aufhören zu reden und zweitens können Sie nicht zuhören. Meinen Sie, dass die anderen Teilnehmer hier nur versammelt sind, um Ihren Botschaften zu lauschen?" Zu seiner Entlastung muss ich sagen, dass er sich dann sehr bemühte, andere ausreden zu lassen.

Aber nicht nur in themengebundenen Diskussionen, sondern auch während eines gesellschaftlichen Beisammenseins erlebt man, dass einige das Redefeld beherrschen. Das ist in Ordnung, wenn jemand über ein Thema spricht, zu dem er überdurchschnittlich informiert, ja eine Autorität ist. Er darf dann annehmen, dieses Thema sei für die Zuhörer von Interesse. Wichtig ist, dass er merken muss, ob die anderen ihm tatsächlich zuhören.

Oft geht es um banale Dinge und Smalltalk. Können Sie sich folgende Szene vorstellen? Frau Maier geht auf den Wochenmarkt, sie hat es eilig. Da sieht sie Frau Müller und grüßt sie mit dem üblichen „Hallo, wie geht's?" Frau Müller legt daraufhin die Einkaufstaschen auf den Boden und macht sich für ein längeres Gespräch bereit. Frau Maier hält die Einkaufstaschen hoch, um zu zeigen, dass sie es eilig hat. Aber dieses Signal kommt bei Frau Müller nicht an. Es kommt zu folgendem Gespräch.

Frau Müller: „Ja, es geht mir so la-la, gestern – aber wie geht es Ihnen?"

Frau Maier: „Vorgestern ist meine Mutter gestorben und –"

Frau Müller: „Ja, schön, und was ich sagen wollte; gestern bin ich auf der Treppe eine Stufe hinuntergerutscht, da sagte meine Mutter doch glatt – aber was macht Ihre Mutter?"

Frau Maier: „ Ich sagte doch, sie ist vorgestern gestorben. Deswegen muss ich jetzt ..."

Frau Müller: „Ach ja? Also sagte meine Mutter doch glatt, kannst du nicht besser aufpassen? Stellen Sie sich mal vor, eigentlich erwartet man ja von der Mutter ... Ja, aber was ich noch fragen wollte, wie geht es Ihrer Mutter?"

Das ganze Gespräch brauche ich nicht wiederzugeben – wenn man diese Art von Unterhaltung überhaupt als Gespräch bezeichnen darf.

Auch Sie haben sicherlich während einer Diskussion schon Situationen erlebt, in denen jemand vom eigenen Standpunkt so überzeugt ist, dass er nicht in der Lage ist zuzuhören. Verständlich ist so ein Standpunkt schon. Wir alle haben bestimmte Überzeugungen, die wir mit aller Macht versuchen zu verteidigen, sie weitergeben wollen. Ich glaube, ich bin keine Ausnahme. Aber es wäre manchmal besser, selbstkritisch zu sein. Wenn wir nicht zuhören, was der andere uns zu sagen hat, können wir fast sicher sein, dass auch unser Gegenüber uns nicht zuhört. Dann hat das, was wir reden, eigentlich keinen Sinn. Wir haben höchstens das Gefühl, dass wir losgeworden sind, was wir sagen wollten. Kennen wir nicht die Situation, dass jemand seinen Satz noch nicht beenden konnte, während der andere schon längst anfing zu reden? Das nenne ich nicht-ergebnisorientiertes Handeln.

Wenn jemand äußert: „Herr Müller war ein guter Gesprächspartner", kann man fast sicher sein, dass sein Gesprächspartner die Fähigkeit hatte, zuhören zu können.

Zusammenfassend kann ich nur meinen Anfangssatz wiederholen „Wer mitreden will, muss zuhören können!"

Zum Schluss ein weiser Spruch: Wenn Sie etwas erzählen und Ihr Gegenüber zuhört, dann ist es ein guter Partner. Wenn Sie etwas erzählen und der Andere nicht nur zuhört, sondern auch versteht, dann ist er ein sehr guter Partner. Aber auch wenn Sie nichts sagen und er zuhört und versteht, dann ist er ein ausgezeichneter Partner.

21. Unpräzise Angaben und unpräzises Denken

Wir nehmen wieder Familie Meier als Beispiel. Bei Meiers erledigt Herr Meier in der Regel kleine Reparaturarbeiten im Haushalt. Er weiß deswegen auch, wo das Werkzeug liegt. Frau Meier brauchte eine Kneifzange und fragte ihren Mann: „Weißt du, wo die Kneifzange ist?" „Ja, im Keller." Frau Meier geht in den Keller, sucht lange nach der Zange, sie findet sie nicht. Sie kommt wieder in die Wohnung und fragt: „In welchem Keller liegt die Zange? Im Hauptkeller, Waschkeller oder Heizungskeller?" „Im Heizungskeller", sagt Herr Meier. Frau Meier geht wieder los, findet die Zange aber wieder nicht. Sie kommt etwas verärgert nach oben und äußert: „Da sind so viele Schränke und Regale, wo ist denn die Zange nun? Wo hast du sie hingelegt?" Daraufhin steht Herr Meier wutschnaubend auf, geht in den Keller, kommt in einer Minute zurück, mit der Zange. „Ja, wo war sie denn?" „Die lag vor deiner Nase, gleich links in der untersten Schublade im Schrank." „Wie wäre es, wenn du mir gleich gesagt hättest, die Zange liegt im Heizungskeller, gleich links im Schrank in der untersten Schublade? Das wäre eine genaue Angabe gewesen. Ich hätte nicht so viel Zeit mit der Sucherei vertan!" Da hat Frau Meier völlig recht.

Jetzt machen wir einen Rollentausch. Herr Meier kommt nach Hause. Frau Meier fragt ihn: „Warst du heute beim Zahnarzt?" „Ja, klar, tut noch ein bisschen weh." „Hast du die Vögel gesehen?" „Wie bitte? Vögel? Waren die auf den Bäumen oder auf der Müllhalde?" „Na, nicht auf den Bäumen; die beim Zahnarzt." „Vögel beim Zahnarzt?" „Ja, Vögel, die an der Wand hingen." „Vögel, die an der Wand hingen?" „Ja doch, die so bunt gemalt waren?" „Vögel, die bunt gemalt waren?" „Schau, wenn du im Zahnarztstuhl sitzt, hängen doch an der Wand gegenüber zwei Bilder mit bunten Vögeln." „Ja, Mensch, hättest du gleich sagen können, dass du die zwei Vogelbilder meinst, die beim Zahnarzt im Behandlungszimmer hängen." Da hat Herr Meier natürlich recht.

Ähnliches spielte sich ab, als Herr Meier Besuch aus New York bekam. Vor dem Abflug aus New York rief der Bekannte an und fragte, wie weit Neuburg von Frankfurt entfernt sei? Er würde einen Leihwagen nehmen. Herr Meier sagte: „Drei Stunden." Eigentlich hätte Herr Meier sagen müssen, dass es 350 Kilometer sind. Denn woher will er wissen, ob der Bekannte genauso schnell oder langsam fährt wie er selbst?

Wir wollen Familie Meier nicht überstrapazieren, bemühen wir zur Abwechslung Familie Müller. Frau Müller ruft Herrn Müller im Büro an und fragt, wann er heute nach Hause komme. Herr Müller antwortet: „Nach Dienstschluss habe ich erst eine Besprechung mit dem Chef, dann mache ich noch einen Kundenbesuch und bringe anschließend eine Mappe zu einem Kollegen" – so zählt er auf, was noch alles zu tun ist. Darauf Frau Müller: „Ich will nur wissen, ob du zum Abendessen zu Hause bist. Es nützt mir nichts, wenn du aufzählst, was du im Einzelnen zu tun hast, denn ich kann nicht wissen, wie lange deine Aufgaben dauern. Es reicht mir, wenn du sagen könntest, es wird etwa zwei bis drei Stunden dauern. Oder dass du heute wahrscheinlich sehr spät heim kommen wirst."

Ich glaube, es lohnt sich, nach solchen Beispielen Ausschau zu halten, nicht nur bei anderen, sondern auch bei sich selbst. Es gibt Menschen, die häufig Worte und Phrasen wie „eigentlich, irgendwie, manchmal, ich weiß es auch nicht, ist wohl wahr" benutzen. Die Benutzung von solchen Wörtern ist in manchen Situationen sicher gerechtfertigt. Wenn jemand aber in einem zehnminütigen Gespräch 20-mal *eigentlich* und *irgendwie* sagt, kann man sicher sein, dass die Ursache im unklaren und unpräzisen Denken liegt.

Behandeln wir das Wort „manchmal". Manchmal ist es gut, seine Meinung nicht zu sagen. Manchmal ist es gut, seine Meinung zu sagen. Manchmal regnet es am Sonntag. Manchmal regnet es nicht am Sonntag. Man kann die Liste unendlich fortsetzen. Solche Aussagen mögen klug klingen, sind aber ungenau und fast immer nichtssagend.

Prophezeiungen: Verlassen wir den engen Rahmen Familie und denken wir globaler. Schauen Sie sich verschiedene Prophezeiungen an. Die meisten sind ungenau gehalten. Je unpräziser eine Aussage, desto weniger angreifbar ist sie. Fast alle religiösen Bücher enthalten

Wunder und Prophezeiungen. Diese sollen helfen, den Glauben zu beweisen und zu festigen. Im Hinduismus wird geglaubt, wenn Übel und Ungerechtigkeit überhand nähmen, erschiene der Gott in Form einer Inkarnation und würde wieder Ordnung herstellen. Die letzte Inkarnation war der Gott Krishna. In der religiösen Hindu-Literatur steht, dass im Zeitalter der Kalijuga – ein Zeitalter, wo Leid, Übel und Ungerechtigkeit herrschen – eine Gottesinkarnation erscheinen wird. Genau wird beschrieben, wie diese Erscheinung aussehen, sogar, wie ihr Pferd aussehen wird. Es wird aber nicht angegeben, wann es so weit ist. Manche Hindus glauben, dass das Zeitalter der Kalijuga bereits eingetreten sei, Gottes Ankunft unmittelbar bevorstehe. Dies erzählte mir sogar meine Großmutter. Manche Sektenführer behaupten, dass sie selbst diese Inkarnation seien und lassen sich von ihren Anhängern als Gott feiern. Andere Hindus glauben, dass das Maß noch nicht voll sei, die Inkarnation erst später kommen werde. Dieses Durcheinander besteht, weil die Prophezeiung nicht eindeutig formuliert ist.

Auch im Islam existieren Prophezeiungen, dass ein allmächtiger Imam erscheinen werde. Aber warum in die Ferne schweifen, wenn ähnliche Beispiele auch in diesem Kulturkreis zu finden sind? Schauen Sie sich die Prophezeiungen der Heiligen Schrift an. Es wird von Tiefgläubigen oft argumentiert, dass die Bibel recht habe, weil sich so viele Prophezeiungen bewahrheitet haben. Schauen wir uns einige dieser Vorhersagen an:

1. „Da werden sie ihre Schwerter zu Pflugscharen und Spieße zu Sicheln machen. Denn es wird kein Volk wider das andere das Schwert erheben und sie werden hinfort nicht mehr lernen Krieg zu führen." Der Krieg ist aber bis heute nicht abgeschafft. Wieder fehlt eine präzise Angabe, wann dies sein wird. Da haben es die Apologeten leicht zu sagen, es wäre noch nicht so weit.

2. Bei Jesaja (7.14) heißt es „Eine Jungfrau ist schwanger und wird einen Sohn gebären, den wird sie nennen Immanuel." Diese Stelle

wird von Gläubigen als Prophezeiung der Geburt Jesu zitiert. Jenes Ereignis wurde zu Lebzeiten Jesajas erwartet. Denn es heißt, „eine Jungfrau ist schwanger", und nicht wird schwanger. Die Jungfrau Maria wurde jedoch Jahrhunderte später schwanger. Und Jesus hieß auch nicht Immanuel, der die Welt retten sollte. Auch in anderen Religionen wimmelt es von Jungfrauen-Geburten. Diese haben die Welt ebenfalls nicht gerettet, trotz entsprechender Prophezeiungen.

3. Außerdem lesen wir bei Jesaja (11,6-7): „Kühe und Bären werden zusammen leben, Löwen werden Gras fressen." Wann wird das kommen? Wann werden die Löwen vegetarisch? Die Apologeten erwidern natürlich mit dem üblichen Argument, dass dies nicht wörtlich so gemeint sei, sondern im übertragenen Sinne. Darum geht es uns aber an dieser Stelle nicht. Es gilt in erster Linie aufzuzeigen, dass eine genaue Angabe fehlt.

4. Die einzig einigermaßen genaue Angabe lesen wir bei Matthäus (24,34). Es geht um die Ankunft des Reichs Gottes. „Wahrlich, ich sage euch: Dies Geschlecht wird nicht vergehen, bis dass dieses alles geschehe." Gemeint ist, dass Sterne vom Himmel fallen, Erdbeben, dass die Welt untergehen und das Reich Gottes kommen würde. Das war wohl ein Irrtum von Christus. Seine Generation ist längst vergangen; die Erde existiert immer noch. Christen warten nunmehr seit über 2000 Jahren vergeblich auf das Jüngste Gericht. Der Untergangstermin ist immer wieder verschoben worden. Die Christenheit hat sich auf der Erde für eine längere Zeit gemütlich eingerichtet. Ausnahmen sind ein paar Sekten, die genaue Daten des Weltuntergangs nannten, welche ebenfalls nicht stimmten.

Im Matthäus-Evangelium ist zwar angegeben, dass der Weltuntergang unmittelbar bevorstehe, aber einschränkend schreibt der Evangelist „von dem Tage und von der Stunde weiß niemand. Auch die Engel nicht im Himmel, auch nicht der Sohn, sondern allein der Vater" (Mt. 24,36).

Eine Prophezeiung macht nur dann Sinn, wenn sie klar und eindeutig formuliert ist. In der Heiligen Schrift gibt es nicht eine einzige Weissagung, die ganz genaue Angaben enthält, die wirklich eindeutig ist. Vergleichen Sie bitte folgende Analogie:

1. Im Sommer wird es regnen.
2. Im Juli wird es regnen.
3. Am 4. Juli wird es um 16 Uhr für vier Stunden heftig regnen.

Die letzte Aussage ist eindeutig und deswegen auch verifizierbar. Prophezeit man, im Sommer wird es regnen, oder es werden Kriege stattfinden, braucht man nicht unbedingt göttliche Hilfeleistung. Das kann jeder sagen, auch ohne göttliche Inspiration.

22. Emotionen trüben klares Denken

Wut: Sie kennen sicher den Ausdruck „Blind vor Wut". Was ist damit gemeint? Die betreffende Person ist so wütend, dass sie gegenüber Tatsachen, Verstand und Vernunft blind geworden ist. Klares Denken ist ausgeschaltet. Der Mensch kann zu Handlungen verleitet werden, die unvernünftig sind. Sie kennen Karikaturen, in denen der Ehemann spät nach Hause kommt, betrunken. Seine Ehefrau steht voller Wut hinter der Tür mit der Nudelrolle in der Hand, um ihm eins auf den Kopf zu geben. Dies ist eine typisch konservative Bildvorstellung vergangener Zeiten. Gerade in diesen Zeiten war der Mann derjenige, der Geld verdiente und die Familie ernährte. Hat die wutentbrannte Ehefrau nicht daran gedacht, wie es weitergehen soll, wenn der Ehemann arbeitsunfähig wird? Wahrscheinlich hat sie den ganzen Abend, Stunde um Stunde, auf ihn gewartet. Dabei ist sie immer mehr in Wut geraten, bis der Verstand sich ins Hinterzimmer zurückzog.

Hass ist in seiner negativen Eigenschaft eng verwandt mit Wut.

Schauen wir uns rechtsradikale Dummköpfe an, die mit Hass auf einen Obdachlosen oder Ausländer losprügeln, oder einen Ehemann, der seinen Nebenbuhler mit einem Messer ersticht. Auch hier schaltet sich der Verstand aus. Besonders in Kriegszeiten wird Hass gegen den Feind geschürt. Alle, aber auch alle, die zu den feindlichen Nationen gehören, sind Bösewichte. Grausam, roh, überhaupt schlecht und minderwertig, verdienen also den Tod. Während des Zweiten Weltkriegs war „der Russe" Sinnbild eines schlechten Menschen, ebenso im Kalten Krieg. Helmut Kohl verglich seinen späteren Duzfreund Gorbatschow mit Goebbels, und Reagan nannte die UdSSR das Reich des Bösen.

Gerade von Politikern, die eine enorme Verantwortung für die Bevölkerung tragen, erwarten wir, dass sie mit klarem Verstand Politik betreiben. Aber wenn Emotionen das Denken vernebeln, ist die Gefahr groß, dass sie das Gegenteil bewirken.

Liebe: Aber nicht nur negative Emotionen wie Wut und Hass, sondern auch positive können das klare Denken negativ beeinflussen, z. B. Liebe. Wir kennen das Sprichwort „Liebe macht blind". Sie kennen Eltern, die der Meinung sind, dass zum Beispiel ihr kleiner Sohn musikalisch ist. Sie veranstalten Hauskonzerte, bei denen der Sohn mit seinem Klavier-Geklimper die Ohren der Gäste malträtiert. Auch im schulischen Bereich werden die eigenen Kinder oft überschätzt. Viele Eltern wollen, dass ihr Kind Abitur macht und studiert, auch wenn es nicht dafür begabt ist, objektiv gesehen. Vielleicht wäre es für eine Handwerkslehre besser geeignet. Die katastrophalen Folgen für das Kind liegen auf der Hand. Die Sicht der Eltern durch die rosarote Brille der Liebe trübte ihr Denkvermögen und verleitete sie zu nicht folgerichtigem Handeln.

Treue und Loyalität sind lobenswerte Eigenschaften, können aber das klare Denken trüben. „Du sollst Vater und Mutter ehren", sagt das vierte Gebot. Wie weit darf diese Loyalität gehen? Was ist, wenn die Eltern Despoten oder Sadisten sind, gar Verbrechen begehen?

Auch umgekehrt: Wenn Menschen Verbrechen begehen, dürfen die Eltern dies decken, nur weil die betreffende Person ihr Kind ist? Als ich diese Zeilen schreibe, lese ich in der Zeitung von der Ermordung eines Kindes. Ein geistig behinderter Mensch, dem Missbrauch in 20 Fällen vorgeworfen wird, soll das Mädchen missbraucht und getötet haben. Laut bisherigem Kenntnisstand soll der Vater des Täters den Leichnam des Kindes fortgebracht und versteckt haben. Jetzt stellt sich die Frage: Darf ein Vater aus Loyalität und Liebe zu seinem Sohn dessen Straftaten decken? Ich lasse die Frage offen ...

Treue und Loyalität können verheerende Auswirkungen haben, wenn sie auf nationaler Ebene vorkommen. Viele kennen das englische Sprichwort „right or wrong, my country". Sinngemäß übersetzt bedeutet es, wenn auch die Entscheidung der britischen Regierung richtig oder falsch ist, ich stehe zu dieser Entscheidung, weil ich Brite bin. Auch wenn ein Mensch eine Entscheidung als falsch ansieht, will er sie aus Loyalität und Treue zur britischen Nation mittragen. Ist das eine gesunde Einstellung?

Das ist aber nicht nur eine typisch britische Einstellung. In Kriegs- und Krisenzeiten steht die Bevölkerung hinter den Verantwortlichen für die Nation. Dies ist besonders in der Geschichte der USA nachzuvollziehen. Während der Kuba-Krise stand fast die gesamte Bevölkerung hinter dem Präsidenten, auch als die Gefahr eines atomaren Krieges drohte. Auch während des Irak-Kriegs standen weite Teile der US-Bevölkerung hinter ihrem Präsidenten, wenn auch die Proteste gegen diese Politik zunahmen.

Anfangs war Schröders „bedingungslose Unterstützung der USA aus Loyalitätsgründen" in diesem Sinne zu verstehen. Ein Vorgehen, das er später aus Vernunfts- oder wahltaktischen Gründen änderte – wie auch immer. Darauf warfen ihm politische Gegner Illoyalität gegenüber den USA vor. Die USA hätten so viel für uns getan, deswegen sei es unsere Pflicht, die USA in ihrer Entscheidung zu unterstützen. Ist es vernünftig, eine Entscheidung unserer Freunde zu unterstützen, wenn sie falsch oder schädlich, gar katastrophal erscheint?

Im Gegenteil, es wäre sogar unsere Pflicht, Freunde vor einer falschen Entscheidung zu bewahren, auch auf die Gefahr hin, dass sie zunächst einmal gekränkt sind. Im Vietnamkrieg war es ähnlich, die Reaktionen sogar heftiger. Alle, die in Deutschland dagegen protestierten, wurden als Undankbare, Illoyale beschimpft. In den USA war die Verunglimpfung der Protestierenden noch stärker, sie wurden unter anderem als linke Kommunistenschweine beschimpft.

Das alles sollte uns zum Nachdenken anregen, ob Treue und Loyalität immer angebracht sind oder ob sie nicht auch beim klaren Denken hinderlich sein können.

Emotionale Worte und emotionale Sprache: Im täglichen Leben benutzen wir oft Worte, ohne dass uns deren emotionale Färbung bewusst wäre. Betrachten wir einen einfachen Satz. Wenn wir beispielsweise sagen „Fifi ist ein Hund", erwähnen wir wertneutral ein Faktum, eine Tatsache. Nehmen wir aber an, dass Fifis Vater der einen und seine Mutter der anderen Hunderasse angehört. Wir könnten dann konstatieren, Fifi sei eine Promenadenmischung oder ein Bastard. Diese Worte haben eine unterschiedliche emotionale Färbung. Diese Ausdrücke beschreiben nicht nur Fakten, sondern auch unsere emotionale Einstellung, weil sie unsere Bejahung oder Ablehnung signalisieren. Beispielsweise kann ein Hund, der für seinen Herrn ein treues, nobles, liebes Tier ist, für dessen Nachbarn ein Bastard sein, weil er seinen frisch gestrichenen Zaun anpinkelte oder seine Hühner jagte.

Die Sache sieht schwerwiegender aus, wenn man diese Verhältnisse auf Menschen überträgt. Wenn ein farbiger Mensch eine Weiße heiratet, mit ihr ein Kind bekommt, können Menschen das Kind aus dieser Mischehe ebenfalls als Bastard bezeichnen. Damit haben sie ihre emotionale Einstellung zu einer Tatsache kundgetan.

Oder ein Beispiel aus dem deutschen Alltag. Wenn ein Mensch aus der Dritten Welt in Deutschland Asyl sucht, können wir ihn einen Asyl-suchenden, Asylbewerber oder Asylanten nennen. Während das Wort Asylsuchender eher sympathisch oder mitleiderregend wirkt, ist das Wort Asylbewerber die Bezeichnung eines Faktums. Das Wort Asylant hat dagegen eine eher negative Wirkung durch seine semantische Ver-wandtschaft mit einem Wort wie Simulant. Ich bin überzeugt, dass es vielen nicht bewusst ist, die das Wort Asylant benutzen, dass es nega-tive Emotionen wecken kann. Gerade diese Erkenntnis sollte uns anre-gen, unsere Sprache sorgsamer zu verwenden.

In den Romanen von Karl May, die im Mittleren Osten, eigentlich Westasien, spielen, werden Christen von manchen Muslimen als „un-gläubige räudige Christenhunde" bezeichnet.

Wenn die Romanfigur gesagt hätte, „Du bist Christ", wäre es eine wertfreie Beschreibung des Glaubens des anderen gewesen. Wenn der fiktive Mensch sagt „du Christenhund", dann hat er deutlich seine emotionale Einstellung gegenüber dem Christentum kundgetan.

Ein anderes Beispiel, das christliche Abendland. Hier werden Gott-heiten anderer Religionen von manchen als Götzen bezeichnet. Wenn ein Mensch Atheist ist, nennen manche Christen ihn einen Gottlosen, gottlosen Heiden oder sogar Antichrist. Während das Wort Atheist eine wertneutrale Beschreibung einer Tatsache ist, sind die drei zuletzt ge-nannten Wörter in diesen Breitengraden Schimpfwörter und lassen so-mit die Einstellung des Sprechers erkennen.

Zur Abwechslung analysieren wir anhand dieses Beispiels die Be-deutung von Worten, die emotional gefärbt sind. Konstruieren wir ei-nen Satz: „Ich habe meine Prinzipien, du bist unflexibel und er ist stur wie ein Esel." Wenn ich dies näher anschaue, haben alle Aussagen nur einen Inhalt, nämlich einen eigenen Kurs zu verfolgen, ohne sich von jemand anderem beeinflussen zu lassen. Aber auch diese Worte sind unterschiedlich emotional besetzt. „Ich habe meine Prinzipien" bedeu-tet eine positive Bewertung. „Unflexibel" beinhaltet eine milde negative Beurteilung. Aber „stur wie ein Esel" stellt eine stark negative Bewertung dar. Mit anderen Worten, wer sagt „Ich habe meine Prinzipien", meint, ich lasse mich nicht leicht beeinflussen, und das ist gut. „Du bist unflexibel" heißt, du lässt dich nicht beeinflussen, das ist eigentlich nicht gut. „Er ist stur wie ein Esel" bedeutet, er lässt sich nicht beeinflussen, und das ist ganz schlimm.

Ähnlich verhält es sich mit der Deklination: Ich bin empfindsam, du bist empfindlich und er ist eine Mimose.

Wenn wir uns unterhalten, sagen wir nicht nur mit Worten, was unsere Zustimmung oder Ablehnung findet. Auch unser Tonfall, Gesichtsausdruck, unsere Körpersprache spielen eine große Rolle. Wenn ich meinem Gegenüber sagen würde, ich bin ein Shintoist, Buddhist, Hindu oder Atheist – was auch immer – er könnte „ja" sagen. Aber wie er „ja" sagt, darauf kommt es an. Er kann erkennend, bejahend, mitfühlend, mitleidig, traurig oder ablehnend „ja" sagen.

Eine große Fundgrube für Beispiele sind politische Reden. So äußerte ein Politiker aus Bayern, er warne vor Durchmischung und Durchrassung des deutschen Volkes.

Hier geht es nicht nur darum zu klären, was das deutsche Volk ist, sondern um eine emotionale Deutung der verwendeten Worte. Eine derartige Wortwahl mit starker Färbung erinnert an nationalsozialistische Propaganda. Vielleicht war der Zweck der Äußerung Stimmenfang bei rechten Gruppen. Faktisch hätte der Politiker sagen können, dass er Mischehen negativ beurteile. Das wäre zwar immer noch stark, aber nicht so negativ emotionsbeladen wie die Worte, die er wählte. Eine ähnlich emotionsbeladene Wahlkampagne startete Jürgen Rüttgers (CDU) 2000 in Nordrhein-Westfalen, als er sein Schlagwort „Kinder statt Inder" propagierte. Wenn Sie Reden von Politikern, egal welcher Couleur, unter die Lupe nehmen, können Sie feststellen, dass sich darin emotional gefärbte Worte und Sprache voll entfalten können.

Natürlich hat die Verwendung einer emotional gefärbten Sprache in einer emotionalen Wahlrede ihre Berechtigung, sonst wäre die Rede langweilig. Aber ein Appell an die Emotionen ist immer ein Hindernis für klares Denken. Die Theorie der Demokratie besagt, dass Menschen eine rationale Entscheidung treffen sollten. Aber leider lesen Wähler selten Parteiprogramme. Deswegen kann man Politiker verstehen, wenn sie an Emotionen appellieren. Manchmal appellieren sie leider an Instinkte.

Besonders schlimm ist es, wenn es um internationale Angelegenheiten geht. Schon die Verwendung von Begriffen wie *nationale Würde, Verteidigung von Freiheit, totalitär, reaktionär* usw. deutet auf eine emotionale Sprache hin.

Mit Gefühlen beladene Sprache findet sich sehr oft in Leitartikeln, Kommentaren und Kunstkritiken von Zeitungen. Als der berühmte Trompeter Maurice André aus Frankreich vor ein paar Jahren in Ingolstadt ein Konzert gab, schrieb ein sogenannter (nebenberuflicher) Kunstkritiker, er könne dieses gallische Gegacker nicht mehr hören! Gallisches Gegacker, welche Wortwahl, negativ konnotiert. Hätte er nicht schreiben können, es sei nicht sein Geschmack, wie Maurice André spielte. Aber leider stehen auch freischaffende Mitarbeiter von Zeitungen unter Erfolgsdruck und servieren den Leuten das Menü so, wie sie es gerne genießen. Daran ist die Leserschaft nicht ganz unschuldig. Anscheinend mag sie sachliche Beiträge weniger, die nicht so bunt wirken wie die emotionsbefrachteten. Lesen Sie ab heute sorgfältig Leitartikel, Kommentare sowie Kritiken in Zeitungen. Sie werden entdecken, dass darin viele emotionale Ausdrücke verwendet werden. Diese vernebeln das klare Denken, insbesondere, wenn es sich um einen negativen Kommentar handelt.

Stimmt es, dass manche Zeitungen glauben, nur negative Schlagzeilen könnten das Interesse an ihren Blättern wecken? Am unteren Ende der Skala der Volksverdummung stehen Zeitungen wie *Bild* oder *Daily Mail*. Mit ihrer bombastisch aufgemachten, emotionsbeladenen Sprache tragen sie wesentlich dazu bei, dass das klare Denken vernebelt wird. Irgendwann soll ein kluger Mann gesagt haben, jedes Volk habe die Regierung, die es verdiene. Resignierend könnte man sagen, jedes Volk hat die Zeitungen, die es verdient. Wie wäre sonst die große Auflage von *Bild*-Zeitung und anderen Käseblättern zu erklären?

Die obigen Ausführungen sollen nicht den Eindruck erwecken, dass Verstand und Emotionen Gegensätze sind. Vielmehr ergänzen sie sich. Dabei dienen Emotionen der Zielsetzung und der Verstand ihrer Realisierung. Wir stellen uns vor, Sie wollen Urlaub machen. Der eine mag Badeurlaub, der andere fährt gerne in die Berge. Was man gerne mag, ist eine Frage der Emotionen. Es wäre eine hochemotionale Handlung, wenn Sie in ihrem Zimmer wie ein wilder Tiger herumliefen, mit den Füßen stampften und lauthals schrieen: „Ich möchte Badeurlaub machen, ich möchte Badeurlaub machen." Das bringt Sie aber nicht weiter. Um Ihr Ziel zu erreichen, müssten Sie Ihren Verstand einsetzen, rational vorgehen. Sie müssten überlegen, wie viel Geld Sie für Urlaub ausgeben können. Ob Sie sich einen Urlaub auf den Malediven oder an der kroatischen Küste leisten können. Sie müssten überlegen, wo kaufe ich die Flugkarte? Was kann ich als Reisegepäck mitnehmen? und andere Fragen klären. Nur so erreichen Sie ihr Ziel. Herumschreien ist der falsche Weg.

Ich schlage folgende praktische Übung vor, um sich Klarheit über die Bedeutung von emotionalen Worten zu verschaffen. Nehmen Sie sich ein paar Passagen aus Zeitungen vor, besonders mit kontroversen Themen. Am besten kaufen Sie nun doch mal eine Boulevard-Zeitung, ein Exemplar der Yellow Press und analysieren die erste Seite mit den dicken Schlagzeilen.

Unterstreichen Sie alle Wörter, die Ihrer Meinung nach emotional gefärbt sind und ersetzen Sie diese durch emotionsfreie Wörter. Schreiben Sie den Artikel neu, indem Sie ausschließlich Fakten beschreiben ohne das gefühlsbetonte Engagement des ursprünglichen Autors. Versuchen Sie dann eine Schlussfolgerung zu ziehen, ob das, was der Autor uns zu vermitteln versucht, auf Fakten beruht und so die Position des Autors bestätigt. Wenn dies der Fall sein sollte, dienen die emotionalen Worte nur als Ornamente. Wenn nicht, dann hat die emotionale Färbung der Worte den Zweck, dem Leser die Meinung des Autors kund zu tun, ihn davon gar zu überzeugen. Das kann ihm auf Grund der Emotionen gelingen, die er beim Leser zu wecken versteht.

Es ist nicht so, dass wir emotional gefärbte Wörter in unserem täglichen Leben nicht gebrauchen sollten. Aber im Interesse von klarem Denken sollten wir wissen, wann wir das tun, insbesondere, wenn es um eine wichtige Entscheidung geht.

23. Kritik, Lob und Anerkennung

Der Mann kommt spät nach Hause und vergisst, das Licht in der Garage auszumachen. Am nächsten Morgen spricht die Ehefrau ihn wie folgt an (hier einige Varianten):

1. Du hast schon wieder das Licht in der Garage angelassen! (Starker Vorwurf)
2. Hast du gestern vergessen, das Licht in der Garage auszumachen? (Abgeschwächter Vorwurf)
3. Heute früh war das Licht in der Garage an. (Neutral, mit leisem Tadel)
4. Liebling, ich finde es toll, dass du an Kleinigkeiten denkst, auch wenn du im Büro viel zu tun hast, wie z. B. das Licht in der Garage auszumachen. Aber gestern musst du unwahrscheinlich müde gewesen sein, sonst hättest du natürlich das Licht ausgemacht, wie immer.

Wie werten Sie diese vier Möglichkeiten? In welche Kategorie ließen sie sich einordnen? Die erste Stellungnahme „Du hast schon wieder das Licht in der Garage angelassen" ist eindeutig ein Vorwurf, starke Kritik. Kein Mensch mag kritisiert werden. Und Kritik fordert Widerspruch heraus. In diesem Fall könnte der Ehemann so geantwortet haben: „Schon wieder? Was soll das? Das passiert. Ich habe soviel zum Nachdenken gehabt! Außerdem lässt du ja auch immer wieder das Licht in der Diele an." Damit ist schon für Missstimmung gesorgt.

Die vierte Reaktion „Ich finde es toll, dass du an Kleinigkeiten denkst …" beinhaltet leise Kritik, ist aber von massivem Lob umhüllt. Diese Art Kritik wird den Ehemann eher daran denken lassen, das Licht in der Garage auszumachen, ohne dabei an eine nörgelnde Ehefrau zu denken.

Anerkennung kontra Kritik: Zur Kritik gehören auch negative Termini wie Nörgelei, Tadeln, Schimpfen, Vorwürfe; und zu Anerkennung ebenso Lob und Bewunderung. Die meiste Zeit seines Lebens verbringt ein Mensch im beruflichen und häuslichen Leben. Im Berufsleben ist Stress oft unvermeidlich. Jeder muss sich von diesem Stress erholen können, damit er am nächsten Tag wieder fit ist. Wenn die Erholung durch Streit mit dem Lebenspartner unmöglich wird, könnte man sogar psychische Probleme bekommen. Für eine Ehefrau, auch wenn sie nicht im beruflichen Leben stehen sollte, ist häuslicher Stress nicht unerheblich. Wäsche muss gewaschen, die Wohnung geputzt, sich um die oft nicht einsichtigen Kinder gekümmert, Essen muss gekocht werden, und, und, und.

Der Mann kommt nach Hause, liest Zeitung oder schaut im Fernsehen Fußball, bis das Essen fertig ist. Dann erklärt er sich bereit, zum Esstisch zu kommen. Die Frau schaut ihn erwartungsvoll an, ob ihre Kochkünste bewundert werden. Dann nimmt der Mann den ersten Bissen und sagt sogleich: „Du hast die Kartoffeln schon wieder zu salzig gemacht. Immer machst du das Essen zu salzig, es ist ungenießbar." Damit ist der häusliche Frieden an diesem Abend dahin.

Erstens ist es unklug sowie unfair, den Ehepartner so zu schelten. Nicht nur für die Frau ist das nicht gut, sondern für ihn selbst auch, denn in einer so entstandenen gespannten Atmosphäre kann auch er sich nicht vom täglichen Stress erholen. Logisch ist in den meisten Fällen ein solcher Vorwurf nicht haltbar. Wenn er klarer denken könnte, sollte er sich fragen: „Sind die Kartoffeln immer versalzen? Oder könnte es sein, dass im letzten Monat vielleicht drei oder vier mal ein bisschen zuviel Salz dran war?" Das bleibt stärker in Erinnerung als normal gesalzene Kartoffeln. Wohlschmeckende Kartoffeln sind selbstverständlich, Selbstverständlichkeiten hinterlassen keinen starken Eindruck. Wenn der Mann dann nicht nur klar denken kann, sondern klug und einfühlend ist, könnte er meinen: „Meine Frau hatte heute bestimmt einen anstrengenden Tag. Da kann es passieren, dass sie sich beim Salzen verschätzt hat. Die Bohnen und das Schnitzel schmecken aber dafür richtig gut." Wie wäre es, wenn er sich so ausdrücken würde: „Das Schnitzel und die Bohnen hast du sehr gut zubereitet. Ich habe das Gefühl, dass ich in letzter Zeit ein bisschen mehr Salz nicht gut vertrage. Kannst du vielleicht morgen die Kartoffeln etwas weniger salzen?"

Kehren wir das Rollenspiel jetzt um. Der beruflich gestresste Mann kommt nach Hause. Er freut sich auf Erholung vom Mobbing durch Kollegen und vom Geschimpfe des Chefs. Da wird er an der Haustür von seiner Frau mit folgenden Worten empfangen: „Jetzt haben wir den Schlamassel! Die tiefgefrorenen Fische, die du gestern mitgebracht hast, hast du auf dem Tisch liegen lassen. Nun sind alle aufgetaut, die Tischdecke ist auch schmutzig. Was soll ich mit den ganzen Fischen bloß anfangen? Hättest du sie nicht gleich in die Tiefkühltruhe legen können?" Natürlich kann man die Schimpftirade weiter ausbauen, indem sie sich über andere Sachen auch auslässt, wie z. B. seine schmutzigen Schuhe etc. Für unseren Zweck reicht das bisher Gesagte schon.

Wie wäre es, wenn sie sich so verhalten hätte: Nach einem Willkommensgruß hätte sie ihm sagen können: „Darf ich etwas fragen, bevor du dich ausruhst? Soll ich heute Abend die Tiefkühl-Fische braten, die du gestern mitgebracht hast? Ich weiß aber nicht, ob wir so viele essen können. Denn ich muss alle braten. Sie sind leider aufgetaut, weil sie zu lange draußen lagen ...", in dieser Art. Sie brechen sich keinen Zacken aus der Krone, wenn Sie freundlich sprechen! Gedanken wie „letztes Mal hat er mir eins ausgewischt, jetzt zahle ich es ihm heim" bringen nichts. Das schadet allen Beteiligten. Der Partner kann wiederum auf eine neue Gelegenheit sinnen, wo er den anderen wieder kritisiert. Was bringt so eine Rechthaberei? Wenn Menschen zusammenleben, ist Kooperation statt Konfrontation für alle Beteiligten nützlich. Das wäre überall produktiv und positiv, sei es auf der familiären oder gesellschaftlichen Ebene, sei es im internationalen Bereich.

In jedem Haushalt kann es z. B. immer wieder vorkommen, dass jemand vergisst, irgendwo das Licht auszuschalten. Das tut er wohl nicht absichtlich. Lohnt es sich, wegen einer solchen Kleinigkeit zu streiten? Es gibt Wichtigeres im Leben! Wir sollten uns lieber vergegenwärtigen, dass eins minus eins null ergibt. Aber, eins plus eins in der Partnerschaft ergeben nicht zwei, sondern viel mehr. Durch Kooperation und positives Denken potenzieren sich die addierten Zahlen.

Positives Denken ist zwar ein anderes Gebiet, aber mit unserem Thema verwandt. Ein Beispiel: Meine Frau veranstaltet jährlich in Neuburg eine Hutschau – mittlerweile die größte der Welt –, die ihresgleichen sucht. Nun beschwerte sich eine Leserbrief-Schreiberin, dass der Eintrittspreis von sieben Euro zu hoch sei. Auch habe sie nicht gewusst, dass die Modisten ebenfalls im dritten Stock des Schlosses ausstellten usw. Darauf antwortete meine Frau mit einem freundlichen, aber sachlichen Brief. Anstatt zu schreiben „An der Eingangstür stand auf einem Riesenplakat ‚Bitte besuchen Sie die Hutschau auch im zweiten und dritten Stock!', und zwar in so großen Lettern, dass auch Analphabeten es hätten lesen können", erwähnte sie nur sachlich diese Tatsache. Besonders gefällt mir der wunderbare Schlusssatz meiner Frau. Sie konstatierte, dass allein das Rahmenprogramm mit einem Sänger der Wiener Staatsoper, zwei Hut-Modenschauen und vielem mehr schon etwa hundert Euro pro Besucher gekostet habe. Wichtig aber war der Schlusssatz: „Ist Ihnen denn gar nichts Positives bei uns aufgefallen? Meine Empfehlung für Sie: Lesen Sie bitte die Bücher von P. Mulford zum Thema *Positives Denken erzeugt positives Handeln*."

Ich frage Sie, lieber Leser, lohnt es sich, das Positive zu übersehen und wegen Kleinigkeiten zu streiten? Egal, ob im öffentlichen Leben, im Beruf oder innerhalb der Familie, was wollen wir im Leben? Doch nur glücklich sein, oder? Die meiste Zeit seines Lebens verbringt der Mensch im beruflichen und häuslichen Leben. Im Beruf lässt sich Ärger oft nicht vermeiden. Aber in unserer Partnerschaft haben wir Gestaltungs-Möglichkeiten. Lob und Anerkennung sind Glücksursachen. Wollen wir glücklich sein, sollten wir das im Auge behalten. Kritik, Tadel, Vorwurf und Nörgeleien bewirken genau das Gegenteil von Glück. Leider sind Partner oft damit beschäftigt, sich gegenseitig zu bekämpfen, sei es aus rechthaberischen oder anderen Gründen. Wenn die Energie, die hierfür verschwendet wird, kreativen Zwecken zuflösse, wir könnten Königreiche entstehen (und vergehen) lassen.

Wie bereits erwähnt, Anerkennung ist eine Ursache für Glück. Jeder Mensch ist von sich überzeugt. Es macht ihn glücklich, wenn ihm Anerkennung, Lob und Bewunderung gezollt werden. Eine Frau freut sich, wenn sie ein Kompliment hört, wie schön sie heute aussehe, dass sie schön gekleidet sei, wie gut ihr der Hut stehe. Und sie freut sich auch, wenn man sie jünger schätzt als sie ist. Männer freuen sich übrigens ebenso, wenn sie jünger geschätzt werden. Auch sie sind eitel, freuen sich, wenn sie bewundert werden. Es kostet nichts, wenn wir andere Leute bewundern. Lob spenden, andere anerkennen statt Kritik zu üben, gar neidisch zu sein, führt zu positiven Gefühlen für alle.

Neid und mangelnde Anerkennung sind mit Kritik eng verwandt. Ich möchte gern ein Beispiel aus persönlicher Erfahrung erwähnen. Ich betreibe ernsthaft Fotomalerei. Wenn Menschen diese Bilder anschauen, gibt es zwei verschiedene Reaktionen. Einige sagen „Oh, schön, die Bilder gefallen mir; toll haben Sie das gemacht." Andere bemerken: „Sie müssen eine teure Kamera und viel Foto-Ausrüstung besitzen!" Das ist ungefähr so, wie wenn man einen tollen Kuchen gebacken hat und der Gast sagt: „Sie müssen aber einen tollen Küchenherd haben, die teuren Zutaten haben Sie bestimmt im Feinkost-Geschäft geholt und nicht in einem billigen Discountladen."

Bei subtiler Analyse ist der Neid der zweiten Gruppe erkennbar. Gewissermaßen sagt der Betreffende: „Der hat solche Bilder nur machen können, nicht weil er ein besonderer Fotokünstler ist, sondern weil er eine teure Foto-Ausrüstung hat, die ich aber nicht besitze. Vielleicht hätte ich sonst auch solche Bilder machen können. Warum soll er besser sein als ich?"

Diese zweite Gruppe von Menschen ist durch ihren Neid zu weniger Glück fähig als die erste Gruppe, die mit Bewunderung reagiert. Bewunderung, Anerkennung und Lob sind die Gegenpole zu Neid und Missgunst. Je stärker die Fähigkeit zu Ersterem entwickelt ist, umso mehr sind Menschen fähig Glück zu genießen. Machen Sie sich zur Gewohnheit häufiger Sätze zu benutzen wie „Ist ja wunderbar, toll! Wie haben Sie das bloß gemacht", als „Na und, was ist schon dabei?" Damit machen Sie nicht nur Ihre Mitmenschen glücklich, sondern vermehren Ihr eigenes Glück. Was wollen wir mehr im Leben als noch glücklicher zu werden?

Halten Sie ihre Augen und Ohren offen; halten Sie Ausschau nach solchen Reaktionen in Ihrer Umgebung. Ich verspreche, Sie werden fündig. Vielleicht sollten Sie auch sich selbst analysieren. Wie sind Ihre eigenen Reaktionen in ähnlichen Situationen? Wie reagiert der Angesprochene?

Im täglichen Leben ist Anerkennung sehr wichtig, wie schon erwähnt. Wenn Anerkennung ausbleibt, aber Kritik überwiegt, kann das katastrophale Folgen haben. Ich erinnere mich an eine ältere Untersuchung. Getrennte Ehefrauen wurden interviewt. Als Scheidungsgrund nannten sehr viele Frauen fehlende Anerkennung. Es ist durchaus möglich, dass dies auch für Männer der Hauptgrund ist, sich von ihrer Partnerin zu trennen. Sie kennen Geschichten von Männern, die Zigaretten holen wollten, aber nie zurückkehrten. Ich kann mir vorstellen, dass zum Beispiel bei langzeit-arbeitslosen Menschen das Gefühl von Versagen stark ausgeprägt ist. Eine solche Situation kann unerträglich werden, wenn jemand zuhause als Versager und Taugenichts beschimpft wird.

Was Kritik oder Anerkennung bewirken können, soll folgende Geschichte demonstrieren, die ich wörtlich dem Buch „Wie man Freunde gewinnt" von Dale Carnegie entnommen habe. Übrigens ein sehr empfehlenswertes Buch.

„Ein Kursteilnehmer erzählte einmal, wie seine Frau, die mit einer Gruppe anderer Frauen an einem Selbstverbesserungs-Programm arbeitet, mit der Bitte an ihn herantrat, ihr sechs Dinge zu nennen, die er an ihr gerne geändert hätte, damit sie ihm in Zukunft eine bessere Lebensgefährtin sein könnte. 'Ihre Bitte überraschte mich. Es wäre mir, ehrlich gesagt, nicht schwergefallen, sechs Dinge aufzuzählen, die ich an ihr gerne hätte – aber, du lieber Himmel, sie hätte an mir tausend Dinge kritisieren können. Also sagte ich nichts und bat nur: Lass mich darüber nachdenken, ich gebe dir die Antwort morgen.'

Am anderen Tag stand ich etwas früher auf, ging beim Blumenhändler vorbei und bat ihn, meiner Frau sechs Rosen zu schicken. Dazu legte ich eine Karte: 'Mir fallen keine sechs Dinge ein, die ich an Dir anders haben möchte. Ich liebe Dich so, wie Du bist.' Wer erwartete mich an der Tür, als ich am Abend nach Hause kam? Richtig. Meine Frau. Sie hatte fast Tränen in den Augen. Unnötig zu sagen, wie glücklich ich war, dass ich sie nicht kritisiert hatte, wie sie es wünschte.

Am nächsten Sonntag nach der Kirche kamen mehrere Frauen, die am gleichen Kurs teilnahmen und denen sie inzwischen von meiner Antwort erzählt hatte, auf mich zu und erklärten: 'Das war das Taktvollste, was wir je gehört haben.' An diesem Beispiel ist mir bewusst geworden, welche Macht Anerkennung hat."

Im Allgemeinen betrachten wir unseren Partner als selbstverständlich. Wir denken nicht daran, ihm unsere Anerkennung zu zeigen. Ich zähle mich nicht zu dieser Kategorie. Meine Frau ist eine vielseitige, tolle Künstlerin, ich mag alles, was sie macht. Und das sage ich ihr auch, nicht aus kalkulatorischen Gründen, sondern weil ich ihr größter Fan bin. Sie zollt mir auch immer Anerkennung.

Viele Chefs begreifen das immer noch nicht. Anerkennung ist der beste Anreiz zur Motivation. Ohne motivierte Mitarbeiter ist eine optimierte Betriebsführung unmöglich. Ein schreiender, nörgelnder, schimpfender Chef verhindert Motivation. Deswegen gibt es viele Karikaturen und satirische Verse über Chefs. In meiner langjährigen Laufbahn im Krankenhaus habe ich nicht einmal einen Assistenten oder eine Schwester angeschrien – weder im Operationssaal noch auf Station. Deswegen war die Arbeitsstimmung bei uns in der Urologischen Klinik im Klinikum Ingolstadt immer gut. Das ist nicht selbstverständlich ...

Es gibt Menschen, die mehrere Tage fasten, sagen wir sieben Tage. Oft ist es nicht schwer, die Leute fühlen sich am siebten Tag sogar wohler als sonst. Aber wir wissen, dass es ein Verbrechen ist, wenn jemand seine Familie sieben Tage hungern lässt. In vielen Fällen vernachlässigt man Frau und Kinder Tage, Wochen, sogar jahrelang, ohne ein herzliches Wort der Anerkennung. Danach hungern sie mindestens ebenso wie nach Brot.

Aus Erzählungen weiß ich, dass meine Schwiegermutter immer gut für die Familie gesorgt hat, was in den Kriegs- und Nachkriegsjahren nicht leicht war. Sie kochte immer gut. Aber nicht einmal lobte mein Schwiegervater sie. Er aß einfach stillschweigend, was sie gekocht hatte. Wenn sie einmal irritiert fragte: „Wie schmeckt dir das Essen?", antwortete er „Der Hunger treibt es rein." Sie können sich vorstellen, wie frustriert dann meine Schwiegermutter war. Sie wollte ihn ihr ganzes Eheleben lang verlassen. Aber wenn man Kinder hat und finanziell vom Ehemann abhängig ist, dann ist das nicht leicht zu bewerkstelligen. Was hätte es ihn gekostet, ab und zu mal ein Wort der Anerkennung auszusprechen? Er brachte sich selbst aber um das Wichtigste, um die Liebe seiner Frau und seiner Kinder. Man versorgt die Familie mit Nahrung, Kleidern und einem Dach über dem Kopf, so war es früher üblich. Aber das ist nicht alles im Leben. Ein paar anerkennende Worte bleiben im Leben länger im Gedächtnis als ein besonders schmackhaftes Essen. Das gilt nicht nur in der Familie, sondern in allen Lebensbereichen. Aus der Pädagogik ist bekannt, dass ein paar anerkennende Worte von einem Lehrer für einen sonst nicht sehr begabt erscheinenden Schüler dessen Leben ändern können. Sicher haben Sie bei sich selbst oder bei anderen schon solche Beobachtungen gemacht.

Ein Chef im Betrieb ist genötigt, einen Mitarbeiter zu kritisieren, wenn er nicht zufrieden mit ihm ist. Hat er die Gewohnheit, ihn für die Arbeit zu loben, die er gut gemacht hat? Oder nimmt er gute Arbeit als selbstverständlich hin?

In einer Familie mit Kindern ist es genauso. Oft sind Eltern zum Beispiel nicht zufrieden mit den schulischen Leistungen ihrer Kinder. Aber sie sind bestimmt nicht in allen Fächern schlecht. Wenn sie die Schüler aber wegen einer schlechten Note in Mathematik lange kritisieren, werden ihre Leistungen nicht besser. Wie wäre es, wenn sie zur Abwechslung deren gute Leistungen loben, auch wenn sie in unwichtigeren Nebenfächern Erfolge haben? Sie könnten vielleicht meinen: 'Ich habe die schlechten Leistungen kritisiert, aber die guten schon gelobt.' Es gibt verschiedene Arten, wie man vorgehen kann. Konstruieren wir ein Beispiel: „Max, du hast in Deutsch und Religion eine zwei. Das ist toll! Aber die fünf in Mathe ist schlecht. Du solltest dich mehr anstrengen." Das klingt objektiv richtig, ist aber ineffektiv. Wie wäre es, wenn Sie in der Beispiel-Formulierung „aber" durch „und" ersetzen? Sie haben das Kind anfangs für gute Noten gelobt, dann durch das Wort „aber" das Lob wieder zunichte gemacht. Wie wäre es so: „Max, du hast in Deutsch und Religion eine zwei gehabt, toll! Ich bin überzeugt davon, wenn du dich in Mathe etwas mehr anstrengen würdest, könntest du auch da eine gute Note bekommen."

Es ist nun mal so, dass niemand Kritik gut vertragen kann. Wenn wir mit Menschen zu tun haben, dürfen wir nicht vergessen, dass der Mensch primär kein logisches Wesen, sondern eines voller Gefühle, Vorurteile, Stolz und vor allem mit starkem Selbstbewusstsein ist. Und wenn er kritisiert wird, fühlt er sich in seinem Stolz, seiner Eitelkeit verletzt. Er reagiert mit Widerspruch. Das ist natürlich nicht nur in der Familie der Fall.

Kritik wird nicht nur in verbaler Form ausgeübt. Kritik kann man mit einem Blick, einer Handbewegung, einem Kopfschütteln oder mit sonstiger Körpersprache ausdrücken. Auch die Tongebung des gesprochenen Wortes kann Kritik beinhalten, denn der Ton macht die Musik. Versuchen Sie das Wort „ja" in verschiedenen Intonationen auszusprechen, einmal zustimmend, einmal skeptisch, einmal gleichgültig usw. Diese Art von Kritik kommt während einer hitzigen Diskussion häufig vor. Während jemand redet, schüttelt der andere schon den Kopf, hebt die Augenbrauen, wedelt abwehrend mit den Händen und gestikuliert auch sonst heftig. Er setzt schon an zu reden, ehe der andere seinen Satz beenden konnte. Damit hört er nicht mehr zu, was der andere zu sagen hat. Womöglich unterbricht er sogar die Rede des anderen. Vielleicht sogar mit einem Satz, der so beginnt: „Jetzt will ich Ihnen mal was sagen ..." Dieser Art grober Kritik entgegnet der Erstredner mit dem Satz „Lassen Sie mich doch bitte ausreden. Ich unterbreche Ihre Rede doch auch nicht." Dabei könnte er wissen, dass sein Weiterreden keinen Sinn hat, der andere hört ohnehin nicht zu. Höchstens hat er das

Gefühl, dass er los wurde, was er sagen wollte. Bewirkt hat er nichts. Was ist schief gelaufen? Wenn Sie durch ihre kritischen Gesten dem Gegenüber zu verstehen geben, dass es sich gewaltig irrt, glauben Sie, dass derjenige dies zugibt? Kritik stachelt zu Widerspruch an, das Gegenüber fühlt sich in seinem Stolz und seiner Eitelkeit verletzt. Anstatt den Fehler zuzugeben, wird er eher eine extreme Position einnehmen, die logisch nicht zu verteidigen wäre. Er wird sich veranlasst fühlen, zurückzuschlagen, mit welchen Mitteln auch immer. Sie können dann logisch argumentieren, Sie werden ihn von seinem Standpunkt nicht abbringen, denn Sie kränkten ihn in seinem Stolz. Wenn Sie dann noch mit dem Satz beginnen: „Ich will Ihnen mal was sagen ...", dann haben Sie ihm quasi mitgeteilt: „Sie Dummkopf, ich bin gescheiter als Sie. Ich sage Ihnen etwas, damit Sie einsehen, dass ich Recht habe." Das ist nicht nur eine Kränkung des Selbstwerts des Anderen, sondern auch eine Herausforderung, die zu seinem Widerspruch führt. Und er möchte auch zurückschlagen, bevor Sie weiterreden können. Wie so eine Diskussion endet, wissen wir! Ich muss zugeben, dass ich auch manchmal denselben Fehler mache und denke: 'Wie kann mein Gegenüber so einen Stuss reden', ich steigere mich emotional hinein. Aber ich versuche dann am nächsten Tag, so eine Diskussion für mich zu analysieren um mein Handeln zu verbessern. Ich glaube, im Laufe der Zeit bin ich etwas klüger, weiser geworden. Solche frustrierenden Diskussionen führe ich nicht mehr so oft. Deswegen möchte ich Ihnen anhand eines Beispieles einen Rat geben.

Neulich unterhielt ich mich mit einem guten Bekannten. Er ist Atheist, seine Frau gläubige Christin. Er berichtete mir, dass er mit seiner Frau eine heftige Diskussion über ein Bibelzitat hatte. Er zitierte einen Satz aus der Bibel und meinte, das sei doch wohl ein starkes Stück! Darauf entgegnete seine Frau, was er erzähle, sei aus dem Zusammenhang gerissen und so nicht gemeint. Nun beharrte er auf seinem Standpunkt, sie auf ihrem. Es folgten Angriff und Gegenangriff, was zu nichts führte. Ich gab ihm folgenden Rat: Wenn jemand etwas behauptet, und Sie glauben oder wissen sogar, dass es nicht stimmt, ist es dann nicht sinnvoller zu sagen: „Gut, kann durchaus sein, dass du recht hast. Ich kann mich irren. Lass uns nachsehen, ob der Satz aus dem Zusammenhing gerissen ist. Vielleicht schauen wir auch, ob wir noch weitere ähnliche Textstellen finden." Themen waren Frauenfeindlichkeit des Christentums, grausamer und rachsüchtiger Gott, Moses 2,20. Das setzt natürlich Bibelkenntnisse bei beiden voraus, um die entsprechenden Stellen zu finden, was nicht immer leicht ist. Auch dann kann die Diskussion schwierig sein, weil von Gläubigen oft der Standpunkt eingenommen wird, es könne nicht sein, was nicht sein dürfe. Wenn der Atheist recht behält, kann ein zweites apologetisches Argument hervorgebracht werden wie zum Beispiel „Das ist ein Übersetzungsfehler." Jedenfalls ist für ein konstruktives Argumentieren ein Anfang gemacht. Denn Aussagen wie 'Ich kann mich irren' können Wunder wirken. Niemand im Himmel, auf der Erde oder im Wasser kann Ihnen widersprechen, wenn Sie konstatieren, dass Sie sich irren können. Dann besteht Offenheit für den Vorschlag, der Sache auf den Grund zu gehen. Das ist kein Angriff, keine Kritik am Gegenüber. Deswegen bewirkt dieses Vorgehen keinen Widerspruch oder negative Gegenreaktionen. Versuchen Sie bitte diese Methode, wenn Sie auf eine unterschiedliche Meinung treffen, ob es um Preiserhöhungen nach der Euro-Einführung, Diskussionen um die Agenda 2010 oder um eine angeblich böse Äußerung von Tante Frieda geht.

Kritik ist meist nutzlos, denn Sie drängt den anderen in die Defensive, und gewöhnlich beginnt er sich zu rechtfertigen. Kritik ist gefährlich, denn sie verletzt den Stolz des anderen, kränkt ihn, mindert sein Selbstwertgefühl und entfacht seinen Unmut; er gerät in Opposition.

Das wurde sogar in Tierversuchen nachgewiesen. Der weltberühmte Psychologe und Verhaltensforscher B. F. Skinner bewies durch Versuche, dass ein Tier, das für gutes Benehmen belohnt wird, viel schneller lernt und das Gelernte weitaus besser behält als ein Tier, das für schlechtes Benehmen bestraft wird. Spätere Untersuchungen haben gezeigt, dass das gleiche bei Menschen gilt. Durch Kritisieren erzielen wir keine nachhaltige Besserung, aber erregen oft Unmut.

Nachdem ich Kritik so vehement kritisiert habe, möchte ich meine Kritik an Kritik etwas abschwächen. In einer Partnerschaft sind kritische Äußerungen dem Partner gegenüber praktisch unvermeidbar, auch nicht immer negativ, im Gegenteil. In einer Partnerschaft kommen Menschen mit unterschiedlichen Auffassungen zusammen. Da sind Auseinandersetzungen fast nicht zu vermeiden. Dazu gehört eben auch Kritik. Eine Auseinandersetzung, die natürlich Kritik am Partner beinhaltet, sollte dem Zweck dienen, dass Ihre Anschauung vom Partner akzeptiert wird. Denn das Ergebnis zählt. Wenn aber Kritik so ist, dass sie beim Partner Widerspruch weckt, können Sie Ihr erwünschtes Ergebnis nicht erzielen. Eine emotional geführte Kritik erweckt fast immer Widerspruch, während eine sachlich in einer ruhigen Stunde vorgebrachte Kritik, wenn die Emotionen abgeebbt sind, beim Partner eher ankommt.

Auch wird man Kritik nicht immer in lange Sätze mit Lob packen können, wie ich es zu Beginn dieses Kapitels mit einem Beispiel illustrierte. Im Lauf der Jahre muss es möglich sein, in der Partnerschaft in kurzen Sätzen miteinander zu reden. Aber auch in kurzen Sätzen kann man Kritik in Lob stecken. Das ist sicher individuell unterschiedlich. Hierfür gibt es keine allgemeingültige Formulierung. Jeder sollte das für sich selbst herausfinden.

Auch im beruflichen und gesellschaftlichen Leben kann eine harte Kritik manchmal einen heilsamen Schock auslösen, der den Mitmenschen zum Nachdenken zwingt. Bei hypochondrischen Patienten ist es beispielsweise manchmal nötig, hart zu formulieren. Das Gegenüber muss aber wissen, dass Sie es gut meinen und fundierte Gründe für Ihre Kritik haben. Im gesellschaftlichen, aber auch im politischen Leben ist Kritik nicht nur unvermeidlich, sondern notwendig. Denn ohne Kritik können Veränderungen nicht bewirkt werden.

Das Wort Kritik kann unterschiedliche Bedeutungen haben. In meinen Ausführungen meinte ich jene Art unproduktiver Kritik, die beim Gegenüber automatisch Widerspruch hervorruft. Das kann nicht zum gewünschten Erfolg führen. Wenn Kritik ergebnisorientiert sein soll, muss sie produktiv und positiv gestaltet sein.

Noch eine Schlussbemerkung zu diesem Thema. Möchten Sie den einen oder anderen Menschen etwas ändern, ein bisschen umerziehen und bessern? In Ordnung. Ich bin ganz einverstanden. Aber warum beginnen Sie nicht bei sich selbst? Oder halten Sie sich für fehlerfrei und perfekt, für jemanden, der immer klar denkt? Für Sie kommt mehr dabei heraus, als wenn Sie am Anderen herummodeln. Ein chinesisches Sprichwort lautet: „Jeder kehre den Schnee vor seiner Tür und kümmere sich nicht um das Eis, das auf dem Dach des Nachbarn liegt."

24. Verwendung von Phrasen, undifferenziertes Denken

Wenn wir Phrasen wie „Grüß Gott", „Guten Tag", „Wie geht es Ihnen" benutzen, bedenken wir dann eigentlich, was wir meinen? Wenn wir sagen „Guten Tag", meinen wir in dem Augenblick „Mein lieber Freund, dich mag ich, ich wünsche dir von ganzem Herzen, dass dein Tag heute gut verläuft und alles sich so ereignet, wie du es dir wünschst"? Was ist, wenn wir „Grüß Gott" sagen? Wir meinen natürlich nicht, derjenige soll Gott grüßen. Dann könnte er womöglich sagen „Jawohl, das werde ich tun, wenn ich ihn sehe." Nein, wörtlich meinen wir „Es grüßt Sie Gott". Und was meinen wir inhaltlich? Meinen wir vielleicht: „Es gibt ein allgütiges Wesen, das Gott heißt. Seine Grüße sollen Segen auf dich bringen"? Oder haben wir unser Bekenntnis zu Gott kundtun wollen? Oder wollten wir vielleicht nur grüßen? Dazu haben wir Worthülsen wie „Guten Tag" oder „Grüß Gott" benutzt.

Was ist, wenn wir fragen: „Wie geht es Ihnen?" Meinen wir wirklich, dass es uns interessiert, wie es dem Betroffenen tatsächlich im Einzelnen geht? Haben Sie nicht oft erlebt, dass jemand „wie geht es Ihnen?" fragt und dann sofort dazu übergeht, darüber zu erzählen wie es ihm selbst geht? Wenn wir aber gefragt haben: „Wie geht es Ihnen?" und dann anschließend sofort weiterfragen: „Ist Ihre Erkältung jetzt weg; hat sich die pubertierende Tochter jetzt gefangen; ist der Ehemann jetzt friedlicher?" usw., dann haben wir ein echtes Interesse am Wohlergehen des Anderen gezeigt.

Diese Ausführungen könnten zunächst den Eindruck erwecken, dass es sich hier um akademische Haarspaltereien handelt. Ausschau halten nach leeren Phrasen stärkt unsere Beobachtungskraft im täglichen Leben und schärft unseren analytischen Verstand. Halten Sie doch bitte Ausschau nach solchen leeren Floskeln und schreiben Sie diese auf.

Aber die Verwendung von leeren Floskeln oder Phrasen beschränkt sich nicht nur auf Banalitäten. Hören Sie genau zu, wenn einer Floskeln wie Freiheit, Würde des Menschen, Nächstenliebe etc. in einer politischen Rede oder in der Predigt benutzt. Versuchen Sie herauszufinden, ob er diese nur als Floskeln benutzt, um Zustimmung zu erhalten, oder ob er diese Worte, diese Phrasen, mit Inhalt füllt. Sie müssen es sich einmal antun, die Reden von Politikern anzuhören, wenn sie z. B. sagen: „Man muss die Bevölkerung von ihrer Not befreien und zur Freiheit führen."

Prüfen Sie nach, ob der jeweilige Politiker mitgewirkt hat, das Embargo auf den anderen Staat, wodurch die Bevölkerung an Medikamenten- und Nahrungsmangel jahrelang gelitten hat, aufzuheben oder zu erhalten. Ob er mit demokratischen und völkerrechtlichen Mitteln geholfen hat, die Demokratie dort einzuführen, oder ob er die Demokratie in das andere Land hineinbomben will. Ob er dafür plädiert hat, dass in diktatorischen Staaten wie Saudi-Arabien, Nordkorea, China usw. Demokratie und Freiheit eingeführt wird? Wenn er dies alles nicht getan hat, dann hat er nur Phrasen ohne Inhalt benutzt. Wir sollten uns nicht blenden lassen, wenn er die hehren Worte Freiheit, Demokratie, Würde des Menschen etc. nur so heraussprudeln lässt.

25. Autoritätsglaube und Zitate

Autoritätsglaube bildet eine nicht zu unterschätzende Barriere zum klaren Denken. Sie kennen sicherlich die Aussage „es steht geschrieben". Damit ist natürlich gemeint, es steht so geschrieben in der Heiligen Schrift und erhebt damit Anspruch auf absolute Wahrheit, weil die Heilige Schrift sich auf die ultimative Autorität Gott beruft. Sicherlich stammt dieser Spruch aus der Zeit, als die Leute des Lesens und Schreibens unkundig waren, Luthers Übersetzung auf Deutsch noch nicht erschienen war und die Bücher der Gutenbergschen Buchdruckkunst Mangelware waren. Da hatten die Priester sozusagen das Monopol auf die Bibelschrift. Wenn Sie in der Predigt sagten: „Es steht geschrieben", dann war jeder Widerspruch sinnlos, da die Bibel als absolute Autorität galt und bei den Strenggläubigen immer noch gilt. Diese Denkweise ist so stark im Unterbewusstsein verankert, dass im Gespräch oft zu hören ist: „Ich habe es doch gelesen: das stimmt." Der Glaube an das geschriebene Wort ist geblieben, wenn auch der Ursprung dieser Denkweise dem Betreffenden nicht bewusst ist. Vielleicht steckt dahinter die Annahme, dass, wenn etwas veröffentlicht ist, doch bei der Annahme zur Veröffentlichung die Autorität der betreffenden Person berücksichtigt wurde. Sicher wird dieses Denken jetzt weniger. Aber es ist meiner Ansicht nach weiter verbreitet, als man annehmen möchte.

Der Autoritätsglaube hat in der Vergangenheit sicherlich viel Gutes bewirkt. Aber wenn er seine Zeit überdauerte, hat er einen verhängnisvollen Schaden angerichtet. Aristoteles war ein großartiger Philosoph. Aber seine Krankheitslehre, dass der Körper aus vier Elementen, Feuer, Wasser, Luft und Erde, sowie aus vier Qualitäten, wie kalt, warm, trocken und feucht besteht, hat Jahrhunderte lang neue medizinische Erkenntnisse gebremst, da man gegen so eine gigantische Autorität nicht gewagt hat, andere Behauptungen aufzustellen. Wenn einige es doch taten, wurden diese von vielen Unter-Autoritäten abgewürgt, mit dem Fingerzeig auf die große Autorität Aristoteles. Auch heute haben Autoritäten in der Medizin – und sicher woanders auch – manchmal verhängnisvolle Wirkungen. Zugegebenerweise in erheblich schwächerem Umfang, da der heutige Mensch öfter „wieso und warum" fragt als früher, als die Autorität des Bischofs, des Königs und des Familienoberhauptes ohne Federlesen akzeptiert wurde.

Dass Autoritäten medizinischen Fortschritt verhindern können, weiß ich aus eigenen Erfahrungen. Wenn in medizinischen Lehrbüchern eine Aussage steht, wird sie von den Studenten, von jüngeren aber auch von älteren Kollegen so akzeptiert, was einerseits verständlich ist. Aber man muss sie andererseits nicht als ewige Wahrheit akzeptieren. Sonst gäbe es keine Neuerungen, was Stagnation bedeuten würde. Ich habe einige neue Operationstechniken entwickelt, die mittlerweile weltweit anerkannt und in vielen Lehrbüchern erwähnt sind, aber anfangs auf große Skepsis stießen. Einfach weil sie gegen die gängige Lehrmeinung, die natürlich durch bedeutende medizinische Autoritäten vertreten wurde, verstieß.

Wenn man am Autoritätsglauben hängen geblieben wäre, hätte man nie etwas Neues entwickeln können. Die Sache kann stimmen, wenn eine Autorität in ihrem Bereich etwas zu sagen hat. Aber nicht weil sie eine Autorität ist, sondern weil ihre Aussage einen Wahrscheinlichkeitswert besitzt.

Autoritätsglaube ist natürlich nicht nur im medizinischen Bereich anzutreffen, sondern praktisch überall. Goethe war zweifelsohne eine großartige Persönlichkeit und sehr vielseitig begabt. Was vielen nicht bekannt sein dürfte: Er hat auch eine Farbenlehre entworfen. Auf Grund seiner Autorität hat sich diese Lehre sehr lange gehalten und gilt immer noch bei vielen als Standardwerk. Man hat vor kurzer Zeit festgestellt, dass diese Farblehre mit ausgesprochen vielen Fehlern behaftet ist. Es geht hier nicht darum, ob Goethes Farbenlehre wahr ist oder nicht, sondern darum, dass sie heute noch vielfach akzeptiert wird, auf Grund seiner Autorität.

Mit den Zitaten berühmter Persönlichkeiten wird ebenso mancher Unfug getrieben. Sie kennen doch sicherlich auch viele Aufsätze und Vorträge, die mit Zitaten anfangen. Warum eigentlich? Wenn der Autor seine Meinung plausibel vertreten will, warum muss er ein Zitat einer berühmten Persönlichkeit zu Hilfe nehmen?

In diesem Zusammenhang folgende Episode: Ich habe meinen Facharzt für Chirurgie in Edinburgh erworben. Da gibt es mehrere strenge Prüfungen, schriftlich, mündlich und praktisch. Es fallen etwa 80 Prozent der Prüflinge durch. Die Prüflinge sind entsprechend nervös, aufgeregt und auf das Wohlwollen des Prüfers scharf. Ich muss ja wohl eine Ausnahme gewesen sein. Vor den 40 mündlichen Prüfern, die in einem riesigen Saal an verschiedenen Tischen saßen, mussten die Prüflinge in einem Drei-Stunden-Marathon von einer Prüfergruppe zur nächsten wandern. Im Fach Physiologie erwischte ich einen Prüfer, der bereits emeritiert war und nur noch Vorworte für Lehrbücher schrieb. Anscheinend beschäftigen sich ältere Gelehrte, wenn sie emeritiert sind, mit Philosophie und schöngeistigen Dingen. Dies tat ebenso dieser Professor. Er schaute meine Unterlagen an und sagte: „Aha, wie ich sehe, haben Sie in Deutschland studiert. Dann sagen Sie mir doch, wer hat gesagt: Der Mensch ist nicht das, was er ist?" Da war ich verblüfft. Ich war gewappnet mit allen möglichen Verteidigungsstrategien im Bereich der Physiologie. Aber dann so eine Frage! Ich sagte ganz kleinlaut: „Ich weiß es nicht" und dachte, das Examen sei für mich schon gelaufen. Daraufhin sagte er mit Nachdruck: „Goethe". Da sammelte ich meine sämtlichen verbliebenen Kräfte und sagte, jetzt nicht mehr so kleinlaut, deutlich und etwas lauter: „Na und?" Er tat überrascht und fragte: „Was heißt hier: Na und"? Ich sagte: „Es ist Unsinn, zu sagen, etwas ist nicht, was es ist, auch wenn Herr Goethe dies gesagt haben soll. Der Mensch ist halt, was er ist." Wir diskutierten weiter, und ich wurde immer lauter und verteidigte energisch meinen Standpunkt. Daraufhin sagte er: „Schauen Sie, Sie machen Krankenvisite. Da liegt ein Patient, der eine Leberentzündung hat, aber nicht gelb ist. Also erkennen Sie ihn nicht als Hepatitis-Patient. Er ist also nicht, was er ist." Daraufhin ich: „Da begehen Sie und der große Herr Goethe einen gewaltigen Irrtum. Wenn Sie und Herr Goethe nicht erkennen können, aus welchen Gründen auch immer, dass der Patient eine Hepatitis hat, dann liegt es doch an Ihrer mangelnden Erkennungsfähigkeit. Deswegen verschwindet die Hepatitis nicht. Er ist also, was er ist, nämlich leberkrank. Der Denkfehler liegt bei Ihnen und bei Herrn Goethe, auch wenn er eine große Persönlichkeit war." Na, ja, ich bestand die Prüfung trotz meiner Widerspenstigkeit.

Aussagen einer großen Persönlichkeit müssen also nicht stimmen. Die Kommunisten zitieren andauernd Marx, Lenin oder Mao. Die Pfarrer fangen ihre Predigten mit Zitaten aus der Heiligen Schrift an. Die Moslems zitieren die Worte von Mohammed und die Hindus aus der Bhagwad-Gita, die selbst aus dem Munde von Gott Krishna stammen soll. Und dabei machen alle diese drei zuletzt zitierten Autoritäten unterschiedliche Aussagen. Deswegen sind sie unzuverlässig. Manch moderner Mensch fängt seine Rede mit Sätzen an wie: „Schon Aristoteles hat gesagt, dass ..." Wenn eine Autorität wie Lenin sagt: „Kapitalisten sind Schweine", oder wenn Adenauer sagt: „Kommunisten sind Schweine", können aus logischem Grund diese beiden widersprüchlichen Aussagen nicht gleichzeitig stimmen. Auch wenn sie von großen Autoritäten stammen.

26. Gibt es Zufälle im Leben?

Natürlich gibt es sie. Das Leben eines Individuums besteht aus vielen Zufällen. Sie, als Individuum, so wie Sie sind, wären sonst gar nicht da. Ihre Eltern haben sich vielleicht auch durch einen oder mehrere Zufälle kennengelernt. Wenn der große Meteorit, der in der Karibik herunterfiel und die Dinosaurier auslöschte und somit die Entstehungsbedingungen für Homo sapiens aus einem nichtssagenden kleinen Säugetier nicht vorbereitet hätte, wären wir Menschen gar nicht da! Es sind also Milliarden Zufälle in der Geschichte des Lebens gewesen, wenn Sie z. B. zufällig im Buchladen ein Buch finden, nach dem Sie lange gesucht hatten. Zufall!

Aber zuviele Zufälle bedingen eine Notwendigkeit. Zufall oder kein Zufall: Die Urteilsbildung hängt davon ab, wie man eine Sache betrachtet. Ob vom Standpunkt eines Individuums oder von einem globalen Standpunkt.

Nehmen wir das Beispiel von der Entstehung des Lebens im Urmeer. Die Grundsubstanzen des Lebens waren in Form von Atomen und Molekülen wie Sauerstoff, Stickstoff, Kohlenstoff, Wasserstoff, Wasser etc. da. Durch die Blitzschläge, die auch wieder zufällig irgendeine Stelle des Urmeeres trafen, bildeten sich komplexe Ketten von Molekülen. Davon waren aber nur einige geeignet zur Bildung von Aminosäuren. Es waren Hunderte von Aminosäuren. Diese kamen durch Zufall zusammen. Aber wiederum nur einige Verbindungen waren geeignet für die Bildung von Chromosomen. Und so ging es weiter, bis die erste lebendige Zelle entstand. Aus dieser Vielzahl von Zufällen ergab sich also eine Notwendigkeit, nämlich die, dass eine lebendige Zelle entstand.

Auch später erfolgten durch ultraviolette und radiologische Strahlen sowie durch Hunderte anderer mutagener Noxen Mutationen von Lebewesen. Die größte Zahl dieser neuen Spezies starb, weil sie entweder nicht lebensfähig oder an die neuen Lebensbedingungen nicht angepasst waren. So gab es Milliarden von Zufällen, bis die heute existierende Spezies übrig blieb. Laut Biologen sind 95 % der sonst lebensfähigen Spezies ausgestorben, weil zufällig ein Meteorit die Erde traf oder die Sonne plötzlich Sonnenflecken zeigte und somit ihre mörderische Kraft entfaltete.

Wenn auf eine Bergkette zwei Schneeflocken fallen, wovon eine zufällig einen Zentimeter von der anderen entfernt liegen bleibt, so kann die eine, die gerade südlich von der Bergkante gefallen ist, später in Form von Wasser ins Mittelmeer fließen. Die andere, die zufällig nördlich von der Bergkante fiel, findet ihr Zuhause in der Nordsee. Reiner Zufall! Wenn man aber die Sache global betrachtet, ergibt sich folgendes Bild: Es sind Milliarden von Schneeflocken auf eine Bergkante gefallen. Notwendigerweise fallen einige auf die Südseite, einige auf die Nordseite der Bergkante, wobei es sich für einzelne Flocken um einen Zufall handeln kann, z. B. ein leiser Windstoß, der die eine oder andere Schneeflocke über die Bergkantengrenze hinweg schweben lässt. Also aus purem Zufall dort landet. Global gesehen war es eben eine Notwendigkeit, dass einige hier und einige dort fallen. Von Vorsehung, Vorherbestimmung oder Schicksal kann hier keine Rede sein.

Wenn Sie Ihr eigenes Leben betrachten, werden Sie feststellen, dass da etliche Zufälle auszumachen sind. Aber wenn Sie die Gesamtgesellschaft in Erwägung ziehen, dann werden Sie feststellen, dass aus vielen dieser Zufälle eine Notwendigkeit geworden ist.

Wie war es, als Sie Ihren Lebenspartner kennengelernt haben? Es kann sein, dass Sie sich im letzten Augenblick entschieden haben, den Ball zu besuchen, auf dem Sie zufällig denjenigen treffen, der nach Ihrem Geschmack ist. Aus diesem zufälligen Geschehen kann eine lebenslange Partnerschaft entstehen. Wie sieht das Bild aber aus, wenn man es global betrachtet? In einer Gesellschaftsform, wo sich Partner auf solchen Veranstaltungen kennenlernen, ergibt sich die Notwendigkeit, dass man bei einem der Hundert irgendwann einmal einen Partner nach dem eigenen Geschmack kennenlernt. Das hat mit übernatürlicher Vorsehung nichts zu tun. Vielmehr mit dem Gesetz der Notwendigkeit aus mehreren Zufällen.

Eine Bekannte erzählte mir, dass sie nach einem Buch über ein bestimmtes Thema gesucht hatte. Eines Tages ging sie zufällig in eine Buchhandlung und fand so ein Buch. War das ein Zufall? Auch wenn es nach einer akademischen Haarspalterei aussehen könnte, wollen wir doch einen Versuch unternehmen, der Sache analytisch zu begegnen. Natürlich kann es sich um einen Zufall handeln, wenn man statt nur in die Bäckerei zu gehen, im letzten Moment mal kurz in die Buchhandlung reinschaut. Natürlich kann die Besitzerin der Buchhandlung rein zufällig im letzten Augenblick entschieden haben, das Buch überhaupt zu bestellen und ins Schaufenster zu stellen. Da können also viele Zufälle eine Rolle gespielt haben.

Wie sieht es aus, wenn man die Sache aber vom globalen Standpunkt aus betrachtet? In einer bestimmten Stufe der gesellschaftlichen Entwicklung haben eine Vielzahl von Leuten Interesse an bestimmten Themen, die dann von entsprechenden Autoren, wegen des Interesses der Gesellschaft, aufgearbeitet werden. Diese Art Bücher werden geschrieben und von Verlegern in entsprechend großer Zahl veröffentlicht. Wenn mehrere Interessierte und mehrere Exemplare des Buches im Umlauf sind, ergibt sich die Notwendigkeit auf Grund der Wahrscheinlichkeits-Rechnung, dass beide sich irgendwann einmal treffen.

Auch hier ist kein Bedarf für Überlegungen über eine übernatürliche Vorsehung.

In der Philosophie gibt es zwei Schulen, die sich gegenseitig unnötigerweise bekämpfen, nämlich die Deterministen und die Indeterministen. Die einen meinen, alles ist vorherbestimmt, die anderen meinen, das stimmt nicht, denn Willensfreiheit, Zufälle etc. nehmen Einfluss auf den Gang der Dinge. Ich will hier nicht zu fachspezifisch werden. Nur eins möchte ich festhalten. Es ist nicht notwendig, schwarz-weiß zu denken – also Determinismus oder kein Determinismus. Beide Komponenten sind vorhanden, je nachdem, ob man etwas vom individuellen Standpunkt aus betrachtet oder vom globalen.

27. Jein und Schwarz-Weiß-Denken

Ich habe vor, diese beiden Themen zusammen zu behandeln, da sie eine gewisse Verwandtschaft vorzuweisen haben. „Euer Reden soll ja, ja und nein, nein sein", steht in der Bibel. Demnach sollte man klipp und klar, also eindeutig Stellung beziehen und keine Wischiwaschi-Antworten geben. Ich habe mich immer geärgert, wenn jemand auf meine Frage keine klare Antwort gab, sondern sagte: „Jein", also „ja und nein". Was bedeutet das? Ist es ein Fall von unklarem Denken, dass einer nicht in der Lage ist, eine definitive Antwort zu geben? Oder ist vielleicht die Frage falsch gestellt, so dass man nur mit „Jein" antworten kann?

Was ist, wenn einer fragt: „Mögen Sie asiatisches Essen?" Wie soll man darauf antworten? Was ist überhaupt asiatisches Essen? Ist damit chinesische, indische oder gar die Küche der sibirischen Stämme gemeint? Denn Sibirien liegt ja auch in Asien. Oder ist damit die arabische, japanische oder die Kost aus Borneo gemeint? Ja, sogar in einer einzigen Nation kann diese sehr unterschiedlich sein. So z. B. überwiegen in Indien die Reisspeisen im Süden und die aus Weizen im Norden. Es gibt vegetarisches Essen im Westen Indiens. Fisch aber kein Fleisch in Bengalen, in Nordindien ist alles essbar. Auch bei den verwendeten Gewürzen gibt es enorme Unterschiede. Also, eine einheitliche asiatische Küche als solche gibt es genauso wenig wie eine amerikanische oder europäische. Es kann sein, dass einer, sagen wir mal, die kantonische Küche Süd-Chinas schätzt, aber die Speisen aus Kerala oder Sibirien nicht mag. Deswegen kann einer ja nichts anderes antworten als „Jein". Es lag also an jenem, der die Frage stellte und nicht an dem, der sie mit „Jein", beantwortete.

Was ist mit einem, der fragt: „Ist die asiatische Philosophie nicht weise?" Gibt es eine asiatische oder eine einheitlich westliche Philosophie überhaupt? Oder „meinen Sie nicht auch, dass die asiatischen Religionen tolerant und weise sind?" Gibt es einen einheitlichen verbindlichen Charakter der asiatischen Religionen? Übrigens, Judentum, Christentum und Islam sind auch in Westasien entstanden. Dann gibt es in jeder Religion lobenswerte Weisheiten, aber auch unverdauliche Torheiten und Ansichten, die wir bestimmt nicht als Weisheit titulieren würden. Also auch hier ist eine definitive Antwort wie „Ja" oder „Nein" nicht möglich. Und so kann man viele Beispiele heranholen, wo der Fehler bei dem Fragesteller liegt und nicht bei dem, der so eine Frage mit „Jein" beantwortet.

Um eine richtige Antwort zu erhalten, muss man eine richtige Frage stellen. In der Regel denkt derjenige, der mit „Jein" antwortet, differenzierter als der, der eine undifferenzierte pauschale Frage stellt. Im Englischen gibt es ein Sprichwort: „think twice before you speak", denk zweimal nach, bevor du sprichst. Diesen Spruch kann man umwandeln in: „think twice before you ask". Denk zweimal nach, bevor du fragst.

Oft versuchen wir, klare Grenzen zu ziehen, wo keine sind. Nehmen

Sie das Beispiel von Vollhaar und Glatze. Kann man hier eine klare Grenze ziehen? Ab welcher Menge Haare kann man behaupten, es wäre eine Glatze? Wenn sich 10.000 Männer in einer Reihe aufstellen, in welcher der Nachbar ein Haar weniger hat als der Vorhergehende, ab wie vielen ist die Bezeichnung gerechtfertigt?

Schwarz-Weiß: Natürlich benötigen wir im täglichen Leben Bezeichnungen wie „schwarz und weiß", um eine gewisse gedankliche Ordnung zu erzeugen. Aber gibt es nicht eine deutliche Grenze zwischen schwarz und weiß? Wenn Sie eine Reihe Papier vor sich haben wo an einem Ende das Papier schwarz ist, am anderen Ende weiß und dazwischen eine Reihe, wo ein Papier eine Nuance dunkler ist als das andere, wo fängt dann schwarz an? Dieses sind banale Beispiele, die im täglichen Leben keine Bedeutung haben. Aber es gibt wichtigere Themenbereiche, wo klares Denken angezeigt ist.

Mensch und Tier. Gibt es so einen Unterschied? Der Mensch und ein Schimpanse haben über 99 % identische Gene. Ja, der Mensch und ein Schwein haben sogar imerhin 98 % gleiche Gene. Ist der Unterschied zwischen dem Menschen und dem Tier Schwein dann größer als der Unterschied zwischen dem Tier Schwein und dem einzelligen Tier Amoeba? Haben wir das Recht, eine klare Grenze zwischen Menschen und Tieren zu ziehen? Es gibt ja nicht mal eine klare Grenze zwischen Pflanzen und Tieren. Es gibt Pflanzen, die sich bewegen können. Es gibt Tiere, z. B. das Volvox, das Chlorophyll besitzt. Also hier gibt es auch keine eindeutige Trennlinie. Es gibt ja nicht einmal eine klare Grenze zwischen der lebendigen und der toten Materie. Der Hauptunterschied ist, dass die lebendige Materie einen Metabolismus hat und sich entsprechend verändert.

Schauen wir uns aber ein Virus an, dann ist es zunächst eine Ansammlung von Molekülen und hat keinen Grundumsatz. Diese Moleküle haben aber die Eigenschaft, eine Eiweißhülle anzulegen. Dann ist es lebendig, wächst, vermehrt sich und existiert als lebendiges Wesen.

DNA, RNA, Chromosomen sind auch Ansammlungen von Molekülen, die sich vermehren können.

Auch wenn man die Entwicklung von Menschen als Gattung in Betracht zieht, ist eine klare Grenze zwischen Mensch und Tier nicht festzustellen, vorausgesetzt, dass Sie kein christlicher Fundamentalist sind und deswegen an die biblische Schöpfungsgeschichte glauben. Ich glaube aber, dass immer mehr Menschen auf Grund der massenhaften Beweise glauben, dass die Evolution stattgefunden hat. Danach hat sich der Mensch von einem unscheinbaren, kleinen vierbeinigen Säugetier weiterentwickelt. Dieses Wesen machte unterschiedliche Entwicklungsstadien durch, wobei es sich immer weiter in Richtung Homo sapiens bewegte und dem heutigen Menschen in kleinsten Schritten immer mehr ähnelte. Wenn man dann an ein Ende der Entwicklungsgeschichte das vierbeinige Tier stellt und an das andere Ende den heutigen Menschen, wo soll man dann die Grenze ziehen, ab der man sagen kann, ab diesem Stadium ist das Tier als Mensch zu bezeichnen? Auch das Gehirn und das sogenannte Bewusstsein entwickelten sich in kleinsten Schritten. Auch wenn wir das Thema Bewusstsein oder Geist anschneiden, so ist der Unterschied rein quantitativ und nicht qualitativ. Beispielsweise haben auch die sogenannten Tiere Bewusstsein und Intelligenz. Schimpansen sind durchaus in der Lage, sich selbst im Spiegel zu erkennen und künstlich angebrachte Farbe im Gesicht zu entfernen. Eine Schimpansin sagte mit Zeichensprache: „Lena komm kitzeln, ich lachen!" Im Allgemeinen sagen die Forscher, dass ein erwachsener Schimpanse den Intelligenzgrad eines 3- bis 4-jährigen Kindes hat. Es ist also eine Frage der Quantität und nicht der Qualität. Es gibt ein ausgezeichnetes Buch mit dem Titel: „Haben Tiere Bewusstsein", wo aufgezeigt wird, dass Elefanten, Krähen, ja sogar Bienen auf diesem Gebiet erstaunliche Leistungen vorzuweisen haben.

Gibt es einen klaren Unterschied zwischen reich und arm? Wenn die Armutsgrenze, sagen wir einmal, bei einem Einkommen von 900 Euro monatlich liegt, ist man dann mit 899 Euro arm und mit 901 Euro reich? Ist die Grenze nicht auch hier fließend? Sicher werden wir im täglichen Leben nicht umhin kommen, Attribute wie sehr arm, arm, durchschnittlich, gut situiert, reich und superreich zu verwenden. Aber wir sollten uns in Gedanken darüber im Klaren sein, dass es auch hier keine harte Trennung gibt.

Sagen wir nicht manchmal: „Er ist intelligent und er ist dumm." Gibt es eine scharfe Trennlinie zwischen Intelligenz und Dummheit? Gibt es bei der Intelligenz nicht quantitative und qualitative Unterschiede? Ein und derselbe Mensch kann auf einem Gebiet, sagen wir mal Physik, intelligent, aber auf einem anderen Gebiet wie z. B. Management oder Menschenführung ein Versager sein. Auch auf einem einzigen Gebiet wird es schwer sein, eine scharfe Trennungslinie zwischen Intelligenz und Dummheit zu ziehen. Dies sollte uns zu denken geben und uns dazu bringen, vorsichtiger mit Urteilen über andere Menschen zu sein.

Wenn wir mit klarem Denken unsere Meinung bilden wollen, ist das Thema „Deutsche und Ausländer" vom praktischen Standpunkt aus für Deutschland von großer Bedeutung. Ich bin in Indien geboren, lebe seit 50 Jahren in Deutschland und habe die deutsche Staatsbürgerschaft. Bin ich nun Inder oder Deutscher? Herr Achmed aus der Türkei lebt seit 20 Jahren in Neuburg und hat gestern seine Staatsbürgerschaft erhalten. Er ist ein praktizierender Muslim, hat eine emotional starke Bindung an die Türkei und spricht kaum Deutsch. Ist er ein Deutscher oder ein Türke? Herr Abrasimov ist samt seiner Familie aus Kasachstan nach Deutschland gekommen, spricht kein Wort Deutsch und weiß eigentlich gar nichts über Deutschland. Die Kinder sprechen überhaupt kein Wort Deutsch. Sie fühlen sich hier unwohl und haben starke Sehnsucht nach ihrer Heimat in der Steppe. Sie sind aber als Deutsche anerkannt worden. Sind Sie nun Deutsche oder nicht?

Wenn wir über Ausländer ein Urteil fällen wollen, weil z. B. die Kriminalität unter Ausländern höher ist, machen wir dann einen Unterschied zwischen Türken, Kosovaren, Österreichern und Amerikanern? Machen wir einen Unterschied zwischen wohlsituierten Türken, die Ärzte oder Geschäftsleute sind, und jugendlichen Türken, die im tiefsten Anatolien aufgewachsen sind und wegen mangelnden Sprachkenntnissen nicht mal den Hauptschulabschluss geschafft haben? Sie finden deswegen keinen Job und laufen Gefahr, in die Kriminalität abzurutschen. Hier ist ein differenziertes Denken angezeigt. Schließlich sind alle Menschen der Welt in 99.2 Prozent der Länder Ausländer, auch die Deutschen. Schon allein deswegen ist eine Trennungslinie zwischen Deutschen und Ausländern nicht haltbar.

Eine ähnliche Problematik herrscht, wenn man sagt: „Herr X ist religiös und Herr Y nicht." Zunächst sollte man einmal feststellen, dass nicht alle Religiösen die gleiche Haltung im Leben haben. So z. B. die Buddhisten und Jainas, die keinem Tier etwas zuleide tun, geschweige denn dessen Fleisch essen. Im Hinduismus braucht man an einen Gott nicht zu glauben, solange man seine Pflicht tut. Das Christentum belehrt uns: „Nicht durch deine guten Taten wirst du erlöst, sondern durch die Gnade Gottes." So kann man große Unterschiede bei den Gläubigen verschiedener Religionen feststellen. So sagt uns die : Feststellung: „Herr X ist religiös" nichts über seine Überzeugungen.

Auch die scharfe Unterscheidung zwischen gläubig und ungläubig kann man nicht aufrecht halten. Für Muslime sind alle Andersgläubigen, seien es Christen oder Atheisten, Ungläubige. Im Christentum ist es nicht anders. Durch die Aufklärung, Fortschritt im wissenschaftlichen Denken sowie die Globalisierung sind die christlichen Kirchen zum Nachgeben gezwungen worden. Aber die Intoleranz gegenüber Juden und Andersgläubigen ist besonders in den Paulus-Briefen überdeutlich. So sind manche Ketzer, die eigentlich gläubige Christen waren, als ungläubige Ketzer exkommuniziert und verbrannt worden, wenn sie das heliozentrische Weltbild der Christen in Zweifel zogen und behaupteten, die Erde ist weder eine Scheibe noch ist sie Mittelpunkt des Kosmos, sondern nur eine runde Kugel, die die Sonne umkreist.

Laut Christentum und der Bibel sind alle Andersgläubigen Ungläubige, auch wenn sie in ihrer eigenen Religion tief gläubig sind. Nur so sind die Kreuzzüge und die Niedermetzelung der Indianer zu erklären.

In diesem Zusammenhang wäre es angebracht, eine andere Problematik zu durchleuchten. Ist alles vorherbestimmt? Wenn ja, dann von wem? Oder gibt es im Leben Zufälle? Wie schon erwähnt, streiten sich seit Jahrhunderten die Deterministen und Indeterministen, die absolut konträre Ansichten haben. Gibt es aber eine scharfe Trennlinie zwischen Determinismus und Indeterminismus? Determinismus heißt: Alles ist vorherbestimmt. Die Indeterministen nehmen die 180 Grad entgegengesetzte Position ein. Dann gibt es eine Unterabteilung, die Prädestination. Diese besagt, dass beim Menschen alles vorherbestimmt ist durch Gottes unerforschlichen Willen und zwar entweder als Gnadenwahl, also ohne eigenen Verdienst, oder Prädamnation zur Verdammnis, ohne eigene Schuld, z. B. durch Erbsünde. Dies haben Augustinus und Luther gelehrt.

In Indien gibt es manche Hindus, denen am 6. Tag nach der Geburt eines Kindes die Schicksalsgöttin Vidhata erscheint und auf dem Handteller des Kindes seinen Schicksalsweg aufzeichnet. Es gibt auch lustige Geschichten darüber, wie die Schicksalsgöttin beim Verlassen des Hauses von den Angehörigen abgefangen wurde und durch List oder Bitten überredet wurde, ihr Schicksalsskript zu ändern. Bei anderen Geschichten heißt es dann wieder, die Angehörigen hatten gesehen, was für ein Schicksal sie auf den Handteller geschrieben hat. Dann versuchten sie mit allen möglichen Tricks es zu verhindern, aber es gelang ihnen nicht. So heißt es bei Buddha, dass die Göttin geschrieben hat, dass dieses Kind entweder ein großer König wird, oder dass es den Freuden der Welt entsagen und ein großer Mönch sein wird. Nun wollte sein Vater, ein König, dass sein Sohn auch König wird. Er baute einen Palast für den Prinzen, einen großartigen Palast mit allen Annehmlichkeiten. Später wurde er verheiratet mit einer bildhübschen Prinzessin. Eines Tages machte er dann einen Spaziergang durch die Stadt und sah das Elend in der Welt, wie z. B. Armut, Krankheit oder den Tod. Das machte ihn nachdenklich. Er entsagte daraufhin den Annehmlichkeiten des Palastes, um die Menschheit von diesem Elend zu befreien und wurde Mönch. Und so erfüllte sich die Prophezeiung. Nun mag man lächeln, wenn man Geschichten über Schicksalsgöttinnen und Vorherbestimmungen zu hören bekommt. Aber auch hierzulande gibt es genügend Leute, die an Vorherbestimmung glauben.

Wenn alles vorherbestimmt ist, dann waren z. B. Pocken und andere Seuchen auch von Gott gewollt. Darf dann der Mensch dagegen ankämpfen, indem er den Impfstoff gegen Pocken erfindet? Wenn ich mit Gläubigen diskutiere, meinen manche, auch dies war von Gott vorherbestimmt. Krankheiten, Armut, Elend, Kriege etc. seien von Gott gewollt, aber auch deren Bekämpfung. Es sei alles vorherbestimmt. Dieses Argument der Gläubigen empfinde ich als unehrlich. Aber mir gelingt es nicht, den unehrlichen Charakter dieses Argumentes darzulegen.

Wenn es vorherbestimmt ist, dass ein Mensch zum Mörder wird, dann ist es nicht seine Schuld, dass er ein Mörder geworden ist. Es war ja für ihn vorherbestimmt. Die Schuldfähigkeit ist ihm damit abgesprochen. Darf man jemanden bestrafen, der nicht schuldig ist? Müsste man dann die Gerichte nicht schließen? Müssten dann die Leute, die an Vorhersehung glauben, nicht dafür auf die Straße gehen? Dürften Sie sich dann auch entrüsten, wenn Sie hören, dass ein Mann ein Kind missbraucht hat?

Wohin kann der Glaube an Vorherbestimmung führen, wenn man konsequent weiterdenkt? Wenn alles, also auch das Handeln der Menschen, durch Vorherbestimmung von einer blinden Notwendigkeit, also Schicksal bestimmt ist, dann kann dies nur zu Fatalismus und Resignation führen. Jedwede Eigeninitiative ist nicht angezeigt, da der Mensch nur eine Marionette in den Händen des Fädenziehers Schicksal ist. Ich frage Sie, ist diese Art von Determinismus mit dem gesunden Menschenverstand vereinbar? Oder sind Sie der Meinung, dass der Mensch das eigene Schicksal in die Hand nehmen kann? Aber zwischen eigenes Schicksal selbst in die Hand nehmen und Vorherbestimmung gibt es keine eindeutige Trennlinie. Darauf komme ich später zurück.

In diesem Zusammenhang kommt jetzt ein wichtiger Punkt zu Tage. Bisher haben wir mehr oder weniger über den theoretischen und theologischen Determinismus gesprochen. Aber Determinismus ist nicht gleich Determinismus.

Gibt es naturwissenschaftlichen materialistischen Determinismus wo ein übernatürlicher Beweger, wie z. B. Gott, nicht benötigt wird? Diese Theorie ist für die Mehrzahl von uns abstrakt. Hier sei nur Folgendes gesagt. Auf Grund der Naturgesetze ist die Entwicklung des Kosmos nach dem anfänglichen Urknall prädeterminiert. Auf Grund der inneren Kräfte der Atome und Elektronen und subatomaren Teilchen, die die Entwicklung des Kosmos nur in eine Richtung bewegen, ist dies also prädeterminiert – vorherbestimmt. Im Großen und Ganzen stimmt diese Theorie. Aber auch hier ist eine klare Trennlinie nicht festzustellen. Während in der normalen Physik die Naturgesetze funktionieren, sieht es in der Quantenmechanik anders aus. Hier gehorchen nicht alle subatomaren Teilchen immer den für sie vorgesehenen deterministischen Gesetzen. Daraus hat man die Chaostheorie entwickelt, worauf ich an dieser Stelle nicht ausführlich eingehen werde. Ich erwähne nur zwei Fakten. Manche Quanten können zu ein und derselben Zeit an zwei verschiedenen Stellen sein. Ein und dasselbe Nano-Teilchen kann gleichzeitig eine positive und eine negative elektrische Ladung haben. Also auch in der Physik sind beide Komponenten, Determinismus und Indeterminismus vorhanden und eine klare Trennlinie zwischen den beiden ist nicht feststellbar.

Die Frage, ob alles vorherbestimmt ist oder nicht, ist eng verbunden mit der Frage, ob der Mensch einen freien Willen hat oder nicht. Denn wenn alles vorherbestimmt ist, handelt der Mensch nicht aus eigenem freiem Willen. Gibt es eine scharfe Trennlinie? Ist ein solches Schwarzweißdenken gerechtfertigt?

Zunächst gibt es da das Theodizee-Problem, nämlich die Frage: Wenn Gott allgültig, allmächtig und allwissend ist, warum gibt es dann überhaupt Leid auf der Welt? Denn wenn er allgültig ist, kann er Leid nicht wollen. Wenn er allmächtig ist, kann er Leid verhindern. Die Gläubigen bringen dann folgendes Argument ins Spiel. Gott hat den Menschen freien Willen gegeben. Deswegen ist nicht Gott, sondern der Mensch selbst schuldig und verantwortlich für sein Leid. Wenn Gott uns nicht den freien Willen gegeben hätte, wären wir bloß Roboter. Das wollte der allliebende Gott seinen Kindern nicht antun. Ist dieses Argument stichhaltig? Hat der biblische Gott uns nun einen freien Willen gegeben oder nicht?

Was wird in der heiligen Schrift darüber berichtet?

Bei Jeremia Kap. 10, Vers 23, heißt es: „Ich weiß, Herr, daß des Menschen Tun nicht in seiner Gewalt steht, und es liegt in niemandes Macht, wie er wandle oder seinen Gang richte."

Weiter steht es bei demselben Propheten, dass er aus einem ungläubigen Menschen einen gläubigen machen kann. Wörtlich: „So spricht der Herr …, und ich will ihnen ein Herz geben, dass Sie mich erkennen sollen, dass ich der Herr bin." Im Klartext: Gott macht aus Andersgläubigen und Atheisten Jahwisten, ohne deren Wille und Wollen.

In den Sprüchen Salomons wird deutlich, dass alle unsere Handlungen von Gott gelenkt sind: „Der Mensch setzt sich es wohl vor im Herzen; aber vom Herrn kommt, was die Zunge reden wird" (Spr. 16, 1). „Des Menschen Herz erdenkt sich seinen Weg; aber der Herr alleine lenkt seinen Schritt." Umgangssprachlich: „Der Mensch denkt, der Herr lenkt."

Im Hesekiel Kap. 36, Abs. 26 wird klar gemacht, dass Gott es ist, der den Menschen ihren Charakter gibt. Wörtlich: „Und ich will euch ein neues Herz und einen neuen Geist geben, … und will solche Leute aus euch machen, die in meinen Geboten wandeln und meine Rechte halten und danach tun." Auch Paulus äußert sich sehr umständlich im Römerbrief (7, 14-20), dass er nicht willensfrei sei.

Und so gibt es viele Stellen in der Bibel, wo ausdrücklich gesagt wird, dass nur Gottes Wille geschehe. Ohne sein Wollen bewegt sich nicht einmal ein Halm, geschweige denn die Menschen. Leider wissen viele Christen, die behaupten, Gott hat uns freien Willen gegeben, nicht, was in der Bibel diesbezüglich steht.

Es ist sowieso ein Paradoxon, falls Gott uns die Willensfreiheit gegeben haben sollte. Gott hat uns die Willensfreiheit gegeben, ohne uns zu fragen, ob wir dies wollen. Es war also nicht unsere Entscheidung oder unser Wille, dass wir Willensfreiheit haben.

Wir sollten uns dabei im Klaren sein, dass Wille nicht ein bloßes Wollen bedeutet, sondern auch die entsprechende Handlung mit einbezieht. Denn wollen kann man viel. Wenn man aber danach nicht handelt, hat es keine Konsequenzen. Es gibt religiös-extremistische Positionen, die zeitweilig auch nur das bloße Wollen als Wille interpretieren. So z. B. steht in der Bibel: „Sobald Du eine fremde Frau im Geiste begehrst, hast Du mit ihr schon die Ehe gebrochen." Auf Ehebrechen steht aber die Todesstrafe. (3. Mos. 20.10).

Man kann gegen die These der von Gott gegebenen absoluten Willensfreiheit viele Argumente ins Feld führen. Ich will an dieser Stelle nur einige erwähnen.

Warum hat der allgütige und allmächtige Gott den Menschen den freien Willen zum bösen Tun gegeben? Er hätte es doch lassen können! Zuerst gibt er dem Menschen eine böse Eigenschaft und dann bestraft er ihn dafür. Das ist doch sadistisch! Und wenn er diese Eigenschaft gegeben hat, dann ist er dafür verantwortlich, und deswegen kann nur er und können nicht die Menschen zur Rechenschaft gezogen werden. Auch die christlichen Gebote, Verbote und die Moralvorstellungen sind dann unhaltbar, wenn sie der menschlichen Natur widersprechen, z. B. Geschlechtsverkehr ist Sünde. Wenn es den biblischen Gott wirklich gäbe, warum hat er dem Menschen dann einen solchen Charakter gegeben, der ständig gegen seine Gebote verstößt anstatt sie zu befolgen? Warum hat er so vielen Menschen Willensfreiheit gegeben, die sich in Lügen, Mord, Diebstahl, Betrügen etc. äußert? Warum hat er dem Menschen einen gesunden Menschenverstand gegeben, der es schwierig macht, an einen allgütigen und allmächtigen Gott zu glauben? Wenn es einen Gott geben sollte, der wollte, dass wir „Gottes Willen" tun und „Gottloses" lassen, dann bräuchte er uns nicht einmal zu „willenlosen Automaten" zu machen. Es ginge doch vielfach einfacher. Er bräuchte uns nur Glücks- und Lustempfindungen für das Halten seiner Gebote, sowie Unlust-, Schmerz- und Unglücksempfindungen für Verstöße gegen seine Gebote mitzugeben. Dann würde kein Mensch „gottlos handeln". Dennoch hätte er die Willensfreiheit und wäre nicht zu einem Roboter ohne Willensfreiheit degradiert, wie es viele Gläubige meinen. Sie sehen also, die These der absoluten Willensfreiheit ist mit gesundem Menschenverstand nicht vereinbar.

Nun gibt es das andere Extrem. Es behauptet, es gäbe gar keine Willensfreiheit. Das Verhalten eines Menschen sei durch die Gene, die Erziehung, den Kulturkreis, in dem man aufgewachsen ist, Gefühle, Hormone, Instinkte etc. determiniert. Man hat nur das Gefühl, dass man Willensfreiheit hat. Aber in der Tat werden die Handlungen von den oben genannten Faktoren diktiert. Ist diese These in dieser absoluten Form haltbar?

Wenn Sie ein Christ sind, haben Sie sich manchmal gefragt, wie es kommt, dass Sie ein Christ sind? Wohlgemerkt, ich frage nicht warum, sondern, wie kommt es, dass Sie ein Christ sind? Welchen Glauben hätten Sie, wenn Sie im Iran geboren wären? Fragen wir etwas dezidierter. Die Iraner sind zu über 99 Prozent Muslime. Wie groß ist die Wahrscheinlichkeit, dass, wenn einer in einer muslimischen Familie geboren wäre, er ein Muslim wäre? Wenn Sie in einer buddhistischen Familie in Thailand oder in Sri Lanka geboren wären, wären Sie nach der Wahrscheinlichkeitsrechnung ein Buddhist und würden auch entsprechend handeln. Sie würden kein Fleisch essen und keine alkoholischen Getränke zu sich nehmen und sagen, dies sei Ihr freier Wille. Sie würden sagen: selbstverständlich könnte ich alkoholische Getränke zu mir nehmen, wenn ich wollte, ich habe ja einen freien Willen. Aber ich will das nicht. Dann muss man sich doch fragen, wodurch ist dieser sogenannte freie Wille bestimmt? Wohl doch durch Ihre Geburt im entsprechenden Kulturkreis! Also hier ist der Kulturkreis der determinierende Faktor.

Welche Rolle spielt die Erziehung, wenn es um Willensbildung und Charakter geht? Erziehung ist nichts anderes als Einpflanzung der Vorurteile. Nebenbei bemerkt, im Gegensatz zur landläufigen Meinung ist ein Vorurteil keine negative Wertschätzung, sondern ein Tatbestand. Seine ethisch-moralische Wertung bekommt das Vorurteil in seiner gesellschaftlichen Relevanz. Wenn es einem in der Kindheit eingepflanzt worden ist, dass man seinen Nächsten helfen soll, dann kann man dies nur als positiv bezeichnen. Vorurteil heißt im wörtlichen Sinne: Ein Urteil, das bereits vor jeder Beweisaufnahme gefällt wurde. Im übertragenen Sinne eine vorgefasste Meinung über Gegenstände, Vorstellungen, Personen oder Gruppen, die bewusste Reflexion und Prüfung objektiver Tatbestände, die für richtig oder wahr gehalten wird. (Nebenbei bemerkt: Vorurteile lassen sich, selbst wenn sie als falsch erkannt werden und man sich von ihnen distanzieren oder trennen möchte, nur sehr schwer wieder abbauen.)

Wenn einem Muslim im zarten Kindesalter beigebracht worden ist, dass, wenn man einen Andersgläubigen tötet, man in den Himmel kommt, so ist dies eine erziehungsbedingte Vorurteilsbildung. Dies gilt aber auch für alle Religionen und Weltanschauungen. Wenn in einem hundertprozentig katholischen Dorf ein Kind den katholischen Glauben hat, so hat es ihn nicht durch seinen freien Willen erworben. Wenn man es nicht gleich getauft und ihm die Chance gegeben hätte, die anderen Religionen zu studieren und wenn es sich dann für die eine oder andere Religion entschieden hätte, dann könnte man diese Entscheidung als einen Akt des freien Willens deuten. Aber auch hier ist ein Schwarz-Weiß-Denken nicht aufrecht zu erhalten.

Eine solche scharfe Trennlinie gibt es nicht. Denn so ein Kind kann im späteren Leben seinen Glauben wechseln, sagen wir einmal ein Buddhist werden. Das ist dann wohl ein Akt des freien Willens. Sein ursprünglicher Glaube ist durch seine Erziehung und Aufbringung in einem bestimmten Kulturkreis determiniert, aber eben veränderbar. Von den Deterministen wird als Beweis für die Vorherbestimmung die Genetik in Anspruch genommen. Es sei alles in den Genen festgelegt. Stimmt das?

Hoimar v. Ditfurth führt in seinem Buch „So lasst uns denn ein Apfelbäumchen pflanzen" ein Beispiel von den sogenannten Jim-Zwillingen an. Beide bekamen von ihren Adoptiveltern zufällig auch noch denselben Vornamen. Ohne voneinander zu wissen, arbeiteten beide als Tankstellenwärter, machten am selben Ort Urlaub, rauchten dieselbe Zigarettenmarke, waren Hobbytischler und bauten eine runde Bank um einen Baum im Garten. Dazu meinte v. Ditfurth: „Wer würde zweifeln, dass Jim Springer fest davon überzeugt war, einen völlig freien Entschluss zu fassen, als er daran ging, sich in seinem Keller eine komplette Tischler-Werkstatt einzurichten?"

Beide von ihnen realisierten mit von diesen, von ihnen „frei" erlebten Entschlüssen in Wahrheit einen Teil des in ihren Genen niedergelegten Programms. Sind wir also Sklaven unserer Gene? Waren wirklich alle Willensentscheidungen der beiden gleich? Er hat nicht erwähnt, ob beide ähnliche Frauen, gleichfarbene Schuhe hatten usw.

Auch in den Biografien der Jim-Zwillinge sind sicherlich Unterschiede, welche die Freiheit der Willensentscheidungen beweisen. Auch hier ist eine scharfe Trennung nicht möglich. Nur: Alles spricht dafür, dass wir das Ausmaß der Freiheit, die wir glauben zu haben, überschätzen. Es kommt noch eine Überlegung hinzu. Beide Jims waren im selben Kulturkreis aufgewachsen. Stellen wir uns vor, ein Jim wäre in den USA in einer streng katholischen und der andere in einer fundamentalistisch-islamischen Familie aufgewachsen. Hätte dann nicht der eine mit Genuss Schweinefleisch gegessen, während dem anderen schon der Gedanke daran Übelkeit verursacht hätte? In manchen Entscheidungen wären Sie sicherlich gleich, auf Grund ihrer genetischen Gleichstellung, in manchen aber nicht.

Da ist noch ein weiterer Punkt, der dem Vertreter der absoluten Willensfreiheit das Leben schwer macht, nämlich Gefühle und Hormone. Von den vielen Gefühlen, z. B. Aggression, Liebe, Wut etc. nehmen wir uns jetzt nur die Liebe vor. Kann man willentlich entscheiden, jemanden zu lieben? Kann man Liebe befehlen, so wie es in der Bibel steht, nämlich „Du sollst Gott lieben"? Wir entscheiden nicht aus freiem Willen, jemanden zu lieben, indem wir sagen: „die oder den will ich lieben". Ein solches Gefühl entwickelt sich in uns, ohne dass der Verstand daran beteiligt ist. Die Körperchemie, zum großen Teil die Hormone, beeinflussen unser Verhalten. Von freier Willensentscheidung kann hier keine Rede sein. Körperchemie spielt z. B. eine Rolle, wenn wir sagen: „Den kann ich nicht riechen." Bei endogenen Depressionen ist es die Chemie im Gehirn, die unsere Entscheidungen beeinflusst. Die sogenannten Frühlingsgefühle sind sicherlich auch durch ein Zusammenspiel zwischen Körper- und Umweltchemie bestimmt. Zusammenfassend kann man sagen, dass bei gefühlsmäßigen Entscheidungen freie Willenentscheidung durch den Verstand kaum eine Rolle spielt.

Dann gibt es Neurodeterministen wie Gerhard Roth und Wolf Singer.

118

Einfach formuliert meinen die beiden Forscher, dass das Gehirn alles sei. Alle bewussten und unbewussten Vorgänge, die in einem Menschen ablaufen, seine Gedanken, Gefühle, Einstellungen, Handlungen, Willensbildungen etc., gehen auf neuronale Signalverarbeitungsprozesse in seinem Gehirn zurück.

Die Kluft zwischen bewussten überlegten Entscheidungen, vermeintlich von unserem freien Willen in Gang gesetzt und gesteuert auf der einen Seite, und unbewussten bzw. automatischen Vorgängen und Gehirnleistungen auf der anderen Seite, bestehe gar nicht.

Ein gewisser Herr Cibet hat festgestellt, dass Gehirnströme bereits vor dem Akt der durchzuführenden Handlung entstehen. Das Gehirn hat längst vor dem bewussten Willensakt beschlossen, dass eine gewisse Handlung durchgeführt wird. Ich will diesen Punkt hier nicht ausführlich erörtern, weil das sonst zu Fachchinesisch wird und das letzte Wort noch nicht gesprochen ist, da die Gehirnforschung zu kompliziert ist und erst an den Anfängen steht.

Zusammenfassend kann man sagen, dass die erwähnten Forscher der Meinung sind, dass eine Handlung nicht durch einen bewussten Willen bestimmt ist, sondern diese vom Gehirn schon vorher bestimmt ist. Man ist sich dessen nicht bewusst und meint, sein freier Wille hat zu einer bestimmten Handlung geführt.

Damit kommen wir zum letzten Punkt in diesem Themenkreis, nämlich: Freie Willensbildung im Marxismus. Ich möchte hier nur zwei Postulate aufgreifen.

Es ist nicht das Bewusstsein der Menschen, das ihr Sein, sondern umgekehrt, ihr gesellschaftliches Sein, das ihr Bewusstsein bestimmt. Die Geschichte der Menschheit ist die Geschichte des Klassenkampfes. Die siegreiche proletarische Klasse führt unweigerlich zum Kommunismus. Also es ist determiniert, vorherbestimmt, dass eines Tages eine kommunistische Gesellschaft entstehen wird.

Ich will an dieser Stelle nur den Absolutheitsanspruch in Frage stellen. Diese Punkte habe ich ausführlich in meinem Buch „Das Glück liegt diesseits des Todes" behandelt.

Die erste Ansicht hat schon einiges für sich. Eine Erziehung und das Aufwachsen in einem bestimmten Kulturkreis oder Milieu bestimmen schon zu einem großen Teil die Willensbildung und den Charakter eines Menschen. Die Kinder der Slumbewohner träumen davon, eines Tages eine Blechhütte zu besitzen, anstatt eine aus Lappen und Fetzen. Sie kämen gar nicht auf die Idee, Arzt oder Ingenieur zu werden und eines Tages einen Palast zu bauen, wie der Multimillionär, der am Rande der Slumsiedlung wohnt. Marx behandelt aber nicht die Individuen, sondern die ganze Gesellschaft. Das Individuum wird im Marxismus sträflich vernachlässigt. Dort ist es die Gesellschaft, in der der Mensch lebt, die seine Willensbildung und sein Bewusstsein bestimmt. Ist es aber ausschließlich so? Haben Individuen in der Geschichte keine Rolle gespielt? Haben sie die Entwicklung, Willensbildung und Charaktere der Menschen nicht beeinflusst? Nehmen Sie doch als Beispiel Buddha, Jesus, Gandhi, Marx, Lenin oder sogar Hitler.

Das Bewusstsein dieser Individuen hat das Bewusstsein der großen Massen entscheidend geprägt. Wenn man also die gesellschaftliche Entwicklung betrachtet, kann man keine scharfe Trennlinie zwischen dem Einfluss des Einzelnen auf das gesellschaftliche Bewusstsein und umgekehrt feststellen. Es sind so viele Welterneuerer auf der Weltbühne erschienen, aber wenn die gesellschaftlichen Zustände dafür noch nicht reif waren, haben sie zwar weitergewerkelt, sind aber von der Gesellschaft nicht beachtet worden. Eine Wirkung kann erwartet werden, wenn ein richtiger Mann am richtigen Ort zum richtigen Zeitpunkt auf der Bühne erscheint. Wenn während der Wirren der Oktober-Revolution Lenin von der Schweiz nach Russland in einem geschlossenen Wagen nicht durchgeschleust worden wäre, sähe die Weltgeschichte heute anders aus. Er hat die Machtübernahme eines kleinen Haufens Bolschewisten von der Kerensky-Regierung organisiert.

Das Bewusstsein eines großen Individuums und die gesellschaftlichen Verhältnisse, beide sind wichtig. Ein Absolutheitsanspruch von der einen oder anderen Seite kann auch hier nicht festgestellt werden.

Den zweiten Punkt werde ich nur ganz kurz behandeln. Es geht um den Klassenkampf und dass er determiniert ist, dass die gesellschaftliche Entwicklung zum Kommunismus führen muss.

Sicher hat der Klassenkampf in der Geschichte stattgefunden und ist immer noch präsent. Aber ist er allein bestimmend? Es gibt doch viele weitere Faktoren, z. B. Individuen, Nationalbewusstsein, religiöse und weltanschauliche Überzeugungen usw. Wegen der religiösen Überzeugungen haben Arbeiter und Bauern der christlichen Gemeinschaft die Klassengenossen der muslimischen Gegnerschaft umgebracht. Der sogenannte wissenschaftliche Sozialismus behauptet, dass es determiniert ist, dass der Kommunismus kommen muss. Das ist weder wissenschaftlich noch hat es sich bewahrheitet. Es ist kaum wahrscheinlich, dass es je dazu kommen wird. Eine Determiniertheit oder Vorherbestimmung im Sinne der postulierten Marxschen These kann ich beim besten Willen nicht erkennen.

Wir haben uns lange mit dem Thema Willensfreiheit beschäftigt. Ich habe verschiedene Standpunkte erwähnt. Ich glaube, es ist klar geworden, dass beide extremen Positionen nicht haltbar sind. Wahrscheinlich ist der goldene Mittelweg der richtige. Es gibt Positionen, wo der eine Standpunkt überwiegt, aber wiederum andere, wo der entgegengesetzte mehr Gewicht hat. In vielen Fällen kommt unser freier Wille zur Geltung, ohne dass es uns bewusst ist, dass diese Entscheidung durch verschiedene andere Akzente beeinflusst worden ist.

Es gibt jedoch Situationen, in denen man zunächst den Eindruck hat, dass der Verstand und der freie Wille hier keine Rolle spielt. Das ist der Fall, wenn Emotionen unsere Handlung bestimmen. Beispielsweise wenn man verliebt ist, sind der Verstand und Entscheidungen auf Grund des freien Willens ausgeschaltet. Wie sieht es aus, wenn man die Sache im Gesamtkontext sieht? Die Entscheidung zu heiraten beispielsweise ist zum größten Teil Ausdruck einer Willensentscheidung. Man kann verliebt sein, aber der Verstand kann einem durchaus raten, die betreffende Person nicht zu heiraten. Herr Mayer sieht eine hübsche Frau auf einer Party und ist von ihr so begeistert, dass er sie am liebsten fest umarmen und zu sich nach Hause schleppen möchte. Aber er entscheidet freiwillig, dies nicht zu tun, da er weiß, welche unangenehmen Konsequenzen dies nach sich ziehen kann. Sie könnten einwenden, dass dies deshalb keine freiwillige Entscheidung war. Genau das ist der springende Punkt. Wir können zwar freiwillig entscheiden, aber in einem begrenzten Rahmen, der uns gegeben ist, sei es durch den Kulturkreis, die Gene oder viele andere Faktoren.

Der Ausgangspunkt der jetzigen Ausführung war das Schwarz-Weiß-Denken, das Entweder-oder-Denken.

Ich hatte mit banalen Beispielen, wie Farbe, Schwarz oder Weiß, Vollhaar oder Glatze angefangen, um später mit wichtigen Themen, wie freier Wille, Unterschied zwischen Mensch und Tier fortzufahren. Wenn es um banale Dinge im Leben geht, ist es durchaus praktisch und angebracht, in Schablonen und Kategorien zu denken, die uns klar definiert erscheinen. Zum Beispiel Schwarz oder Weiß. Schwarz, weiß, dumm, intelligent sind Worthülsen, die verschiedene Inhalte haben können.

Die Worthülsen oder Symbole spielen keine Rolle, solange Sie in der Lage sind, Ihrem Gesprächspartner mitzuteilen, was Sie meinen. Wenn Sie jemandem sagen: „Herr Schneider ist intelligent", meinen Sie eigentlich: „Ich finde, dass Herr Schneider intelligent ist." Sie haben Ihre Wertschätzung kundgetan. Das hat damit nichts zu tun, dass Herr Schneider in gewissen Gebieten wie z. B. Physik, Pädagogik oder Philosophie intelligent ist und wohlmöglich sich nicht so klug verhält, wenn es um seine persönlichen Beziehungen geht. Im täglichen Leben kommen wir also ohne schablonenhaftes Denken nicht aus. Wir ziehen klare Trennlinien, wo keine sind. Die Sache sieht anders aus, wenn es um wichtigere Dinge im Leben geht. Wenn wir mit klarem Denken unser Leben gestalten wollen, dann sollten wir Tatsachen sehen lernen, wie sie sind.

Nehmen wir uns ein Thema nochmals vor. Wir hatten festgestellt, dass es zwischen Mensch und Tier keine klaren Grenzen gibt. Wohin führt es uns, wenn wir diesen Gedankengang konsequent weiter verfolgen?

In der Evolutions-Geschichte ist nicht genau festzulegen, ab wann man das sich entwickelnde Wesen als Mensch betrachten kann.

Außerdem bestehen zwischen Säugetieren wie Schimpanse und Mensch weniger Unterschiede, als zwischen Schimpanse und Regenwurm. Ist unter diesem Gesichtspunkt das anthropozentrische Weltbild aufrecht zu erhalten? Ist der Mensch das wichtigste Wesen im Universum? Dreht sich im Universum wirklich alles um den Menschen? Dabei ist die Evolution noch nicht abgeschlossen. Wir sind doch nur das vorläufige Endprodukt der Evolution. Vielleicht gibt es nach ein paar Jahrhunderttausenden einen Homo superior, der uns so überlegen ist wie wir dem Neandertaler. Dann würde er nur verständnisvoll schmunzeln über die Fragen, die wir uns gestellt haben. Wo kommt der Mensch her, wozu ist er da, wo geht er hin? Warum fragen wir uns nicht, wo kommt das Schwein her, wozu ist es da, wo geht es hin? Wir nehmen uns zu wichtig. Und da wir uns so wichtig nehmen, glauben wir nicht, dass, wenn wir tot sind, unser Leben am Ende ist, so wie bei Schweinen und Apfelbäumen, welche ja auch Lebewesen sind. Nein, wir nehmen an, dass wir nach dem Tod weiterleben. Und wie lebt man weiter? Prompt erfindet man einen Begriff wie die „Seele". In Form einer Seele, im Gegensatz zum Körper, der nun verfällt, leben wir weiter. Dagegen ist es für die anderen Tiere mit ihrem Tod ganz aus. Um das Weiterleben zu gewährleisten, erfinden wir eine oberste Instanz und nennen sie Gott. Dabei ist die Erfindung der Institution Gott relativ neuen Ursprungs. In der etwa 120.000 Jahre jungen Geschichte der Menschheit ist der Begriff Gott vor etwa 10.000 Jahren eingeführt worden. Wir haben ihn nicht nur erfunden, sondern ihn auch zum Schöpfer des Kosmos gemacht, dessen Lieblingswesen wir Menschen sind. Dabei ist die menschliche Rasse auch relativ jungen Ursprungs. Wenn man den Verlauf der Entwicklung des Lebens mit 12 Stunden angibt, ist der Mensch erst eine Minute vor 12:00 Uhr auf der Bildfläche erschienen. Dabei ist die Erde ein kleiner Planet, der einen unbedeutenden Stern in einer mittelgroßen Galaxie umkreist. Es gibt Milliarden von Galaxien in dem von uns beobachteten Teil des Universums. Und es soll sogar eine Unzahl von Universen geben. Vielleicht gibt es da Wesen, die Millionen Mal älter sind als die menschliche Rasse und vielleicht auch Millionen Mal gescheiter. Angesichts solcher Überlegungen hat der Mensch keinen Grund, sich so wichtig zu nehmen und überheblich zu sein, sondern sich bescheidener und realistischer zu verhalten.

Wie Sie sehen, wenn man einen Gedanken konsequent weiter verfolgt, kann es vorkommen, dass man sich von einer selbstverständlich und lieb gewordenen Vorstellung trennen muss, was zugegebenermaßen nicht ganz einfach ist. Aber wir alle haben Verstand. Wozu ist er da, wenn wir ihn nicht gebrauchen, sondern uns den unfruchtbaren und unbeweisbaren Fantasien hingeben?

Um das tägliche Leben leichter zu machen, ist der Mensch geneigt, in Schablonen, in klaren Kategorien zu denken. Er denkt aber zuweilen in Kategorien der klaren Unterschiede, wo keine sind. Natürlich gibt es manchmal eine scharfe Trennlinie, z. B. entweder habe ich heute Geburtstag oder nicht. Ich erwähne jetzt nur einige weitere Themen, wo keine scharfe Trennlinie vorhanden ist: kalt und warm, Demokratie und keine Demokratie, Bewusstsein und Unterbewusstsein, Dritte Welt und die Industrieländer, geistig gesund und verrückt. Liebe Leser, auch Sie haben sicherlich weitere Beispiele. Wenn Sie sich mit jemandem unterhalten, versuchen sie doch, diese nicht vorhandene Trennlinie in seinen Ansichten und Argumenten festzustellen. Viel produktiver ist es aber, sich selbst unter die Lupe zu nehmen. Der Sinn dieser Ausführungen ist es, sich Klarheit zu verschaffen über das klare Denken. Und wenn Sie nur ein paar Anregungen daraus entnehmen können, hat das Lesen dieses Kapitels sich für sie gelohnt.

28. Vorverdautes Denken

Im Leben treffen wir auf Fragestellungen, deren Kompliziertheit uns oft nicht bewusst ist. Diese komplexen Probleme können nicht mit ein paar Wörtern und Sätzen ausgedrückt und erklärt werden. Trotzdem neigen wir dazu, über die meisten dieser Dinge ein vermeintlich kompetentes Urteil zu fällen. Im tagtäglichen Leben geht es oft nicht anders. Man kann sich nicht über alle gängigen Probleme ausführliche Informationen verschaffen. Aber wir sollten uns dieser Tatsache bewusst sein. Dies würde das klare Denken fördern und unseren Verstand offen halten für mögliche Korrekturen.

Was meine ich mit vorverdautem Denken? Dies ist die Annahme eines Urteils, ohne dass unsere eigenen gedanklichen Verdauungssäfte sich mit der Materie befasst haben und fertig verdaute, gedankliche Nahrung in unserem gedanklichen Körper inkorporieren.

Diese Tatsache ist selbst vielen, die sich intellektuell ausgereift fühlen, oft nicht bewusst. Freud hat eine komplizierte Theorie der Psychoanalyse entwickelt. Kompliziert genug, um auch stark entwickelte Gehirne sehr lange damit zu beschäftigen. Viele Zeitgenossen, die über Freud reden und in der Regel genügend Bildung erhalten haben, reduzieren Freudsche Aussagen auf einen Satz: „Alles ist Sex." Darwin hat eine wunderbare Theorie der Evolution entwickelt, wofür er jahrelange

Beobachtungen durchführte und jahrelang nachdachte. Aber seine Lehre wird auf einen Satz reduziert: „Der Mensch stammt vom Affen ab." Ich habe einmal in Neuburg an einer Veranstaltung teilgenommen, die von einem christlichen Verein organisiert wurde. Das Thema hieß „Evolution oder Schöpfung". Es wurde ein Film gezeigt, wo viele christliche Wissenschaftler zu Wort kamen. Da behauptete doch einer glatt, Darwin hätte gesagt, der Mensch stamme vom Affen ab! Vielleicht gehörte er den fundamentalistischen Creationisten der USA an. Ich weiß nicht, ob es sich hier um Ignoranz oder bewusste Irreführung handelte. Denn Darwin hat keineswegs behauptet, dass der Mensch vom Affen abstammt. Was mich aber aufhorchen ließ, war die anschließende Diskussion. Viele der Anwesenden, die bestimmt nicht ungebildet waren, glaubten tatsächlich, dass die Evolutionstheorie postuliert, der Mensch stamme vom Affen ab. Vermutlich hatten sie sich mit der Evolutionstheorie gar nicht ausführlich befasst und waren von daher bereit, ein solches vorverdautes Urteil zu akzeptieren.

Schauen Sie sich doch bitte die Grundsatzprogramme der Parteien an. Da springen einem Begriffe wie Freiheit, Solidarität, Gleichheit, Gerechtigkeit und Würde des Menschen direkt ins Auge. Dies sind zunächst nur leere Worte, die Zustimmung erheischen sollen. Haben wir uns aber überhaupt Gedanken gemacht, was damit gemeint ist?

Freiheit: Natürlich ist jeder für Freiheit. Solange aber nicht geklärt ist, was damit gemeint ist, bleibt es ein Schlagwort.

Solidarität: Solidarität mit wem? Mit den sozial Benachteiligten, mit der Dritten Welt, mit den Tieren im Tierheim? Oder ist die Solidarität zwischen den Superreichen gegenüber den ärmeren Schichten, die sie ausbeuten, gemeint? Soll man sich als Arbeitnehmer solidarisch erklären, wenn andere Arbeitnehmer 30 % mehr Gehaltserhöhung verlangen? Soll man sich als Christ mit dem Christen Bush solidarisch erklären, wenn er gegen den Muslim Saddam Hussein Krieg führt?

Würde: Dies ist auch ein schwammiger Begriff. Würde des Menschen wird in unterschiedlichen Kulturkreisen mit unterschiedlichen Inhalten gefüllt. Ist die Würde der Menschen verletzt, wenn Kinder durch Kinderarbeit der Familie helfen, sich über Wasser zu halten? Ist die Würde eines islamischen Patriarchen verletzt, wenn seine Frau jemandem einen platonischen Kuss gibt? Ist es unwürdig für eine Frau, sich ohne Kopftuch in der Öffentlichkeit zu zeigen? Ist die Würde des Menschen verletzt, wenn von Frauen verlangt wird, dass sie sich nur mit dem Kopftuch in der Öffentlichkeit zeigen dürfen?

Gerechtigkeit: Im Allgemeinen ist niemand für Ungerechtigkeit. So findet Herr Horten ungerecht, dass von ihm soviel Steuer verlangt wird, wo er doch alles selbst erarbeitet hat, und hortet seine Millionen in der Schweiz, wie viele andere Millionäre auch. Ist es gerecht, wenn einer wegen eines Verbrechens hingerichtet wird? Ist es ungerecht, Menschen überhaupt hinzurichten?

Ist es gerecht, wie es im Alten Testament steht, eine Frau sei durch Steinigen zum Tode zu führen, wenn sie Ehebruch begeht? Oder hat Jesus recht, wenn er sagt „wer unter euch ohne Sünde ist, der werfe den ersten Stein"? Warum überhaupt Gerechtigkeit? Nach der Unabhängigkeit wurden in Indien viele Großgrundbesitzer enteignet und das Agrarland unter den Landwirtschaftsarbeitern in kleinen Parzellen unterteilt. Das klingt doch sehr gerecht, oder? Aber was war die Folge davon? Die neuen kleinen Bauern konnten die Parzellen nicht erfolgreich bewirtschaften, da erstens die Parzellen zu klein waren und zweitens die finanziellen Mittel für besseres Saatgut, Düngung, Agrargeräte etc. fehlten. Auch die Erfahrungen in den Vermarktungsstrategien fehlten, sodass die Agrarproduktion sank. Die Landverteilung war vielleicht gerecht. War sie aber richtig? Woran messen wir aber, ob die Gerechtigkeit richtig ist oder falsch? Der englische Philosoph Priestly meinte 1768: Gerechtigkeit und Wahrhaftigkeit haben an sich nichts Herrliches, wenn man von ihrer Beziehung zum Glück des Menschen absieht. Ludwig Marcuse meint in seinem Buch „Philosophie des

Glücks" ergänzend dazu: Auch die Vernunft und die Freiheit und der Fortschritt und die Kultur haben in sich nichts Herrliches, wenn man von ihrer Beziehung zum Glück des Menschen absieht. Es ist also erst dieses Glück, das allem Schönen und Guten seinen Wert verleiht.

Ich scheiterte jedenfalls als Mitglied der Programm-Kommission der SPD Südbayerns mit meinem Antrag, den Begriff *Recht auf Streben nach Glück* – pursuit of happiness –, so wie es in der US-amerikanischen Verfassung steht, so im Grundsatzprogramm aufzunehmen. Wahrscheinlich weil die Kantsche Ethik in diesen Breitengraden einen erheblichen Einfluss hat. Bekanntlich zeigte Kant seine frostige Haltung zum Glück, indem er meinte, Glück kann man nicht als Ausgangspunkt einer Ethik nehmen. Auch mag die Verherrlichung des Leidens in der christlichen Ethik eine wesentliche Rolle spielen. In angelsächsischen Ländern ist die Abneigung gegen das Wort Glück durch den utilitaristischen Einfluss nicht sehr häufig anzutreffen. Dies ist aber ein anderes Thema. Es würde zu weit führen, hier darauf ausführlich einzugehen.

Ich habe in einem vorhergehenden Absatz die Beispiele von der Freudschen Psychoanalyse und der Darwinschen Evolutionstheorie gegeben. Während einer gesellschaftlichen Diskussion könnte jemand anfangen, gegen die Freudsche Theorie, alles sei Sex, zu argumentieren. Er wird dann vielleicht sagen, dass er das nicht akzeptieren kann. Es kann nicht sein, dass man Religion, romantische Liebe, Nächstenliebe etc. nur auf Sex reduziert. Sein Gegenüber, das vielleicht besser informiert ist, könnte anfangen, im Detail die Freudsche Psychoanalyse, die unterschiedlichste Facetten enthält, darzustellen, welche davon Sex betreffen und welche nicht. Das interessiert den anderen aber nicht, und er kann sich mit einem unehrlichen Argument herausreden, dass sein Gegenspieler einen Informationsvorsprung habe und seine Argumentation zu subtil sei. Er sei nur ein einfacher Mann und weigere sich, viele Lehren und Werte auf rein animalischen Sex zu reduzieren. Dies ist eine besonders gefährliche Art der Argumentation, wenn so eine Diskussion öffentlich oder in einem größeren Rahmen stattfindet, wo die meisten Menschen sich mit der Psychoanalyse nicht so auskennen wie der Experte. Da kann sich der zweite Diskutant der Sympathie der Teilnehmer sicher sein, in dem er den Eindruck erweckt, dass sein Gegenüber versuche, sich als Neunmalkluger zu profilieren, wo doch jedermann weiß, was Freud gesagt hat!

Ähnlich kann die Diskussion verlaufen, wenn man über die Evolutionstheorie redet. Die meisten Menschen, die sich für das Lieblingskind Gottes halten, akzeptieren es nicht so leicht, dass der Mensch sich ausgehend von so einem niedrigem Wesen wie einem Affen entwickelt haben könnte. Mal abgesehen davon, dass Darwin nie behauptet hat, der Mensch stamme vom Affen ab.

Diese beiden Punkte mögen den Charakter einer akademischen Diskussion haben. Aber im praktischen Leben haben die Schlagwörter eine enorme Bedeutung. Neulich habe ich in Neuburg Plakate gesehen, auf denen stand: Es geht auch ohne Auto. An sich ein edles Anliegen. Aber wenn man dieses Thema analysiert und sich näher damit befasst, dann tun sich doch einige Widersprüche auf. Würde es immer ohne Auto gehen? Wird ein Firmen-Vertreter, der berufsbedingt ein Auto braucht, ohne Auto auskommen? Wird einer, der verkehrstechnisch ungünstig wohnt, ohne Auto auskommen? Geht es hier um Auto oder kein Auto? Oder kein Auto benutzen, wenn es nicht sein muss? Oder um die Benutzung eines umweltfreundlichen Autos, welches z. B. mit Biodiesel oder Erdgas betrieben werden kann? Oder ein E-Auto?

Oder um ein Auto mit möglichst wenig Benzinverbrauch?

Oder um den Einfluss der Politik auf die Automobilindustrie, ein umweltfreundliches Auto zu produzieren?

Oder das öffentliche Verkehrsmittelnetz so auszubauen, dass es den meisten möglich ist, auf diese umzusteigen? Kann die Bahn ihr Programm so optimieren, dass die Schwerlastwagen und Pkw preiswerter transportiert werden können? Wenn man diese praktischen Fragen ventiliert, macht das vorverdaute Denken in Form des Schlagwortes „Es geht auch ohne Auto" keinen Sinn mehr.

Schwerwiegender ist die Benutzung von Schlagwörtern in der Politik. Besonders wenn eine Wahl bevorsteht, kann man fündig werden.

Als es um die Diskussion der Ökosteuer ging, meinte Angela Merkel, die diese selbst als Umweltministerin gefordert hatte, diese sei eine K.o.-Steuer. Wieder ein Schlagwort! Was war ihre Botschaft? Wer sollte k.o. geschlagen werden? Die armen Autofahrer natürlich. Von wem? Natürlich von den Rot-Grünen. Die Bereitschaft bei den Autofahrern, diese Botschaft zu akzeptieren, wird natürlich groß sein, ohne die gesamtpolitische und die gesamtgesellschaftliche Relevanz durchleuchtet zu haben. Mir geht es an dieser Stelle nicht darum, die Ökosteuer zu verteidigen oder zu verdammen. Sondern nur aufzuzeigen, wie man mit Schlagwörtern das klare Denken und den Verstand vernebeln kann.

Star unter den mit Schlagwörtern besetzten Plakaten ist meiner Ansicht nach eines, das in den 50er Jahren erschien. Hinter einer mit roten Streifen besetzten Fläche lauert ein Russe. Auf seiner dunklen, bedrohlichen Militärkappe prangt ein rotes Hammer-und-Sichel-Emblem. Die roten Streifen führen den Blick zu diesem Kopf. Darunter stand: Alle Wege des Marxismus führen nach Moskau. Darum CDU! Die Botschaft war wiederum klar. Marxismus – Leninismus – Kommunismus ist böse. Die Sozialdemokraten sind Marxisten, also böse. Deswegen sollte man nicht die SPD wählen, sondern die CDU. In der Zeit des Kalten Krieges der 50er-Jahre war Antikommunismus im Westen stark ausgeprägt. Dementsprechend groß war die Empfänglichkeit für solche Botschaften.

In die gleiche Kerbe schlugen Plakate wie „Kinder statt Inder", ein ominöses Fahndungsplakat nach „Verbrecher Schröder", oder ein Schröder-Plakat mit dem Text „Ätsch, verarscht". Ich denke mir, solche Schlagwörter und Plakate vernebeln nicht nur den Verstand, sondern ruinieren die politische Kultur, oder was davon übrig geblieben ist. Jede Partei, besonders wenn sie in der Opposition ist, beschimpft die gegnerische mit Wörtern wie Lüge, Täuschung, Trick, Betrug, Verrat usw. Das aber spricht nicht für politische Kultur. Wer seinen politischen Gegner hierzulande zum Lügner oder Betrüger befördert, erhält Zustimmung.

Der Bürger aber meint: „Auch du bist keinen Deut besser." Das führt dazu, dass die meisten Deutschen meinen, die Mehrheit aller Politiker seien Lügner, Betrüger, Opportunisten, machtgierig und im Allgemeinen unehrlich. Dann braucht man sich nicht zu wundern, dass eine Politik-Desinteressiertheit, -Müdigkeit und -Verdrossenheit sich breit macht.

Es ist aber nicht so, dass das vorverdaute Denken, auch in Form von Schlagwörtern, überhaupt keine Daseinsberechtigung hat. Oft könnte es auch nützlich sein, wenn einer einen gewissen Zweck schnell erreichen will. Rousseau hat in der Französischen Revolution die Schlagwörter Liberté, Fraternité und Egalité (Freiheit, Brüderlichkeit und Gleichheit) erfolgreich angewendet. Natürlich bedeuten diese Wörter vorverdautes Denken.

Man würde eine ausführliche Erklärung benötigen, wenn man versuchte, dem Volk dies nahe zu bringen. Man müsste erklären, z. B. wenn man das Wort Liberté benutzt, wie frei man ist, wenn man etwas tun will, und wie frei man sein sollte, wie frei Aristokraten sein dürfen usw. Das gleiche gilt für die Schlagwörter Fraternité und Egalité. Wenn Rousseau sich aber mit der ausführlichen Erklärung aufgehalten hätte, hätte er die Massen für die Revolution nicht mobilisieren können.

Der Gebrauch von Schlagwörtern ist auch nicht unbedingt unvernünftig. Eine geschickte führende Person muss in der Lage sein, auch wenn ihre Gedankengänge kompliziert sind, diese in einfachster, leicht verdaulicher Weise darzustellen. Es ist so, als wenn man Fleischzartmacher auf zähes Rindfleisch streut, um es leicht verdaulich zu machen. Sonst werden diese Gedanken Schwierigkeiten haben, akzeptiert zu werden. Es würde demjenigen schwer fallen, den Leuten zu raten oder sie zu mobilisieren, wie er es möchte.

Wenn wir auch anfangs die negativen Seiten des vorverdauten Denkens beleuchtet haben, sollten wir dessen Wirkung nicht außer acht lassen, wenn es um Taten geht. In unserem Enthusiasmus für klares Denken sollen wir uns nicht vor der Tatsache verschließen, dass letzten Endes das Tun – die Aktion – wichtiger ist als das Denken. Man kann natürlich einwenden, dass Tun ohne Denken nicht ganz richtig ist. Das stimmt. Aber es gibt Situationen, wo wir Gedanken nicht ganz erfassen können und trotzdem handeln müssen.

Wie oft hört man von intelligenten, gebildeten Leuten den Satz „Beide Seiten der Kontroverse haben viel für sich, also entscheide ich mich nicht und unternehme nichts." Angenommen, es stehen Wahlen vor der Tür. Verschiedene politische Parteien und deren Kandidaten buhlen um die Wählergunst. Wir haben weder Zeit noch Möglichkeit oder Lust, uns ausführlich über die einzelnen Parteiprogramme zu informieren. Wir haben nicht die Zeit zu eruieren, wie die einzelnen Parteien sich in der Vergangenheit verhalten haben. Haben sie ihr Wahlversprechen gehalten? Wenn nicht, waren die jeweiligen Politiker daran schuld, oder die globale Situation? Wie ist die Vergangenheit einzelner führender Politiker? Wie sauber ist ihre Weste? Könnte dann eine intelligente Person sagen: „Mir ist es unmöglich, darüber ein richtiges Urteil zu fällen, also gehe ich nicht wählen"? Wenn wir eine solche Haltung einnehmen, dann tun wir weniger als unser Nachbar, der vielleicht sogar erheblich weniger informiert ist, aber durch seine Teilnahme an der Wahl die Wahlen beeinflusst. Wir haben uns also durch unsere Entscheidung, nicht zur Wahl zu gehen, nicht davon befreit, uns an den politischen Entscheidungen zu beteiligen, sondern wir haben nur bewirkt, dass das Wahlergebnis nicht in unserem Sinn ausgefallen ist.

Es ist so, als ob man im Auto fährt und völlig unerwartet auf ein großes Hindernis mitten auf der Straße trifft. Da es zum Bremsen zu spät ist, muss man entweder links oder rechts an dem Hindernis vorbeifahren, beides nicht ohne Gefahren. Man kann die Sache philosophisch betrachten und sagen: „Einiges spricht für rechts vorbeifahren, aber auch einiges dagegen. Und mit dem links vorbeifahren verhält es sich genau so. Also tue ich nichts." Da ist die Gefahr natürlich sehr groß, dass man sich den Hals bricht. Eine kluge Entscheidung wäre in allen diesen Fällen, effektiv zu handeln, nachdem wir beschlossen haben, was uns Summa summarum als richtige Entscheidung erscheint. Auch wenn wir keine 100-prozentigen Informationen über die jeweilige Lage besitzen.

Auch wenn das vorverdaute Denken vom praktischen Standpunkt aus, also wenn wir in irgendeiner Art agieren müssen, von Nutzen sein kann, dürfen wir nicht außer acht lassen, dass in vielen Fällen, wenn es um klares Denken geht, es ein Hindernis sein kann.

Wahrscheinlich gibt es keine einfache Erklärung warum wir dazu neigen, vorverdautes Denken zu akzeptieren. Da sind es z. B. mangelnde Informationen, Fehlinformationen, unsere Vorurteile oder auch die Komplexität der Sachlage. Auch hoch entwickelte Gehirne gelangen irgendwann einmal an die Grenze ihrer Kapazität, um diese Komplexität zu begreifen. Leider ist es so, dass lange bevor diese Grenze erreicht ist, mentaler Müßiggang und mentale Faulheit eine Rolle zu spielen beginnen. Da fangen wir an, geistige Nahrung zu akzeptieren, die weit unter der Grenze unserer Verdauungsfähigkeit liegt. Es ist nicht so, dass vorverdautes Denken nur ein Hindernis für klares Denken ist, sondern die Handlungen, die aus diesem Grund resultieren, gefährlich, ja katastrophal sein können.

Vorverdautes Denken über Feinde im Krieg kann helfen, unsere Anstrengungen zu aktivieren, zu optimieren und effektiv zu organisieren. Vorverdautes insofern, dass man die gegnerische Nation mit all ihren Menschen pauschal verdammt und deren Tradition, Denkweise, Religion etc. in Bausch und Bogen als böse und vernichtunswürdig betrachtet. Vorverdautes Denken war es z. B., als im Zweiten Weltkrieg die Russen mitsamt dem Bolschewismus als niedrige Rasse und Schweineideologie tituliert wurden. Oder als die USA, die im Irak-Konflikt Saddam Hussein mit allen möglichen negativen Attributen belegten, ohne darüber nachzudenken, ob er vielleicht nicht doch versuchte, nicht nur seinen Machthunger zu stillen – so wie Herr Bush es auch tat –, sondern auch die Interessen seiner Nation wahrzunehmen.

Vorverdautes Denken, das also während eines Krieges von praktischem Nutzen war, kann in den Nachkriegszeiten die Vorurteile zwischen den betreffenden Nationen fördern, wie es z. B. im Zeitalter des Kalten Krieges der Fall war. Dies kann zur Verstärkung internationaler Spannungen führen und somit ein Keim für zukünftige Kriege werden.

Wenn ein verantwortungsvoller Politiker durch vereinfachte Denkweise die gegnerische Seite in Bausch und Bogen als Schurken, Diktator, Schuft, Mörder und Sonstiges bezeichnet – wie der US-amerikanische Präsident Bush es tat, wenn es um Saddam Hussein und den Irak ging –, dann sollte man uns und ihm einen Gefallen tun und ihn seines verantwortungsvollen Postens in der Weltpolitik entheben.

29. Sind Verstand und Emotionen Gegensätze?

In Bezug auf das vorausschauende Denken sollte man auch folgende Themen mit berücksichtigen.

1. Sollte man Entscheidungen aus dem Bauch heraus fällen, oder alles vorher überdenken und mit Verstand planen?

2. Man kann nicht alle Entscheidungen nur mit dem Verstand fällen. Manchmal sollte man Emotionen und Gefühle Entscheidungen treffen lassen.

3. Sind Charakter und Verhaltensformen eines Menschen genetisch bedingt?

Entscheidungen aus dem Bauch heraus fällen oder mit Verstand?

Von einem der Teilnehmer meiner Vorträge wurde einmal erwähnt, alles mit Verstand planen zu wollen sei sinnlos, da es sowieso anders kommt. Ich zitiere ganz kurz, was diesbezüglich in der Zeitschrift „Bild der Wissenschaft" stand.

„Vom praktischen Standpunkt aus gesehen, muss man sich jetzt mit einer gewissen Planung und Terminierung der Aufgaben beschäftigen. Bei der Planung geht es um die Entscheidung, was getan werden soll. Bei der Terminierung um Festlegung, wann etwas erledigt werden soll. Viele meinen, dass Planung und darauf folgende Terminierung ins Reich der Illusionen gehört. Es käme doch anders als man denkt. Tatsache ist jedoch, dass mindestens 50 Prozent der Vorhaben, für die Sie Termine gemacht haben, auch zum vorgesehenen Zeitpunkt stattfinden." So habe ich z. B. für diese Vortragsreihe Termine festgelegt und kann deshalb diese Termine wahrnehmen. Wenn ich sie nicht festgelegt hätte, hätte ich wahrscheinlich diese Ausführungen viel später oder nie geschrieben. Selbstverständlich kann etwas Unvorhergesehenes dazwischen kommen, z. B. eine Krankheit. Das spricht aber nicht gegen eine Planung und Terminierung.

Wenn man sagt „Ich habe diese Entscheidung aus dem Bauch heraus gefällt", dann sind in dieser Aussage unterschiedliche Sachverhalte vorhanden. Nehmen wir emotionale und intuitive Entscheidungen. Sie kennen sicherlich die Redewendungen: „Liebe macht blind" oder „Blind vor Wut". Was meint man mit „blind"? Im Klartext heißt es, dass in diesem Zustand der Verstand ausgeschaltet ist.

Wo kommt das Wort *brunftsdumm* her? In der Brunftzeit sind die Hirsche von dem Lockduft der Hirschkuh so betört, dass sie eine viel befahrene Straße überqueren, ja sogar auf der Straße stehen bleiben, was sie außerhalb der Brunftzeit nicht tun. Ist es bei Menschen anders? Wie ist es mit einer jungen, verliebten Frau, die eine Woche nach dem Kennenlernen bereits verheiratet war? War der Verstand hier ausgeschaltet? Sicher fordern die Hormone und die damit verbundenen Emotionen ihren Tribut. Es wäre auch ein trauriges Leben ohne Gefühle. Aber der Verstand ist dazu da, uns vor möglichem Schaden zu bewahren, der durch rein emotionale Handlungen entstehen könnte. Wozu ist das Hirn da, wenn wir es nicht gebrauchen wollen? Liebe ist natürlich eine komplizierte Sache. Selbstverständlich muss man jemanden zuerst mal mögen, sozusagen ihn gut riechen können. Aber um eine lebenslange Beziehung aufzubauen, ist es bestimmt nicht ratsam, den Verstand auszublenden. Auch für eine bestehende Partnerschaft können Handlungen, die aus dem Bauch heraus fallen – mehr oder weniger – katastrophale Folgen haben. Haben Sie vielleicht mal Ihren Partner in Ihrer Wut angeschrieen? Wenn Sie sich dann beruhigt haben und zur Besinnung gekommen sind, dies auch bereut, auch wenn Sie es dem Partner gegenüber aus lauter Eitelkeit nicht zugeben wollten?

Wenn solche Handlungen in der großen Politik stattfinden, können diese für die Welt katastrophale Folgen haben. Präsident Bush soll im engen Freundeskreis über Saddam Hussein gesagt haben: „Der Kerl wollte doch meinen Vater glatt umbringen!" Wenn dies die Motivation für die Invasion im Irak war, dann gnade uns Gott!

Aufgabe des Verstandes ist es, Emotionen im Zaum zu halten, damit sie uns durch die daraus folgenden Handlungen keinen Schaden zufügen oder uns zu falschen Schlussfolgerungen führen könnten. Wenn mir das Gesicht des Gegenübers nicht gefällt, könnte mein Bauch mir sagen: „Hau ihm doch eine runter." Das wäre eine hochkarätig emotionale Handlung. Die Konsequenzen können Sie sich denken.

Emotionen und Verstand sind keine Gegensätze; sie ergänzen sich vielmehr. Emotionen dienen zur Zielsetzung, und Verstand ist für die Realisierung des Zieles da. Ein Beispiel:

Sie machen lieber Badeurlaub statt Studienreisen, um verschiedene Kulturen kennenzulernen. Das ist Ihre emotionale Entscheidung, zu deren Realisierung müssen Sie im Einzelnen genau überlegen, wie Sie vorgehen wollen. Habe ich genügend Geld gespart für einen Adria-Urlaub? Bekomme ich Urlaub im Sommer? Wann gehe ich zum Reisebüro? Wie teuer darf das Hotel sein? Sie können selbstverständlich, ohne diese verstandesmäßigen Überlegungen, aus dem Bauch heraus entscheiden und sich sagen: „So, mir stinkt die Arbeit. Morgen fliege ich an die Adria, und damit basta." Dann fliegen Sie wahrscheinlich nicht nur an die Adria, sondern auch aus Ihrem Job.

Jetzt nehmen wir uns die intuitiven Handlungen vor. Was ist Intuition? Wir verwenden das Wort Intuition, ohne uns darüber im Klaren zu sein, was es eigentlich bedeutet. Auch die Experten können sich nicht einigen. Deswegen sind auch so viele Bücher darüber geschrieben worden.

Ich habe in fünf verschiedenen deutschen und englischen philosophischen Wörterbüchern nachgeschaut. Descartes, Spinoza, Kant, Idealisten und Materialisten haben so unterschiedliche Meinungen, dass ich Sie in diesem Rahmen damit nicht belasten möchte. Schauen wir, wie es in der Praxis aussieht. Ein Personalchef will einen neuen Mitarbeiter einstellen. Er interviewt mehrere Leute und trifft seine Entscheidung rein intuitiv – wie er vielleicht meint. Er kann natürlich nicht alle Fakten über die einzelnen Personen kennen und nachprüfen, ob alles stimmt. Die Zeugnisse können unwahrscheinlich gut sein. Er weiß aber auch, dass manche Personen von ihrem jetzigen Arbeitsplatz regelrecht weggelobt werden, da sie unangenehm oder unfähig sind. Nun, der Personalchef hat bisher viele Personen neu eingestellt. Er hat viel Erfahrung, die in seinem Hirn gespeichert ist, auch im Unterbewusstsein. Während des Interviews kommen die Eindrücke auf ihn zu, wie z. B. Gesichtsausdruck, Körpersprache, Kleidung, ob der Kandidat eine feste und sichere Stimme hat, ob er selbstsicher oder überheblich ist. All dies wird blitzschnell im Hirn registriert und automatisch mit den im Unterbewusstsein gespeicherten Daten verglichen, ohne dass dem Chef diese Tatsache bewusst ist. Je mehr Erfahrung er hat, desto geringer ist die Wahrscheinlichkeit, dass er einen Fehler macht.

Es ist wie beim Tischtennisspielen. Ein erfahrener Spieler erfasst im Bruchteil einer Sekunde, wo der Ball eintreffen wird, in welchem Winkel er auf die Tischplatte fallen wird, wie er selbst zurückschlagen soll, defensiv, offensiv und in welche Ecke des Gegners. Die erste Analyse erfolgt bereits, wenn er die Haltung des Gegenspielers, wenn dieser den Ball zurückschlägt, wahrnimmt, und stellt sich in die passende eigene Stellung und hält den Schläger bereit. Je nach Flugbahn des Balls korrigiert er seine Antwort. Ein Mensch, der nie Tischtennis gespielt hat, wird auf diese Art und Weise, also effektiv, nicht reagieren können, da ihm die Konditionierung des Gehirns durch die vergangenen Erfahrungsdaten fehlt. Dies alles hat mit einer mystischen Gabe der Erkenntnis, die inkompatibel sei mit Logik und Verstand, nichts zu tun.

Ich habe eine neue Operation, eine neue Nierenbecken-Plastik erfunden. Wie kam es dazu? Einmal konnte ich nicht einschlafen. Im halbbewussten Zustand, nachts um 23:30 Uhr fiel mir die Lösung ein. Ich stand sofort auf und machte einige Zeichnungen sowie ein paar Notizen auf dem Papier. Das hat aber mit irgendwelchen unerklärlichen mystischen Gaben nichts zu tun. Ich hatte ähnliche Operationen schon oft durchgeführt. Es gab gewisse schwierige Fälle, wo alle gängigen Methoden nicht anwendbar waren und die Niere deswegen nicht zu retten war. Ich war also die ganze Zeit auf der Suche nach neuen Wegen. Ich beschäftigte mich ständig damit. Dann abends im Bett, als die meisten akustischen und optischen Reize ausgeschaltet waren, fiel mir die Lösung plötzlich ein. Ähnliches passierte mir auch, als ich meine wissenschaftliche Ethik entwickelte. Vor 40 Jahren, als ich einmal Sonntag spätnachmittags auf einem Schaukelstuhl entspannt und mit einem Glas Cognac saß, fiel mir die Lösung einiger philosophischer Probleme ein. Ich hätte „heureka" schreien mögen, sowie Archimedes, als er das Problem des spezifischen Gewichtes löste, als er sich in die volle Badewanne plumpsen ließ und das Wasser überschwappte. Einer, der sich mit dem Problem des spezifischen Gewichts nicht intensiv befasst hätte, wäre nie darauf gekommen.

Dies alles hat mit göttlicher oder mystischer Gabe der Intuition nichts zu tun. In der prä-marxistischen Philosophie wurde so etwas angenommen. Intuition wurde verstanden als eine besondere Form der kognitiven Tätigkeit, also einer weiteren Analyse nicht zugänglich. Mittlerweile wissen wir ein bisschen mehr. Vieles, was früher als unerklärbar galt, lässt sich heute mit Verstand begründen. Zum Glück gibt der Homo sapiens nie auf. Er versucht für manche unerklärlichen Dinge eine Erklärung zu finden. Einer, der resigniert und gewisse Dinge als gottgegeben erklärt, wird nicht zu Erkenntnissen kommen können. Natürlich gibt es Menschen, denen solche Gedankengänge zu anstrengend sind, und die sich dann einen Anstrich von Weisheit geben, indem sie mit einem sehr ernsthaften Gesichtsausdruck sagen: „Ja, ja, es gibt Dinge zwischen Himmel und Erde ..." Ein Satz, den Peter Atkins in seinem Buch „Schöpfung ohne Schöpfer" geschrieben hat, ist mir stark in Erinnerung geblieben, nämlich: „Alles ist erklärbar." Die Hirnforschung hat in den letzten Jahren enorme Fortschritte gemacht. Einige Neurophysiologen behaupten, dass der Mensch seine potenzielle Hirnkapazität nur bis zu fünf Prozent in Anspruch nimmt. Vielleicht kann der zukünftige Homo superior dies vervielfältigen! Dann hätten wir Lösungen für manche scheinbar unlösbaren Erscheinungen.

Nehmen wir uns jetzt den nächsten Punkt vor. Es kam einmal der Einwand, man könne im Leben nicht alles planen. Das ist schon richtig. Es muss eine gewisse Flexibilität da sein. Selbstverständlich muss auch Raum für Gefühle da sein. Wenn eine Frau plant, auf Biegen und

Brechen einen reichen Mann zu heiraten, ohne Rücksicht auf eigene und Gefühle der anderen, dann ist die Wahrscheinlichkeit groß, dass sich ein erfülltes und glückliches Leben nicht einstellt. Sie wird aber ebenso scheitern, wenn sie sich verliebt und aus dem Bauch – oder aus dem Unterleib – heraus die Entscheidung trifft, diesen Mann zu heiraten, ohne sich über die Konsequenzen im Klaren zu sein. Ich habe keine statistischen Daten. Aber ich kann mir vorstellen, dass die Scheidungsrate bei den Paaren, die sich vor der Heirat nicht lange genug kannten, wesentlich größer ist als bei den anderen.

Natürlich gibt es Situationen im Leben, wo man schnell und spontan entscheiden muss. Da hat man keine Zeit für lange Überlegungen. Sie machen Urlaub in Afrika und werden von einem Löwen verfolgt. Jetzt müssen Sie schnell entscheiden: Renne ich zu meinem Auto oder klettere ich auf den nächsten Baum? In Bruchteil einer Sekunde analysiert das Gehirn die Situation und trifft die Entscheidung. Diese Entscheidungsfindung beruht auf Daten ähnlicher Situationen, die in Ihrem Gehirn gespeichert sind und wie Ihre Denkgewohnheiten geformt sind. Sie können gerne Ihre Aktion intuitiv nennen, solange Sie sich im Klaren sind, dass dies weder etwas Mystisches noch Unerklärbares ist. Manche würden den Gedanken weiter mythologisieren, indem Sie sagen: Mein Schutzengel hat mich gerettet. Das Problem ist bloß dabei, die anderen, die von den Löwen zerrissen wurden, können nicht mehr ein Lied von Schutzengeln singen. Außerdem gibt es in vielen Religionen keine Engel, die Menschen werden in ähnlichen Situationen trotzdem gerettet.

Manchmal wird erwähnt, dass der Eine oder Andere ohne Einsatz von Verstand und Planung oft aus dem Bauch heraus entschieden hat und damit gut gefahren ist. So etwas gibt es. Ein blindes Huhn, wenn es fleißig herumpickt, findet bestimmt auch ein Korn. Beim klaren Denken aber geht es darum, das Leben noch effektiver zu gestalten. Eine gut überlegte Handlung ist allemal der spontanen überlegen. Daher das englische Sprichwort: „Think twice before you speak." Denke zweimal nach, bevor du sprichst.

Es kommt noch ein weiterer Gesichtspunkt hinzu. Der Mensch vergisst gerne unangenehme Dinge, da diese ihn unglücklich machen. Diejenigen, die sich mit Bauchentscheidungen zufrieden geben, sollten sich ehrlich fragen, sind sie nicht manchmal mit solchen unüberlegten Handlungen auf den Bauch gefallen? Denn aus Fehlern kann man lernen.

Ich glaube, jeder von uns setzt seinen Verstand ein, wenn wichtige Entscheidungen zu fällen sind. Aber auch im täglichen Leben setzen wir alle unseren Verstand ein.

Frau Meyer wacht morgens auf und überlegt, was sie heute machen muss – machen will. Einkaufen, Wäsche waschen, Essen machen, Wohnung aufräumen, da Besuch kommt und einiges mehr. Dabei muss sie noch den Ehekrach von gestern bewältigen. Sie macht sich an die Aufgaben heran, obwohl sie keine Lust dazu hat. Irgendwann ist sie so sauer, dass sie zu sich selbst, sozusagen aus dem Bauch heraus, sagt: „Mir stinkt es langsam. Jetzt reicht es." Sie nimmt eine Flasche Wein und schaut sich irgendeinen blöden Film im Fernsehen an. Sind solche spontanen Entscheidungen aus dem Bauch heraus, ohne über die Konsequenzen nachzudenken, gesund?

Trotz gegenteiliger Behauptungen möchte ich meinen, wir setzen im täglichen Leben fast immer den Verstand ein. Es fällt bloß nicht auf, weil dies eine Selbstverständlichkeit geworden ist. Wenn Sie Knoblauch fein schneiden wollen, nehmen Sie das kleine handliche Messer oder das große Fleischmesser? Wenn es draußen kalt ist und Sie wollen spazieren gehen, ziehen Sie dann warme Kleidung oder Sommerkleidung an? Frau Meyer möchte auch spazieren gehen. Da sieht sie ihre hohen Stöckelschuhe, die für den Sommer gedacht sind und nicht für jetzt, wo doch draußen sehr viel Schnee liegt. Sie könnte sagen: „Hm, diese Schuhe mag ich doch gerne, die ziehe ich mir jetzt an." Würde ein Mensch, der seinen Verstand gebraucht, überhaupt so einen Gedanken in Erwägung ziehen?

Aber auch bei schwerwiegenden Entscheidungen ist es bestimmt gesund, seinen Verstand in Anspruch zu nehmen. Wozu gibt es Berufsberatungszentren, die einem bei der Berufswahl helfen?

Im Leben gibt es so viele Zufälle, dass es plötzlich eine andere Wendung nehmen kann. Aus zu vielen Zufällen ergibt sich aber eine Notwendigkeit. Weil es in Ihrem Leben sehr viele Zufälle gab, sind Sie das, was Sie heute sind. Man muss bei der Planung unterscheiden zwischen einer langfristigen und einer kurzfristigen Möglichkeit, ebenso zwischen einer groben und einer detaillierten. In allen diesen Bereichen muss man halt flexibel sein, weil es Zufälle gibt. Sie haben entschieden, dass Sie eines Tages Deutschland verlassen wollen. Das ist eine allgemeine Planung. Sie wollen dann nach Amerika gehen. Das ist schon eine etwas differenzierte Aussage. Dann eröffnet sich zufällig eine Möglichkeit, sich erfolgreich in Australien zu verwirklichen. Dann muss man halt seinen Plan umändern. Dies alles spricht nicht gegen eine Planung. Es wäre bestimmt ungesund, ohne vorherige Planung, aus dem Bauch heraus zu entscheiden, morgen gehe ich nach Australien – für immer.

30. Die Art des Auftretens und dessen Wirkung

Logische Argumente können großen Eindruck machen, aber das Auftreten der jeweiligen Person spielt ebenfalls eine große Rolle. Typisch dafür sind die Drücker-Kolonnen der Vertreter, die über den Zaun oder bei Kaffee-Fahrten ihre Waren an den Mann bringen. Es gibt ja regelrechte Lehrgänge, wo ihnen das richtige Auftreten beigebracht wird. Es ist erstaunlich, wie viele Leute darauf hereinfallen und Sachen kaufen, die sie nicht benötigen.

Oder schauen Sie sich die Reden von manchen demagogischen Politikern an. Diese beherrschen die Kunst, mit vielen Wörtern nichts zu sagen, und die Rede kommt trotzdem gut an! Ich kenne eine Rede, die so endete: „Es muss an dieser Stelle mit aller Deutlichkeit und Nachdruck gesagt werden, dass das Schiff Deutschland, hier und jetzt, mit voller Energie und Engagement flott gemacht werden muss, meine Damen und Herren." Ein tosender Applaus ist dem Redner sicher. Dabei hat er in seiner Rede gar nicht erzählt, wie er konkret vorzugehen gedenkt, um das Schiff wieder flott zu machen.

Nun verrate ich Ihnen ein paar Krankenhaus-Interna. Es geht z. B. um eine Neubesetzung einer Chefarztstelle. Der neue Chefarzt wird nicht von den Fachleuten bestimmt, sondern von den zuständigen Politikern, meistens also von Kommunalpolitikern. Diese Politiker haben in der Regel keine Fachkenntnisse. Sicherlich lassen sie sich von anderen Ärzten beraten, aber diese haben sie auch selbst ausgesucht. Die beraten dann in der Regel im Sinne der Politiker. Da spielen noch viele andere Faktoren eine Rolle, z. B. Parteizugehörigkeit etc. (Auf Landesebene und auf Bundesebene bei den Ministern ist es auch nicht anders.) In der Regel wollen sie einen Professor als Chef haben. Nun, im operativen Bereich ist eine solche Einstellung nicht ganz unproblematisch. Aus verschiedenen Gründen können die Ärzte an der Universität nicht so viel operative Erfahrung sammeln, wie an einem großen Regel- und Versorgungskrankenhaus. Erstens sind an der Universität mehr Assistentenstellen vorhanden als in einem Akut-Krankenhaus. Zweitens müssen die Assistenten ein Drittel ihrer Arbeitszeit für wissenschaftliche Arbeiten verwenden. Und drittens werden die komplizierten Fälle in der Regel vom Ordinarius und den oberen Chargen angenommen.

Ich war zwei Jahre lang Assistent an der chirurgischen Universitäts-Klinik in Aachen. Ich wurde erst im zweiten Jahr für eine einfache Operation wie Leistenbruch eingeteilt. In diesen zwei Jahren habe ich höchstens vier oder fünf solcher kleinen Operationen durchgeführt und sonst gar nichts. Dabei hatte ich den Facharzt für Chirurgie in Edinburgh schon erworben. Außerdem war ich auch schon Facharzt für Urologie, wo ich jede Menge Leistenhoden-Operationen durchgeführt hatte, die schwieriger sind als Leistenbruch-Operationen. An der urologischen Universitätsklinik in Wien erging es mir auch nicht besser. Erst im 2. Jahr bekam ich eine kleine Operation zugeschanzt. Dann sagte mir die Privatseketärin des Chefs: „Mit Ihnen geht es aber rasant aufwärts. So schnell werden Sie für die Operationen eingeteilt!" Es war nicht zynisch gemeint! Da können Sie sich vorstellen, wie es den anderen Assistenten ergangen ist. Mein damaliger Chef in Aachen hatte einen Privatassistenten gehabt, der für ihn wissenschaftliche Daten sammelte. Ihm soll der Chef gesagt haben: „Schreiben Sie erstmal viele Arbeiten und habilitieren Sie sich. Das bisschen Operieren können Sie, wenn Sie Chefarzt geworden sind." Solche Leute halten dann viele Vorträge, sind redegewandt und haben ein sicheres Auftreten. Das Auftreten zählt bis zu 80 Prozent, und kümmerliche 20 Prozent bleiben für die objektiven Tatsachen oder Argumente übrig. So findet also die Chefarztwahl statt, oft mit katastrophalen Folgen. So musste vor einigen Jahren dem professoralen Chefarzt in einer bayerischen Kleinstadt gekündigt werden, da er offensichtlich nicht gut operieren konnte. Sicherlich haben Sie in den Medien öfters solche Berichte gelesen. Nebenbei gesagt, es gibt viele Professoren, die gut operieren können. Ein Pauschalurteil ist also hier nicht angebracht.

Was ist für uns alle die Schlussfolgerung? Wenn wir klar denken wollen, ob es sich nun um einen Staubsauger-Vertreter, Politiker oder wen auch immer handelt, sollten wir uns stets vor Augen halten, dass das Auftreten einer Person unsere Entscheidung bis zu 80 Prozent beinflusst. Wir sollten vermeiden, darauf hereinzufallen. Wir sollten versuchen, uns auf die Argumente zu konzentrieren, auch wenn dies anstrengend ist und ein vollständiger Überblick nicht möglich erscheint.

31. Ist das Verhalten genetisch bedingt?

Die Verhaltensform und der Charakter eines Menschen sind genetisch bedingt. Oder?

Die genetische Ausstattung spielt bestimmt eine Rolle. Ich glaube aber, wenn es um Verhaltensformen und -normen geht, spielen die Gene zwar eine Rolle, aber eine ziemlich untergeordnete. Wenn die Verhaltensform genetisch festgelegt sein sollte, ist eine Änderung derselben nicht möglich. Dann wäre jeder Versuch, sein Verhalten zu ändern, zwecklos. Dann wären jeder Meinungsaustausch, jede Diskussion, Stunde der Besinnung, Psychiatrie, Psychoanalyse, Aufklärung, Erziehungsanstalten, ja selbst dieses Buch über klares Denken überflüssig. Sicherlich spielen Gene eine große Rolle, wenn es um die anatomische Ausstattung der Lebewesen geht. Unsere Vettern, die Schimpansen, und wir haben zu 99,2 Prozent gemeinsame Gene. Trotzdem sind wir so verschieden, besonders, wenn es um die Beschaffung und Struktur des Gehirns geht. Die Anzahl der grauen Zellen, die Ausbildung der Zentren für die Motorik, Optik und andere Sinnesorgane sind sicherlich genetisch vorgegeben. In der Computersprache würde man sagen: Die Hardware ist im Computer als Grundausstattung mitgeliefert. Was Sie daraus machen können, ist von der Software abhängig, die Sie sich anschaffen müssen. Die Software gibt es in unterschiedlichsten Formen, genauso wie die Verhaltensformen und -normen. Bei Menschen spielt also die Erziehung und Aufbringung in der Gesellschaft eine wesentliche Rolle. Es gibt genug Beispiele, um dies zu verdeutlichen.

Laut Emnid-Umfrage von 1998 glauben in den neuen Bundesländern nur 18 Prozent an Gott, während in den alten Ländern diese Zahl knapp 50 Prozent beträgt. Haben die Ostdeutschen und Westdeutschen eine unterschiedliche Genausstattung, oder ist dieser Umstand erziehungsbedingt? Vor 50 Jahren war die Zahl der Gläubigen hierzulande wesentlich höher. In dieser kurzen Zeitspanne können die Gene sich wohl nicht geändert haben. Deswegen ist die Behauptung einer amerikanischen Forschergruppe, der Glaube sei genetisch bedingt, nicht aufrecht zu halten. Ein und derselbe Mensch kann vom Gläubigen zum Atheisten werden und umgekehrt. Aus tiefgläubigen Familien sind manche Atheisten hervorgegangen, obwohl sie gleiche Gene hatten.

Es gibt religiöse Konstruktionen, wo behauptet wird, dass der Mensch von Grund auf schlecht sei – mit oder ohne die Lehre von der Erbsünde – und erlöst werden müsse. Marx behauptet dagegen, der Mensch sei von Grund auf gut. Nur durch die Änderung der Produktions- und Besitztumsverhältnisse hat er sich von seiner guten Natur entfremdet. Ich meine: Der Mensch ist zu Gutem und zu Bösem fähig, je nachdem wie er erzogen worden ist, welche Bedingungen ihm zur Entfaltung seiner Persönlichkeit offen standen. So kann man viele Beispiele anführen, die anzeigen, dass die genetischen Vorgaben in der Entwicklung des Charakters eine geringe Rolle spielen.

Ein islamischer Fundamentalist würde ohne zu zögern, ja sogar mit Freude eine Ehebrecherin steinigen, während ein Christ oder Bahai von der gleichen ethnischen Gruppe so eine Tat mit Abscheu verurteilen würde. Ein Kannibale würde ohne Gewissensbisse einen Menschen aus dem benachbarten Stamm verspeisen, während andere Mitglieder der Rasse Homo sapiens dies als unakzeptabel erklären würden. Es gibt auch Beispiele von „Wolfsjungen", wo ein Menschenkind sich wie ein Wolf verhält.

Zusammenfassend kann man mit Fug und Recht sagen, dass der genetische Aufbau in der Charakterformung keine wesentliche Rolle spielt. Und wenn schon. Die Gene kann man nicht ändern, aber die Denkgewohnheiten schon.

Mit allem Respekt für die, die in diesem Punkt anders denken, kann ich mich des Eindrucks nicht erwehren, dass diese meine Mitmenschen sich einer Form von apologetischer Argumentation bedienen, um die eigene Denkfaulheit zu verteidigen. Oder sie tun es deshalb, weil sie sich bisher keine Gedanken darüber gemacht haben, oder eigene Denkfehler auf dem Gebiet des klaren Denkens, bewusst aber auch unbewußt, kaschieren wollen.

„Ich bin halt so. Ich kann mich nicht ändern. Ich bin genetisch vorbelastet. Meine Eltern waren auch fettleibig." Wie oft hört man solche Sätze im täglichen Leben? Wenn man solche Behauptungen aufstellt, wird man sich nie ändern können, auch wenn einem das eigene Fehlverhalten bewusst ist.

Kriege hat es immer gegeben, wird es immer geben, weil der Mensch von Natur aus schlecht sei. Wer so denkt, wird den Krieg als gottgegeben hinnehmen und wird sich für die Friedensforschung überhaupt nicht interessieren. Die Gehirnmasse und -struktur ist uns als Hardware genetisch gegeben. Aber im Gegensatz zu mechanischer Hardware entstehen in der lebendigen Hirnmasse neue Zellen und neue Dendriten-Verbindungen, je nachdem, womit man sich beschäftigt, auch im Alter. Dies ist durch die PET-Untersuchung (Positronen-Emissions-Tomografie) bestätigt worden.

Also, es lohnt sich, sich mit dem „klaren Denken" zu beschäftigen, um das Leben effektiver zu gestalten. Wenn Sie bisher ein gutes, zufriedenes Leben geführt haben, dann denken Sie bitte daran, das Bessere ist besser als das Gute.

32. Zeitmanagement

Zwei Freunde treffen sich auf der Straße. „Wo gehst denn du jetzt hin?", fragt der eine. „Heute Abend gibt es einen interessanten Vortrag von Professor Patel in der Volkshochschule. Kommst du mit?", sagt der andere. „Keine Zeit", meint der Erste und geht in die nächstgelegener Kneipe, wo er andere Freunde trifft, die auch ein „Bierchen" trinken wollen. Ich frage Sie, meine Damen und Herren, litt der Herr Biertrinker wirklich unter Zeitmangel? Er hatte keine Zeit für einen Vortrag. Heißt im Klartext: keine Zeit wofür? Das hängt davon ab, wie man seine Prioritäten setzt. Also *keine Zeit* ist keine Zeitfrage, sondern eine Prioritätsfrage.

Ich habe einen Bekannten, der keine Zeit hat, um auch nur ein einziges Buch zu lesen, aber er lässt alles links liegen, wenn ein Fußballspiel in München stattfindet, um dieses persönlich anzuschauen. Dies hat gesellschaftspolitisch keine schwerwiegenden Konsequenzen. Was ist aber, wenn einige wichtige Entscheidungen in öffentlichen Gremien vertagt werden, da man keine Zeit mehr hat, weil abends ein wichtiges Fußballspiel ausgestrahlt wird? Als New Orleans unter Wasser stand, machte Präsident Bush Urlaub! Deswegen hatte er auch keine Zeit, massive Soforthilfe zu organisieren. Richtige Prioritäten zu setzen, ist sehr wichtig im Leben.

Wir alle haben sicherlich viel zu tun. Wir können schon allein aus Zeitmangel nicht alles tun, was wir möchten. Wenn ich Zeitungen und Zeitschriften lese, möchte ich oft sofort Leserbriefe schreiben. So z. B. als Merkel und Stoiber das Fernsehduell mit Schröder und La Fontaine verweigerten, oder als New Orleans zerstört wurde und eine aktive Soforthilfe nicht organisiert wurde. Einmal bat mich ein Freund, einen Brief an den Manager des Flughafens in Bombay zu schreiben, da ihm dort einiges missfiel. Er meinte, wenn Menschen aus dem Ausland protestieren würden, werden die Fehler eher behoben. Das mag stimmen. Ich habe dann doch keinen Brief geschrieben, auch die verschiedenen Leserbriefe nicht. Ich hatte viel anderes zu tun, so z. B. meine Vorträge für die Volkshochschule zu schreiben usw. Da blieb mir nichts anderes übrig als Prioritäten zu setzen. Ihnen geht es sicherlich nicht anders. Es ist natürlich nicht immer einfach, die Prioritäten richtig zu setzen. Man muss sich oft Zeit nehmen und sich Gedanken darüber machen, aber es lohnt sich. Welche Faktoren muss man in Betracht ziehen? Was ist mir im Leben wichtig? Welche Fragen und Probleme haben Vorrang? Was ist so dringend, dass dies gleich erledigt werden muss, im Vergleich zu etwas viel Wichtigerem, das aber auch später erledigt werden kann? Zum Beispiel, wenn morgen Müllabholtag ist, muss ich die Mülleimer rausbringen. Wenn es sehr heiß ist, muss ich den Garten bewässern, weil wegen der starken Hitze die Pflanzen schon fast verwelken. Diese Aufgaben sind dann von größerer Wichtigkeit als die Bücher, die ich schreiben und Vorträge, die ich halten möchte. Denn sie dulden keinen Aufschub.

Wenn man sein Leben plant, auch im Erwachsenenalter, muss man kurzfristig, mittelfristig und langfristig vorausdenken. Einige der kurzfristigen Prioritäten, so z. B. Gartenbewässerung, habe ich bereits erwähnt. Nicht nur Erwachsene, auch Kinder lernen Prioritäten zu setzen. Es war einmal ein schöner Sonnentag. Mein Sohn kam von der Schule nach Hause. Ich sagte ihm: „Die Sonne scheint so schön. Geh mal nach draußen und spiel mit den anderen Kindern. Die Schulaufgaben kannst du später erledigen." Wissen Sie, was er sagte? „Nein Papa. Ich mache die Schulaufgaben zuerst. Dann sind sie erledigt und ich muss dann nicht dauernd daran denken." Also Kinder, auch wenn sie nicht viel Lebenserfahrung haben, können wie Erwachsene durchaus lernen Prioritäten zu setzen. Meistens brauchen sie aber die subtile Hilfe der Eltern. Viele Eltern machen sich natürlich Gedanken über die Zukunft der Kinder, was aus ihnen werden soll. Dann muss man die

Neigungen, Fähigkeiten und Möglichkeiten in Betracht ziehen. Im Leben klafft oft eine Lücke zwischen dem Wünschenswerten und dem Machbaren. Aber man muss auch rational planen können. Was nutzt es, wenn man seinen Neigungen entsprechend Philosophie oder Kunst studiert, wenn es fast vorauszusehen ist, dass es später schwer ist, in solchen Berufszweigen unterzukommen. Auch die Fähigkeiten der Kinder muss man realistisch einschätzen können. Meistens überschätzen Eltern die eigenen Kinder. Wenn der Lehrkörper einhellig der Meinung ist, dass Fritzchen nicht das Zeug dazu hat, das Gymnasium zu besuchen, dann ist es wohl bestimmt nicht klug, darauf zu bestehen, dass das Kind später studieren soll und Arzt, Anwalt oder Chemiker werden soll. Natürlich können die Lehrer sich irren. Auch manche Wissenschaftler waren mittelmäßige Schüler. Aber nach der Wahrscheinlichkeitsrechnung werden die Lehrer eher Recht haben als die Eltern, die ihre Kinder mit einer rosaroten emotionalen Brille ansehen.

In unserer Wohlstandsgesellschaft neigen einige Jugendliche dazu, sorglos in die Zukunft zu blicken. Das soziale Netz ist eigentlich eine gute Sache, wird aber oft von jungen arbeitsfähigen Menschen, die von der Sozialhilfe in den Tag hinein leben, missbraucht. Rentenzahlungen haben sie, da sie nicht arbeiten, nicht geleistet. Was ist, wenn eines Tages die Rentenkasse pleite geht? Darüber machen sie sich keine Gedanken. Eine langfristige Lebensplanung fehlt bei ihnen einfach. Aber auch viele junge Leute, die nicht von der Sozialhilfe leben, neigen dazu, in den Tag hinein zu leben, mit dem Motto; irgendwie wird es schon weitergehen. Aber im reißenden Strom des Lebens, wenn man nicht aktiv mitschwimmt, sondern sich passiv dahintreiben lässt, ist die Gefahr groß, dass man untergeht.

Mittelfristige Planung ist aber genauso wichtig. Nachdem man ein langfristiges Lebensziel abgesteckt hat, lohnt es sich, darüber nachzudenken, was in den nächsten Tagen, Wochen und Monaten zu tun ist.

Wir alle sind ja unterschiedliche Menschentypen. Sicherlich hat jeder sein eigenes Rezept, wie man den Ablauf des Tages und der nächsten Monate plant. Ich erzähle Ihnen, wie ich vorgehe. Das ist natürlich mein subjektiver Weg. Ich habe einen Terminkalender, wo ich die neuen Termine sofort eintrage. Schon allein wegen meiner damaligen Stadtratstätigkeit hatte ich viele Sitzungen und auch andere Verpflichtungen, die ich im Kopf nicht behalten konnte. Dann, je nach dem Termindruck, setze ich mich an den Schreibtisch und schreibe links auf das Papier die kurzfristigen, in der Mitte die mittelfristigen und ganz rechts die langfristigen Aufgaben auf. Dann setze ich die Prioritäten und hake alles ab, was erledigt ist. Eines verrate ich ihnen. Ganz rechts steht z. B. auf dem Papier „Wissenschaftliche Arbeiten“, und das seit Jahren. Diese habe ich bisher nicht erledigen können. Dies ist dann wieder eine Prioritätsfrage. Aufschreiben aber bringt immer gedankliche Ordnung mit sich, und man muss sein Gehirn nicht unnötig damit belasten, ständig die Termine und Aufgaben im Geiste zu wiederholen.

Sehr einfach ist es oft nicht im Leben, Prioritäten zu setzen. Es gibt Situationen, wo z. B. Beruf und Familie, oder Beruf und Ehepartner schwer unter einen Hut zu kriegen sind. Bei einer Frau ist es oft besonders schwierig, die beruflichen Ambitionen mit der Familienpolitik in Einklang zu bringen. Da ist ein gewaltiges Potenzial zur Konfliktbildung vorhanden. Wie setzt man hier die Prioritäten? Hier kann man kein einheitliches Schema angeben, da jeder Mensch und jede Partnerschaft einmalig ist. Wenn man einen verständnis- und rücksichtsvollen Partner hat, kann es gelingen, dass der heimische Frieden gewahrt bleibt. In den meisten Fällen wären Kompromisse und effektive Zeitplanung die Lösung. Letztendlich muss man sich fragen, was will der Mensch? Alle möchten glücklich sein und sich wohlfühlen. Jede Entscheidung, egal welche, hat Plus- und Minuspunkte. Dann muss man entscheiden, bei welcher Entscheidung die Pluspunkte überwiegen und einen summa summarum glücklicher macht, als die Entscheidung in eine andere Richtung. Dies muss jeder für sich, aber nach reichlicher Überlegung entscheiden.

Nun, soviel zu der Prioritätsfrage, die in vielen Aspekten eng mit Zeitmanagement verknüpft ist. Alle theoretischen Überlegungen taugen nichts, wenn der Mensch nicht nach diesen Erkenntnissen handelt. Was tun, ist also eine wichtige Frage, wenn man seine Zeit effektiver anwenden will.

Wo ist mein Schlüssel? Wo habe ich meine Brille hingelegt? Wo sind meine Handschuhe? Haben Sie sich mal solche und ähnliche Fragen gestellt? Wenn nicht, dann ist dieser Punkt für Sie irrelevant. Wie viel Zeit verschwenden wir im täglichen Leben und zermartern uns unser Gehirn unnötigerweise mit Trivialitäten? Ist es dann nicht besser, mindestens für die am häufigsten gebrauchten Gegenstände des täglichen Lebens eine gewisse Ordnung einkehren zu lassen? Die Zahnbürste findet man doch auch, ohne nach ihr lange suchen zu müssen. Im Küchenschrank haben wir doch Schubladen. Da weiß man sofort, wo der Pfannenwender zu finden ist, bevor das Fett in der Pfanne verbrennt. Man muss kein übertriebener Ordnungsfanatiker sein und seine Zeit damit verschwenden, die Ordnung auf Biegen und Brechen aufrecht zu halten. Die Ordnung ist nicht das Ziel, sondern ein Mittel für den Weg zum Ziel. Auf Ihrem Schreibtisch kann ruhig ein bisschen Unordnung sein, solange Sie Ihre Sachen gleich finden. Zusammenfassend kann gesagt werden, dass es sinnvoll ist, eine gewisse Ordnung bei den Gebrauchsgegenständen einzuhalten, um das eigene Zeitmanagement effektiver zu gestalten.

Manchmal wird die Zeit als vierte Dimension bezeichnet. Die Frage ist aber, gibt es die Entität Zeit überhaupt? Oder ist sie nur eine gedachte Verbindungslinie zwischen zwei Ereignissen? Die Philosophen und Physiker machen sich seit Jahrhunderten Gedanken darüber, ohne ein schlüssiges Konzept vorlegen zu können. Kant meinte, Zeit sei gar nicht existent. Sie sei nur eine notwendige Voraussetzung für unsere

Anschauung. Denn ohne Zeit und Raum können wir uns nichts vorstellen. Aristoteles meinte: „Wir erfassen Zeit nur, wenn wir erkennbare Bewegungen haben. Wir messen jedoch nicht nur die Bewegung durch Zeit, sondern auch die Zeit durch die Bewegung, da beide einander definieren." Nach den Philosophen haben längst die Physiker das Zeitproblem aufgegriffen. So wird von den Physikern im Allgemeinen akzeptiert, dass Raum, Materie und Zeit mit dem Urknall in die Existenz gekommen sind. Materie und Raum gab es vor dem Urknall nicht. Auch die Zeit nicht. Diese Erkenntnis hat Konsequenzen. Wenn es die Zeit vor dem Urknall nicht gab, dann ist die Frage, was vor dem Urknall war, logisch nicht zulässig, da dies eine Zeitfrage ist. Für einen Normalsterblichen ist so etwas schwer verdaulich.

Physiker aber haben festgestellt, dass auch heute noch Materiepartikel aus dem Nichts entstehen, um dann sofort wieder im Nichts zu verschwinden. Wir haben uns so sehr an das Gesetz der Ursache und Wirkung gewöhnt, dass wir nicht bereit sind, diese Denkweise in Frage zu stellen. Bertrand Russell hat vor vielen Jahrzehnten schon postuliert, dass die sogenannten Naturgesetze, die wir in diesem winzig kleinen Teil des Universums beobachten, nicht überall in diesem unvorstellbar riesigen Universum Gültigkeit haben müssen. Auch das Gesetz der Ursache und Wirkung nicht. Dies wurde etwa bereits vor Jahren von österreichischen Physikern eindrucksvoll bestätigt. Sie haben eine Messapparatur aufgebaut und wollten messen, wie lange ein Elektron braucht, um von einem zum anderen Ende zu gelangen. Also schickten sie ein Elektron auf eine lange Reise. Was glauben Sie, wie viel Nanosekunden das Elektron benötigte, um das Ziel zu erreichen? Schätzen Sie mal! Nun, hier das überraschende Ergebnis: Das Elektron ist angekommen, bevor es auf die Reise geschickt wurde! Das ist schier unvorstellbar. Aber vor ein paar Jahrhunderten hat man sich auch nicht vorstellen können, dass eine Kutsche sich ohne Pferde bewegen lässt. Dieses Experiment eröffnet weitgehende Perspektiven, die wie Science-

Fiction klingen. Es wäre z. B. möglich, ohne Zeitverlust zu einer fremden Galaxie zu gelangen. Auch Zeitreisen wären durchaus vorstellbar.

Es gibt aber auch andere Aspekte der Zeit, die uns unvorstellbar erscheinen. Seit Einstein wissen wir, dass die Zeit nicht überall gleichmäßig fließt. Bei Lichtgeschwindigkeit und in der Nähe von großen Gravitationszentren wie z. B. schwarzen Löchern steht sie fast still.

Wenn sie fließt, muss sie nicht unbedingt in eine Richtung fließen. Zeitfluss ist mit Raum und Materie eng verbunden. In einem expandierenden Universum zeigt der Zeitpfeil in eine Richtung. Die Astrophysiker postulieren, dass in einigen Teilen des Universums die Galaxiemassen so nahe beisammen liegen, dass hier das Universum, durch die Gravitationskräfte bedingt, kollabiert anstatt zu expandieren. Also die Materie bewegt sich in genau entgegengesetzte Richtung als in unserem Teil des Universums. Was ist dann mit der Zeit? Fließt sie hier rückwärts? Was würde passieren, wenn zwei Zivilisationen sich begegnen, wo die Zeit in unterschiedliche Richtungen fließt?

Wir nehmen an, dass die Zeit nicht nur in eine Richtung fließt, sondern auch linear, also schnurgeradeaus. Stephen Hawking meint: Je mehr wir in die Vergangenheit zurückgehen und uns damit dem Urknall nähern, desto mehr wird die Zeitrelation unscharf und kaum definierbar. Der amerikanische Astrophysiker John Gott meint, dass in den Anfangsstadien die Zeit nicht linear, sondern zirkulär floss. Das Universum war also die eigene Mutter und hat es selber gezeugt. Das wäre wie ein Horn, das sich selber spielt.

Nehmen wir jetzt einen völlig anderen Aspekt, nämlich Vorahnungen, das heißt, Ahnung über etwas, was in Zukunft geschehen wird. Gibt es so etwas? Stellen Sie sich einen still fließenden Strom vor. Man schmeißt einen Stein hinein. Es entstehen Wellen. Diese Wellen bewegen sich nicht nur stromabwärts, sondern auch stromaufwärts. Vergleichen wir den Zeitfluss mit dem Strom und den Stein mit einem wichtigen Ereignis. So wäre es vorstellbar, dass manche Menschen die Fähigkeit haben, die Echos aus der Zukunft zu hören. Noch ist es nur eine Spekulation. Viele Wissenschaftler sind, wie schon erwähnt, der Meinung, dass wir unser Gehirn nur zu fünf Prozent nutzen. Vielleicht ist der Homo superior der Zukunft in der Lage, seine Hirnkapazität voll auszunutzen. Vielleicht ist er auch in der Lage, neue Kapazitäten und Fähigkeiten zu entwickeln. Nach diesem kurzen Ausflug in die Eigenschaften des Phänomens Zeit kehren wir zurück zum eigentlichen Thema.

Die Grundfrage ist: „Nutzen wir unsere Zeit optimal aus?" Oder gehen wir damit verschwenderisch um?" Die Wohlstandsgesellschaft beschert uns viel Freizeit. Man muss nicht 80 oder 100 Stunden die Woche arbeiten wie früher, um überhaupt überleben zu können. Natürlich gibt es Leute, die wahnsinnig viel und auch gerne arbeiten. Viele von denen wissen nicht, was sie zuerst tun sollten, und finden keine Zeit für Ruhe und Besinnung. Viele aber wissen nichts mit sich anzufangen und „schlagen die Zeit tot" Womit verbringt der Durschnittsbürger den größten Teil seiner Freizeit? Sie, meine verehrten Leser, sind bestimmt kein Durchschnittsmensch, denn sonst würden Sie dieses Buch nicht lesen, sondern säßen vor der Glotze, um mit irgendeinem blöden Krimi oder einer TV-Show ihre kostbare Zeit zu vergeuden. Laut einer Untersuchung schauen Arbeitslose im Schnitt fünf Stunden und 17 Minuten täglich fern. Wenn man die Gesamtbevölkerung heranzieht, sind es immer noch drei Stunden und 30 Minuten. Wenn man die Lebenserwartung der Menschen in Deutschland heranzieht, dann sind es immerhin 11,5 Jahre! In der gleichen Untersuchung wird festgestellt, dass, wenn die Kinder ein eigenes Fernsehgerät besitzen, sie mehr Zeit in das Fernsehen investieren als in die Schule. Hobbys wie Sport, Malen, Schwimmen, Musik oder Lesen steigern die Stimmung. Fernsehen stumpft aber ab. Wer bewusst und gezielt die Sendungen auswählt, so z. B. Nachrichten, Tierfilme, Dokus etc., zieht einen Nutzen daraus. Wer aber wahllos im TV surft, um nach reiner Unterhaltung zu suchen, fühlt sich später frustriert und ausgelaugt, ohne irgendwelche neuen Anregungen empfangen zu haben. Wie oft schlafen die Leute vorm Fernsehen ein? Der Soziologe Martin Doehlenmann meint, dass das Unterhaltungs-fernsehen die Zeitvernichtungsmaschine par excellence sei.

Bevor wir uns die Frage stellen: „was sollen wir tun?", müssen wir uns die Frage stellen: „was wollen wir?" Erst wenn wir uns darüber im Klaren sind, ist eine zielgerechte und konsequente Handlung möglich. Ohne Zielsetzung ist eine Handlung, die zum Ziel führt, nicht zu er-warten. Eine Ameise lief im Walde eifrig hin und her. Eine Wanze frag-te sie: „Liebe Ameise, was willst du, wo willst du hin?" „Das weiß ich nicht", sagte die Ameise, „dafür laufe ich aber emsig und schnell hin und her." Ist so ein Verhalten nicht bei vielen Menschen zu beobach-ten, die unheimlich beschäftigt sind? Sie haben keine Zeit, mal nach-zudenken: Was will ich eigentlich? Warum tue ich, was ich tue? In meinem Buch „Das Glück liegt diesseits des Todes" habe ich die Frage gestellt: Was ist die Leitmotivation des menschlichen Tuns? In anderen Worten: Warum tut ein Mensch, was er tut? Ich habe dazu wie folgt Stellung genommen: Das Leitmotiv des menschlichen Tuns ist der Wunsch, glücklich zu sein. Es kann sein, dass die Glücksursachen bei verschiedenen Menschen unterschiedlich sind. Aber das ist kein Wi-derspruch zu der These des Glücksstrebens als eigentliche Motivation.

Wenn wir uns darüber im Klaren sind, müssen wir uns die nächste Frage stellen: Wie erreiche ich dieses Ziel? Dann muss man auch kon-sequent handeln. Effektive Zeitgestaltung gehört dazu, genauso wie das Setzen der Prioritäten in Handlungen.

Ich kenne einen Chefarzt, der schon lange pensioniert ist. Er hat nicht schlecht verdient. Er besitzt mehrere Jugendstilvillen in Mün-chen und mehrere Häuser anderswo. Diese vermietet er, für nicht we-nig Geld. Ich traf ihn auf einem Kongress und fragte beiläufig, wie es ihm ginge. „Schrecklich", sagte er, „ich habe so viel Ärger mit den Mietern. Der Mieter des 8. Hauses zahlt die Miete nicht, der des 11. hat in dem Haus nur gehaust. Viele andere machen mir ziemlich viel Ärger. Die Rechtsstreitigkeiten mit ihnen dauern ewig. Renovieren muss ich die vielen Häuser auch noch. Ich bin deswegen oft unterwegs." Und so ging es weiter. Ich frage Sie, ist dies der Sinn des Lebens? Wenn der Besitz einen unglücklich macht, ist dann so ein Besitz erstrebenswert? Ist die Zeit, die uns in unserem kurzen Leben gegönnt ist, nicht zu schade dafür? Besitz und Güter müssen gepflegt werden. Je mehr wir besitzen, desto mehr Ärger bringt es. Eine gewisse Menge Geld, Besitz und Güter sind notwendig, um ein glückliches Leben zu ermöglichen. Aber die sind dann nur Mittel zum Zweck. Wenn die Mittel aber selbst zum Zweck werden, dann können sie Ursache des Unglücklichseins werden. Das Streben nach mehr stiehlt uns die Zeit zu genießen, was wir schon haben. Je mehr materielle Wünsche erfüllt sind, desto stärker macht sich die Vernachlässigung anderer Grundbedürfnisse bemerkbar. Zeit für Familie und Kinder, mitmenschliche Kontakte, Reflektion über den Sinn des eigenen Lebens etc. könnten auf der Strecke bleiben. Für alles reicht die Zeit nicht aus. Dann muss man halt Prioritäten setzen. Für ein erfülltes und glückliches Leben Zeit zu haben, ist eine bessere Zeitinvestition, als immer mehr Besitz haben zu wollen. Denn eine Obergrenze der Besitztümer gibt es nicht. Ich glaube, Dagobert Duck kann man nicht unbedingt als glückliche Ente bezeichnen, auch wenn er wahnsinnig reich war. Ich glaube, Zeit für eine gelegentliche innere Einkehr hatte er nicht. Wohlstand ist nicht immer gleichzusetzen mit Wohlbefinden.

Die Zielsetzung, was wir wollen, steht an erster Stelle, wenn wir effektiv mit unser Zeit umgehen wollen. Das oberste Ziel ist, wie wir festgestellt haben, das Glücklichsein, ein erfülltes Leben zu haben. Danach muss man systematisch vorgehen. Zunächst muss man den Ausgangspunkt bestimmen, d. h. man muss versuchen sich klar zu werden, was für ein Typ man selbst ist. Wir alle sind unterschiedliche Persönlichkeiten. Welches sind unsere Fähigkeiten und Begrenzungen? Was sind unsere Wünsche und Vorlieben? Was ist machbar und erreichbar?

Wie ist unser gesellschaftliches und soziales Umfeld beschaffen? Welche Hilfe können wir von diesem Umfeld erwarten? Was können wir ohne fremde Hilfe selbst tun? Dies alles sind wichtige Fragen. Es lohnt sich, sich ab und zu mal eine Stunde Zeit zu nehmen, das Telefon auszuschalten und in aller Ruhe darüber nachzudenken. Das ist bestimmt keine Zeitverschwendung. Denn dann wird man seine unmittelbaren Ziele realistischer setzen können. Dann wird das Leben nicht durch eine Fata Morgana fehlgeleitet.

Nach den wohldefinierten spezifischen Zielsetzungen muss man jetzt weiter rational vorgehen. Vom praktischen Standpunkt aus gesehen, muss man sich jetzt mit einer gewissen Planung und Terminierung der Aufgaben beschäftigen. Bei der Planung geht es um die Entscheidung, was getan werden soll; bei der Terminierung um Festlegung, wann etwas erledigt werden soll.

Man sollte auch bei der Tagesplanung immer ein bisschen Zeit übrig lassen für das Unvorhergesehene. Wir Menschen sind schließlich keine Roboter und müssen wohl in der Lage sein, uns völlig ungeplant Zeit für Erholung nehmen zu können. Trotzdem, Dinge, die nicht termingerecht festgelegt sind, neigen dazu, nicht stattzufinden. Praktisch gesehen, besonders wenn viele Aufgaben zu erledigen sind, am besten gleich morgens früh diese auf einen Zettel aufschreiben. Da aber etwas Unvorhergesehenes immer wieder vorkommen kann, ist es besser, eine Aufgabe früher als geplant in Angriff zu nehmen.

Auch beim Setzen der Prioritäten ist es ratsam, analytisch vorzugehen. Was bedeutet dies in der Praxis?

1. Wichtig und dringend: sofort erledigen

2. Wichtig aber nicht dringend: Termin einplanen.

3. Nicht wichtig, nicht dringend: am besten eliminieren, oder mindestens reduzieren.

Dabei muss man bedenken, dass das Dringliche selten wichtig ist und das Wichtige selten dringlich ist. Wichtig ist jedenfalls, was Sie

Ihrem Ziel näher bringt. Eines der Grundprinzipien für erfolgreiches Zeitmanagement lautet daher: Mehr Zeit für das Wesentliche einplanen und nicht den Tag mit Unwichtigem beginnen. Wir Menschen sind schwache Geschöpfe und neigen dazu, das Wichtige hinauszuschieben, weil es meistens anstrengend oder reizlos ist. Unwichtige Aufgaben sind meistens nicht anspruchvoll, nicht anstrengend und auch nicht zeitraubend oder machen mehr Spaß. Deswegen neigen wir dazu, diese zuerst in Angriff zunehmen. Dann hängt aber die wichtige Aufgabe wie ein Damokles-Schwert über dem Kopf und man hat keine Ruhe. Deswegen sind viele Leute oft missgelaunt und reizbar, eigentlich weil sie mit sich selbst nicht zufrieden sind. Was für ein schönes Gefühl ist es, wenn man eine wichtige Aufgabe erledigt hat und zufrieden mit sich selbst ist! Dann kann man auch die weniger wichtigen Aufgaben mit Leichtigkeit erledigen. Ich gestehe, ich halte mich auch nicht immer an die eben erwähnten schönen Ratschläge. Aber ich bemühe mich. Im Großen und Ganzen glaube ich schon, dass mir dies gelingt.

Es gibt so etwas wie einen Biorhythmus. Unsere Leistungsfähigkeit ist nicht zu allen Tages- und Nachtzeiten gleich. Das Reaktorunglück in Tschernobyl, die Havarie der „Exxon Valdez" und die Mehrzahl der Flugzeug- und Autobahnunfälle lassen sich auf Übermüdung in den frühen Morgenstunden zurückführen. Um diesen Zeitpunkt haben die Menschen ein natürliches Leistungstief. Obwohl im Großen und Ganzen die Menschheit einen gleichen Biorhythmus hat, gibt es doch individuelle Unterschiede. Dieser individuelle Biorhythmus steuert auch das zeitliche Leistungshoch oder -tief. Man unterscheidet zwischen zwei entgegengesetzten Typen wie, den frühen „Lerchen" und den späten „Eulen". Die einen können nachts effektiver arbeiten, die anderen tagsüber. Es gibt aber auch Menschen, wenn auch nur wenige, die sowohl Eulen als auch Lerchen sind. Meine Frau arbeitet meist nachts bis ein oder zwei Uhr und ist morgens wieder putzmunter. Trotz dieser individuellen Schwankungen gibt es schon allgemeingültige Erkenntnisse, wonach man sein Handeln richten kann.

Das Leistungshoch liegt generell am Vormittag und ist gegen zehn Uhr auf Maximalhöhe. Bei den Lerchen könnte sich dieses schon etwas früher einstellen und bei den Eulen später. Dieses Hoch wird während des gesamten Tages nicht übertroffen. Am Nachmittag kommt dann ein Tief. Manche bekämpfen dies mit aufputschenden Mitteln wie Kaffee. Es wird aber dadurch nur verlängert. Ab 16 Uhr beginnt dann ein Zwischenhoch und steigt bis 20 Uhr weiter. Dann kommt eine zunehmende Abflachung. Bei den meisten Menschen liegt der absolute Tiefpunkt um 4 Uhr. Es lohnt sich also, den persönlichen Tagesrhythmus herauszufinden und die wichtigen Aufgaben entsprechend, meistens vormittags gegen 10 Uhr in Angriff zu nehmen. Ein etwas früherer Beginn schadet sicherlich nicht, denn der schwierige Teil der Aufgabe muss nicht gleich am Anfang bewältigt werden. Während des Leistungstiefs könnte man Routineaufgaben wie Wäschewaschen, Kochen, Reparieren etc. erledigen. Auch soziale Kontakte kann man in diesem Zeitabschnitt pflegen.

Wenn man sich mit einer schwierigen Aufgabe beschäftigt, ist es auch sinnvoll, kurze Pausen einzulegen. Das ist keine Zeitverschwendung, sondern eher erholsames Auftanken der Energie. Zu langes intensives Arbeiten schadet. Die Konzentration und die Leistungsfähigkeit lassen nach. Arbeitsmedizinische Untersuchungen haben ergeben, dass es optimal ist, wenn man nach etwa einer Stunde Arbeit eine kurze Pause einlegt. In chinesischen Fabriken ist es üblich, dass die Arbeit nach einer gewissen Zeit durch kurze Gymnastikübungen unterbrochen wird.

Wichtig ist es, wenn man Projekte in Angriff nimmt, dass man eine gewisse Selbstdisziplin ausübt. Jeder muss gegen die Versuchung ankämpfen, wichtige Aufgaben nicht auf den letzten Drücker zu erledigen und stattdessen Nebensächlichkeiten in den Vordergrund zu rücken. Erfolg ist daher immer eine Frage von Konsequenz und Selbstdisziplin. Wir neigen oft dazu, Aufgaben zu verschieben. Wie kommt es dazu? Ist es deswegen, weil die Aufgabe zu unangenehm oder schwierig ist? Oder werden etwa harte Entscheidungen von uns verlangt? Wie sollte man vorgehen? Zu allererst sollte man seine alte Einstellung „später" in „sofort" umändern und aufhören, sein Aufschiebeverhalten zu rechtfertigen. Am besten nehmen Sie Papier und Bleistift zur Hand und machen eine Liste von allen aufgeschobenen Aufgaben, die Sie belasten. Fragen Sie sich dann: „Werde oder will ich diese Aufgabe jemals erledigen?" Wenn die Antwort negativ ausfällt, dann streichen Sie die Aufgabe von der Liste. Wenn die Antwort ein deutliches „Ja" ist, dann machen Sie einen Termin und legen die weiteren Schritte fest. Und zuletzt fragen Sie sich „Wenn nicht jetzt, wann dann?"

Wenn Sie eine Aufgabe planmäßig erledigen wollen, gehört an die erste Stelle die Frage: „Was ist mein Ziel, was will ich erreichen?". Dann: „Was muss ich tun, um dies zu erreichen?" Welche Schritte und Dinge sind die wichtigsten? Also, was muss zuerst erledigt werden? Wann werde ich es tun? Wie viel Zeit werde ich dafür benötigen? Dabei muss man auch Zeit für unvorhergesehene Dinge, die immer dazwischen kommen können, miteinplanen.

Je nach Charakter der Aufgabe ist es ratsam, Tagespläne, Wochenpläne, ja sogar Monatspläne auf das Papier zu schreiben. Den Plan aufzuschreiben nimmt vielleicht 20 oder 40 Minuten in Anspruch. Aber wenn Sie planmäßig vorgehen, sparen Sie später wesentlich mehr Zeit ein. Für das ergebnisorientierte Denken gehört planmäßiges Vorgehen einfach dazu. Was kann zusammenfassend über das Thema Zeitmanagement gesagt werden?

1. Das Denken sollte ergebnisorientiert sein. Man muss sich über das Ziel im Klaren sein, d. h. man muss sich im Klaren sein, was man will.

2. Denken Sie weniger an den Arbeitsaufwand und mehr an die Ergebnisse.

3. Packen Sie die wichtigsten Aufgaben, die zugleich dringend sind, zuerst an. Also Prioritäten setzen.
4. Schreiben Sie Ihren Plan auf.
5. Machen Sie, je nach Aufgabe, eine kurzfristige, mittelfristige und langfristige Planung.
6. Bleiben Sie aber nicht bei der Planung hängen, sondern setzen Sie den Plan in die Praxis um.
7. Verwenden Sie nicht zuviel Zeit, nur um Dinge zu analysieren.
8. Eine Aktion muss folgen, auch wenn zu wenige Informationen vorliegen.
9. Perfektion ist. eine erstrebenswerte Sache. Aber „gut" ist manchmal besser als „perfekt". Denn wenn man zuviel Perfektion anstrebt, bleiben die Aufgaben zu lange in der Schublade.
10. Nehmen Sie sich bewusst Zeit für Muße, Entspannung und Nichtstun. Dies ist besonders zu empfehlen für diejenigen, die unter starkem Arbeitsstress stehen.
11. Kurze Pausen sind besonderes bei intensiven Arbeitsaufgaben zu empfehlen.
12. Beenden Sie angefangene Aufgaben, ehe Sie etwas Neues beginnen.
13. Nehmen Sie Unterbrechungen nicht zum Anlass, sich Tagträumereien hinzugeben, z. B. was Sie alles machen würden, wenn Sie im Lotto eine Million gewinnen würden.
14. Suchen Sie nach neuen Wegen, um schneller zu gewünschten Ergebnissen zu kommen, anstatt an gewohnten Abläufen festzuhalten, auch wenn diese sich bewährt haben. (Denken Sie undenkbare Gedanken.)
15. Dinge, die tagtäglich gebraucht werden, wie z. B. Brille oder Schlüssel, gehören an einen bestimmten Platz, damit man seine Zeit nicht mit Sucherei verschwendet.
16. Arbeiten Sie nach Ihrem Biorhythmus. Es ist zu empfehlen, kniff-

lige und schwierige Aufgaben vormittags zu erledigen. Die Leistungsfähigkeit ist dann auf dem höchsten Punkt.

17. Widerstehen Sie der Versuchung, die unangenehmen und schwierigen Aufgaben auf einen späteren Zeitpunkt zu verschieben. Selbstdisziplin ist hier angebracht.

In diesem Kapitel und in der Zusammenfassung habe ich einige Vorschläge gemacht. Alle diese haben unterschiedliche Gewichtigkeit für unterschiedliche Menschen, da jeder Mensch eine eigene Persönlichkeit darstellt. Ich habe nur verschiedene Denkhüte angeboten. Probieren Sie die Hüte unter dem Motto „Mut zum Hut" an. Die, die Ihnen passen, gehören Ihnen. Wenn auch nur zwei oder drei der vielen Anregungen bei Ihnen hängen bleiben, hat sich für Sie das Lesen dieses Kapitels gelohnt und ich bin zufrieden.

33. Panik

Wie verträgt sich das klare Denken mit Panik-Stimmung? Wie verträgt sich Panik mit zielbewusstem Denken? Oder mit Denken und Verstand überhaupt? Um einigermaßen Ordnung in unsere Gedanken zu bringen, würde ich die Panik in folgende Zustände unterteilen: Akute Panik, chronische Panik, Mob-Panik, Individualpanik, Panik der Institutionen. Normalerweise versteht man unter Panik eine akute Panik, die einen befällt, wenn z. B. Feuer ausbricht oder ein Partner einen urplötzlich verlässt. Ich werde aber auch die anderen Formen der Panik anhand von Beispielen aufzeigen.

Natürlich gibt es auch Mischformen der Panik. Ich werde jetzt viele Beispiele zitieren, denn alle Individuen haben unterschiedliche Charaktere und verschiedene Lebenserfahrungen. Die Panik kann da aus unterschiedlichsten Anlässen auftreten. Um zu verdeutlichen, was Panik überhaupt ist, werde ich ein Beispiel aus einem Kinderbuch nehmen. Und zwar die Geschichte von Klein-Hühnchen.

In einer Hühnchengemeinde wurde das junge Klein-Hühnchen sehr geachtet. Obwohl es sehr jung war, hatte es schon manche klugen, philosophischen Weisheiten von sich gegeben. Seine Meinung wurde sehr geachtet. Klein-Hühnchen ging einmal im Wald spazieren, so wie die Philosophen es tun, wenn sie scharf und konzentriert nachdenken wollen. Es stellte gerade folgende Überlegungen an: Wie wird der Himmel hochgehalten? Warum fällt er nicht runter? Da müssen doch irgendwo unsichtbare Säulen sein, die den Himmel oben halten! Wie viele Säulen könnten es sein? Was würde passieren, wenn einige Säulen nachgeben? Stürzt dann der ganze Himmel ein? Just in diesem Augenblick fällt eine Eichel auf seinen Kopf. Benommen vom Schlag meint es, dass der Himmel jetzt herunterfällt. Aufgeregt und von Panik erfasst, flattert es in die Gemeinde und schreit „Der Himmel fällt herunter, der Himmel fällt herunter, rette sich, wer kann!" Zwei weitere Junghühnchen in der Nähe des Philosophen übernehmen dieses Geschrei kritiklos, denn Panik ist ansteckend, und flattern ihrerseits in panischem Geschrei herum. Bald erfasst die Panik die ganze Gemeinde und alle rennen ziel- und kopflos herum und schreien „Der Himmel fällt herunter, der Himmel fällt herunter!" Ein schlauer Fuchs erfasst die Situation und bietet Hilfe an. Er sagt: „Kommt her, ich habe eine Höhle in der Erde. Da seid ihr sicher von dem hinabstürzenden Himmel." In ihrer Panik hält keiner inne und denkt nach, was ihnen wohl in der Höhle des Fuchses passieren kann, sondern alle folgen dem Fuchs in die endgültige Katastrophe. Was ist hier passiert? Man nennt diese Verhaltensweise Katastrophendenken. Man vermutet nämlich das Schlimmste. Die Leute, die so denken, vermuten, dass an jeder Ecke eine Katastrophe lauert. Das sind sogenannte verschreckte Typen.

Ist dieses Beispiel von Klein-Hühnchen zu abstrakt? Oder kommt solche Verhaltensweise im täglichen Leben öfter vor, wenn vielleicht auch nicht immer in dieser katastrophalen Form? Wir alle kennen Situationen, in denen unser Verstand eher zu Pessimismus als Optimismus neigt. Herr Müller bekommt Post vom Finanzamt. Er vermutet, dass es sich vielleicht um eine Nachzahlung oder gar um eine Betriebsprüfung handelt, bevor er den Brief überhaupt geöffnet hat. Warum vermutet er nicht eine Rückzahlung der Steuern – was angenehm wäre? Schwesternschülerin Christine bekommt von der Stationsschwester mitgeteilt, dass die Frau Oberin sie in 30 Minuten zu sehen wünsche. Nun macht sie die Hölle durch. Hat sie etwas verkehrt gemacht? Hat sie mal die Infusion zu spät angehängt? Ist sie mal zu früh nach Hause gegangen? Hat die Stationsschwester sie verpetzt? So geht sie im Geiste sämtliche Fehler durch, die sie gemacht haben könnte. Der Puls rast, sie schwitzt und ist nicht in der Lage, klare Gedanken zu fassen und deswegen auch nicht fähig, die ihr jetzt aufgetragenen Arbeiten zur vollen Zufriedenheit der Stationsschwester durchzuführen. Diese 30 Minuten kommen ihr vor wie 30 Jahre. Sie ist fix und fertig. Dabei wollte die Oberschwester ihr nur die Leitung der Examensfeier übertragen, weil sie doch eine gute Organisatorin sei. Sie hat also all die seelischen und körperlichen Qualen umsonst erlitten. Und auch wenn die Oberin irgendetwas zu beanstanden hätte, wäre sie nicht in der Lage gewesen, sich zu verteidigen, da sie schon vorher die Nerven verloren hatte.

Dies ist auch mit Klein-Hühnchen passiert. Es war nicht einfach beunruhigt, sondern außer sich vor Angst. Was heißt „außer sich"? Sein Verstand war herauskatapultiert worden. Es war nicht nur überzeugt davon, dass eine unmittelbare Katastrophe bevorsteht, sondern auch, dass es nichts dagegen tun könne. Dieses Symptom nennen wir „Nerven verlieren" oder „kopflos" sein.

Herr Mayer hat um 9 Uhr eine wichtige Geschäftsverabredung, wo es um eine große Summe Geld geht. Nun hat er morgens eine kleine Auseinandersetzung mit seiner Frau wegen der Tochter Tina und ist etwas verärgert. Deswegen verpasst er die richtige Abzweigung. Er denkt, oh je, jetzt kommt er zu spät an. Vielleicht platzt dann auch das Geschäft. Das wäre ja eine Katastrophe. Wovon soll er dann die Schulden zahlen, was würde die Ehefrau sagen? Vielleicht muss er aus dem Eigenheim ausziehen! Panik erfasst ihn. Er ist nicht in der Lage, einen klaren Gedanken zu fassen, um sich eine neue Route im Kopf festzulegen. Da er die Nerven verloren hatte und nicht mehr denken konnte, verpasste er auch die nächste Abzweigung. Wo dies enden kann, können Sie sich sicherlich vorstellen.

Frau Obermaier kommt nach dem Einkauf nach Hause. Das Fahrrad ihres Kindes steht vor der Tür. Von der Tür aus ruft sie laut: „Jürgen, komm bitte her und hilf mir die Sachen hineinzutragen." Keine Antwort. Sie ruft nochmals. Wieder keine Antwort. Im Haus ist es still, keine Bewegung, keine übliche Kindermusik. Sie lässt alles fallen, rennt in das Haus, durchsucht alle Zimmer, auch die Toilette. Jürgen ist nirgendwo zu finden. Ob ein Unfall passiert ist? Ist er etwa entführt worden? Panik erfasst sie. Sie ist nicht in der Lage, klare Gedanken zu fassen, sonst hätte sie zuerst beim Nachbarn geschaut, ob das Kind dorthin zum Spielen gegangen ist.

Herr Bartels ist ein gesunder sportlicher junger Mann. In der letzten Zeit fühlte er sich nicht wohl. Der Arzt stellte schweren Diabetes fest und meinte, er müsse sich lebenslang mehrmals am Tag in den Finger stechen, um Blutzucker zu messen und auch lebenslang mehrmals am Tag Insulin spritzen. Er muss auch Diät einhalten. Da war Herr Bartels völlig kopflos. Er sah die notwendigen Maßnahmen nicht ein. Deswegen sagte ihm der Arzt, dass, wenn er die Behandlung nicht einhält, folgende Komplikationen auftreten können: Blindheit, Durchblutungsstörungen, die in Zehen- und Beinamputationen münden könnten. Er könnte an Unterzuckerung oder Überzuckerung sterben. Da ergriff Herrn Bartels vollends die Panik „Es ist aus mit mir, ich bin vernichtet. Ich werde mit dem Leben nicht mehr fertig."

Solche Panik kann natürlich Menschen befallen, wenn sie mitgeteilt bekommen, dass sie eine schwerwiegende Erkrankung haben, sei es chronische Dickdarmentzündung oder Krebs. Rein psychologisch ist die Reaktion verständlich. Aber ist sie folgerichtig? Herr Habermayer bekommt mitgeteilt, dass er Rheuma hat und hohe Dosen Cortison einnehmen muss. Zu Hause liest er die Packungsbeilage. Da ist eine Reihe von Nebenwirkungen erwähnt. Ihn überkommt Panik und er meint: So ein Medikament kann ich doch nicht einnehmen! Er ist nicht mehr in der Lage, seine Gedanken zu ordnen und die Sachlage mit Vernunft zu analysieren.

Es kommt vor, dass eine Beziehung völlig unerwartet von heute auf morgen zu Ende geht. Der verlassene Partner ist am Boden zerstört, fängt an zu grübeln und kommt aus dem Dauertief nicht heraus: Was habe ich bloß falsch gemacht? Vielleicht tauge ich für eine Ehe nicht! Ich werde nie wieder eine Beziehung anfangen, es hat doch keinen Zweck, die wird bestimmt wieder kaputt gehen. Er isoliert sich von der Gemeinschaft und vereinsamt.

Nun ein Beispiel akuter Panik mit chronischem Verlauf. Frau Schulz bekommt mitgeteilt, dass ihr 20-jähriger Sohn tödlich verunglückt ist. Sie ringt verständlicherweise um Fassung, kann keinen klaren Gedanken fassen. Macht sich Vorwürfe, dass sie dem Sohn erlaubt hat, das Motorrad zu kaufen. Sie bewegt sich wie ein Schatten ihrer selbst im Haus. Diese akute Panik wird bei ihr jetzt chronisch. Seit nunmehr 20 Jahren besucht sie jeden Tag das Grab ihres Sohnes und kommt jedes Mal völlig niedergeschlagen nach Hause zurück. Ähnliches kann Eltern passieren, wenn ein Kind vergewaltigt oder ermordet wird.

Dann gibt es Fälle, in denen die Panik in chronischer Form in Erscheinung tritt. Herr Zellner wird arbeitslos. Er schickt überall Bewerbungsunterlagen hin. Es kommen dauernd Absagen. Irgendwann resigniert er und sagt: „Ich habe es doch gewusst. Niemand will mich haben. Ich bin nutzlos. Es lohnt sich nicht, sich weiter zu bewerben." Und so versinkt er in chronischer Panik. (Sie können natürlich diesen

Zustand auch als depressive Stimmungslage bezeichnen.) Leute, die dazu neigen anzunehmen, dass jeder Versuch von vornherein zum Scheitern verurteilt ist, strengen sich überhaupt nicht mehr an, das Problem zu lösen. Herr Kutschera hatte ein Buch geschrieben. Von 100 Verlagen hat er eine Absage bekommen. Aber der 101. Verlag druckte das Buch. Das Buch wurde ein Bestseller. Was wäre passiert, wenn er frühzeitig aufgegeben hätte mit der Einstellung: „Es hat sowieso keinen Zweck, es wird nie klappen." Das wäre eine selbsterfüllende Prophezeiung gewesen.

Weitere Ursachen der chronischen Panik sind verschiedene Religionen. Was lehrt der Buddhismus? Es wird uns erzählt, dass Prinz Siddharta (der spätere Buddha) einmal einen Spaziergang in der Stadt unternahm. Da sah er einen Hungernden, einen Kranken, einen Alten, ja auch einen Toten. So etwas kannte er bisher in seinem Leben im Palast nicht, wo er von allen negativen Erfahrungen ferngehalten wurde. Er meinte daraufhin, die ganze Welt bestehe nur aus Leid. Um die Wiedergeburt und das damit verbundene Leid zu umgehen, müsste man allen irdischen Wünschen entsagen. Das ist natürlich unrealistisch. Ich glaube kaum, dass 99 Prozent der Leute in der Lage sind, allen Wünsche zu entsagen. Außerdem: Der Wunsch, allen Wünsche entsagen zu können, ist auch ein Wunsch. Die Buddhisten müssen also glauben, dass sie zum Leiden geboren sind. Egal was sie tun; sie sind dem Leid unentrinnbar ausgeliefert, eine Situation, gegen die sie nichts unternehmen können – außer ins Nirwana zu gehen. Da ist man lebenslang begleitet von einer chronischen Panik.

Aber warum nach Osten schauen, wenn in der hiesigen Religion, dem Christentum, Parallelen zu finden sind? In der Bibel sind hehre Werte en masse vorhanden. Jesus predigt Tugenden. Sind die meisten Christen in der Lage, diese Tugenden einzuhalten? Wie z. B. *Vergib Deinem Bruder so wie der Herr uns vergibt, Du sollst nicht lügen* usw. Die meisten Tiefgläubigen leben in der Hoffnung, die Gnade Gottes zu erhalten, aber auch in der Angst, vielleicht doch nicht so tugendhaft gewesen zu sein wie Jesus es predigt. Haben Sie niemals gelogen? Sind Sie manchmal nicht zornig und haben Ihren Mitmenschen gesagt: Du Dummkopf! oder Ähnliches? „Wer meine Worte hört und mir nicht folgt, wird das ewige Feuer erleiden, denn ich bin der Weg und die Wahrheit." Meistens haben Menschen das Gefühl, doch nicht so tugendhaft gewesen zu sein, wie die Bibel es vorschreibt und haben deswegen bewusste oder unterbewusste Angst vor dem Leben nach dem Tode. Da sie doch nicht so tugendhaft gewesen sein könnten, landen sie vielleicht doch in der Hölle. Dies kann eine Ursache für chronische Angst oder Panik sein.

Dann gibt es noch den Begriff der Erbsünde. Egal was Sie tun, wie ethisch-moralisch Sie sich verhalten, die Erbsünde bleibt. Sie sind ihr gnadenlos ausgeliefert und können es nicht ändern. Die katholische Kirche hat hier einen eleganten Ausweg gefunden. Die Priester haben die göttliche Vollmacht, nach der Beichte die Sünden zu vergeben. Egal wie schwer die Sünde ist, man bekommt die göttliche Absolution. Demnach sind ja eigentlich die von den Menschen gemachten Gesetze zur Bestrafung von Diebstahl, Mord, Vergewaltigung, Kinderschändung usw. überflüssig! Denn wenn Gott vergibt, darf der Mensch nicht hypertrophisch sein und sich besser wähnen als Gott. Wenn die katholische Kirche und die katholischen Politiker konsequent denken würden, müssten sie sich energisch gegen alle Strafgesetze einsetzen, oder sich nicht Christen nennen.

Selbsterfüllende Prophezeiungen: Es muss ja nicht immer eine große Katastrophe sein. Man kann auch kleine Katastrophen herbeidenken, sowie Dr. med. Deschner es tat. Er war Assistent an einer medizinischen Universitätsklinik und hatte hochfliegende Pläne. Endlich bekam er eine Gelegenheit sich hervorzutun. Sein Chef beauftragte ihn, auf einem Kongress einen Vortrag zu halten. Er bereitete seinen Vortrag gründlich vor, ordnete seine Dias und kontrollierte sie dreimal, ob sie im Magazin des Diaprojektors richtig eingeordnet waren. Sein Manuskript war auch tadellos. Nun war es so weit. Dies war sein erster Vortrag überhaupt und das vor so einem erlauchten Fachpublikum! Er wusste auch, dass einige Ordinarien dabei waren, die seinen Chef nicht mochten und ihm immer eins auswischen wollten, indem sie auch seinen Assistenten auf dem Kongress fertig machten u.a. mit unfairen Bemerkungen wie „Herr Kollege, was Sie erzählen, hat Herr Johnson im Jahre 1974 schon in Journal of International Medicine beschrieben. Haben Sie die Arbeit nicht gelesen?" Er war also ziemlich aufgeregt. Als er zum Podium schritt, tauchten schreckliche Szenen in seinem Kopf auf. „Was ist, wenn mein Dia-Magazin vom Projektor hinunterfällt, was ist, wenn das Mikrophon ausfällt? Muss ich dann laut schreien? Das kann mich aus dem Konzept werfen und ich verliere den Faden. Vielleicht bringe ich die Manuskript-Blätter durcheinander. Dann fange ich an zu stottern. Ich bringe alles durcheinander. Die Leute werden lachen. Da werde ich noch unsicherer sein. Mein Chef wird wütend auf mich sein. Es ist dann aus mit mir. Aus mit der Karriere. Ich bin vernichtet."

Innerhalb von Sekunden hat Dr. Deschner Katastrophenszenarios zusammengebastelt und sich eingeredet, dass dics unvermeidlich ist. Kein Wunder, dass sein Hals trocken war, als er anfing zu reden. Seine Hände waren feucht und die Manuskriptblätter klebten daran fest. Seine Knie und die Stimme zitterten, die zusätzlich unsicher und von Zweifel geplagt war. Dann stotterte er tatsächlich. Er verlor den Faden. Und sagte später niedergeschlagen: „Ich habe es ja gewusst." Was er nicht wusste, ist, dass er das Ergebnis selbst herbeigeführt hat. Er hat sich den Misserfolg herbeigedacht.

Oder nehmen wir uns Herrn Leske vor. Herr Leske sucht gerne Wahrsager auf. Einmal sagte ein Wahrsager: „Herr Leske, nehmen Sie sich in Acht. In den nächsten drei Jahren wird Sie eine schwere Erkrankung ereilen." Herr Leske ist am Boden zerstört; hat jetzt panische

Angst vor einer schweren Erkrankung. Er verliert jegliche Lebenslust, schmeißt seinen Job hin, geht nicht mehr aus dem Haus, damit er sich bloß keine Infektion holt. Er verliert die Freunde, wird einsam, legt sich ins Bett und grübelt. Kein Wunder, dass er dann krank wird. Auch hier handelt es sich um eine selbsterfüllende Prophezeiung, die er in der Panikstimmung selbst herbeigeführt hat.

Herr Dahl ist horoskopgläubig. Einmal las er: „Seien Sie vorsichtig vor vermeintlichen Freunden. Sie nutzen Sie nur aus. Seien Sie kritisch." Fortan betrachtet er seine Freunde mit Argwohn. Bei jeder gut gemeinten Äußerung sucht er eine Falle; ist misstrauerisch geworden. Dann sagen die Freunde irgendwann: „Was ist mit dem Kerl los? So kennen wir ihn doch gar nicht. Macht ja keinen Spaß mehr, mit ihm zusammen zu sein." Sie verlassen ihn. Dann sagt er „Ich hab's gewusst. Das waren eben keine wahren Freunde." Dass er der Verursacher der selbsterfüllenden Prophezeiung war, kommt ihm gar nicht in den Sinn.

Verehrte Leser, so könnte ich jede Menge Beispiele aus dem Leben zitieren. Wenn Sie mit offenen Augen und Ohren in der Welt herumwandeln, werden Sie sicherlich ähnliche Situationen finden. Vielleicht auch in Ihrem eigenen Leben!

Schon der alte Marx hat gesagt: „Philosophen haben die Welt nur interpretiert, es käme darauf an, sie zu verändern." Das stimmt nur teilweise, denn wenn man etwas ändern will, muss man dies zunächst erkennen und analysieren. Aber ändern müssen wir etwas, sonst sind alle diese Überlegungen nur graue Theorie.

Was könnten wir also tun? Das Vorgehen bei einer Panik ist wie in der Medizin. Wenn man eine Erkrankung effektiv behandeln will, muss man erstmal die Diagnose stellen. Also erkennen, worum es geht. Nur dann kann man eine wirkungsvolle Therapie einleiten. Bei einer aufkommenden Panik muss man ebenfalls diese als solche erkennen. Wenn also eine brenzlige Situation entsteht oder bereits entstanden ist, muss man kurz inne halten und sich selbst sagen: „Halt, lass dich nicht gehen, es sieht so aus, als ob du dabei bist, in Panik zu geraten." Die nächste Stufe ist, wie erörtert, „Ruhe bewahren". Das ist ganz wichtig. Nicht den Kopf und Verstand verlieren, um sofort in hektische Panik zu verfallen. Wenn ein Feuer ausbricht, nicht kopflos hin- und herrennen, sondern den gesunden Menschenverstand benutzen. Als am 11. September 2001 im World Trade Center nach der Flugzeugattacke das Feuer ausbrach, sind manche aus dem Fenster in den sicheren Tod gestürzt. Manche haben kurz überlegt und sind die Treppe hinunter gerannt. So haben viele ihr Leben retten können.

Damit kommen wir zum zweitwichtigsten Grundsatz: Think twice before you step. Wörtlich übersetzt: Denken Sie zweimal nach, bevor Sie einen Schritt tun. Wahrnehmung des Tatbestandes und dessen Analyse sind notwendige Voraussetzungen für eine effektive Handlung. Nun mag man einwenden, dass in einer akuten Paniksituation oft keine Zeit ist für eine verstandesgemäße Analyse, man muss sofort, sozusagen aus dem Bauch heraus handeln. Aber unser Gehirn ist ein ausgesprochen leistungsfähiges Organ. Man muss es nur in Anspruch nehmen. Innerhalb kürzester Zeit kann es effektive Handlungsanleitungen liefern. So wie der Universitäts-Assistent Dr. Deschner vor seinem Vortrag ein Katastrophen-Szenario aufgebaut hat, hätte er, wenn er entsprechende Denkgewohnheiten entwickelt hätte, innerhalb kürzester Zeit das Katastrophen-Denken wieder abbauen können.

Außerdem gibt es im Leben nicht nur akute Panikzustände. Es kann sich auch um eine akute Panik handeln, die dann subakut oder chronisch wird. Hier hat man genügend Zeit, sein Gehirn zu Hilfe zu nehmen. Man muss dann rational nachdenken. Beispielsweise wenn jemand erfährt, dass ihn sein Partner seit Langem betrügt. Hier kann die akute Panik chronisch werden. In allen Panikfällen lohnt es sich, konsequent über einige Punkte nachzudenken. Ich habe eine Liste zusammengestellt, die ich Ihnen natürlich nicht vorenthalten möchte.

1. Realistisch denken.
2. Schnelle Schlussfolgerungen und spontane, emotionale Gedanken in Frage stellen.
3. Die scheinbare Katastrophe entlarven.
4. Scheinbare Beweise für die Katastrophe in Frage stellen.
5. Argumentationsverlauf am besten auf Papier aufschreiben.
6. Versuchen, sich selbst anders zu überzeugen.
7. Nicht generalisieren und globalisieren.
8. Keinen Elephanten aus einer Mücke machen.
9. Verantwortung für sich selbst übernehmen.

1. Realistisch denken:

Ich möchte klarstellen, realistisch denken heißt nicht unbedingt positiv denken. Beide Begriffe sind nicht gleichzusetzen. Insgesamt ist positives Denken sicherlich gut, aber es gibt Situationen, wo positives Denken nicht unbedingt realistisch ist.

Sie machen Winterurlaub und eine Lawine rast auf Sie zu. Sie können positiv denken und sagen: Es wird schon nichts passieren, und suchen nicht mal Schutz bei einem nahe gelegenen Felsen. Das ist keine realistische Handlung.

Auch das negative Denken muss nicht unbedingt realistisch sein. Herr Müller hat seiner Frau seit 20 Jahren keine Blumen geschenkt. Einmal besuchte er ein Seminar über verständnisvolle Ehepartnerschaften. Spontan bringt er der Ehefrau einen Blumenstrauß oder teure Pralinen mit. Die Frau denkt: „Nanu, was hat er verbrochen, dass er mir auf einmal Blumen mitbringt?" Wohlgemerkt, es könnte natürlich sein, dass der Ehemann aus irgendeinem Grund ein schlechtes Gewissen hatte. Aber es gibt keinen Grund, automatisch und selbstverständlich etwas Negatives anzunehmen. Wenn ein sonst unfreundlicher Chef auf einmal anfängt, die Bürokraft freundlich zu begrüßen, sollte sie auch nicht gleich argwöhnisch werden.

Das negative Denken kann auch realistisch sein. Wenn Sie eine Unfallversicherung abschließen, wissen Sie ja auch nicht, ob Sie tatsächlich einen Unfall erleiden werden. Aber Sie erwägen die Möglichkeit. Dies ist nicht unrealistisch. Natürlich können Sie positiv denken und fröhlich-naiv, nach dem Motto „mir kann nichts passieren", durch das Leben gehen. Realistisch ist es aber nicht. Dagegen ist das negative Denken „mir könnte ein Unfall passieren" schon eher realistisch.

Wir wissen alle, dass in der Welt tagtäglich Unglücke geschehen. Mal stürzt ein Touristenbus von der Autobahn hinunter, es brechen Vulkane aus, es kommen Taifune usw. Dennoch erweist sich die übereilte Schlussfolgerung, dass der Himmel herabstürzt oder kurz davor ist, in den meisten Fällen als falsch. Und oft zieht sie unnötige Probleme und Sorgen nach sich. Realistische Denker leugnen nicht, dass das Schlimmste möglich ist, aber sie gehen auch nicht fraglos davon aus, dass es garantiert eintritt.

Wir haben anfangs das Beispiel von Klein-Hühnchen erwähnt. Es denkt nicht „was ist mir denn jetzt auf den Kopf gefallen?", sondern nimmt sofort das Schlimmste an – ohne einen einzigen Beweis –, dass der Himmel herabstürzt. Der einzige Beweis ist, dass ihm etwas auf den Kopf gefallen ist, und daraus schlussfolgert es übertrieben negativ, dass der Himmel herabstürzt und verfällt in Panik. Realistischer wäre es, wenn es nach weiteren Beweisen gesucht hätte. Wenn es hochgeschaut hätte, hätte es die Eiche entdeckt, und auch, dass der Himmel immer noch oben ist. In der unmittelbaren Umgebung hätte es vielleicht auch die Eichel entdeckt. Es wäre realistischer gewesen, für seine Schlussfolgerung Beweise und Gegenbeweise zu suchen. Oder es hätte seine Schlussfolgerung erst nach der Bestandsaufnahme fällen sollen. Dies wäre realistisch gewesen. Wenn wir realistische Denker sein wollen, müssen wir Gefahren erkennen. Es kann sein, dass wir Enttäuschungen und Leid erfahren, auch wenn wir realistisch sind. Aber wir sollen das Ausmaß der Gefahren und Enttäuschungen nicht übertreiben. Vor allem sollten wir nicht automatisch davon ausgehen, dass wir nichts tun können, um unsere Lage zu verbessern. Das verdammt uns zu Untätigkeit, und dann nimmt das Leid erst recht seinen Lauf.

2. Schnelle Schlussfolgerungen und spontane, emotionale Gedanken in Frage stellen: Holen wir wieder das Beispiel des Universitätsassistenten Dr. Deschner hervor. Irgendwo in seinem Kopf existiert die Möglichkeit, dass er vielleicht nicht so Karriere machen kann, wie er sie sich vorgestellt hat. Aber daran denkt er zuerst gar nicht, als er auf das Podium zueilt. Er denkt zunächst an die Möglichkeit, dass vielleicht die Dias aus dem Magazin herausfallen oder er die Blätter des Manuskriptes durcheinander bringt. Dies setzt eine Automatik der Gedankengänge in Bewegung, die durch die übereilige, überschnelle Schlussfolgerung darin mündet, seine Karriere sei zu Ende, er sei vernichtet.

Dr. Deschner merkt gar nicht, wie er sich selbst davon überzeugt, dass ihm eine Katastrophe bevorsteht. Sein innerer Monolog spielt sich innerhalb von tausendstel Sekunden ab. Seine Gedanken rasen so schnell, dass er den einzelnen Gedanken, beziehungsweise Übergang von einem Gedanken zum anderen kaum wahrnehmen kann.

Man muss lernen, eine solche schnelle Schlussfolgerung in Frage zu stellen. „Think twice before you step." In Stresssituationen ist unser Gehirn in der Lage, auch dies in einer tausendstel Sekunde zu erledigen. Man muss lernen festzustellen, ob diese Schlussfolgerung auf Tatsachen beruht. Indem Sie lernen, Ihre automatischen Gedanken nicht als selbstverständlich hinzunehmen, können Sie die berühmt-berüchtigten selbsterfüllenden Katastrophenprophezeiungen leichter vermeiden und besser – realistisch – mit schwierigen Situationen umgehen. Natürlich kann man es nicht immer verhindern, dass unangenehme Dinge oder auch Unglücke passieren, aber man kann dafür sorgen, dass man ihnen nicht mehr Bedeutung beimisst als ihnen zukommt. Klein-Hühnchen konnte nicht verhindern, dass ihm eine Eichel auf den Kopf fiel, aber es hätte den Schmerz, die Panik und letzten Endes die eigene Vernichtung vermeiden können. Seien Sie beruhigt; dies bedeutet nicht, dass Sie ständig jeden ihrer Gedanken überwachen müssen. Es bedeutet auch nicht, dass Sie alles, was Sie tun, analysieren müssen. Es genügt, wenn Sie das Gefühl haben, dass Sie gerade im Begriff sind der Panik zu verfallen, und sich sagen: Halt, dies ist der falsche Weg. Stellen Sie Ihre voreiligen Gedanken, die zu dieser Panik führten, oder dabei sind, Sie in Panik zu stürzen, erstmal grundsätzlich in Frage. Der Moment, Ihre Gedanken in Frage zu stellen, ist gekommen, wenn ein Gefühl der Verzweifelung in Ihnen aufsteigt und Sie dies sehr deutlich spüren.

Ich habe als junger Assistent in Aachen in der Chirurgischen Universitätsklinik auf der Intensivstation gearbeitet. Einmal wurde ein junger Mann mit schweren Verletzungen auf diese Station eingeliefert. Er erholte sich zunehmend. Aber er sprach überhaupt nicht. Es wurde eine Verletzung des Sprachzentrums in Erwägung gezogen. Es wurden alle möglichen neurologischen Untersuchungen durchgeführt. Aber die Ursache für den Sprachverlust konnte nicht ausfindig gemacht werden. Ich sah aber, dass er bei der Visite unsere Gespräche mit Interesse verfolgte. Sein Gehirn schien mir intakt zu sein, zumal im Elektroenzephalogramm gar keine Schädigung nachzuweisen war. Irgendwann, als die anderen Ärzte weg waren, ging ich zu ihm und fragte ihn: „Hören Sie mal, ich bin überzeugt davon, dass Sie reden können. Warum sprechen Sie nicht?" Ein verlegenes Lächeln huschte über sein Gesicht und er sagte „Ich habe keine Lust zu reden." Und dann sprudelte es aus ihm nur so heraus. Er hatte nämlich einen mobilen Imbiss gekauft, um auf dem Wochenmarkt Würstchen zu verkaufen. Dafür hatte er einen Kredit aufgenommen. Gleich am ersten Tag baute er einen schweren Unfall. Der Wagen war nur noch Schrott. Er wachte auf der Intensivstation auf und sinnierte: „Wie soll ich den Kredit abbezahlen? Ich werde nie wieder in der Lage sein, gescheit arbeiten zu können." Dieser Unfall sei eine einzige Katastrophe für ihn. Es sei aus mit ihm. Er sei vernichtet etc. Gut, die Verzweiflung ist verständlich. Aber was heißt vernichtet? Ist er körperlich völlig vernichtet, meinte er finanzielle, familiäre oder seelische Vernichtung? Kann er nie wieder im Leben etwas anfangen? Zahlt die Versicherung für den Unfall? Kann er nicht irgendeinen anderen Beruf ergreifen, um die Kreditschulden zu tilgen? Kann die Ehefrau nicht auch mitverdienen?

Jedenfalls ist die schnelle Schlussfolgerung, er sei vernichtet, übereilt. Natürlich, in diesem Fall ist manches verständlich. Aber wie ist es mit dem Doktor Deschner, dessen Vortrag wegen der Panik nicht so gut lief? Ist seine schnelle Schlussfolgerung, er sei vernichtet, nicht doch übereilig? Nur weil ein Vortrag nicht so gut lief, muss der Chef nicht unbedingt so sauer sein, dass seine Karriere dadurch beendet wird. Vielleicht erinnert sich sein Chef auch an seinem ersten Vortrag! Vielleicht wird er auch nicht ausgelacht, da im Publikum sicherlich Leute sitzen, die auch bei ihren ersten Vorträgen nervös waren. Wenn der Chef sauer auf ihn ist, ist es natürlich kein angenehmes Gefühl, aber kommt dies der Vernichtung gleich? Kann man diese Situation nicht überleben? Wenn dem Doktor Deschner dies klar wird, ändert er höchstwahrscheinlich seine panikverursachende Schlussfolgerung „Ich bin vernichtet." Meint er denn wirklich, dass er vernichtet sei, wenn er sagt, er sei vernichtet?

Wir alle möchten gerne glauben, dass wir meinen, was wir sagen. Stimmt dies? Hören Sie sich mal folgende Redewendungen an: „Das ist doch das Letzte". „Magenschmerzen oder Rückenschmerzen sind das Schlimmste, was es gibt." Gibt es wirklich keine schlimmeren Schmerzen? „Ich wäre vor Peinlichkeit fast gestorben." Ist tatsächlich jemand bekannt, der vor Peinlichkeit gestorben ist? „Ich hatte mittags nichts gegessen und war am Verhungern." Hungrig vielleicht ja, aber verhungert? Wohl kaum, denn verhungern heißt ja an Nahrungsmangel sterben. Also sehr oft meint man nicht, was man spricht. Man sollte bei einem solchem Sachverhalt erst einmal einen gedanklichen Halt machen, eigene Gedanken überprüfen und sich fragen: Was meine ich genau mit diesen Worten oder Gedanken, die mir gerade durch den Kopf gegangen sind? Wenn also jemand sagt: „Ich bin vernichtet" sollte er sich fragen „Was meine ich eigentlich damit?" Die Denkgewohnheit, solche Fragen zu stellen, wenn man dabei ist, in Panik zu verfallen, wird einem helfen, die Situation realistisch einzuschätzen. Meistens wird man zu der Schlussfolgerung gelangen, dass die Situation doch nicht so gravierend ist, denn wie sagte der alte Adenauer immer: „Die Lage ist schwierig aber nicht hoffnungslos."

3. Die scheinbare Katastrophe entlarven: Es gibt eine ziemlich einfache Technik, eine scheinbare Katastrophe in die Nicht-Existenz zu befördern. Sie ist auch leicht erlernbar. Bei dieser Technik analysiert man seine Gedanken, und zwar so, dass man mit der schlimmstmöglichen Schlussfolgerung anfängt, was meist die letzte Stufe der Denkkette in der Panik-Situation ist.

Holen wir unseren Dr. Deschner wieder hervor. Nehmen wir an, dass Dr. Deschner am Ende des Katastrophen-Gedankenganges zu dem Schluss gekommen ist, dass seine Karriere zu Ende ist. Er sei vernichtet. Das alleine genügt, um ihn krank vor Aufregung zu machen. Dabei ist es ihm vielleicht gar nicht bewusst, wie er zu dieser Schlussfolgerung gekommen ist. Es ist ihm jedoch deutlich bewusst, dass er immer nervöser wird. Vielleicht weiß er aber, so wie viele von uns, dass Menschen unter Stress sehr leicht zum Katastrophendenken neigen, und somit für Panik eine leichte Beute werden.

Der allererste und wichtigste Schritt für Dr. Deschner wäre, sich selbst zu fragen: „War das gerade ein Katastrophendenken?" Er muss dann seine Gedanken Revue passieren lassen und zwar in umgekehrter Reihenfolge, also zuerst den letzten Gedanken „Meine Karriere ist zu

Ende, ich bin erledigt, verloren." Er muss dann diesen Gedanken in Bezug zur Wirklichkeit setzen, und zwar in folgenden Einzelstufen:

1. „Meine Karriere ist zu Ende, ich bin verloren." Stimmt dies wirklich oder ist es auch nur wahrscheinlich? Wenn diese Art von erstrebter Karriere zu Ende sein sollte, ist er dann physisch, psychisch und finanziell verloren? Gibt es keine andere Art von Karriere? Oder noch effektiver: Ist es möglich oder wahrscheinlich, dass eine einzige vermasselte Rede ein Ende der Karriere bedeuten muss? Hat er denn sonst keine lobenswerten Leistungen in der Klinik und Forschung vorzuzeigen? Ist jemals ein anderer Assistent entlassen worden, nur weil er bei einer Rede gestottert hat? Dann zurück zur nächsten Stufe und zwar, wie erwähnt in umgekehrter Reihenfolge.

2. „Ich werde aus dem Konzept geworfen, weil mir die Blätter des Manuskriptes durcheinander geraten werden. Ich werde stottern und alle werden mich auslachen." Stimmt das wirklich? Werde ich alle acht Seiten des Manuskriptes durcheinander bringen? Wohl kaum. Wer von mir erwartet, dass ich eine Rede so halte wie routinierte Politiker wie Churchill, Franz Josef Strauß, Gerhard Schröder oder Oberbürgermeister Dr. Gmehling? Ich bin doch in erster Linie ein Wissenschaftler und kein ausgefuchster Redner. Und selbst wenn eine Pointe danebengeht, werden mich alle auslachen? Es muss ein paar Leute im Auditorium geben, die vielleicht auch ähnliche Erfahrungen gemacht haben. Viele andere werden wiederum den Fehler vielleicht gar nicht bemerkt haben.

3. „Das Mikrophon wird ausfallen, ich werde lauter sprechen müssen. Die Dias könnten aus dem Magazin herausfallen ..." Wenn er realistisch denkt, darf er nicht annehmen, dass er das Fachpublikum im Sturm erobern wird. Natürlich möchte er seine Sache gut machen, und es ist ja ganz klar, dass er enttäuscht sein wird, wenn nicht alles so läuft wie er sich wünscht. Er sollte sich aber auch nicht so wichtig nehmen. Für ihn ist sein Vortrag sehr wichtig; für das Publikum ist sein Vortrag

aber einer von vielen. Für sie ist Herr Deschner nicht so wichtig wie er für sich selbst. Infolgedessen sind sie auch gar nicht erpicht darauf, ihn auf Biegen und Brechen fertig machen zu wollen. Und die Dias werden aus dem Magazin herausfallen! Wie oft ist dies vorgekommen? Warum soll dies ausgerechnet ihm passieren? Dies sind unnütze Gedanken, die einen psychisch nur belasten, also müssen sie als solche erkannt und vermieden werden. Wenn er mit der Analyse soweit ist, kann Dr. Deschner sich nun auf die Rede konzentrieren, statt eine Katastrophe nach der anderen zu erfinden. Er kann immer noch nervös sein und Lampenfieber haben, aber er wird nicht nervlich völlig fertig zum Podium gehen. Es ist ja bekannt, dass auch bekannte und routinierte Schauspieler vor dem Auftritt Lampenfieber haben, aber wenn sie auf der Bühne sind, sind sie in ihrem Element. So wird unser Doktor Deschner vom falschen, selbstverursachten Katastrophendenken befreit auf das Podium schreiten, wird eine glänzende Rede mit Selbstsicherheit halten, ohne, dass die anfangs befürchtete Katastrophe eintritt. Diese Technik kann man fast in allen panischen Situationen anwenden, sei es bei der Krankenschwester, die zur Oberin musste und vorher schon mit den Nerven fertig war, oder sei es, dass der Partner einen plötzlich verlässt und man meint, jetzt sei alles aus mit ihr oder ihm.

4. Scheinbare Beweise für die Katastrophe in Frage stellen:

Dies ist eine genauso wichtige Technik wie die erste, um mit der aufgekommenen Panik fertig zu werden. Während es sich bei der ersten Technik um den Einsatz der psychisch-geistigen Disziplin handelt, handelt es sich bei dieser Technik um den analytischen Einsatz des Verstandes in der Bestandsaufnahme beziehungsweise Beweisaufnahme. Also es geht darum, scheinbare Beweise in Frage zu stellen. Wenn man einen voreiligen Schluss zieht, überspringt man die echten Beweise, die vielleicht zu einer anderen, ja sogar einseitigen Schlussfolgerung geführt hätten. Wenn aber die Gefühle die Kontrolle über Ihr

Denken übernehmen, also Sie sozusagen ihre Entscheidungen „aus dem Bauch heraus" fällen, laufen Sie Gefahr, Entscheidungen zu treffen, die entweder auf gar keinem Beweis beruhen oder sogar auf Beweisen, die dem Panik- oder Katastrophendenken Vorschub leisten. Nachdem die Eichel auf den Kopf von Klein-Hühnchen gefallen war, hätte es anstatt in Panik zu geraten, den englischen Rat „think twice before you step" befolgt und sich erst mal gefragt „was lässt mich glauben, dass der Himmel herunterfällt?" Es könnte nach Beweisen suchen und den Himmel anschauen. Dann wird es wohl sagen, dass der Himmel immer noch da oben ist. Es kann auch fragen, wie oft der Himmel in der Vergangenheit schon heruntergefallen ist? Es könnte sich fragen, was ihm stattdessen auf den Kopf gefallen ist? Es könnte sich die unmittelbare Umgebung anschauen und vielleicht auch die besagte Eichel finden. Es müsste in der Lage sein, eine Sekunde innezuhalten, um nach dem richtigen Beweis zu fahnden, anstatt sofort der Panik zu verfallen.

5. Argumentationsverlauf am besten auf Papier aufschreiben:

Dies ist natürlich nicht möglich, wenn man sofort entscheiden muss, wie unser Dr. Deschner, Klein-Hühnchen oder wenn ein Feuer ausbricht. Aber im Leben gibt es Situationen, die man unter subchronisch, chronisch oder akut mit chronischem Verlauf einordnen kann, wie z. B. Arbeitslosigkeit, wenn der Partner einen verlässt, wenn das eigene Kind stirbt, wenn der Chef einen rügt usw. Vom praktischen Standpunkt aus ist diese Technik sehr wichtig. Zustände wie bei Klein-Hühnchen treten nicht nur auf, wenn einer unter besonderem Druck steht, wie wenn z. B. ein Nachwuchsschauspieler unerwartet kurzfristig eine Hauptrolle übernehmen muss. Nicht in dieser akuten Form, aber in anderen Formen ist dieser Zustand häufig anzutreffen. Es kann jederzeit auftreten. Die Kinder sind z. B. mit dem Auto unterwegs und sind immer noch nicht zu Hause, obwohl es spät in der Nacht ist. Sie haben kurz vor dem Schlafengehen im Radio gehört, dass gerade da, wo sie jetzt unterwegs sind, ein schwerer Unfall passiert ist. Sie könnten also im Bett über eine persönliche oder berufliche Situation nachgrübeln und sich am Ende furchtbar fühlen. Ihr Herz liegt wie ein Klumpen Blei in der Brust, und sie können nicht einschlafen. Sie haben z. B. Kinder in der Pubertät, bei denen die Hormone verrückt spielen und so manche Probleme entstehen. Sie wissen nicht, was Sie tun sollen und meinen schließlich „es hat doch keinen Zweck". Dann gibt es andere voreilige Schlussfolgerungen wie z. B. „Ich werde nie einen Job finden oder einen Verleger für mein Buch. Frauen oder Männer interessieren sich überhaupt nicht für mich, ich werde nie einen Partner finden. Das ist furchtbar, ja die reinste Katastrophe."

In solchen Fällen habe ich für Sie einen praktischen Tipp. Setzen Sie sich an den Schreibtisch, nehmen Sie sich ein Blatt Papier und schreiben Sie alles auf, was Ihnen durch den Kopf geht. Es ist nützlich, sich die automatischen Katastrophengedanken nicht nur bewusst zu machen, sondern sie auch aufzuschreiben. Sie können grübeln, d. h. immer wieder dieselben Gedanken tausendmal wiederkäuen, ohne zu einem Ergebnis zu kommen. Sie können auch versuchen, in Gedanken zu argumentieren. Aber dies ist nicht sehr effektiv. Wenn Sie es aber auf Papier schreiben, sehen Sie die Gedanken und Argumentationen Schwarz auf Weiß. Außerdem ordnen sich die Gedanken beim Aufschreiben. Nachdem Sie alles aufgeschrieben haben, schreiben Sie Ihre Schlussfolgerung auf. Schreiben Sie auf, warum Sie glauben, dass der schlimmste Fall eingetreten ist oder unmittelbar bevorsteht. Welche Beweise Sie haben, um diesen Glauben zu unterstützen und zu nähren. Fragen Sie sich: „Warum glaube ich das? Was ist tatsächlich das Schlimmste, was passieren kann? Kann ich es überleben? Haben andere es überlebt?" Sie werden sehen, dass Sie die Antworten wissen. Es ist ganz wichtig, diese Fragen zu stellen und aufzuschreiben. Das wäre konsequentes Denken.

Wenn Sie einkaufen gehen, würden Sie vielleicht auch alles aufschreiben, um nicht im Geiste die Liste immer wieder hervorzurufen. Wenn Sie für solche banalen Dinge den Stift zu Hilfe nehmen, wäre es nicht konsequent, bei schwerwiegenden Sachen erst recht diese Technik in Anspruch zu nehmen?

Manchmal genügt es schon, diese Katastrophen-Gedanken aufzulisten und sie durchzulesen, um sich aus der düsteren Stimmung zu befreien, denn ein schrecklich erscheinendes Geschehen ist auf dem Papier weniger schrecklich, und 90 Prozent der düsteren Gedanken entpuppen sich als Papiertiger.

Herr Bartels hat mitgeteilt bekommen, dass er einen schweren Diabetes hat, der unbehandelt zu schweren Komplikationen oder bis zum Tod fuhren kann. Er ist zu Tode betrübt. Nachdem er nun alle Gedanken aufgeschrieben hat, kann er sich Fragen stellen. „Ist es wirklich so schlimm mit mir? Der Nachbar, Herr Mayer, hat auch Diabetes, und das schon seit 30 Jahren. Er ist berufstätig und es scheint ihm gut zu gehen. Überhaupt leben in Deutschland 5 Millionen Diabetiker (er hat sich mittlerweile informiert), und die leben doch auch. Ich kann ja nur froh sein, dass das Insulin mittlerweile gentechnisch produziert wird, leicht erhältlich ist und keine Nebenwirkungen hat wie das früher extrahierte Insulin aus der Rinder- und Schweinebauchspeicheldrüse. Überhaupt kann ich froh sein, dass ich in Deutschland lebe und nicht in der Dritten Welt, wo Insulin noch Mangelware ist." So kann man, wenn man alles niedergeschrieben hat, immer noch positive Aspekte gewinnen. Das was ich über Diabeteskranke gesagt habe, gilt natürlich auch für andere schwere Erkrankungen.

Sie mögen einwenden, das Aufschreiben sei zeitaufwändig und lästig. Aber verehrter Leser, immer wieder Grübeln ist zeitaufwändiger, lästiger und vor allem nicht ergebnisorientiert. Es ist, wie wenn sie einen Brief schreiben wollen. Sie verschieben es immer wieder. Aber setzen Sie sich doch einfach an den Schreibtisch und fangen Sie an zu schreiben. Sie werden sehen, wie schnell und effektiv dies vonstatten geht. Natürlich können Sie sich auch, wenn Sie Probleme haben, zur Ablenkung vor die Glotze hocken – nur lösen Sie die Probleme dadurch nicht. Sie können die Probleme auch nicht ignorieren oder unterdrücken. Probleme sind wie eine Sprungfeder. Je stärker Sie sie zusammendrücken, desto stärker federt sie zurück. Man muss sich den Problemen stellen und versuchen, eine Lösung zu finden. Für diesen Zweck ist das Aufschreiben eine absolut große Hilfe.

6. Versuchen sich selbst anders zu überzeugen:

Was meine ich damit? Ihr Partner hat Sie verlassen, und Sie sind in einer panisch-trüben Stimmung. Nun stellen Sie sich mal vor, dass dies nicht Ihnen, sondern Ihrer Freundin passiert. Versuchen Sie jetzt ihr aufzuzeigen, dass alles nicht so schlimm ist. Was würden Sie Ihrer Freundin sagen? Zunächst Ihre Analyse des jetzigen Zustandes, dann die Zukunftsperspektive und zuletzt die Schlussfolgerung. Es könnte sein, dass Sie Folgendes sagen: „Na, Gott sei Dank, dass er endlich weg ist. Wenn er mit dir schon nicht glücklich sein konnte, wird er es mit seinem neuen Flittchen wohl kaum. Ich frage mich manchmal, wie hast du es so lange mit ihm ausgehalten! Er hat doch schon manche Affäre gehabt! Gut behandelt er dich sowieso nicht. Dein ganzes Leben musstest du nach ihm richten, durftest nicht mal berufstätig werden. Nun endlich bist du frei. Er war deiner nicht wert. Für dich gibt es überhaupt keinen Grund, trübselig zu sein und in Panik zu verfallen. Auch wenn du mir im Augenblick nicht glaubst, irgendwann einmal wirst du einen Partner finden, der deiner würdig ist. Lass dir Zeit. Kommt Zeit, kommt Rat. Jedenfalls hast du keinen Grund, der Panik anheim zu fallen. Das Leben ist lang und für manche angenehme Überraschungen gut. Mit deinem Aussehen und vor allem durch deine ehrliche und liebenswerte Art wird es überhaupt kein Problem sein, das Leben zu meistern." Schreiben Sie alles auf, und dann formulieren Sie es so, dass nicht Sie dies ihrer Freundin sagen, sondern Ihre Freundin Ihnen.

Eine ähnliche Technik kann man bei anderen panikerzeugenden Zuständen anwenden, wie die Mitteilungen einer schweren Erkrankung. Auch diesem Fall kann man positive Seiten abgewinnen, beispielsweise die gute medizinische Versorgung in Deutschland und die vorliegenden neuen medizinischen Forschungsergebnisse, die einem Hoffnung machen. Nur um eines zu erwähnen: Bei Diabetes befindet sich ein Forschungszweig noch im Experimentalstadium, aber er spiegelt die Hoffnung vieler Diabetiker wieder. Da werden Insulin produzierende Zellen einfach in die Vene injiziert. Sie setzen sich irgendwo im Körper fest und wachsen. Der Patient ist dann wie neu. Er muss sich kein Insulin spritzen und Diät halten. Auch beim Krebs gibt es effektivere Operationsverfahren und immer bessere medikamentöse Behandlung. Also es lohnt sich auch in diesen Fällen, die oben erwähnte Technik anzuwenden.

7. Nicht generalisieren und globalisieren:

Was steckt hinter diesen etwas kompliziert klingende Termini? Eigentlich gar nichts Kompliziertes. Es ist ein logischer Kurzschluss, wenn man sagt „ich habe dies nicht richtig gemacht, was bedeutet, dass ich nichts richtig machen kann". Ist diese Art von Globalisierung gerechtfertigt? Sicherlich nicht. „Nobody is perfect", sagen die Engländer. Auch bei Leuten, die fähiger und perfekter sind als wir, kann etwas schiefgehen. Vielleicht haben auch andere Umstände und Faktoren, die wir nicht kennen, eine Rolle gespielt. Außerdem: Von einem einzigen Versagen in einem Teilbereich des Lebens lässt sich nicht auf Versagen im ganzen Leben schließen. Wenn Sie sagen, „dass es diesmal nicht funktioniert hat, heißt also, es wird nie funktionieren", ist das ebenfalls nicht haltbar. In der Wissenschaft sind viele Versuche fehlgeschlagen, bis es dann doch geklappt hat. Im täglichen Leben ist es genau so.

Sie haben ein Buch geschrieben. Fünf Verlage haben es ablehnt. Also meinen Sie, es wird nie klappen. Sie haben fünf Bewerbungen geschrieben. Es wurden alle abgelehnt. Also bewerben Sie sich nicht mehr. Sie sagen: „Ich habe bisher zwei Frauen um Verabredungen gebeten, und sie haben abgelehnt. Also bitte ich nicht mehr um Verabredungen, diese würden doch sowieso immer abgelehnt." Ist dieses „immer" gerechtfertigt? Sicherlich nicht. Vielleicht haben diese zwei Frauen zu diesem Zeitpunkt was anderes vorgehabt. Wer aufgibt, kann nie etwas erreichen. Wenn etwas auf Anhieb nicht klappt, so ist dies noch lange kein Grund, in chronische Panik zu verfallen.

8. Keinen Elefanten aus einer Mücke machen:

Sie begehen einen kleinen Fehler oder machen eine geringfügige negative Erfahrung und nehmen sofort an, dass dies eine schwerwiegende Konsequenz hat. Ihr Chef macht eine leicht kritische Bemerkung. Und sofort denken Sie: „Was hat er gemeint? Was bezweckt er? Will er mein Gehalt kürzen und mich gar entlassen?" Dabei ist es durchaus möglich, dass er zu Hause beim Frühstück mit seiner Frau eine kleine Auseinandersetzung gehabt hat, oder ein Geschäft nicht so gelaufen ist wie er es sich gewünscht hat. Dies alles hat mit Ihrer Person überhaupt nichts zu tun. Der Ehemann sagt beim Abendessen: „Die Kartoffeln sind sehr salzig." Nun gut, das kann sein. Aber dann macht er aus der Mücke einen Elefanten, indem er sagt: „Immer machst du die Kartoffeln zu salzig." Und dann noch eine Steigerung: „Deine Kochkünste lassen viel zu wünschen übrig." Aber es kommt noch dicker. Er sagt dann: „Wenn ich von der Arbeit nach Hause komme, so möchte ich doch anständig essen. Und wie sieht es überhaupt im Haus aus? Die Kindersachen liegen herum, staubgesaugt hast du auch nicht. Wie siehst du überhaupt aus? Kannst du kein anständiges Kleid anziehen? Oh Gott, womit habe ich dies bloß verdient?" Damit ist der Elefant so groß geworden, dass er jeder Zeit platzen kann.

9. Verantwortung für sich selbst übernehmen:

Wenn wir klarer denken und effektiv handeln wollen, müssen wir unseren analytischen Verstand einsetzen. Die Handlungen, die nur auf Gefühl basieren, ohne den Verstand, können in katastrophalen Ergebnissen münden. Natürlich haben wir Gefühle, und auch die Menschen, die von den fundamentalistischen Emotionalisten als kühle berechnende Rationalisten abgestempelt werden. Egal ob es sich um einen vorwiegend gefühlsbetonten oder um einen vorwiegend rationalen Menschen handelt, halten wir alle im täglichen Leben unsere Gefühle durch den Verstand in Schach. Wenn die Visage meines Gegenübers mir nicht gefällt, möchten meine Gefühle mich dazu verleiten, ihm eine runterzuhauen, oder ihm sagen: Sie A... loch. Aber mein Verstand warnt mich und auch den vollblütigen Emotionalisten davor wegen der möglichen Konsequenzen.

Ein junger Mann geht am Strand spazieren, er sieht ein tolles Mädchen im Bikini. Sie hat einen üppigen Busen und einen knackigen Po. Die Hormone des jungen Mannes lassen bei ihm sexuelle Gefühle aufwallen. Am liebsten möchte er sich auf das Mädchen stürzen, ihr die Kleider vom Leib reißen und sie vernaschen. Wäre das klug?

Auch in partnerschaftlichen Beziehungen, wo zwangsläufig zwei unterschiedliche Psychen und Temperamente aufeinandertreffen, kann man nicht, wenn man unterschiedlicher Meinung ist, seinen Gefühlen immer nur freien Lauf lassen. Solche Partnerschaftsbeziehungen können nicht von Dauer sein. Unser Verstand zwingt uns dazu, Konzessionen zu machen und Kompromisse einzugehen. Der Verstand muss die Verantwortung für die Gefühle übernehmen, statt sich von Gefühlen beherrschen zu lassen.

Ein wichtiger Punkt ist das Hervorrufen von Gefühlen durch die Art, wie wir denken. Einmal fuhr ich von zu Haus in die Stadt, um ein Medikament zu holen. Auf der schnurgeraden Straße in Richtung Stadt fuhr ich gemächlich, so wie es die Geschwindigkeitsbegrenzung vorschreibt. Da tauchte mit hoher Geschwindigkeit ein Auto hinter mir auf, fuhr mir fast auf und überholte mich trotz des Gegenverkehrs mit einem waghalsigen Manöver. Ich verlor die Beherrschung und schimpfte wegen soviel Rücksichtslosigkeit und wünschte ihm eine Reifenpanne. Ich erreichte in der Stadt die Apotheke, und wen sah ich da? Richtig, besagten Rüpel vor der Apotheke, aber so eingeparkt, dass er den Verkehr behinderte. Unglaublich, so eine Frechheit, dachte ich. Ich machte die Tür der Apotheke auf, da kam derselbe Fahrer des Autos aus der Apotheke herausgestürmt, schubste mich beiseite und fuhr mit quietschenden Reifen davon. Ich wollte gerade mein Mund aufmachen und meinem Ärger phonetischen Ausdruck verleihen. Da sagte der Apotheker: „Armer Mann, sein Kind ist schwer krank. Er braucht dringend dieses Medikament. Hoffentlich hilft es, aber ich zweifele daran." Da verstummte ich. Ich verstand die Sachlage jetzt. Ich hatte auf einmal Mitleid mit ihm und wünschte ihm, dass sein Kind wieder genese. Mein Verstand hatte meine Gefühle umdirigiert. (Natürlich ist dies ein konstruiertes Beispiel. Normalerweise schimpfe ich in so einem Fall nicht und rege mich auch nicht auf.)

Sie sind ein junges hübsches Mädchen, dessen Papa sehr wohlhabend ist. Sie lernen auf einem Tanzabend einen bezaubernden jungen Mann kennen, der ausgesprochen gute Manieren hat. Sie verlieben sich in ihn Hals über Kopf und wollen mit ihm durchs Leben gehen. Einmal lesen Sie gerade einen Bericht über einen Hochstapler, der fünf Frauen der Reihe nach geheiratet hat, ihr Geld erschwindelte und dann verschwand. Ein Bild von ihm ist auch zu sehen. Und wer ist darauf zu sehen? Natürlich Ihre neue Flamme. Wie sind Ihre Gefühle ihm gegenüber jetzt?

Solche Beispiele gibt es genug im Leben, die belegen, dass, wenn es um klares Denken geht, der Verstand gegenüber den Gefühlen Vorrang haben muss.

Gott oder die Evolution – je nachdem, ob Sie gottesgläubig sind oder an die wissenschaftlichen Erkenntnisse glauben – hat uns Verstand gegeben. Dann sollten wir ihn nicht einsperren, sondern in der Lösung der täglichen Probleme, für das konsequente, ergebnisorientierte und zielbewusste Denken einsetzen. Und dabei gilt der oberste Grundsatz: Think twice before you step.

34. Konsequentes, ergebnisorientiertes Denken

Ich möchte zunächst zum Thema ergebnisorientiertes Handeln ein Ereignis aus meinem eigenen Leben erzählen. Mein älterer Bruder lebte in Genf. Er war mehrere Jahre lang Direktor der UNCTAD (Konferenz der Vereinten Nationen für Handel und Entwicklung). Ein ganz berühmter Mann auf seinem Gebiet. Nun hat ihn senile Demenz oder Alzheimer erwischt. Er hing sehr an unserer Mutter und sprach immer wieder davon, nach Indien zu fliegen, um die Mutter zu besuchen, was nicht möglich war. Unnötig zu sagen, dass es sehr schwer war, ihn zu pflegen, da er oft unwirsch und aggressiv war. Nun starb meine Mutter mit 101 Jahren in Indien. Und jetzt kommt der für uns springende Punkt. Sein Sohn, der auch in Genf wohnte und auch ein hohes Tier bei der UNESCO war, meinte, wir müssten seinem Vater mitteilen, dass die Mutter verstorben ist; er hätte ein Recht darauf, dies zu erfahren. Ich sagte ihm, was bringt ihm und uns das ein? Womöglich registriert er gar nicht, was los ist, und wenn er es wahrnimmt, würde er nur noch unglücklicher sein und womöglich weiter dekompensieren. Er kommt sowieso nie wieder nach Indien, dann kann er doch ruhig im Glauben weiterleben, dass die Mutter noch lebt. Zum Glück konnte ich ihn überzeugen.

Konsequentes Denken kommt den Menschen leider häufiger abhanden als man denkt.

In der Zeitschrift *Bild der Wissenschaft* war im Oktober 2004 ein Artikel über die jetzigen Theorien der Entstehung des Universums veröffentlicht. Ich muss da etwas weiter ausholen, um Ihnen später das inkonsequente Denken auch bei hochkarätigen Wissenschaftlern zu erläutern. Wie ist also das Universum entstanden? Da gibt es mehrere fundierte Theorien namhafter Wissenschaftler. Die klassische Theorie ist die des Urknalls, die besagt, dass das Universum auf einmal aus einer Singularität entstanden sei. Diese Theorie, derzufolge das Universum einen Anfang hatte, ist heute veraltet.

Eine andere Theorie besagt, dass es sich um ein oszillierendes oder ewiges Universum handelt. Dann gibt es noch eine Theorie, nach der mehrere Universen aus einem Quantenvakuum entstanden sein sollen. Andere Physiker wiederum haben die Theorie eines rotierenden Universums mit einer kreisförmigen Zeit aufgestellt. Die allerletzte, sehr beachtete Theorie stammt von John Richard Gott III. Er heißt tatsächlich Gott. Diese besagt, dass die Zeit nicht immer linear, also gerade und in eine Richtung zeigend, sondern anfangs kreisförmig in sich selbst zurückgekrümmt war. Also war das Universum die eigene Mutter. Es wäre so, als ob ein Horn sich selber spielt. Damit ist er dem Dilemma, ob das Universum einen Anfang hatte oder ewig ist, elegant entronnen. Laut dieser Theorie hat das Universum sich selber geschaffen, ist also nicht von irgendeiner Kraft – manche nennen sie Gott – erschaffen worden. Damit hat er den Schöpfer-Gott überflüssig gemacht.

Für Normalsterbliche wie Sie und mich sind diese Theorien schwer verständlich, genauso wie die Einsteinsche Relativitätstheorie, auch wenn sie in der Zeitschrift *Bild der Wissenschaft* in populärer Form dargestellt werden. Mir geht es aber an dieser Stelle nicht darum, Ihnen die Theorien über die Entstehung des Universums beizubringen, da ich sie selber kaum verstehe und verdauen kann. Mir geht es darum, Ihnen aufzuzeigen, wie intelligente Leute, wie der Physiker Gott, konsequent denken, wenn es um ihre Fächer geht, sie aber schlagartig den Pfad des Verstandes verlassen, wenn es um religiöse Fragen geht. Nachdem Herr John Gott den Schöpfer-Gott in seiner Theorie in die Nichtexistenz verbannt hat, kommt er nämlich genau zur gegenteiligen Meinung, wenn es um die religiöse Überzeugung geht.

In *Bild der Wissenschaft* sagt Herr Gott Folgendes: „Als religiöser Mensch würde ich nicht behaupten, dass das Konzept eines sich selbst erschaffenden Universums keine beunruhigende Vorstellung ist. Aber ich bin ein Presbyterianer (das ist eine der 2500 christlichen Sekten, die es auf unserer Welt gibt) und glaube an Gott." Wenn er sagt, er glaube an Gott, meinte er natürlich, er glaubt an Gott, wie er in der Bibel steht – also an einen Gott, der Himmel und Erde, Adam und Eva usw. geschaffen hat. Ich glaube, man braucht hier nicht aufzuzeigen, wie inkonsequent sein Denken ist.

Wenn kluge und hochintelligente Leute nicht in der Lage sind, konsequent zu denken, kann ich mir vorstellen, dass es einem Normalsterblichen noch schwerer fällt. Für solch intelligente Leute habe ich einen Spruch parat: „Intelligenz schützt vor Dummheit nicht."

Niels Bohr, der Physiknobelpreisträger, konnte in seinem Fach absolut logisch und kristallklar denken. In seinem Ferienhaus hatte er aber am Eingang ein Hufeisen als Glücksbringer hängen. Als man ihn darauf ansprach, antwortete er achselzuckend: „Och, schaden tut es nicht."

Aber warum in die Ferne schweifen, wenn solche Beispiele in unserer näheren Umgebung zu finden sind? Als mein Sohn in Ingolstadt in die Schule ging, hatte er eine Biologie-Lehrerin, die auch Religionsunterricht gab. In der Biologie lehrte sie die Evolutionstheorie und in Religion die Schöpfungsgeschichte. Mein Sohn sprach sie an, wieso sie so widersprüchliche Lehren gleichzeitig lehrt. Darauf wurde sie sehr ärgerlich und meinte: „Biologie ist Biologie und Religion ist Religion.

Die obigen Unterrichtsthemen haben miteinander nichts zu tun." Das inkonsequente Denken ist hier wohl klar zu erkennen.

Lieber Leser, wir haben gesehen, wie auch hochintelligente und kluge Leute der Falle des inkonsequenten Denkens nicht entrinnen können. Wie ist es aber mit uns selbst? Denken wir immer konsequent? Die Denkfehler bei den anderen zu entdecken, fällt uns leicht, aber den Balken in den eigenen Augen zu entdecken, fällt uns ungleich schwerer. Wie ist es mit Ihnen, wenn es um religiöse Fragen geht? Denken Sie immer konsequent? Ich möchte natürlich nicht Ihre Gefühle verletzen, falls Sie gläubig sind. Aber, wenn wir offen über das konsequente Denken Überlegungen anstellen wollen, dann dürfen einige Themen nicht tabu sein.

Nach wissenschaftlichen Erkenntnissen ist der Mensch das vorläufige Endprodukt einer Evolutionskette, und er ist aus einfacheren Tierformen hervorgegangen, wie die anderen Lebewesen auch. Es liegen genügend Beweise dafür vor. Die biblische Schöpfungsgeschichte lehrt uns, dass die Menschen und auch die anderen Lebewesen, so wie sie jetzt sind, von Anfang an so geschaffen sind. Beide Ansichten vertragen sich nicht miteinander. Auch andere Religionen haben ähnliche, aber auch unterschiedliche Schöpfungsmythen, die sich genauso wenig mit der Evolutionslehre in Einklang bringen lassen. Hand aufs Herz! Haben Sie sich je darüber Gedanken gemacht? Haben Sie konsequent darüber nachgedacht? Die meisten Tiefgläubigen, die ich kenne, wollen darüber nicht reden und nicht nachdenken, oder sobald ein konsequenter Gedanke ihnen unangenehm zu werden droht, verlassen sie diesen Denkweg. Eigene Vorurteile in Frage zu stellen, ist nicht angenehm, und die jeweilige Religion, sei es Christentum, Islam, Hinduismus oder die restlichen etwa über 600 praktizierten Religionen sind nichts anderes als ein in der Kindheit eingepflanztes Vorurteil.

Schauen Sie sich doch den amerikanischen Kriegsherrn Bush, den ach so tief christlichen Gläubigen an! Steht nicht in der Bibel: „Liebe

Deinen Feind?" Tat er das? Wenn er konsequent gedacht hätte, hätte er dann nicht Saddam Hussein und Bin Laden umarmen müssen – so wie die anderen Christen auch? Was ist mit der Asylfrage? Am Jüngsten Tag wird Jesus laut Bibel ein Gericht halten und unter anderem sagen: „Ihr Böcke, was Ihr meinem geringsten Bruder angetan haben, habt Ihr mir angetan. Ihr habt den Hilfsbedürftigen die Hilfe nicht gewährt."

Da wundert es mich, dass ausgerechnet die Parteien, die sich christlich nennen, in der Asylfrage ein hartes Herz zeigen, und sich beim Abschieben der Asylsuchenden hervortun. Ist dies eine konsequente Denkweise?

Du sollst Dich nicht scheiden lassen.

Du sollst kein falsches Zeugnis ablegen.

Du sollst nicht richten.

Du sollst Deinem Bruder nicht sagen Du Narr.

Du sollst Dir nicht Sorgen machen um Morgen, sondern sei wie die Vögel am Himmel, sie säen nicht sie ernten nicht und der himmlische Vater ernährt sie doch.

35. Unnötige Partnerschaftsprobleme

Es dürfte kaum eine Partnerschaft geben, in der überhaupt keine Probleme vorkommen. In unseren Breitengraden wird unter dem Wort Partnerschaft in der ersten Linie die Ehe verstanden. Ich meine Partnerschaft auch in eheähnlichen Verhältnissen, aber auch wenn zwei Menschen zusammenleben. z. B. die Tochter und die alte Mutter. Über geschäftliche Partnerschaft will an dieser Stelle nicht reden.

Wie kommt es dazu, dass, auch wenn zwei Menschen sich gerne haben, sie trotzdem mit Partnerschaftsproblemen konfrontiert werden? Das hat sicherlich mehrere Ursachen. Der Mensch ist im Grunde genommen ein egoistisches Wesen. Jeder möchte ein angenehmes Leben führen und glücklich sein. Und Glücklichsein-Wollen ist eine auf sich selbst bezogene egoistische Motivation. Das Glücklichsein-Wollen ist uns aber durch die Evolution in die Wiege gelegt und völlig natürlich. Diejenigen, die, durch welche Mutation auch immer, nicht glücklich sein wollten, sind ausgestorben; deren Gene konnten nicht weiter vererbt werden und waren für die Evolution uninteressant. Diejenigen, die z.B gerne verhungerten, sich freiwillig von den wilden Tieren zerfleischen ließen, starben früh, ohne Nachkommen zeugen zu können. Wir stellen also fest: Der Mensch ist im Grunde genommen egoistisch, in dem er sich das eigene Glück wünscht. Dabei möchte ich feststellen, dass Egoismus an sich kein negativer Wert ist, sondern nur eine Tatsache. Die moralisch-ethische Wertigkeit ist nur in ihrer gesellschaftlichen Relevanz einer Handlung zu beurteilen. So unterscheide ich Egoismus in drei grundsätzliche Wertkatagorien:

1. Wenn ich glücklich bin, indem ich anderen schade und wehtue, so ist dies negativ.

2. Wenn ich glücklich bin, wenn ich Reis oder Kartoffeln esse oder Gartenarbeit tue, so ist dies gesellschaftspolitisch wertneutral.

3. Wenn ich anderen helfe und mich dadurch wohlfühle, so ist dies positiver Egoismus. Dies nenne ich altruistischen Egoismus.

Was passiert aber, wenn zwei Glücklichseinwollende in einer engen Partnerschaft zusammenleben?

Wir alle haben durch unsere Erziehung und unsere Gene unterschiedliche Charaktere, Neigungen, Vorlieben, Abneigungen, Interessen usw. Wenn zwei solche unterschiedlichen Personen eine Lebensgemeinschaft wie z. B. eine Ehe eingehen und eng zusammenleben, dann können eigene Neigungen und Abneigungen irgendwann mit denen des Anderen in Konflikt geraten. Das ist verständlich. Die anfängliche, durch die Hormone bedingte, leidenschaftliche Liebeseuphorie kann später ins Wanken geraten. Der viel beschworene Bund fürs Leben „bis der

Tod uns scheidet", ist in der heutigen Gesellschaft zur Farce geworden. Um fast 40 Prozent ist die Zahl der Scheidungen seit 1990 gestiegen. Im Jahr 2003 beispielsweise standen 383.000 geschlossenen Ehen 214.000 gescheiterte gegenüber. Mehr als die Hälfte aller Partnerschaften ist zu Ende, bevor der Tod sie scheidet (Spiegel, 9, 2005, 169). Dabei sind die Beziehungen ohne Trauschein gar nicht berücksichtigt. Zusätzlich muss noch erwähnt werden, dass die Paare, die sich nicht scheiden lassen – nicht scheiden lassen können, nicht unbedingt immer eine harmonische Beziehung miteinander haben müssen. Ein langdauerndes vollkommenes Glück scheint in einer Zweier-Beziehung nicht möglich zu sein. Wenn aber vollkomenes Glück nicht möglich ist, sollte unser Ziel sein, das maximal mögliche Glück zu erreichen.

Der wichtigste Schritt in dieser Richtung ist die Kompromissbereitschaft: Kooperation und nicht Konfrontation. Im täglichen Leben kann man nicht alles tun, was man möchte. Absolute Freiheit gibt es nicht. Wenn man zusammenlebt, muss man manche Einschnitte in der eigenen Freiheit akzeptieren. Dies tut man, indem man die Wünsche des anderen respektiert und akzeptiert, auch wenn sie nicht immer mit den eigenen übereinstimmen. Im Laufe der Jahre können die Bedürfnisse und Wünsche sich ändern, und zwar bei beiden in unterschiedlichen Maßen und Richtungen. So z. B. nach dem ersten Kind ändert sich das Verhalten der Frau ziemlich stark. Der Mann ist nicht mehr der Mittelpunkt, sondern das Kind. Dies ist aber eine von der Evolution bestimmte biochemische Normalität. Der Mann begreift dies oft nicht und fühlt sich zurückgesetzt. Und die Frau versteht dann nicht, warum der Mann jetzt oft verstimmt ist. So fangen oft die ernsthaften Beziehungsprobleme an.

Oft sind es nur Kleinigkeiten. Aber gerade in einer Partnerschaft sind Kleinigkeiten wichtig. Wenn man sie als solche erkennt, kann man sie mit klarem Denken weitgehend ausschalten.

Ich nehme mir nun einfach einige vor, gerade so wie sie mir einfallen. Die Reihenfolge bedeutet keine Wertung. Die erste muss also nicht unbedingt die wichtigste sein.

Da ist zunächst die Rechthaberei. Im Allgemeinen hat man eine hohe Meinung von sich und glaubt bei Meinungsverschiedenheiten, dass man selber eher Recht hat als der Partner. Oft verwenden wir folgende Sätze: „Siehst du, habe ich doch Recht gehabt!" „Das habe ich schon immer gesagt, aber du hast es nicht geglaubt!" „Na also, es stimmt doch, was ich gesagt habe!" „Das war doch meine Idee." „Wo kommen wir hin, wenn wir dies oder jenes täten!"

Auch bei Fehlentscheidungen dem Partner vorzuwerfen, dass er falsch entschieden hat, wirkt ähnlich wie die Rechthaberei. Ein junges Ehepaar möchte ein Auto kaufen. Er achtet mehr auf die Technik und Zuverlässigkeit. Sie möchte ein schönes Auto. Schließlich kaufen sie ein Auto nach dem Geschmack des Mannes. Nun haben sie Pech gehabt und ein „Montagsauto" erwischt. Das Auto muss immer wieder repariert werden. In diesem Falle wäre es unangebracht, dem Partner vorzuwerfen eine falsche Entscheidung getroffen zu haben, wo sie selbst doch anderes geraten hatte. So ein Missgeschick kann jedem passieren. Sie hätten ja auch Glück haben können.

Nehmen wir ein anderes Beispiel. Es geht um die Entscheidung, ob man ein Haus baut oder in einer Mietwohnung wohnen bleibt. Einer der Partner möchte ein Haus bauen. Nun könnten sie Pech haben und einen nervigen Nachbarn bekommen, mit dem sie dauernd im Clinch liegen. Man kann dann nicht´so leicht das Haus verkaufen und umziehen, wo man doch soviel Zeit und Geld investiert hat. In diesem Fall wäre es falsch zu sagen „Siehst du, habe ich doch Recht gehabt. Wenn wir in der Mietwohnung geblieben wären, hätten wir den Ärger mit dem Nachbarn und den Schulden nicht. Mit dem gesparten Geld hätten wir auch was Schönes machen können." Umgekehrt kann es nämlich passieren, dass ausrechnet wenn man älter geworden ist, man aus der Wohnung raus muss, weil der Vermieter die Wohnung für den Eigenbedarf beansprucht. Auch hier darf sich der andere Partner nicht rechthaberisch verhalten. So kann es in einer Partnerschaft unendlich viele Situationen geben, wo bei Entscheidungen Meinungsverschiedenheiten vorkommen. Ob man eine neue Küche kaufen, ob man Aktien kaufen oder lieber das Geld aufs Sparbuch legen soll usw. Hier kann sich die Entscheidung eines Partners später als nicht richtig erweisen. In solchen Fällen, meine ich, sollte der andere Partner schon überlegen, ob hier rechthaberische Äußerungen angebracht sind oder nicht. Denn, erstens kann man die vergangenen Entscheidungen nicht immer rückgängig machen und zweitens wird durch solche Äußerungen nur das Partnerschaftsklima vergiftet.

Dabei muss man erstens festhalten, dass eine gute Meinung von sich zu haben uns von Natur aus gegeben und im Interesse der Erhaltung des Selbstwertgefühls notwendig ist. Derjenige, der sich einredet, er treffe immer falsche Entscheidungen, er mache alles falsch, läuft die Gefahr, in Minderwertigkeitskomplexe abzurutschen, was nicht unbedingt zu empfehlen ist. Wichtig ist allerdings, zu unterscheiden zwischen einer hohen Meinung von sich und einer zu hohen Meinung von sich. Damit kommen wir zum zweiten Punkt, der subtiler ist und mit dem ersten verwandt ist. Nämlich sich zu wichtig nehmen.

Dabei geht es nicht nur um Partnerschaftsbeziehungen, sondern auch um den Umgang mit anderen Menschen und die eigene Lebensplannung und -führung. Sicher ist es richtig, dass wir uns selbst wichtig sind. Sonst könnten wir gar nicht überleben. Der entscheidende Gedanke ist: So wichtig wir für uns selbst sind, so wichtig sind wir für die anderen nicht, und auch für den Partner nicht. Wenn wir aber von anderen erwarten, dass sie uns so wichtig nehmen wie wir uns selbst, dann ist eine Enttäuschung vorprogrammiert.

Wer zuviel erwartet, wird oft enttäuscht, auch vom Partner. Herr Mayer kommt abgespannt von der Arbeit nach Hause, schmeißt sich in den Sessel und fängt an die Zeitung zu lesen. Frau Mayer steht ungeduldig einen Augenblick da und fragt endlich: „Und?" Herr Mayer: „Was und?" Sie: „Siehst du das denn gar nicht?" Er, in seiner Zeitungslektüre gestört, sagt ärgerlich: „Was soll ich denn sehen?" Sie: „Ja, fällt dir denn gar nichts auf?" Er: „Was soll mir auffallen?" Sie: „Schau dir doch das Wohnzimmer an! Schau dir den Tisch an. Ich habe eine schöne neue Tischdecke aufgelegt und schöne Blumen darauf gestellt. Und du? Du sagst gar nichts." Er: „Oh ja, sieht sehr schön aus", und vertieft sich scheinbar in seine Zeitungslektüre. Er liest aber gar nicht, sondern denkt: „Jetzt steht sie die ganze Zeit da und fragt nicht einmal, wie mein Arbeitstag heute war. Sie muss doch von meinem Gesicht abgelesen haben, dass ich heute keinen schönen Tag hatte. Dabei hatte ich doch Ärger mit dem Chef und Kollegen. Und zu allem Überfluss musste ich noch Arbeit mit nach Hause nehmen." Sie bleibt kurz stehen und geht stillschweigend oder wutentbrannt – je nach Typ – hinaus und denkt: „Jetzt habe ich alles so schön für ihn gemacht. Kann er denn nicht ein paar lobende Worte sagen? Er hat ja nicht mal gefragt, wie mein Tag heute war. Dabei habe ich heute den ganzen Tag hart gearbeitet, Fenster geputzt, staubgesaugt und obendrein hatte ich auch noch Ärger mit unserer pubertierenden Tochter. Er muss doch an meinem Gesicht gesehen haben, dass ich heute ziemlich abgespannt bin." Man kann den Gedankengang noch weiter fortsetzen, aber für unseren Zweck reicht das bisher Gesagte schon. Wir stellen fest, obwohl die beiden sich lieben, irgendetwas ist da schiefgelaufen.

1. Was ist hier schiefgelaufen?

2. Wie hätten die beiden sich verhalten sollen?

Jeder hat also zu hohe Erwartungen in den anderen gesetzt und als diese nicht entsprechend gewürdigt wurden, waren beide entsprechend enttäuscht.

Eine Familie ist im weitesten Sinne auch eine Partnerschaft. So gilt das oben Gesagte auch, wenn von Eltern und Kindern die Rede ist. Eine Mutter denkt: „Ich habe die Kinder mühevoll, unter vielen Entbehrungen groß gezogen. Die Andrea besucht mich nicht einmal unter der Woche, obwohl sie doch gar nicht so weit weg wohnt. Und der Stephan hat mir diesmal nicht zum Geburtstag gratuliert." Stephan denkt: „Die Alte schickt mir nicht mal ein bisschen Geld, obwohl sie ganz genau weiß, dass es mir finanziell nicht so gut geht und ich mir dies und jenes nicht leisten kann. Was will sie mit ihrem vielen Geld? Sie kann es doch nicht mitnehmen, wenn sie aus dem Leben scheidet."

Nicht nur in der Familie, sondern auch zwischen Freunden und Bekannten gibt es im gewissen Sinne eine Partnerschaft, wenn sie auch nicht so intensiv ist wie eine Ehe. So gesehen gibt es auch im Beruf Partnerschaften. Beispielsweise wenn die Sekretärin denkt: „Jetzt habe ich das Manuskript so schön geschrieben und der Chef sagt nicht mal ein Wort der Anerkennung oder des Dankes." Der Chef denkt: „Weihnachten habe ich ihr soviel Geld gegeben, und wenn sie mal eine Überstunde machen soll, da macht sie gleich ein saueres Gesicht." Wir wollen aber nicht zu lange bei diesem Punkt verharren, da es uns in der ersten Linie um Partnerprobleme im engsten Sinne geht.

Der nächste Punkt, den ich jetzt behandeln möchte: Achten auf nebensächliche Kleinigkeiten. Nach einer anfänglich sexuell und hormonbedingten Euphorie des Verliebtseins zieht in einer heterosexuellen Ehe langsam der Alltag ein. Da fangen die Kleinigkeiten, die vorher keine Bedeutung hatten, an, einen zu stören. Die Frau, die vorher händchenhaltend sogar die Fußballspiele mit ihm angeschaut hatte, ärgert sich jetzt, dass der Gatte Abende vor der Glotze verbringt, um irgendso ein Spiel anzuschauen. Diese Sensibilisierung geschieht natürlich allmählich, deswegen fällt es einem auch nicht besonderes auf. Man merkt kaum, dass sich auch im eigenen Verhalten etwas geändert hat. Außerdem haben die Partner unterschiedliche Persönlichkeiten und entsprechend unterschiedliche Gewohnheiten, die jetzt auf einmal dem Partner als Marotten auffallen.

Vielleicht wäre es heilsam, sich selbst zu fragen, ob man selbst nicht auch irgendwelche Macken hat. Kennen Sie das berühmt-berüchtigte Beispiel von der Zahnpastatube? Herr Schneider drückt die Tube in der Mitte oder sonstwo, um die Zahnpasta zu entnehmen. Frau Schneider drückt die Tube am Ende und faltet sie fein säuberlich zusammen, wenn dieser Teil leer ist. Herr Schneider macht den Klodeckel nicht zu. Das ärgert die Frau Gemahlin mächtig. Sie dagegen lässt die Kugel-schreiberminenspitze immer offen, anstatt die Mine in das Gehäuse zu-rückzuziehen, nachdem sie fertig geschrieben hat. Außerdem lässt sie den Kugelschreiber überall herumliegen. Das bringt den Ehemann auf die Palme. Herr Schneider liebt Ordnung. Da haben die Schreibgeräte auf dem Schreibtisch 20 Zentimeter von der Tischkante entfernt im Reih und Glied zu liegen. Frau Schneider liebt ebenfalls Ordnung. In der Küchenschublade müssen die Messer so eingelegt werden, dass die Schneidekante immer nach links zeigt. Wenn Herr Schneider mal die Spülmaschine aufräumt, achtet er gar nicht darauf, obwohl seine Frau ihn doch oft darauf aufmerksam gemacht hat. Das wurmt sie sehr.

Es gibt aber auch Situationen, die man als Grenzfälle bezeichnen kann. Herr Schneider legt keinen großen Wert auf schicke Kleidung, während seine Frau Gemahlin immer elegant gekleidet ist. Er läuft im Hause in Jogging-Anzug herum, was Frau Schneider sehr irritiert. Hier kann man vielleicht sagen, lass ihn doch. Wie ist es aber, wenn sie bei-de gemeinsam ausgehen wollen und Herrn Schneider es egal ist, wel-che Krawatte er zum Anzug trägt. Sicherlich ist dies eine Kleinigkeit. Aber eine ebensolche Kleinigkeit wäre es, dass er eine passende aus-sucht oder die Wahl der Krawatte seiner Frau überlässt. Ihm würde es nichts ausmachen und sie wäre zufrieden.

Sie hat die Gewohnheit, die Zimmertüren immer aufzulassen, auch die der nicht geheizten Räume, auch im Winter. Er ist Physiker und versteht nicht, warum sie nicht begreift, dass auch bei geschlossenem Fenster aber bei offener Tür ein Wärme-Austausch und -Verlust statt-findet. Ist dies eine Kleinigkeit? Wenn die Auswirkung auf der Heizkostenrechnung nur unwesentlich ist, ist dies wohl eine Kleinigkeit. Wenn aber bei knappen Familien-Finanzen die Rechnung um einiges höher ausfällt, so ist dies zwar keine Katastrophe, aber sicherlich auch keine Kleinigkeit.

Wenn positive Konsequenzen zu ziehen sind, z. B. Reduzierung der Heizkosten, dann lohnt es sich auch, sich mit Kleinigkeiten auseinanderzusetzen. Die Sache sieht aber natürlich völlig anders aus, wenn es um die halbleere Zahnpastatube geht. Man sollte sich dann fragen, lohnt es sich, bei solchen Kleinigkeiten den Partner umerziehen zu wollen?

Kindererziehung ist etwas völlig anderes als den Partner erziehen zu wollen. Der erwachsene Partner ist schon eine ausgereifte Persönlichkeit. Da soll er sich nun ändern, weil der Partner es so will? Wehe, wenn sich beide Partner gegenseitig umerziehen wollen. Ich glaube, auf die Spitze getrieben, kann solches Verhalten zur Scheidung führen.

Als Herr Müller jung verheiratet war, hat er einen fatalen Fehler gemacht. Als frisch verliebter junger Mann lobte er alles, was seine Frau tat. Als sie einmal Nudeln kochte, lobte er ihre Kochkunst und nahm eine Portion nach der anderen zu sich, obwohl er die Nudeln nie mochte. Also bekam er sehr häufig Nudeln serviert. Monate oder Jahre später versuchte er, sich aus dieser misslichen Lage zu befreien, indem er immer wieder kundtat, dass er eigentlich kein Nudelfreund sei. Daraufhin Frau Müller: „Aber Liebling, Nudeln hast du doch immer gerne gegessen. Komm, ich mache sie diesmal mit Tomatensauce, oder magst du sie lieber gebraten? Nudeln sind doch was Herrliches. Du wirst sie schon mögen." Und so versuchte sie ihn immer wieder zu überreden, die Nudeln nicht nur zu essen, sondern auch zu mögen. Und er gab immer wieder nach. Und wenn er nicht gestorben oder geschieden ist, isst er sie heute noch mit immer saurer werdender Miene. Aber es geht nicht nur um Nudeln. Wenn der Partner z. B. keine Antenne für irgendeine Art von Musik hat, sei es Klassik, Pop oder Jazz, bringt es nichts, ihn mit dieser Musik dauernd zu berieseln, in der Hoffnung, irgendwann wird er sie mögen, so wie die Nudeln. Da nutzt es auch gar nichts, wenn man für diesen Zweck immer kostspieligere Musikanlagen anschafft. Damit verlassen wir das Thema Kleinigkeiten.

Ein ganz wichtiger Punkt scheint mir das Verhalten der Partner in der Gesellschaft. Es geht um kritische Äußerungen über den Partner in einem geselligen Beisammensein. Wenn der Ehemann denselben Witz das hundertste Mal erzählt, gehen bei manchen Ehefrauen die Augenbrauen hoch, als Ausdruck eines kritischen Missfallens. Lohnt sich so ein Verhalten? Vielleicht kennen die anderen den Witz ja noch nicht! Der Partner freut sich doch, da er etwas Interessantes von sich gegeben hat. Die wenigen Minuten kann man dies sicherlich aushalten. Das eben Beschriebene ist eine leichte Form der Kritik. Wenn zu Hause ein Zweikampf tobt, kann die Kritik in der Öffentlichkeit immer schwerere Formen annehmen, z. B. wenn man den anderen erzählt, dass der Partner bei irgendeiner Gelegenheit eine dumme Bemerkung gemacht hat oder sich unmöglich benommen hat. Dies geschieht nicht immer unbedingt aus bösem Willen. Man möchte sich in der Gesellschaft selber produzieren, als gescheite Person erscheinen, Anerkennung finden. Indem man über die vermeintliche Dummheit des Partners eine Bemerkung macht, impliziert man: „Ich hätte das nicht gemacht, denn ich bin gescheiter." Verständlich ist es schon, wenn man nach Anerkennung strebt. Es ist aber eine andere Frage, ob es ethisch-moralisch richtig ist, auf Kosten der Anderen Anerkennung zu suchen.

Damit wir uns richtig verstehen: Es ist etwas anderes, wenn ein Partner über den anderen eine kritische Bemerkung macht, und sich dieser dann sofort zu verteidigen versucht. Das ist sein gutes Recht. In beiden Fällen bleibt ein schaler Geschmack zurück. Kritik, egal welcher Art, ruft Widerspruch hervor. Kritik am Partner in den eigenen vier Wänden ruft auch Widerspruch hervor. Aber Kritik in der Öffentlichkeit kann sehr verletzend sein. Gesund ist dies für eine harmonische Ehe sicherlich nicht.

Damit möchte ich ein völlig anderes Thema aufgreifen, nämlich: Die unterschiedlich geartete Psyche von Frauen und Männern.

Schon die Zusammensetzung der Sexualchromosomen, Gonosomen genannt, ist unterschiedlich. Bei Männern heißt das Paar XX und bei Frauen XY. Diese sind zuständig für die Entwicklung der Geschlechtsorgane und auch für die Produktion der geschlechtsspezifischen Hormone. Diese wiederum haben bekanntlich erheblichen Einfluss auf die Psyche. In einem Kindergarten haben Psychologen einen Test durchgeführt. Es wurden Kinder ausgewählt, deren Eltern sie nicht in der geschlechtsspezifischen Rolle erzogen hatten. Es wurden Puppen, Spielzeug-Kinderwagen und mechanische Spielzeuge in einen Raum gelegt. Man stellte fest, dass die Mädchen mit den Puppen und die Jungs mit den Autos spielten. Es gibt ein Buch mit dem Titel „Warum Männer nicht zuhören und Frauen schlecht einparken". Ich will an dieser Stelle darauf nicht ausführlich eingehen. Es ist mir nur wichtig, darauf hinzuweisen, dass Männer und Frauen in manchen Bereichen unterschiedliche Voraussetzungen haben. Das sollte man unbedingt in Betracht ziehen, wenn man versucht, den Partner nach seinen eigenen Vorstellungen umzuerziehen. In *My Fair Lady* singt Rex Harrison an einer Stelle: „Why can't a woman be just like me?" Kein Wunder, dass er scheitern muss.

Wenn man die Partnerschaftsprobleme erörtert, ist ein ganz wichtiger Punkt die Berufstätigkeit der Frau.

Jahrhunderte war es in diesen Breitengraden üblich, dass die Männer durch Arbeit die finanzielle Säule der Familie bildeten. Die Frauen taten die Hausarbeit und kümmerten sich um die Kinder. Das hat sich stark verändert. Heute sind 45 Prozent der arbeitenden Bevölkerung Frauen. Dies bringt natürlich Probleme mit sich. Die berufstätigen Frauen haben auf einmal eine doppelte Belastung. Sie gehen arbeiten und müssen sich um den Haushalt kümmern. Durch die jahrhundertelange Erziehung haben sich Männer daran gewöhnt, dass die Hausarbeit Frauensache sei, auch wenn die Frauen berufstätig sind. Muss das so sein? Warum kann der Mann nicht kochen oder Wäsche waschen? Ich glaube, das ändert sich jetzt langsam. Heute sieht man häufiger, wie die Männer mit Kinderwagen spazieren oder einkaufen gehen. Aber es gibt noch einige, die an dieser Rolle festhalten.

Diese Art von Denken ist den Menschen von vielen Religionen jahrhundertelang eingehämmert worden. Die Frau wurde als zweitklassiges Wesen herabgestuft. In vielen islamischen Ländern zählt die Frau auch heute nichts. Auch in der Bibel gibt es genügend frauenfeindliche Stellen. Ich will nur einige zitieren:

„Der Mann ist Gottes Bild und Abglanz; die Frau ist des Mannes Abglanz." (1. Korinther, 11,7)

„Wie in allen Gemeinden der Heiligen lasset die Frauen schweigen in der Gemeinde; denn es soll ihnen nicht zugelassen werden, dass sie reden, sondern sollen sich unterordnen." (1. K. 14,34)

„Wollen sie aber etwas lernen, so lasset sie daheim ihre Männer fragen." (1. K. 14, 35)

„Eine Frau lerne in der Stille mit aller Unterordnung." (1. Tim. 2,11)

„Der Mann ist des Weibes Haupt, gleich wie Christus das Haupt ist der Gemeinde." (Epheser, 5,23)

„Frauen sollen ihren Männern untertan sein." (Titus, 2,4)

Diese im Unterbewusstsein tief verankerten Vorurteile sind nicht leicht zu tilgen und tragen nur dazu bei, dass in einer Ehe der modernen Gesellschaft Probleme und Spannungen entstehen. Früher war die Frau vom Mann finanziell abhängig. Jetzt wird sie durch die Berufstätigkeit in dieser Hinsicht unabhängiger und hat auch ein stärkeres Selbstbewusstsein. Die Männer sollten sich daran gewöhnen, wenn ihnen an einer gut funktionierenden Partnerschaft gelegen ist. Wenn beide arbeiten, hat die Frau doch mehr Stress. Oft wird die Arbeit der Frau weniger vergütet als die der Männer. Schon alleine die Schwangerschaft und die ersten Jahre nach der Geburt des Kindes bedeuten verminderte Chancen auf eine berufliche Karriere. Dann muss sie den Haushalt womöglich alleine besorgen. Dies alles bedeutet mehr Stress als bei einem arbeitenden Mann. Das muss natürlich in einer Partnerschaft mit berücksichtigt werden, sonst sind Spannungen unvermeidlich.

Jetzt greifen wir ein gänzlich anderes Thema an, nämlich: sexuelle Untreue. Dies ist ein Punkt, dem man eigentlich ein längeres Kapitel widmen müsste. Mir geht es an dieser Stelle darum, in aller Kürze aufzuzeigen, inwieweit unklares Denken hier eine Rolle spielt.

Der Soziologe Professor Grammer meint aufgrund seiner Erhebungen: „Im Schnitt 10 Prozent der Kinder in Europa und in den USA sind Kuckuckskinder." (Spiegel, 9, 2005, 172) Die Dunkelziffer dürfte wohl höher liegen. Jetzt, wo Gentests sich zunehmender Beliebtheit erfreuen, werden wir eher der Wahrheit näherkommen. Wenn nur außereheliche Exkursionen mit handfesten Resultaten berücksichtigt worden sind, wie viele solcher Beziehungen sind wohl unentdeckt geblieben? Die Seuche müsste demnach weiter verbreitet sein als man gemeinhin annimmt. Ein pikantes Beispiel: Ein frisch vermähltes junges Ehepaar unternahm eine Honeymoon-Reise nach Kenia. Neun Monate später gebar sie ein Kind. Das Kind hatte eine schwarze Hautfarbe. Ich weiß nicht, ob dieses Ehepaar noch zusammenlebt. Wenn das Kind eine helle Hautfarbe gehabt hätte, wäre diese außereheliche sexuelle Exkursion womöglich gar nicht aufgefallen.

Es wäre aber falsch, deswegen nur die Frauen zu verteufeln. Denn zur Untreue bedürfen sie eines Partners. Mit einer Hand kann man eben nicht klatschen. Bei Männern fällt die Untreue nicht so leicht auf, da sie eben nicht schwanger werden.

Wenn die Untreue herauskommt, kann es zu bitteren Konsequenzen führen. Wie bereits erwähnt, ist die Zahl der Scheidungen seit 1990 um fast 40 Prozent gestiegen, auch bei gläubigen Christen, die sich eigentlich gar nicht scheiden lassen dürfen. Ein Großteil davon ist sicherlich auf Untreue zurückzuführen. Der Partner für die Untreue dürfte in den meisten Fällen im engen gesellschaftlichen Umfeld zu finden sein. So ist die Wahrscheinlichkeit, dass die Untreue durch irgendeinen Zufall herauskommt, nicht gering. Herr Meier hat ein Verhältnis mit Frau Gabler. Herr Meier beichtet dies in einem schwachen Moment seiner Frau. Sie ruft wutentbrannt bei Frau Gabler an. Frau Gabler stellt Herrn Meier zur Rede. Dies ist ist eine der Möglichkeiten.

Wenn zwei Partner länger zusammen leben, lernt der eine im Unterbewusstsein die veränderte Körpersprache des anderen zu analysieren. Herr Müller, sonst ein stiller Mann, fing nach einem Betriebsausflug plötzlich an zu singen und zu pfeifen. Da wusste Frau Müller, was los war.

Eine besonders verletzende Form der Untreue ist z. B. wenn man in Anwesenheit des Partners mit jemand anderem anfängt zu flirten. Wir waren einmal eingeladen in Bremerhaven zu einer Keller-Party. Ein Mann flirtete offensichtlich sehr heftig mit einer anderen Frau. Er tanzte eine ganze Weile eng umschlungen mit ihr. Die Botschaft war mehr als eindeutig. Die Ehefrau saß an der Bar und trank einen Korn nach dem anderen.

Meist folgen nach so einem Ausflug aus der Ehe sekundäre Rationalisierungsversuche. „Ich brauche das", „ich bin halt so", „meine Frau (oder mein Mann) versteht mich nicht", „sie (oder er) hat doch auch vor zehn Jahren eine Affäre gehabt" usw.

Von Wissenschaftlern gibt es viele Erklärungsversuche für solches Verhalten. So schreiben die US-Forscher David Brarash und Judith Lipton in ihrem Buch: *The Myth Of Monogamy*: „Es gibt starke Hinweise darauf, dass Menschen nicht von Natur aus monogam sind." Menschen könnten zwar monogam leben, aber sie müssten dafür hart arbeiten. Meiner Ansicht nach lässt sich diese Aussage nicht wissenschaftlich beweisen. Aber bitte, dies ist deren Meinung.

„Ob Partnerwahl, Eifersucht oder Seitensprung, überall sehen die Forscher in bester darwinscher Tradition die seelenlosen Kräfte der Evolution am Werk. Das einzige Ziel des ganzen Wahnsinns: die eigenen Gene in die nächste Generation zu befördern." (Spiegel 9/2005, 169)

Natürlich kann man darüber diskutieren. Was ist mit dem Seitensprung einer Frau, die die Pille nimmt oder aus welchen Gründen auch immer keine Kinder bekommen kann?

Ist das egoistische Gen da zum Schweigen verdammt? Es gibt viele Erklärungsversuche für die Polygamie-Neigung der Menschen. Aber eine Erklärung darf nicht zu einer Entschuldigung für das eigene Fehlverhalten werden. Es gibt Ehen, wo beide Partner regelmäßig außerehelich sexuell aktiv sind. Beide wissen es und billigen es. Dann ist dies nicht als Seitensprung im klassischen Sinne zu deuten. Es gibt Ehepaare, die einen Partnertausch durchführen oder Mitglieder eines Swinger-Clubs sind. Aber da liegt ein gegenseitiges Einverständnis vor. Dieser Punkt ist ganz wichtig, wenn wir einen „Seitensprung" bewerten.

Jede Ehe ist anders. Jeder Ehevertrag, auch wenn er nicht in schriftlicher Form vorliegt, ist anders. Aber einige ethische Verpflichtungen akzeptieren beide Partner. Die wichtigste ist die Rücksichtnahme auf die Gefühle des Partners. Wenn ein vorher sexuell Ausschweifender mit einem relativ konservativen Partner eine Verbindung eingeht, dann kann er nicht leben wie vorher, wenn er den Partner durch sein Verhalten nicht verletzen und unglücklich machen will. Dazu meine Definition der Liebe: „Liebe ist der Zustand, in dem das Glück des Anderen ein wesentlicher Bestandteil des eigenen Glücks ist."

Natürlich spielen die Hormone eine Rolle. Der Testosteron-Spiegel verführt einen Mann dazu, eine andere Frau begehrenswert zu finden, auch wenn in der Heiligen Schrift steht: „Sobald Du im Geiste eine fremde Frau begehrst, hast Du mit ihr die Ehe gebrochen" Mt. 5.28).

Begehren kann man nicht vermeiden. Aber Begehren heißt nicht gleich zuschnappen. Wie heißt das Sprichwort? „Appetit kann man sich draußen holen, gegessen wird zu Hause."

Besonders leid tun mir die in Zölibat lebenden katholischen Priester. Auch sie sind Männer mit natürlichen Sexualhormonen. Es ist widernatürlich, von ihnen zu verlangen, dass sie eine Frau nicht begehrenswert finden sollen. Dazu ein Witz: Der evangelische Pfarrer wäscht die Wäsche seiner Kinder im Keller, der katholische im ganzen Dorf. Wenn so ein Pfarrer heimlich eine Familie gründet, so ist es eine Katastrophe für alle Beteiligten. Die Frau darf sich als solche nicht zu erkennen geben. Die Kinder dürfen den eigenen Vater nicht mal Onkel nennen. Der Pfarrer hat Gewissensbisse, da er eine Sünde begangen hat und in Sünde lebt. Aber lassen wir diese Sonderfälle beiseite.

Ein Seitensprung bleibt nicht ohne Konsequenzen für die ganze Familie. Beim Partner lässt dies eine schlecht verheilende Wunde zurück. Die Narbe schmerzt bei jedem Wetterumschwung in der familiären Atmosphäre. Kinder haben eine sensible Antenne. Sie spüren die Disharmonie der Eltern. So kann ein einziger Seitensprung für die ganze Familie eine Katastrophe werden. Diese Störung der familiären Atmosphäre kann, wenn die Beziehung der Partner nicht stabil ist, die Form eines Tornados annehmen, der das Eheglück absaugt und in düsteren Wolken verbläst. Für ein paar vergnügliche, sexuell-abenteuerliche Stunden wird nicht nur das Gesamtglück der Familie reduziert, sondern auch das eigene. Denn wenn der Partner nicht zufrieden und glücklich ist, kann man selber auch nicht glücklich sein. Die Disharmonie bleibt nicht ohne Wirkung, auch wenn man glaubt, ein dickes Fell zu haben.

Sobald man eine Gemeinschaft eingeht, ist man nicht mehr ganz frei. Man kann eben nicht mehr alles tun, was man möchte. Erst recht nicht, wenn man dem Partner schadet. Der Grundsatz des ethischen Handelns lautet „Solange ich niemandem wehtue, niemandem schade, kann ich tun und lassen was ich will." Manchmal hat man das Gefühl, dass wenn die Hormone aufwallen, der Verstand sich ausschaltet. Wenn die Hirsche in der Brunft sind, laufen sie auf die Straße und bleiben da sogar stehen. Gibt es denn aber keinen Unterschied zwischen Tieren und Menschen? Wir haben doch Verstand!

Unser Verstand ist dazu da, uns nicht ausschließlich das tun zu lassen, wozu die Gefühle uns verleiten könnten. Wenn mir mein Gegenüber nicht gefällt, so kann ich ihn nicht einfach als „Idiot" titulieren. Mein Verstand warnt mich vor den Konsequenzen so einer Handlung. Sind Menschen, die fremdgehen, sich der Konsequenzen ihrer Handlung nicht bewusst? Handelt es sich um Dummheit oder Rücksichtslosigkeit? Es heißt ja bei der Beichte, egal vor wem, beim Pfarrer oder beim eigenen Partner: Ich habe eine „Dummheit" begangen. Die Beurteilung hängt davon ab, von welcher Warte man die Sache betrachtet. Wenn es um den Partner und die Familie geht, dann ist es eine Rücksichtslosigkeit, da man weiß, dass diese sich dadurch verletzt fühlen und unglücklich werden.

Wenn es um das eigene Glück geht, dann ist es eine Dummheit, denn durch den Genuss der kurzen Glücksgefühle wird das eigene Gesamtglück in Frage gestellt. Vielleicht ist es auch beides: Dummheit und Rücksichtslosigkeit. Oder dumme Rücksichtslosigkeit.

Damit kommen wir zum nächsten Punkt: Abrechnen wollen.

Als ich in Bremerhaven arbeitete, bin ich bei einem gesellschaftlichen Beisammensein Zeuge einer Unterhaltung geworden. Er war ein Arzt-Kollege und sie war eine Lehrerin. Sie erzählte gerade, was sie für den Mann und die Familie alles getan hatte. Da sie drei Kinder hatten, musste sie ihre berufliche Karriere opfern. Der Ehemann hörte schweigend zu. Aber ich konnte mir vorstellen, welche Form die Unterhaltung annehmen würde, wenn sie wieder zu Hause wären.

Welchen Sinn haben solche Auseindersetzungen? Will die Ehefrau im ewigen Zweikampf zu Hause mehr Beachtung und Rechte erlangen, indem sie ihrem Mann ein schlechtes Gewissen einzureden versucht? Sind solche Vorwürfe gerechtfertigt? Wollte sie nicht auch die Kinder? Hat sie über die möglichen Konsequenzen nicht nachgedacht? Hat der Mann nicht zwischenzeitlich Geld verdient und somit die Familie finanziell unterhalten? Lohnt es sich, solche Abrechnungen überhaupt anzustellen? Wenn sie dem Partner zuliebe etwas getan hat, hat sie für ihr eigenes Glück etwas getan. Denn wie ich bereits erwähnt hatte, ist die Liebe der Zustand, in dem das Glück des Anderen ein wesentlicher Bestandteil des eigenen Glücks ist. Und sie hat ihn geliebt, als sie heirateten.

Ich glaube, es lohnt sich nicht, solche Abrechnungen zu erstellen. Menschen haben unterschiedliche Fähigkeiten. Eine Partnerschaft kann nur dann gedeihen, wenn beide Partner ihre unterschiedlichen Fähigkeiten in der Ehe zum gegenseitigen Nutzen einbringen.

Herr Huber ist ein tüchtiger Geschäftsmann und verdient viel Geld. Um Kontakte zu pflegen, lädt er oft Leute nach Hause ein. Seine Frau ist eine tüchtige Organisatorin. Die Partys, die sie organisiert, sind immer ein großer Erfolg, was wiederum für das Geschäft und damit auch für die Familie gut ist. Frau Huber wäre schlecht beraten, wenn sie ihrem Mann immer vorhielte, dass er froh sein solle, dass sie so gut organisieren kann.

Für Herrn Huber wäre es auch nicht richtig, seiner Frau zu sagen, sie solle doch ruhig sein. Schließlich verdiene er doch das große Geld. Mit dem Geld ist es auch so eine Sache. In vielen Familien ist es üblich, dass der Mann das Geld verdient und die Frau das Haushaltsgeld fast erbetteln muss. Ich hatte vor einiger Zeit Besuch von einem uns bekannten Ehepaar. Bei der zwanglosen Unterhaltung sprachen sie von den unterschiedlichen Interessen, denen sie gerne nachgehen. Er verreiste gerne, und sie hatte eine Vorliebe für gute Möbel. Irgendwann sagte er dann, dass die Frau sich nicht aufregen solle, wenn er das Geld für die Reisen in die Toskana ausgebe, denn schließlich sei es doch sein Geld, das er ausgebe. Ich glaube, eine solche Einstellung ist ungesund.

Eine ähnliche Einstellung kann sich auch bei Frauen entwickeln, wenn sie jahrelang finanziell knapp gehalten worden sind und jetzt ein bisschen Geld dazuverdienen. Dann kann sich bei ihnen die Einsicht einstellen: „Was du verdienst, ist unser Geld, und was ich verdiene, ist mein Geld."

Auch in der Familie können solche Aufrechnungsgedanken vorkommen. Einmal schrieb der kleine Thomas seiner Mutter folgende Rechnung.

Fürs Autowaschen 10 €

Kleider zur Reinigung gebracht 10 €

Garten bewässert 5 €

Geschirrspülmaschine ausgeräumt 1 €

Zusammen 26 €

Er legte die Rechnung stillschweigend auf den Schreibtisch der Mutter. Sie las sie und sagte nichts. Am nächsten Tag lagen 26 € und folgende Rechnung der Mutter im Kinderzimmer:

Monatelang nachts aufgewacht, da du nachts während der

Schwangerschaft in meinem Bauch gestrampelt hast. 0 €

2 Jahre lang deine Windeln gewaschen und dich gebadet. 0 €

5 Jahre lang nachts mehrmals aufgewacht und nach dir

geschaut, da du Albträume hattest. 0 €

Viele weitere solcher unzähligen Posten. 0 €

Zusammen 0 €

Thomas ging zu seiner Mutter, umarmte sie zärtlich und weinte. Ich glaube, er hat seiner Mutter nie wieder so eine Rechnung geschrieben.

Des Weiteren fallen in der Familie solche Bemerkungen wie: „Ich habe den Rasen gemäht, kannst du dafür nicht einkaufen gehen?" Kannst du nicht auch mal Abendessen kochen, ich habe die letzten fünf Tage gekocht?" „Kannst du nicht meine Schuhe putzen, schließlich verdiene ich das Geld, wofür ich hart arbeiten muss, damit du es gut hast?" Man kann sicherlich noch mehr solche Bemerkungen feststellen oder konstruieren. Aber die Botschaft ist ja auch so schon eindeutig.

Ich glaube, langfristig sind alle solche Einstellungen ungesund. Gesünder wäre es, sich so zu verhalten, dass jeder seine Fähigkeiten nutzbringend für die Partnerschaft und für die Familiengemeinschaft einbringt. In dem Rahmen ist es sicherlich nicht richtig, sich gegenseitig vorzuhalten, was einer für den anderen getan hat. Es sollte doch selbstverständlich sein, dass man für den Partner da ist. Damit kommen wir zum nächsten wichtigen Punkt.

Selbstverwirklichung und Emanzipation: Diese waren vorherrschende Themen in den 68er Jahren, besonders bei den Frauen, was verständlich ist. Wenn die anfängliche Liebeseuphorie abgeflaut ist; wenn die Kinder und die Haushaltsarbeit die meiste Zeit in Anspruch nehmen, können Frauen anfangen zu fragen: „Ist das alles?" In unserer Gesellschaft haben die Männer die vorherrschende Stellung, auch in der Familie – jetzt zwar weniger als früher, aber immerhin. Jetzt aber werden die Frauen selbstbewusster und oft natürlich auch unzufriedener, wenn sie sich in untergeordneter Stellung wähnen. Das patriarchalische Denken ist nicht ganz unschuldig daran. Die Männer haben sich so sehr an diese Rolle gewöhnt, dass es ihnen schwer fällt, das Denken auf die neue Situation umzustellen. Daran sollten auch die selbstverwirklichenden Frauen denken. Das Problem ist sehr komplex.

Oft ist es eine Prioritätsfrage. Was ist einem wichtig, die sogenannte Selbstverwirklichung und Emanzipation oder das Leben mit dem Partner? Es ist ideal, wenn beides möglich ist. Dies ist aber in der Regel nicht der Fall. Da ist eine nette, hübsche Bekannte von uns. Nach vier kinderlosen Jahren beschloss sie Medizin zu studieren. Der Mann lehnte dies kategorisch ab. Nun musste sie entscheiden: weiterleben mit dem Partner, den sie aus Liebe geheiratet hat oder den Partner verlassen und studieren? Sie entschied sich für das letztere. Ob sie glücklich ist, vermag ich nicht zu beurteilen. Einschränkend muss ich sagen, dass ich die Version ihres Mannes nicht kenne. Männer sind nicht so mitteilsam und verletzlicher, als man es im Allgemeinen annehmen würde. Oft bricht für ihn die ganze Welt zusammen, wenn die Frau ihn verlässt.

Dann gibt es noch eine Frau, die nach drei Ehejahren ein Kind bekam. Als das Baby gerade sechs Monate alt war, bekam sie einen Koller und verließ den Ehemann und das Kind, um zu studieren. Alle Appelle des Ehemannes, das Kind doch nicht alleine zu lassen, fruchteten nicht. Sie wollte sich einfach selbst verwirklichen, koste es, was wolle.

Oder ein anderes Ehepaar. Da verlief alles ganz anders. Sie ist eine talentierte Frau, hat ein unwahrscheinliches musikalisches Gehör, konnte schon immer gut zeichnen und malen und war ein Organisationstalent. Aber da sie drei Kinder hatte, war ihr Tag ausgefüllt, und sie konnte nichts anderes unternehmen. Als die Kinder aus dem Gröbsten raus waren, fing sie an, sich mehr und mehr mit der Malerei zu beschäftigen. Und sie wurde immer zufriedener. Der Mann merkte dies und unterstützte sie. Denn er erkannte, dass eine zufriedene Frau dazu beiträgt, die häusliche Harmonie und das Glück zu bewahren. Wenn sie intensiv mit der Malerei beschäftigt war, kochte er das Abendessen, machte die Schularbeiten mit den Kindern usw., obwohl er als Chirurg einen anstrengenden Beruf hatte. Die Frau konnte sich also selbst verwirklichen, aber im gegenseitigen Einvernehmen. Schließlich wurde sie Leiterin von Opernfestspielen, eine sehr bekannte Malerin und organisierte sogar die größte Hutschau der Welt. Und wenn sie nicht gestorben sind, leben sie heute noch glücklich miteinander.

Fazit dieser Geschichten? Selbstverwirklichung ja, aber mit Rücksicht auf den Partner. Da ist eine gewisse Flexibilität von beiden Seiten vonnöten. Klares Denken fordert von uns, dass sich im Laufe des Zusammenlebens Wünsche und Bedürfnisse ändern können. Wir müssen dann bereit sein, diese Tatsachen zu akzeptieren und unser Verhalten entsprechend umzuändern. Ich glaube, es ist ungesund, den Partner gängeln zu wollen. Jeder braucht Freiräume. Wenn man diese hat, ist man zufrieden, und das tut der Ehe gut, denn Freiheit ist die beste Bindung.

Frust auf den Partner abladen: Herr Beckstein war ein fleißiger Arbeiter und tat seine Arbeit nach bestem Wissen und Gewissen. Neid und Missgunst sind aber überall anzutreffen. Diesmal war es jedoch ganz schlimm. Mobbing durch Kollegen machte ihn fertig. Er konnte sich bei der Arbeit nicht konzentrieren und erntete deswegen heftige Kritik von seinem Chef. Völlig frustriert kam er nach Hause, zog die Schuhe aus und schmiss sie mit Karacho in die Ecke. Darauf seine Frau: „Was ist denn los?" Er: „Ach, sei doch ruhig, ich habe soviel Ärger. Und nun musst du mich auch noch in einem scharfen Ton ansprechen!" Nun, Frau Beckstein hatte auch Ärger zu Hause mit der Schwiegermutter und reagierte entsprechend. Sie können sich vorstellen, wie das endete.

Übrigens über einen Streit in der Ehe schreibt Dale Carnegie in seinem Buch „Wie man Freunde gewinnt" Folgendes: „Der Opernsänger Jan Peerce sagte nach fünfzigjähriger Ehe: 'Meine Frau und ich haben vor langer Zeit einen Vertrag abgeschlossen und auch gehalten, wie verärgert man miteinander auch immer sein mochte. Wenn einer schreit, hört der andere zu – wenn nämlich zwei Leute gleichzeitig schreien, gibt es keine Verständigung, sondern nur Lärm und falsche Schwingungen.'"

Ich kann mich an einen Diskussionsbeitrag einer Teilnehmerin in meinen Volkshochschulvorträgen gut erinnern. Sie sei einmal mit dem Kind spazieren gegangen. Irgendeine Bekannte machte eine unpassende Bemerkung darüber, wie sie das Kind angezogen hatte. Das hat sie maßlos geärgert. Wutentbrannt kam sie nach Hause und lud ihren Ärger auf ihren armen Mann ab. Er wusste nicht, wie ihm geschah. Wir hatten lange darüber diskutiert und waren zu der Ansicht gekommen, dass, wenn wir einmal unausgeglichen, schlecht gelaunt sind, sozusagen mit dem linken Fuß aufgestanden sind, so kann doch der Partner nichts dafür. Es wäre nicht fair, den Frust oder den Ärger auf ihn abzuladen. Er ist ja kein Schuttabladeplatz!

Der nächste Punkt: Unterschiedliche Ansichten über die Erziehung der Kinder. Dies ist natürlich ein Riesenthema. Es an dieser Stelle ausführlich zu behandeln, würde zu weit führen. Deswegen will ich die Problemstellung nur kurz anschneiden. Natürlich können beide Partner über die Erziehung nicht 100 prozentig gleiche Ansichten haben. Was passiert, wenn er z. B. evangelisch ist und sie katholisch? Oder er Muslim und sie eine Christin? Was ist, wenn der Mann Atheist ist und die Frau gläubig? Bei den erwähnten Konstellationen wird natürlich jeder versuchen, seine Überzeugungen in die Kindererziehung einzubringen. Wie verhält man sich dann?

Ich hatte anfangs schon erwähnt, dass die Menschen von dem Wunsch geleitet werden, glücklich zu sein. Ich glaube, dass außer pathologischen Typen kein Mensch bewusst das Unglücklichsein anstrebt. Und mit dem Wunsch glücklicher zu werden, strebt man auch eine Partnerschaft an. Da aber zwei unterschiedliche Psychen auf engstem Raum zusammenleben müssen, ist im Prinzip der Grund für Konflikte schon gegeben. Da ist Flexibilität und Kompromissbereitschaft von Nöten. Der oberste Grundsatz müsste also lauten: Kooperation anstatt Konfrontation. Wenn man die gesamte Energie, die im ehelichen Streit in der ganzen Welt vergeudet wird, zusammenbündeln würde, könnte man tausende Königsreiche entstehen und vergehen lassen. Dale Carnegie schreibt: „Die beste Methode einen Streit zu gewinnen ist, einen Streit zu vermeiden." In einer Partnerschaft gilt der Grundsatz 1+1 ist nicht gleich 2 sondern oft 3.

1−1 ist gleich nicht nur eine Null, sondern gleich 2 Nullen, wenn nicht −1. Eine der Voraussetzung für Kooperation ist, dass man lernt, die Dinge aus der Sicht des Anderen zu betrachten. Man muss lernen, sich in den Kopf des Anderen hineinzudenken. Versuchen Sie doch zu erraten, wenn der Partner Ihnen etwas erzählt, wie der Satz enden wird. Schauen Sie, ob Sie richtig liegen. Schauen Sie, ob Sie seine Gedanken richtig erraten haben. Wichtig ist es, vielleicht auch ein bisschen selbstkritisch zu sein. Das ist sicherlich nicht ganz einfach. Fehler bei den anderen zu finden, ist leichter als bei sich selbst. Man möchte es vielleicht auch nicht, da man in der Regel eine hohe Meinung von sich und von den eigenen Ansichten hat. Wenn es einem gelingt, selbstkritisch zu sein, ist die Kooperation wesentlich leichter. Eine weitere negative Neigung ist es, den Partner kritisch mit jemand anderem zu vergleichen. Viel produktiver ist es, sich selber klar zu machen, dass überall auch nur mit Wasser gekocht wird. Produktiver ist es auch, sich einmal Zeit zu nehmen und in aller Ruhe über das Positive in dem Partner nachzudenken anstatt über das Negative. Sucht man Negatives, findet man es. Das gleiche gilt aber auch für das Positive. Warum also nicht auf das Positive konzentrieren? Ein wichtiger Faktor für den Zusammenhalt sind gemeinsame Herausforderungen und gemeinsame Probleme. Jede Herausforderung ist sozusagen ein Feind, und ein gemeinsamer Feind verbindet. Gut ist es auch, unpersönlichen Interessen nachzugehen. Unpersönliches Interesse ist, wenn durch eine Tätigkeit kein unmittelbar persönlicher Vorteil angestrebt wird. Vielleicht ist Ihnen bekannt, dass ich 35 Jahre in Indien bedürftige Patienten während meines Urlaub operierte. Das gibt mir Genugtuung und ich erhole mich bei dieser Arbeit. Deswegen benötigte ich keinen Urlaub im klassischen Sinne, wie z. B. ans Meer fahren etc. Es ist wenig bekannt, aber meine Frau und ich unterstützen Kindergärten, Schulen und Frauenvereine in den Slums in Indien. Meine Frau hilft vielen Künstlern, damit sie ihre Arbeiten ausstellen können. Das gibt Erfüllung im Leben und man hat keine Zeit für Unnötiges wie einen Ehestreit. Nun man muss nicht in die Ferne reisen, um den Menschen zu helfen. Auch hierzulande kann man sich bei den Organisationen wie z. B. den Tafeln, dem Roten Kreuz, der Feuerwehr usw. engagieren. Wichtig ist es auch, dem Partner Anerkennung anstatt Kritik zukommen zu lassen. Denn jede Kritik ruft Verteidigungsmechanismen und Widerspruch hervor.

Es ist ja nicht so, dass meine Frau und ich nie Meinungsverschiedenheiten haben. Aber sie werden immer weniger und das Leben deswegen immer schöner und glücklicher.

Kritik am Partner bei einer gescheiterten Beziehung: Zunächst müssen wir wegen der Objektivität feststellen, dass diese Kritik zwangsläufig einseitig und subjektiv ist, da wir die Meinung des jeweiligen Partners nicht kennen. Natürlich glaubt jeder, dass er Recht hat und der Partner nicht. Das ist psychologisch verständlich. Aber das Ziel des klaren Denkens ist, nicht so sehr die Denkfehler beim anderen zu entdecken, sondern bei sich selbst. Da muss man lernen selbstkritisch zu sein und sich fragen, was hast du falsch gemacht. So kann man manche Beziehungen retten. Und wenn die Beziehung bereits gescheitert ist, so kann man aus der Selbstreflektion lernen, wie man es bei einer nächsten Beziehung besser anstellt. Nun, meinen Sie bitte nicht: Ich will keine nächste Beziehung. Man kann nie wissen. Es lässt sich doch viel leichter zu zweit das Leben genießen.

Ich habe in diesem Buch bereits erwähnt, dass es einem sehr schwer fällt, sich eigene Fehler einzugestehen. Aber glauben Sie mir, eigene Fehler einzugestehen erfordert geistige Stärke. Dazu muss aber die Bereitschaft da sein, eher kritisch über sich selbst nachzudenken als rechthaberisch zu sein.

Sicher ist manchmal ein Zeitpunkt erreicht, wo man glaubt, die Beziehung sei nicht mehr zu retten. Auf Biegen und Brechen eine Partnerschaftsbeziehung zu retten bringt nichts. Dann muss man halt Prioritäten setzen und entscheiden, was einem wichtig ist. Es lohnt sich dann, die Gedanken konsequent zu ordnen anstatt zu grübeln. Da ist es ratsam, Papier und Bleistift zu Hilfe zu nehmen. Setzen Sie sich an Ihren Schreibtisch und notieren Sie zunächst Ihre Probleme, die zunächst sehr wichtig erscheinen, aber beim Schreiben sich in nichts auflösen. Dann notieren Sie Pluspunkte und Minuspunkte für die Trennung und Nicht-Trennung. Entscheiden Sie und handeln Sie danach, denn nichts ist so stressig wie der Zustand des Nichtentscheidenkönnens.

Kritik und Lob: Es gibt natürlich Beziehungen, die angespannt aber trotzdem womöglich zu retten sind. Dann müsste man überlegen, wie man sich verhalten sollte. Ich möchte hier nur einen Punkt herausstellen. Es kann sein, dass einen viele Verhaltensweisen des Partners stören. Ist dann Kritik angebracht? Gibt es da einen eleganten anderen Weg? In dem Buch „Management by Joy" ist etwas aufgeführt, das an dieser Stelle vielleicht erwähnt werden sollte. Da schreibt der Autor: „Ein guter Manager sollte den Mitarbeiter oder Arbeiter für irgendwelche Fehlleistung nicht kritisieren, sondern auch für eine kleine, eigentlich selbstverständlich gute Leistung loben. Das motiviert mehr als Kritik bewirkt." Wäre es nicht empfehlenswert, sich auch innerhalb der Partnerschaft so zu verhalten? Das Lob muss natürlich nicht überschwänglich sein oder künstlich wirken. Anders als in einer Fabrik sind zwei Menschen aus Zuneigung zusammengekommen. Da muss es doch wohl möglich sein, ein Lob aus innerer Überzeugung auszusprechen! Die Kinder loben wir doch auch, wenn sie sich gut verhalten! Wenn der Partner immer wieder vergisst, vor dem Schlafengehen das Licht im Flur auszumachen, könnte man ihn tadeln. Ist es aber nicht besser, falls er einmal das Licht doch ausmacht, zu sagen „Oh, Schatz, du hast gestern Abend das Licht ausgemacht. Ich finde das toll" – oder etwas Ähnliches.

Ob eine zerrüttete Ehe der Eltern auf die Kinder einen Einfluss ausüben kann, sodass sie selbst Schwierigkeiten haben einen Partner zu finden oder sich dauerhaft zu binden? Ich glaube, dass diese Möglichkeit bis zu einem gewissen Grad durchaus besteht. Das ist aber eine Situation, die man nicht mehr ändern kann. Dies mag eine Erklärung sein, aber eine Erklärung darf nicht zur Entschuldigung werden. Man kann sich nicht einfach dauernd sagen: Ich wurde in der Kindheit traumatisiert, und deswegen bin ich so. Wenn man bei sich irgendein Fehlverhalten entdeckt, dann muss man versuchen, sich selbst aus dem Morast zu befreien statt sich auf Erklärungen auszuruhen oder auf fremde Hilfe zu warten. Meiner Ansicht nach müsste man sich sagen: Sieh zu, dass du dein Leben selbst effektiv gestaltest; du hast ja nur eins. Versuch, dein Leiden hinter dir zu lassen und mach das Beste aus deinem Leben.

Eine Partnerschaft, sei es Ehe oder Familie, ist haltbarer in Notsituationen oder bei gemeinsamen Problemen. Wir leben in diesen Breitengraden eigentlich im Wohlstand. Da neigen die Menschen dazu, Probleme zu sehen, wo keine sind – wie in dem netten Hasenwitz: „Hattu Probleme?" „Nein." „Dann mach dir welche!"

Ist es immer falsch, den Partner ändern zu wollen? Solange es um die Belange des Partners allein geht, sollte man ihn so lassen wie er ist. Wenn es aber um das Interesse des Partners und der Familie geht, z. B. bei Spiel-, Alkohol- oder Drogensucht des Partners, dann ist es durchaus gerechtfertigt, auf den Partner einzuwirken. Wichtig ist allerdings die Technik, wie man diese Aufgabe bewältigt. Stänkern, Streiten, Kritisieren, Nörgeln usw. sind sicherlich nicht die geeigneten Methoden.

Aber ich verstehe, wenn die Geduld irgendwann einmal am Ende ist. Die Liebe ist dann irgendwann aufgebraucht, und wenn man sich dann nicht trennt, macht sich Gleichgültigkeit und Unglücklichsein breit, was wir alle sicher nicht wollen, oder?

Man kann jedenfalls nicht alle eigenen Ansichten in Frage stellen. Man muss schon Ansichten haben, zu denen man steht. Aber sobald der Verdacht besteht, dass es sich bei einer festen Meinung eventuell um eine sekundäre Rationalisierung handeln könnte, sollte man sie hinterfragen.

Hinterfragen heißt: Die Argumente, die wir uns für unsere Ansicht zurechtgelegt haben, kritisch und ehrlich zu überprüfen. Und wenn sie dieser kritischen Überprüfung standhalten, dann spricht nichts dagegen, diese Ansicht beizubehalten.

Natürlich wäre es Wahnsinn, alle unsere Ansichten kritisch überprüfen zu wollen. Aber in wichtigen Bereichen sollte man diese Methode schon anwenden.

Einer der wichtigsten Bereiche ist die religiöse Überzeugung, weil diese nicht nur auf uns selbst, sondern auch auf andere einen wesentlichen Einfluss hat. Ein Beispiel: Welches sind die häufigsten Argumente, weshalb ein Muslim es richtig findet, kein Schweinefleisch zu essen? Erstens waren die Schweine, als das Verbot erlassen wurde, von vielen Krankheiten befallen; Schweinefleisch zu essen war also ungesund. Den Charakter der nachträglichen Rechtfertigung bei anderen Personen, besonders, wenn sie aus einem anderen Kulturkreis stammen, zu erkennen, fällt leichter, als den Balken im eigenen Auge zu entdecken.

Egal, in welchem Kulturkreis man aufgewachsen ist, es ist immer so, dass man die Glaubensüberzeugungen schon als Kind eingetrichtert bekommt. Und dann sucht man Argumente, die für diese Meinung sprechen. In diesen Breitengraden überwiegt jetzt nicht mehr der Wotanglaube, sondern das Christentum. Aber ich will an dieser Stelle nicht speziell auf das Christentum eingehen, sondern auf den Gottesglauben und die Religion überhaupt. Welche Argumente benutzt ein gottesgläubiger und religiöser Mensch? Nur einige will ich hier erwähnen:

- Ohne Religion gäbe es keine Moral.
- An irgendetwas muss man doch glauben!
- Religion spendet Trost und Halt.
- Alle Völker haben Religionen, also Religion ist eine Notwendigkeit.
- So viele Menschen glauben seit Jahrtausenden, die können sich doch nicht irren.
- Viele Wissenschaftler, intelligente Leute sind gläubig.
- Glaube ist ein Grundbedürfnis der Menschen.

- Es gibt Wahrheiten, die mit dem Verstand nicht zu erfassen sind, die muss man erfahren. Ich habe auch so eine persönliche Erfahrung gemacht.
- Es gibt so viel Schönes auf der Welt, wozu? Irgendjemand muss dies doch geschaffen haben!
- Das Leben ist so kompliziert, das kann doch nicht durch Zufall entstanden sein!

Nun, ich stelle diese Anmerkungen in den Raum. Falls Sie weltoffen sind, versuchen Sie die einzelnen Punkte kritisch zu durchleuchten.

Ich hatte in der Schule einen tollen Lehrer. Der hat unter anderem einen Debattierklub ins Leben gerufen. Er stellte uns ein Thema und fragte: „Wer findet diese Behauptung richtig und wer falsch?" Als sich die Schüler gemeldet hatten, schlug er vor, diejenigen, die dafür sind, müssten umgekehrt nun also dagegen argumentieren, und die dagegen sind, dafür argumentieren. Probieren Sie doch bitte diese Methode aus. Sie werden zu erstaunlichen Ergebnissen kommen. Einfach ist es nicht. Als weitere Aufgabe möchte ich Ihnen das Theodizee-Problem mitgeben. Das Theodizee-Problem besagt: Wenn Gott allgütig, allmächtig und allwissend ist, warum gibt es auf der Welt Leid? Ich warne Sie aber. Hier ist eine harte Nuss zu knacken. Versuchen Sie es trotzdem einmal. Probieren geht über Studieren, heißt es doch!

Solange ich niemandem weh tue, niemandem schade und dabei mein Gesamtglück vermehre, kann ich tun und lassen was ich will. Das Urteil darüber, ob etwas gut ist oder schlecht, kann nur in der gesellschaftlichen Relevanz gefällt werden. Wenn ich aber mit meiner Tat jemandem weh tue, dann muss die Relevanz von Plus- und Minuspunkten in Erwägung gezogen werden.

Also, wenn ein 80-Jähriger eine 40-Jährige heiratet, schadet er vielleicht seinen Kindern, weil sie ein kleineres Erbteil bekommen, aber er selbst ist dabei glücklich. Wenn Ihnen die Erben aber wichtiger sind als ein glückliches Alter, dann entscheiden Sie für sich, wie Sie empfinden. Allerdings ändern können Sie es ja sowieso nicht. Wenden Sie doch dieselben Kriterien im Fall eines Kinderschänders an. Auch er schien ja wohl glücklich zu sein, wenn er die Kinder misshandelte, missbrauchte und grausam umbrachte! Solches Verhalten ist aber für eine Gemeinschaft untragbar. Es spielt also die gesellschaftliche Relevanz eine ganz wichtige Rolle.

Bewusste und unbewusste Gedankensprünge: Abendessen bei Familie Müller. Herr Müller ist nach einem anstrengenden Büroarbeitstag im Geiste immer noch mit dem Dokument beschäftigt, das er heute noch nicht fertig gemacht hat. Frau Müller hat viel zu erzählen, da sie außer mit der Hausarbeit und den Kindern auch noch mit Radiosendungen oder Ereignissen im Fernsehen beschäftigt war. Herr Müller hört mit halbem Ohr zu und ist ziemlich wortkarg. Frau Müller erzählt ausführlich über die Katastrophe in New Orleans. Es seien schreckliche Bilder im Fernsehen zu sehen gewesen. Wie die Mütter, die Kinder und vor allem die arme schwarze Bevölkerung zu leiden hätten. Sie spricht über Plünderungen, Seuchengefahr, Mangel an Trinkwasser und medizinischer Versorgung. Sie nimmt dann den amerikanischen Präsidenten aufs Korn und schimpft über ihn ziemlich ausgiebig, da er ihrer Meinung nach nicht genügend Hilfe rechtzeitig organisiert hätte. Herr Müller nickt und sagt nicht viel, außer „hmmm, ja" und „schlimm, schlimm". Deswegen gibt es dann ein längeres gemeinsames Schweigen. Frau Müller aber gibt nicht auf und greift ein anderes Thema auf. Sie erzählt ihrem Mann, dass der Sohn Stefan Physik studieren will. Dies interessiert den Mann etwas mehr als das erste Thema. Aber auch hier verläuft das Gespräch im Sande. Es gibt wieder ein längeres Schweigen. Auf einmal sagte sie: „Dabei tut er doch so religiös!"

Herr Müller „religiös?" Frau Müller „Ja, religiös. Er betet doch mehrmals am Tag." Herr Müller: „Spinnst du? Er betet doch überhaupt nicht. Du weißt es doch auch!" Frau Müller: „Ich habe es doch selber im Radio gehört und in den Zeitungen gelesen." Herr Müller: „Radio? Zeitungen? Seit wann spricht man über Stefan im Radio oder schreibt über ihn in den Zeitungen?" Frau Müller: „Ach, ich rede doch gar nicht vom Stefan, sondern vom Bush." Herr Müller: „Aber gerade eben haben wir doch über Stefan gesprochen. Deswegen denke ich, du spricht über Stefan."

Was ist hier passiert? Frau Müller war so beeindruckt von den Berichten über den Hurrikan, dass ihr Gehirn sich weiter mit diesem Thema befasste, auch wenn sie es nicht ausdrücklich sagte. Nachdem das Thema „Sohn Stefan" für sie abgeschlossen war, nahm sie in aller Stille das vorige Thema wieder auf und nahm an, dass ihr Mann wusste, dass sie wieder über den amerikanischen Präsidenten sprach. Dieser Gedankensprung war ihr nicht bewusst. Der Ehemann war dabei noch mit dem zweiten Thema beschäftigt. So ein Vorgang kann zu Missverständnissen und Missstimmungen führen.

Ein anderes Beispiel. Frau Müller sagt: „Und wenn Tante Frieda uns morgen besucht, gehen wir dann essen? Herr Müller: „Was? Kommt Tante Frieda morgen?" Frau Müller: „Habe ich dir doch schon so oft gesagt!" Herr Müller: „Nein, hast du nicht."

Nun es mag sein, dass Frau Müller dies gesagt hat oder auch nicht. Es ist eine Patt-Situation. Aussage gegen Aussage. Es geht hier nicht darum zu prüfen, wer Recht hatte. Ist es aber nicht oft so, dass wir fest glauben, dass wir etwas gesagt haben, während wir dies nur gedacht haben? Ich glaube nicht, dass Frau Müller bewusst lügt, wenn sie meint, etwas gesagt zu haben, obwohl sie dies vielleicht doch nicht getan hat.

Unser Gehirn ist ein eigenartiges Gebilde. Nehmen wir Träume. Wenn wir in den Morgenstunden im halbbewussten Zustand träumen, kommt es uns manchmal sehr real vor. Oft sagt man sich: „Du träumst ja nur" – und träumt dann weiter, als sei es Wirklichkeit. Es gibt aber Träume, die, wenn sie im weniger bewussten Zustand vorkommen, vom Gehirn im Unterbewusstsein als wahre Erlebnisse gespeichert werden. Deswegen auch die sogenannten Déjà-vu-Erlebnisse, wo man denkt, dies hast du doch schon erlebt!

In den USA gibt es ein Spezialgebiet der Psychiatrie, das sich Neurotheologie nennt. Sie behaupten, den Sitz Gottes im Gehirn gefunden zu haben. Sie haben Menschen untersucht, die Gotteserlebnisse hatten. Sie haben festgestellt, dass wenn diese Menschen Gotteserlebnisse haben, ein bestimmtes Zentrum im Gehirn aktiv wird. Diese Menschen lügen nicht, wenn sie glauben, Gotteserlebnisse gehabt zu haben. Sie glauben tatsächlich daran. Das Gehirn macht da keine Unterschiede zwischen Tatsächlichem und vermeintlich Erlebtem. Die elektrischen Impulse sind gleich. Welche Unterspeicher dabei gereizt werden, hängt davon ab, wo man aufgewachsen ist und welche Glaubensgrundsätze darin gespeichert sind. So erscheinen den Hindus die Götter Rama oder Krishna persönlich, und den Christen Jesus oder Maria. Der Heilige Geist ist zu abstrakt und deswegen auch nicht leicht speicherbar. Deswegen erscheint er auch kaum. Es gibt etwa 2500 Sekten im Christentum. Alle Begründer dieser Sekten hatten Offenbarungen. Sie lügen nicht, wenn sie behaupten, dass sie einen Auftrag von Jesus bekommen haben. Für sie ist es ein wahres Erlebnis. Die Neurotheologen behaupten, dass, wenn man dieses spezielle Zentrum künstlich reizt, sogar bei den Atheisten Gotteserlebnisse hervorgerufen werden können. Allerdings in Indien sind es dann Krishna, Rama oder tausende andere Gottheiten und in moslemischen Ländern Mohammed oder einige andere islamische Propheten.

Die Neurotheologen sind der Meinung, dass es sich bei den Leuten, die solche Erscheinungen ohne künstlichen Reiz erleben, um eine Art von Epilepsie handelt, die behandelbar ist. Die Forscher sind schon lange der Meinung, dass die Behauptung von Saulus, in der Wüste ein Jesuserlebnis gehabt zu haben, auf einem solchen epileptischen Anfall beruht. Aber auch Paulus lügt nicht, wenn er behauptet, Jesus wäre ihm persönlich erschienen, genauso wie wenn Frau Müller fest behauptet, ihrem Mann erzählt zu haben, dass Tante Frieda morgen kommt.

Unbewusste Gedankensprünge gibt es nicht nur im engen Familienkreis, wie bei den Müllers. Sie kommen bei Menschen, die länger zusammenleben, häufiger vor. Dies hat sicherlich mehrere Ursachen. Man hat häufig gemeinsame Themen, worüber man redet oder auch gemeinsam schweigt. Oft ist die Unterhaltung nicht themengebunden, wie z. B. bei einem Seminar. Man redet mal über dieses Thema, dann über das andere, um dann wieder auf das erste zurückzukommen. Die Unterhaltung ist also nicht zielgerichtet. Und dann hat man auch viel Zeit zum gemeinsamen Schweigen. Dieses gibt einem die Möglichkeit, die Themen immer wieder zu wechseln und sprunghaft auf das vermeintlich Abgehandelte zurückzukommen. Wie bereits erwähnt, kommen die unbewussten Gedankensprünge nicht nur im engen Familienkreis vor.

Ziehen Sie doch bitte die Unterhaltung in Betracht, wo Sie das letzte Mal zu einer Party oder zu einem geselligen Beisammensein eingeladen worden waren. Worüber haben Sie geredet? Haben Sie einige Punkte konsequent behandelt, oder sind alle von einem Punkt zum anderen gesprungen? Damit wir uns richtig verstehen: Ich bin nicht gegen Ratschen. Das tut einem auch mal gut. Wir alle haben unterschiedliche psychische Voraussetzungen. Einer ratscht mehr, der andere weniger. Hier geht es mir darum aufzuzeigen, wie bei solch einem Treffen Gedankensprünge stattfinden, die einem nicht bewusst sind. Ich persönlich ziehe eine zielbewusste Unterhaltung vor. Aber es wäre vermessen von mir, dies von jedem zu verlangen.

Einmal waren wir zu einem solchen geselligen Beisammensein eingeladen. Der Gastgeber meinte, alle sollten nicht an dem Platz sitzen bleiben, der ihnen zugewiesen wurde, sondern sich auch mit anderen unterhalten. Meine Nachbarin meinte dann, sie mag nicht dauernd Gesprächspartner wechseln, da man dann doch nur „small talk" machen würde. Ich weiß es nicht mehr, welchen intelligenten „Talk" sie durchführte, aber am Ende erzählte sie mir, wie man schmackhafte Bratkartoffeln machen kann.

Ist es aber nicht so, dass nicht nur bei so einem lockeren Beisammensein solche Gedankensprünge stattfinden? Auch bei intellektuellen Veranstaltungen, wie z. B. Seminaren, Podiumsdiskussionen usw., wo ein Thema vorgegeben ist, weichen die intellektuellen Fachleute oft vom Thema ab.

Ich selbst habe dies immer wieder erfahren. Ich habe in Neuburg einen Gesprächskreis der „Säkularen Humanisten" ins Leben gerufen. Ich bin da der Diskussionsleiter. Wir diskutieren dann einen Punkt nach dem anderen. Aber oft musste ich feststellen, dass viele der Teilnehmer zwar innerhalb des großen Themenrahmens bleiben, aber im Bereich des zu behandelnden Punktes abwichen. Sie haben ganz interessante Aspekte vorgetragen, aber eben nicht die zu dem eigentlichen Punkt gehörenden. Nun, ein Diskussionsleiter hat es nicht immer leicht. Er muss zwar darauf achten, dass die Teilnehmer beim Thema bleiben, andererseits sollten die Teilnehmer nicht das Gefühl haben, dass ihr Diskussionsbeitrag abgewürgt wird. Im letzten Semester hatte ich an einem Abend über das Thema „unnötige Partnerschaftsprobleme" gesprochen. Wissen Sie, wo wir bei der Diskussion gelandet sind? Bei den Gehältern der Politiker! Es war eine sehr interessante Diskussion, aber wie gesagt, vom Thema weit entfernt.

Zusammenfassung und Schlussfolgerungen: Wir haben zunächst über die unbewussten Gedankensprünge im familiären Kreis gesprochen. Dann dieselben bei einem geselligen Beisammensein. Schließlich auch über die Veranstaltungen mit gezielter Festlegung der Themen. Nebenbei haben wir das verwandte Thema, dass man glaubt, etwas gesagt zu haben, wobei man nur daran gedacht hat, gestreift.

Wichtig ist es festzustellen, dass uns oft nicht bewusst ist, wie die anderen, aber auch wie wir selbst in die Falle der Gedankensprünge tappen. Wenn wir das Leben effektiver gestalten wollen, dann müssen wir unsere Sicht schärfen, um diesen Fallen zu entgehen. Das zu erkennen ist der erste Schritt zum effektiven Handeln. Das ist wie in der Medizin. Ohne Diagnose ist eine effektive Behandlung wenig wahrscheinlich. Wäre es nicht ratsam, bei einer Party einmal am Gespräch nicht besonders aktiv teilzunehmen, sondern sich im Geiste zu notieren, wo überall die Gedankensprünge stattgefunden haben? Wäre es nicht ratsam, bei kleinen familiären Disputen auch mal zu überlegen, dass manchmal bei einem selbst ein Gedankensprung stattgefunden hat, der zu Disharmonie führte? Ist dies nicht besser, als sich rechthaberisch behaupten zu wollen? Ich habe dies oder jenes gesagt? Nachdenken ist jedenfalls gesund. Als Arzt kann ich ihnen dies nur empfehlen.

36. Bewusste und unbewusste Gedankensprünge

Es gibt aber auch Situationen, wo eine bewusst herbeigeführte Themenänderung durchaus legitim ist.

Bei den Müllers ist wieder Gesellschaftsabend. Es ist eine junge attraktive Frau dabei, die neben einem etwas älteren Herrn sitzt, der ihr nicht sehr sympathisch ist. Er ist aber sehr von sich eingenommen und versucht mit billiger Anmache, die Frau für sich zu gewinnen. Das ist ihr natürlich sehr unangenehm. Da ist es verständlich und legitim, dass sie versucht, das Thema in andere Bahnen zu lenken. Wenn das nicht klappt, kann sie plötzlich sagen: „Ich glaube, in der Küche brennt etwas an. Ich schaue mal schnell nach." Dann kann sie ewig weg bleiben, bis der besagte Herr ein anderes Opfer gefunden hat, oder wenn sie zurückkommt, kann sie sich woanders hinsetzen. Es gibt Leute, die auf billige, sagen wir, auch auf dreckige Witze spezialisiert sind, die nicht jedermanns Geschmack sind. Da muss man halt versuchen, zu einem geeigneten Zeitpunkt eine Ablenkung einzubauen, die eine völlig andere Thematik berührt.

Es gibt Situationen, wo einer über belanglose Themen sehr langatmig alles mögliche erzählt, was einen überhaupt nicht interessiert. Tante Frieda erzählt weitschweifig zum wiederholten Mal über ihre Gallenkrankheit, wenn die Nichte sie auf dem Wochenmarkt trifft. Aus lauter Höflichkeit hört die Nichte lange zu. Wenn sie ein bisschen Zeit hat, kann sie Ablenkungen einbauen, indem sie sagt: „Die Amerikaner sind in der Gallenforschung schon sehr weit. Sie sind auch in anderen Forschungsbereichen sehr weit. Es ist überhaupt ein interessantes Volk, wenn sie bloß nicht in den Irak eingefallen wären! Was meinst du, liebe Tante, ist es richtig, dass die Amerikaner sich überall einmischen?" Sie kann fast sicher sein, dass Tante Frieda so etwas wohl gar nicht interessiert. Sie verabschiedet sich dann schnell. Wenn die Nichte wenig Zeit hat, kann sie, in einer kurzen Atempause, die sogar Tante Frieda einlegen muss, schnell einwerfen: „Oh, in zehn Minuten kommen die Kinder nach Hause, und ich habe das Essen noch gar nicht vorbereitet. Servus Tante, lass es dir gut gehen" oder etwas Ähnliches.

Ich hatte bereits erzählt, dass bei einem geselligen Beisammensein eine Frau versuchte, mir beizubringen, wie man schmackhafte Bratkartoffeln macht. Nun, mich interessiert dieses Thema gar nicht. Ich interessiere mich eher für Philosophie, Ethik, Politik, Religion etc. Aber es ist mir nicht gelungen, zwischen den vielen Bratkartoffeln ein bisschen Ethik einzuschieben. Es kann sich genauso gut eine umgekehrte Situation ergeben. Wenn ich z. B. einige religionskritische Bemerkungen von mir gebe und im Eifer des Gefechtes nicht merke, dass mein Gegenüber dieses Thema gar nicht interessiert oder es ihm gar unangenehm ist, dann ist es sein gutes Recht, nach Ablenkungen Ausschau zu halten. Es gibt Situationen, wo einem das Thema nicht nur unangenehm, sondern auch sehr peinlich ist. Das Ehepaar Mayer sitzt zusammen mit dem Herrn Pfarrer. Herr Mayer hat sich vor Kurzem einen Seitensprung erlaubt. Aber seine Frau und er hatten sich dann versöhnt. Der Herr Pfarrer weiß davon nichts und wettert gegen außereheliche Beziehungen mit stärksten Verdammungsworten. Da ist es doch klar, dass die Mayers versuchen, das Thema bewusst zu wechseln.

Der Herr Pfarrer wettert in der Gemeinde gegen Scheidung und wilde Ehen. Nun sind in dieser Gemeinde viele Geschiedene und viele leben zusammen ohne Trauschein. Aus Respekt vor dem Pfarrer, deren Zunft eigenartigerweise als „hohe Geistlichkeit" tituliert wird, könnte man ihm nicht laut sagen: „Hören Sie auf mit dem Unsinn. Ihre Ansichten sind ja von gestern." Wenn so ein Gespräch in einem kleinen Kreis stattfindet, wo jeder sich zu Wort melden kann, ist der Versuch legitim, bewusst die Themenrichtung zu ändern.

So gibt es viele andere Themen, die einem peinlich sein können. Beispielsweise der Sohn ist ein Punk oder Rocker. Ihr Gegenüber weiß dies nicht und wettert dagegen. Die liebe Oma ist schwer krank, und der Gesprächspartner redet über Euthanasie.

Dann gibt es noch einen anderen Grund, wo man bewusst das Thema wechseln will. Wenn ich mich z. B. einem Thema nicht gewachsen fühle. Dann ist die Versuchung zu groß, das Gespräch auf eine andere Schiene zu lenken, wo ich mich eher zuhause fühle; wo ich mich besser auskenne. Wenn jemand den ganzen Abend über Freuds Psychoanalyse redet, wovon ich keine Ahnung habe, da kann ich ja überhaupt nicht mitreden. Und mitreden möchte natürlich jeder.

Ich kann der Versuchung unterliegen, bewusst das Thema zu ändern, wenn ich etwas Bestimmtes möchte. Wenn ich beispielsweise für die Tsunami-Hilfe Gelder sammeln will, so würde ich versuchen, mit voller Absicht bei jeder passenden oder weniger passenden Gelegenheit das Gespräch in diese Richtung zu lenken. Es war einmal ein Künstler.

Er wollte seine Bilder ausgestellt haben. Aber der Kulturamtschef wusste darüber nichts. Nun traf der Künstler ihn im kleinen Freundeskreis. Natürlich versuchte er, das Gespräch auf die Kunst und vor allem auf seine Bilder zu lenken.

Wir Ärzte im Klinikum saßen manchmal mittags in der Kantine zusammen. Da wurde meistens über belanglose Dingen geredet. Einmal sagte ich: „Warum können wir nicht über interessante und produktive Dingen reden, anstatt unsere Zeit mit Belanglosigkeiten zu vertun? Also heute sprechen wir über den Unterschied zwischen Verstand und Intelligenz." Da war erst einmal Stille. Vielleicht dachten sie, dass ich wohl spinne. Nun, ich war gottlob deren Vorgesetzter, und sie achteten mich auch ohne Ausflüchte. Deswegen sprachen wir nun darüber. Es entwickelte sich eine interessante Diskussion. Am Ende sagten sie alle, es hätte sich absolut gelohnt, über solche Themen zu plaudern. Also, man kann mit voller Absicht bewusst Themen ins Spiel bringen, bevor banale Gespräche überhaupt eine Chance haben.

Ein paradoxer Zustand entsteht, wenn Menschen bei ernsthafter Diskussion vom Thema abweichen, also durch einen Gedankensprung ganz woanders landen. Der Diskussionsleiter muss dann versuchen, durch einen weiteren Gedankensprung, vielleicht in die entgegengesetzte Richtung, die Diskussion wieder auf die ursprünglichen Bahnen zu lenken.

37. Sind Sie stolz auf etwas?

Sind Sie stolz auf etwas? Weshalb? Was ist das Gegenteil von stolz? – Hoch und tief, arm und reich sind Gegensätze. Was ist also das Gegenteil von stolz? Der Sinn des Buches ist ja nicht nur, Ihnen neue Erkenntnisse zu vermitteln, sondern Ihren Blick für das Thema an sich zu schärfen. Vielleicht beobachten und analysieren Sie jetzt ein Gespräch schärfer, wenn jemand oder auch Sie selbst das Wort „stolz" in den Mund nehmen. Vielleicht denken Sie jetzt vermehrt nach, ob es sich bei Ihrem Gesprächspartner um einen gesunden oder krankhaften Stolz handelt; oder hätte er in diesem oder jenem Fall besser „ich freue mich darüber" sagen sollen anstatt „ich bin stolz darauf". Aus einer Diskussionsgruppe zum Thema „Stolz" habe ich die wichtigsten Punkte zusammengefasst:

1. Zu stolz, um die eigene Meinung ändern zu können.
2. Was ist wichtiger: stolz sein oder glücklich sein?
3. Ein gewisses Maß an Nationalstolz ist gut und gesund.
4. Ohne Nationalstolz leidet die Wettbewerbsfähigkeit.
5. Steuersünder haben weniger Nationalstolz.
6. Der Begriff Stolz ist nicht modern.
7. Zwei gegenteilige Meinungen: Einige sagten, sie würden schon manchmal den Begriff Stolz verwenden; dies sei in gewissen Situationen gerechtfertigt. Die anderen sagten: Ich versuche dieses Wort nie zu verwenden.
8. In diesem Zusammenhang wurde eine interessante Feststellung gemacht. Die anwesenden fünf Herren konnten mit dem Wort Stolz schon etwas anfangen. Alle acht Damen hingegen nicht. Gibt es also einen Unterschied zwischen männlicher und weiblicher Einstellung?
9. Wenn man auf Leistungen der Vergangenheit stolz ist, kann dies ein krankhafter Stolz sein. Da kommt man in einen Abhängigkeitszustand, denn Zufrieden-Sein bedeutet immer Stillstand.
10. Eine weitere Aussage in diesem Zusammenhang: „Der Mensch ist immer unzufrieden."
11. Gibt es einen absoluten Unterschied zwischen Stolz-Sein und Nicht-Stolz-Sein?

12. Die Deutschen haben wegen ihrer Vergangenheit weniger Stolz als z. B. die Franzosen.
13. Stolz ist nicht nur eine Qualitäts-, sondern auch eine Quantitätsfrage.
14. Wie unterscheidet man den gesunden vom krankhaften Stolz?

Damit kamen in dieser Diskussion einige Punkte auf, von denen einige mit dem Thema Stolz entfernt verwandt waren, andere aber gar keinen Bezug zum eigentlichen Thema hatten. Nichtsdestotrotz waren sie vom intellektuellen Standpunkt aus höchst interessant.

Es hatte mich sehr gefreut, dass eine Dame damals sagte, dass sie sich mit diesem Thema nie richtig befasst hatte, sie aber jetzt ihre Meinung geändert hätte und mit der Eigenschaft „stolz" sehr kritisch umgehen würde. Es kann nicht oft genug betont werden, dass die eigene Meinung zu ändern keine Schwäche ist, sondern eine Stärke.

Nur geistig gefestigte Menschen sind in der Lage, zuzugeben sich zu irren. Es gibt Menschen, die sagen: „Ich habe meine Prinzipien und ich bin stolz darauf." Schauen wir uns diese Aussage etwas näher an. Was halten Sie von der folgenden Deklination?

„Ich habe meine Prinzipien, du bist unflexibel und er ist stur wie ein Esel." Ist es nicht eine unterschiedliche Beschreibung derselben Eigenschaft?

Zweitens: Ein gewisses Maß an Nationalstolz könnte durchaus notwendig und gut sein. So ganz unberechtigt ist diese Einstellung nicht. Ein gewisses Maß an Selbstbewusstsein kann sicher nicht schaden. Nur weil der Zweite Weltkrieg von Deutschland ausging und manche ungeheuerlichen Verbrechen hier ihren Anfang nahmen, haben die anderen nicht das Recht, die jetzige Generation zum Prügelknaben zu machen. Oder glauben wir noch an die Erbsünde? Verbergen sich aber in den dem Nationalstolz innewohnenden negativen Eigenschaften nicht mehr Gefahren als Vorteile, die er eventuell mit sich bringen könnte?

Schauen wir uns den Sachverhalt etwas näher an. Zur Rechtfertigung fielen folgende Bemerkungen:

1. Mit Nationalstolz könnte man mehr Leistungen erbringen.
2. Steuerflüchtlinge haben wenig Nationalstolz.
3. Nationalstolz würde helfen, die Wettbewerbsfähigkeit zu erhalten.
4. Andere Nationen wie Frankreich haben mehr Nationalstolz.

Da entstehen viele Fragen, wenn man den deutschen Nationalstolz analysiert. Worauf und weshalb sollten die Deutschen stolz sein? Auf Goethe, Schiller, Schopenhauer, Beethoven und eine deutsche Fußballmannschaft? Was ist mit Himmler, Göring, Goebbels und deren Tausenden Schergen? Was ist mit den deutschen Bischöfen des Mittelalters, die mit ihren Helfern tausende unschuldige Frauen als Hexen brandmarkten, folterten und bei lebendigem Leib verbrannten? Auf welche dieser Fremdleistungen oder Entgleisungen sollten wir stolz sein bzw. uns schämen?

Jede Nation hat helle und dunkle Kapitel in ihrer Vergangenheit. Die Franzosen haben Aufklärung und Demokratie zu uns gebracht, Napoleon und seine Soldaten haben Krieg und Verwüstung gebracht. Frankreich hat die Hugenotten und die Templer umgebracht. In ihren Kolonien haben sie sich, gelinde gesagt, auch nicht musterhaft benommen. Viele Bürger der Grande Nation Frankreich sind auch noch stolz auf Napoleon! War es mit Alexander von Makedonien anders? Mir ist schleierhaft, warum dieser Verbrecher Alexander der Große heißt!

Bei solchen Erkenntnissen fällt es einem schwer, eine Lanze für den Nationalstolz zu brechen. Leider neigt der Mensch dazu, die dunklen Kapitel vom eigenen Leben, aber auch die der eigenen Nation zu ignorieren oder zu vergessen. Aber diese sind nun mal da. Deswegen gibt es für mich auch keinen Grund, auf die eigene Nation stolz zu sein.

Stimmt die nächste pragmatische Behauptung; der Nationalstolz könnte helfen, mehr Selbstbewusstsein zu fördern und somit zu mehr Leistung anspornen? Auf Grund der deutschen Vergangenheit hat sich der Nationalstolz hier nicht so stark entwickeln können wie z. B. in Frankreich. Ist denn Frankreich wirtschaftlich und ethisch-moralisch besser gestellt als Deutschland? Ist bei einem Individuum der Nationalstolz der Motor für mehr Leistungen? Oder sind da andere Faktoren maßgebend? Ein angenehmes Leben für sich zu schaffen, ist meiner Ansicht nach das Hauptmotiv der Handlung. Schauen Sie sich doch die rechte Szene an! Deren Köpfe sind doch mit National- und Rassenstolz randvoll! Und was leisten sie für die Gemeinschaft? Gut, Sie können einwenden, dass man so extrem nationalistisch nicht sein muss. Aber haben nicht die meisten Deutschen viel erreicht, ohne dass der Nationalstolz dabei eine Rolle spielte?

Dann wurde erwähnt, dass die vielen reichen Steuerflüchtige wegen des mangelnden Nationalstolzes ihr Geld im Ausland lagern. Hat dies überhaupt mit Nationalstolz etwas zu tun? In unserer kapitalistischen Gesellschaft handelt jeder nach dem Motto: „Geld stinkt nicht." Auch der brave Durchschnittsbundesbürger versucht, bei der Steuer zu sparen. Ist es glaubhaft, dass derjenige, der nicht versucht, Steuern zu sparen – wenn es überhaupt solche Menschen gibt –, dies aus Gründen des Nationalstolzes tut?

Und dann ging es um die Wettbewerbsfähigkeit. Spielt bei der Wettbewerbsfähigkeit Nationalstolz eine wesentliche oder überhaupt eine Rolle? Welche sind die Hauptfaktoren, die die Wettbewerbsfähigkeit beeinflussen? In erster Linie sind dafür die wirtschaftliche Politik der Unternehmen und der Regierung sowie das Kaufverhalten der Bevölkerung verantwortlich. Die Unternehmen müssen gute Qualität bei moderaten Preisen anbieten können. Die Regierung kann natürlich das Land abschotten, indem sie die heimische Produktion subventioniert und sogenannte Strafzölle auf die Produkte aus dem Ausland verhängt. Was würde dann passieren? Deutschland ist eine Export-Nation. Rund

40 % der Produkte werden exportiert. Die nationale Abschottung würde einen Handelskrieg auslösen. Stellen Sie sich mal vor, andere Nationen lassen ausländische Waren, also auch die deutschen, nicht hinnein. Dies würde der deutschen Wirtschaft bestimmt nicht gut tun.

Was könnte geschehen, wenn der Slogan entsteht: „Deutsche, kauft deutsche Waren"? Das würde gar nichts nützen. Der Käufer möchte zwar gute Waren haben, aber preiswert sollten sie schon sein. Den Gedanken könnte man ad ultima ratio fortsetzen, indem man sagt: „Ihr Bayern, kauft bayerische Waren, ihr Ingolstädter kauft nur Audi und nicht Mercedes, der ja in Baden-Württemberg produziert wird." Um nur ein Beispiel zu nennen: Wenn Sie einen Kühlschrank von Bosch oder Siemens kaufen, stammen über 90 % der Teile aus Italien. Die internationale Verflechtung ist wesentlich größer als wir dies uns vorstellen können.

Viele deutsche Firmen sind in ausländischer Hand, und viele deutsche Firmen wie z. B. Telekom kaufen ausländische Firmen ein. Auch im Rahmen der Europäisierung nimmt die Bedeutung einzelner Mitgliedsstaaten als Nation ab. Zusammenfassend kann man also sagen – dies ist meine persönliche Meinung –, dass die Wirtschaft durch einen verstärkten Nationalstolz und ein größeres Selbstbewusstsein nicht profitieren würde, ganz im Gegenteil. Dies ist auch unrealistisch, denn im Rahmen der Globalisierung, im Rahmen der immer kleiner werdenden Welt, werden wir das Rad der Geschichte nicht zurückdrehen und die Weiterentwicklung in diese Richtung nicht verhindern können. Außerdem ist in dieser immer mehr schimpfenden Welt durch Kooperation bestimmt mehr zu erreichen ist als durch Konfrontation.

Es wurde erwähnt, dass es gut sei, für die Erhaltung der bayerischen Mundart, Volkstänze etc. etwas zu tun. Das finde auch ich gar nicht so schlecht. Auch die Norddeutschen, die Preußen, Chinesen und Japaner sollten dies tun, denn Erhalt der Vielfalt der Kulturen ist immer gut. Eine Monokultur ist bestimmt nicht erstrebenswert. Aber die Motivation sollte nicht auf National- oder Rassenstolz basieren, sondern auf dem Engagement für ein kulturelles Erbe. Tradition ist gut, aber Tradition heißt nicht Asche aufheben. Denn dann müsste man den Wotan-Glauben, die Hexenverbrennungen, die Ideologie der Herrenrasse usw. auch wieder aufleben lassen – und das will niemand.

Ich glaube, das Wiederaufleben des Nationalstolzes, sei es durch das Gewinnen eines Fußballspiels, die Papstwahl o.Ä. birgt so manche Gefahr, die man nicht ignorieren sollte. Nationalstolz ist eng verbunden mit Rassenstolz. Latenter Antisemitismus, Ausländerfeindlichkeit und die damit verbundenen rechtsextremistischen Gewalttaten nehmen in der letzten Zeit zu, besonders in den alten Bundesländern. Ich glaube, in so einer Situation ist besondere Vorsicht angebracht, wenn man für Nationalstolz plädiert.

Ich glaube, dass die Diskussionsteilnehmer sowieso nicht den exzessiven Nationalstolz meinten. Aber wenn man in dieser Richtung unterwegs ist, ist die Grenze, wann der gesunde Stolz ins Krankhafte umschlägt, nicht leicht festzulegen. Wenn die allgemeine latente Stimmung, Nationalstolz zu empfinden, in der breiten Bevölkerung zunimmt, dann bekommen die Radikalen Aufwind. Als vor Jahren in einem Dorf in den neuen Bundesländern ein Asylheim angezündet wurde, hat die breite Masse nur zugeschaut, als ob sie Zustimmung für diese Aktion signalisieren wollte.

Laut einer Umfrage ist latenter Antisemitismus bei etwa 40 % der deutschen Bevölkerung festzustellen. Das ist nicht ganz unbedenklich. Sicherlich ist ein bisschen Selbstbewusstsein und Stolz nicht schlecht, wenn man unter Minderwertigkeitskomplexen leidet und sich das auf die Leistungsfähigkeit auswirkt. Ich habe aber nicht den Eindruck, dass die Leistungsfähigkeit der Deutschen geringer ist als die der Franzosen, wo der Nationalstolz ausgeprägter sein soll.

Es wurde erwähnt, dass der Begriff „Stolz" nicht modern ist. Es ist auch meine persönliche Meinung, dass das Stolz-Sein in den meisten

Situationen nicht zeitgemäß ist. Es kann sein, dass, wenn man sagt: „ich bin stolz darauf", man eigentlich meint: „ich freue mich darüber". Die Gefahr liegt auf einer anderen Ebene. Wenn man das Wort „stolz" selbst verwendet, hat man eher Verständnis für andere, die auch stolz sind, unabhängig davon, worauf. Man macht sich da nicht viel Gedanken, wenn man meint, ich bin stolz auf dies und er ist stolz auf jenes. Das ist zwar verständlich. Aber ist es nicht besser zu sagen „ich freue mich darüber", und skeptisch zu sein, wenn ein anderer sagt „ich bin stolz"?

Ein Beispiel für gesunden versus krankhaften Stolz. Manche Menschen neigen dazu, mit einer in der Vergangenheit erbrachten Leistung ewig voller Stolz anzugeben. Dies ist ungesunder Stolz. Diese Art von Ausruhen auf einer Leistung würde zur Zufriedenheit führen, meinten die Diskussionsteilnehmer, und Zufriedenheit würde keinen Anreiz zu neuen Leistungen bringen. Dann wurde der Einwand gebracht: „Der Mensch ist immer unzufrieden."

Beide Aussagen haben im Kern eine gewisse Wahrheit. Mein persönlicher Kommentar dazu: „Den Menschen" gibt es gar nicht. Es gibt Menschen, die zufrieden sind, und solche, die unzufrieden sind. Eine Verallgemeinerung ist hier nicht haltbar, genauso wenn man sagt: „Der Mensch ist von Natur aus böse", so wie es die Bibel meint, oder „der Mensch ist von Natur aus gut, nur die Produktionsverhältnisse haben ihn entfremden lassen, wie Marx es meint". Ähnlich verhält es sich mit Zufriedensein und Unzufriedensein. Hier muss man etwas differenzierter denken. Die beiden Begriffe sind als *entweder oder* nicht zu gebrauchen. Hier suchen wir nach einer Trennlinie, die es gar nicht gibt. Stellen Sie sich bitte eine Linie vor. Am linken Ende steht: *sehr sehr unzufrieden* und am rechten Ende *sehr sehr zufrieden*. Und dazwischen, von links nach rechts, *sehr unzufrieden, unzufrieden, weder noch, zufrieden* und *sehr zufrieden*. Dann gibt es noch ein anderes Kriterium, das zu beachten wäre. Man kann in einem Bereich zufrieden sein, in einem anderen aber nicht. Ein Geschäftsmann kommt nach Hause, nach einem sehr erfolgreich abgeschlossenen Geschäft. Er ist damit sehr zufrieden. Da er aber spät nach Hause gekommen ist, ist das Essen kalt geworden. Deswegen gibt es Krach mit der Ehefrau. In diesem Aspekt kann er also nicht zufrieden sein. Jeder Mensch lebt in mehreren Welten gleichzeitig. Beruf, Familie, Freundeskreis, religiöse oder philosophische Gedankenwelt, Sport usw. Er kann in einigen Bereichen zufrieden sein, aber in anderen Bereichen kann es genau umgehrt sein.

Hiermit der nächste Gedanke: Muss Zufriedenheit Stillstand bedeuten? Es kann so sein, muss aber nicht. Eine Sängerin wurde gefeiert, weil sie gut singen konnte – sie war also zufrieden. Aber sie wird weiter singen und versuchen noch besser zu sein, anstatt sich auf den Lorbeeren auszuruhen. Zufriedensein muss also mit der Frage verknüpft werden, womit ist man zufrieden. Der Geschäftsmann ist also mit einem Geschäftabschluss zufrieden. Das verleitet ihn nicht, in Stillstand abzugleiten, sondern er wird nach anderen erfolgreichen Geschäftsaktivitäten Ausschau halten.

Trotz dieser Überlegungen ist der Einwand „Zufriedensein bedeutet Stillstand" nicht ganz ungerechtfertigt. Wenn man summa summarum mit seinen Lebensumständen zufrieden ist, könnte dies bei manchen Menschen die Neigung, etwas Neues zu unternehmen, dämpfen. In einem Dorf wohnte eine Witwe mit zwei erwachsenen Söhnen. Der Mangobaum im Garten lieferte so viele Früchte, dass sie recht gut durch das Leben kamen. Die Söhne waren mit diesem Zustand im Großen und Ganzen zufrieden und unternahmen nichts, um etwas zu verdienen. Eines Tages kam ein Onkel zu Besuch. Er erfasste die Situation sofort. Als er am nächsten Morgen abreiste, stellte die Familie fest, dass der Mangobaum abgesägt war. Sie verfluchten den Onkel. Aber was nun? Jetzt mussten sie Arbeit suchen. Sie gingen in die weite Welt hinaus und erarbeiteten sich Wohlstand. Natürlich gibt es auch viele andere Familien mit einem Mangobaum, die trotzdem ihre Mitglieder in die große Welt hinausschicken. Es sind so viele irische Bauern, die in die neue Welt ausgewandert sind. Diese armen Bauern konnten sich von dem kargen landwirtschaftlichen Ertrag gerade eben ernähren. Sie konnten also mit dem Leben nicht sehr zufrieden sein. Einige sind dann zu neuen Ufern aufgebrochen. Einige waren im Großen und Ganzen zufrieden. Von denen sind einige ausgewandert, aber einige daheim geblieben. Also es gehört etwas mehr dazu als Zufrieden- oder Unzufriedensein, um weitere Leistung anzustreben.

Die Leitmotivation des menschlichen Tuns ist der Wunsch glücklich zu sein. Dabei können die Glücksursachen unterschiedlich sein. Einer ist glücklich, wenn er seinen Fuß auf eine Bergspitze setzt, der andere, wenn er abends klassische Musik hören kann. Einer ist glücklich, wenn er viel Macht besitzt, der andere, wenn er stolz sein kann auf irgendeine besondere Leistung. In diesem Fall macht ihn Stolz glücklich. Man kann schwerlich behaupten, dass es umgekehrt ist.

Wann ist Stolz aber gesund und gut und wann nicht? Wie stellt man dies fest? Gibt es da ein Kriterium, woran man messen kann, was gut und was schlecht ist? Das ist eine ähnliche Situation, wie wenn es um den „wahren Glauben" geht. Im Christentum gibt es 2500 Kirchen und Sekten. Jede behauptet, die alleinige Wahrheit zu besitzen. Die Fragestellung beim Stolz ist ähnlich. Denn beim Wahrheitsbeweis wird von den Glaubensgruppen auf irgendeine Textstelle der Heiligen Schrift, an der sie sich festgebissen haben, verwiesen. Wenn wir aber das Thema Stolz diskutieren, müssen wir unseren Verstand zu Hilfe nehmen. Eine Offenbarungsaussage ist da nicht sehr hilfreich. In meinem Buch „Das Glück liegt diesseits des Todes" habe ich dieses Thema ausführlich beschrieben. Deswegen gehe ich hier nur ganz kurz darauf ein und erwähne nur zwei Kernsätze:

„Das Urteil über die ethisch-moralische Wertigkeit einer Handlung kann nur in ihrer Relevanz zu der Gesellschaft gefällt werden. Alles was zur Erhaltung, Gedeihen und Funktionieren der Gesellschaft dient, ist gut, alles was ihr schadet, ist schlecht."

Der zweite Satz: „Solange ich niemandem weh tue, niemandem schade und dabei mein Gesamtglück vermehre, kann ich tun und lassen was ich will." Wenn einer stolz ist und nicht mit darauf basierter Prahlerei seine Mitmenschen belästigt, dann ist dagegen nichts einzuwenden. Man sollte aber bedenken, wie bereits erwähnt, dass durch Zufriedenheit über eine vergangene Leistung er in seinem Bestreben zur weiteren Leistung behindert werden kann.

In der Diskussion wurden einige andere Themen erörtert, die eigentlich mit Stolzsein nicht zu tun hatten, aber doch anscheinend von allgemeinem Interesse waren. Deswegen gehe ich kurz darauf ein.

Zunächst wurde der französische Philosoph Blaise Pascal zitiert: „Der Mensch würde ohne Religion nur Unsinn stiften." Pascal lebte im 17. Jahrhundert und war ein brillanter Mathematiker und Physiker. Er war aber tief religiös. Das war eine schizophrene Situation. In seinem Fach dachte er logisch, aber wenn es um die Religion ging, wurden Logik und Verstand ausgeschaltet. Stimmt seine oben erwähnte Aussage, was besagen soll, ohne Religion keine Moral? Goethe, Sigmund Freud, Schopenhauer, Nietzsche, Bertrand Russell, viele griechische Philosophen waren Atheisten. Haben sie Unsinn und Unfug getrieben? Haben sie unethisch gehandelt? Gerade im Namen der Religionen ist eher viel Unsinn, ja sind auch Verbrechen begangen worden. Dies ist der Fall, wenn von der jeweiligen Religion Anspruch auf alleinige Wahrheit erhoben wird. Ist der wieder erwachte islamistische Fundamentalismus zu ignorieren? Die Kreationisten in den USA haben erreicht, dass in manchen Schulen der Evolutionsunterreicht verboten ist. Präsident Bush hatte öffentlich erklärt, dass er den göttlichen Auftrag erhalten hat, das Böse zu bekämpfen, und ließ Bomben auf den Irak werfen, um „God's own country", die USA, zu retten. Die Sunniten kämpfen gegen Schiiten, in Irland die Katholiken gegen die Protestanten.

Noch heute wird an Wunderwasser, Teufelsaustreibungen, blutweinende Madonnen etc. geglaubt. Auch die Geschichte der drei monotheistischen Religionen ist nicht besonderes ruhmreich. Der alttestamentarische Gott befal den damaligen Juden 40-mal Genozid – wo man auch Frauen, Kinder und Alte nicht am Leben lassen durfte. Auch das Christentum kommt nicht gut weg.

Man denke nur an die Ausrottung der Indianer, Hexenverbrennungen, Verfolgung der Wissenschaftler und „Ketzer", nur um einiges zu nennen. Der arme Herr Pascal hat sich also gewaltig geirrt.

In der Diskusion nach dem Vortrag wurde auch das Thema Kirchensteuer erwähnt. Die Feststellung war schon richtig, dass die Kirchensteuer 8 bis 10 % des Einkommens beträgt. Derzeit zahlt ein Kirchenmitglied im Durchschnitt 500 Euro pro Jahr. Nach 40 Jahren, je nach Zinssatz, beläuft sich die Summe auf 100.000 bis 150.000 Euro. Man kann sich also im Alter allein aus den Zinsen dieses Vermögens eine komplette Rente leisten. Vielen registrierten Kirchenmitgliedern, die mit der Kirche sonst nichts am Hut haben, ist dies nicht bewusst und sie zahlen ihre Kirchensteuer brav weiter.

Ich möchte Ihnen eine Anekdote erzählen.

Im Jahre 1955 musste ich im Rahmen des Medizinstudiums ein vierwöchiges Krankenpflegepraktikum absolvieren. Am ersten Tag klärte uns die Stationsschwester über unsere Aufgaben auf. Da das Praktikum vor dem ersten Examen stattfand, mussten wir die gleiche Arbeit tun wie die Krankenpfleger. Darunter fiel auch das Bettenmachen. Nach dem Gespräch sagte mir mein Studienkollege, als wir alleine waren: „Mit deutschem Stolz werden wir das Bettenmachen ablehnen." Das sagte er mir, wo ich doch offensichtlich nicht aus Deutschland stammte! Vielleicht war er ein Adliger! Das weiß ich aber nicht, denn so genau kannte ich ihn nicht.

Als Deutschland ein wichtiges Fußballspiel gewann, schrien viele Fernsehzuschauer: „Wir haben gewonnen!" Einige hängten deutsche

Fahnen aus den Fenstern hinaus und fuhren mit hupenden Autos, mit zum Siegeszeichen erhobenen Finger auf den Straßen. In unserer Zeitung erschien eine Leserbriefserie mit einem auffallend dick geschriebenen Titel „Wir sind stolz – und das tut gut."

„Wir sind Papst" schrieb eine Boulevard-Zeitung und forderte die Deutschen auf, stolz zu sein. Auch manche bayerische Zeitung schrieb „mir Bayern san Papst".

Da gibt es vieles, worauf man hierzulande stolz zu sein pflegt. Als ich in Bremerhaven arbeitete, wohnte ich in einem kleinen Dorf mit dem Namen Langen. Die dortigen Zugereisten erzählten mir, dass es fast unmöglich sei, mit den Einheimischen an einem Tisch zu sitzen, denn sie seien sehr stolz, Langener zu sein. Wenn Sie einem Wiener sagen, er sei ein Österreicher, dann ist er beleidigt. Denn ein Wiener zu sein ist etwas Besonderes, und er ist stolz darauf. Aber warum in die Ferne schweifen, wenn solche Einstellungen in unserer unmittelbaren Umgebung reichlich vorhanden sind. Einmal erzählte mir ein Ur-Augsburger, dass seine Familie seit Generationen in Augsburg lebte, und die da hinten, die seien bloß Neuankömmlinge; mit denen könne man nicht reden. Ist es in anderen Städten anders?

Es gibt Menschen, die stolz sind, weil sie einen Adelstitel vererbt bekommen haben, als ob dies ihr Verdienst sei! Es gibt Menschen, die stolz darauf sind, ein „von" oder „zu" vor ihrem Namen zu haben.

Da muss ich Ihnen einen netten Witz erzählen. Drei Schulkinder unterhalten sich miteinander. Das eine sagte „Mein Vater ist ein 'von'. Das zweite: „Mein Vater ist ein 'zu'". Daraufhin das dritte Kind: „Was ist schon dabei, ein von oder zu zu sein? Das sind viele. Mein Vater ist ein 'auf und davon'".

Ich habe ein paar Bekannte, die eifrig Ahnenforschung betreiben, in der Hoffnung, einen berühmten Vorfahren ausfindig zu machen. Wenn sie einen finden, dann ist bei ihnen ein gewisser Stolz unverkennbar, wenn sie dies jemandem erzählen können.

Es gibt aber auch andere Ursachen für Stolz. Sind Sie manchmal stolz, wenn Sie eine gute Leistung vorzuzeigen haben? Sind Sie stolz darauf, wenn Sie eine Prüfung mit Auszeichnung bestanden oder ein Geschäft erfolgreich aufgebaut haben? Sind Sie stolz auf Ihr Kind, wenn es eine Prüfung sehr erfolgreich absolviert oder in einem Sportwettbewerb einen Preis ergattert hat? Es gibt gängige Begriffe wie z. B. stolze Hausbesitzer. Dann gibt es Menschen, die stolz darauf sind, dass die Natur ihnen körperliche Schönheit geschenkt hat. Hat ein blonder blauäugiger, groß gewachsener Deutscher einen Grund, stolz darauf zu sein, ein echter Germane zu sein?

So gibt es Hunderte Gründe, auf dieses oder jenes stolz zu sein. Wenn Sie genau aufpassen, werden Sie feststellen, dass Ihre Mitmenschen dieses Wort häufiger in den Mund nehmen als man glaubt.

Liebe Leser, ich hatte Ihnen anfangs die Frage gestellt: Was ist das Gegenteil von Stolz? Das war eine falsche und eine Fangfrage. Warum? Ich habe im Rahmen meiner Vortragsserie einmal das Thema Wörter und Inhalte vorgetragen. Dabei hatte ich erwähnt, dass ein Wort viele Inhalte haben kann. Deswegen ist ein Gegenteil nicht immer möglich. Und genauso ist dies mit dem Wort Stolz der Fall.

Was ist aber Stolz überhaupt? Was meint man damit? Ich habe im „Wörterbuch der Synonyme" nachgeschaut. In diesem Buch stehen folgende Synonyme für das Wort Stolz: Anmaßung, Arroganz, Hochmut, Selbstgefälligkeit, Selbstbewusstsein, Vornehmheit, Würde.

Ich habe auch im Wörterbuch der Philosophie von Schischkoff nachgeschaut. Da stehen praktisch dieselben Deutungen wie vorhin erwähnt. Es steht aber etwas mehr drin: „Ursprünglich eine Haltung, die das aristokratische Selbstbewusstsein von der eigenen Person, Stellung und Macht charakterisierte, ein Hinausstreben zum Höheren, das aber nur im harmonischen Ausgleich mit Demut als echter sittlicher Wert aufgefasst werden kann. Man spricht vom krankhaften Stolz, sofern er nur der Auskompensierung von Unsicherheit dient, ohne dass die betreffende Person ein starkes sicheres Selbstbewusstsein trägt." Dies hat ein gewisser Herr Hartmann 1949 geschrieben.

Meiner Ansicht nach sind die beiden letzten Punkte für eine Debatte offen. Kann man gleichzeitig stolz und demütig sein? Warum kann man nicht ein starkes Selbstbewusstsein haben und trotzdem nicht herumstolzieren? Meine Frau und ich haben auf alle Fälle ein gut entwickeltes Selbstbewusstsein, aber dies äußert sich nicht in Form von Stolz!

Sie sehen also, bei so vielen Deutungsmöglichkeiten ist ein Gegensatz nicht möglich. Bei fast allen dieser Deutungen ist die negative Färbung unübersehbar. Kein Mensch würde bei Wörtern wie Arroganz, Hochmut, Überheblichkeit etc. etwas Positives sehen wollen. Deswegen hat das Wort Stolz einen negativen Klang. Ich meine aber, nicht nur das Wort Stolz ist mit einem Negativum besetzt, sondern der Zustand Stolzsein ist ein Negativum und birgt manche Gefahren.

Was sagt der Engländer? „Right or wrong, my country". Er würde sich für sein Land einsetzen, auch wenn er ethisch falsch handelt. Ich meine nicht, dass alle Engländer so handeln. Man sollte jede Verallgemeinerung vermeiden. Aber ich meine schon, dass ein Engländer, der die eben erwähnte Meinung vertritt, zum Stolz neigt. Als sie die größte Kolonialmacht waren, haben sie mit Stolz verkündet, dass im British Empire die Sonne nie untergeht, da sie rund um den Globus andere Länder und Völker unterjocht hatten. Mit arroganter Überheblichkeit blickten sie herab auf die unterjochten Völker und nannten sie abschätzig „natives" also Eingeborene. Sie waren stolz auf ihre eigene Nation. Gibt es einen Grund, auf die eigene Nation stolz zu sein, auch wenn Bundeskanzler Kohl einmal gesagt hat, er sei stolz, Deutscher zu sein? Auch wenn ein heutiger Ministerpräsident, als er Generalsekretär seiner Partei war, sagte: „Ich warne vor Durchrassung und Durchmischung des Deutschen Volkes"? Schauen Sie sich bitte ein bisschen um in der Weltgeschichte der Kulturen. Mesopotamien, Ägypten, China, Indien, Griechenland, Rom etc. waren einmal hochentwickelte Kulturen, als noch der Großteil der Europäer in den Wäldern herumstreifte. Die industrielle Revolution gab vielen europäischen Kulturen nicht nur einen wirtschaftlichen Vorsprung, sondern auch überlegene Waffen, mit denen sie die Welt eroberten. Ist dies ein Grund, sich als überlegene Nation zu fühlen? Das Auf und Ab der Kulturen ist ein Bestandteil der Weltgeschichte. Auch heute ist die Welt im Umbruch. Es ist vorauszusehen, dass China und Indien in absehbarer Zeit größere wirtschaftliche Mächte werden als der Westen. Werden dann europäische Gastarbeiter in diesen Ländern arbeiten? Werden dann Inder und Chinesen als überlegene Völker auf die Europäer herabschauen? Ich hoffe nicht. Eine militärische Eroberung des Westens ist sicherlich nicht zu erwarten. Ich glaube es nicht und ich hoffe es auch nicht. Erst bei einer militärischen Eroberung wachsen und gedeihen Eigenschaften wie Arroganz, Überheblichkeit und Intoleranz besonderes stark. Ich denke, die Menschheit ist unterwegs zu der Erkenntnis, dass in der immer kleiner werdenden Welt mehr durch Kooperation zu gewinnen ist als durch Konfrontation. Da ist Nationalstolz nicht sehr hilfreich.

Warum in die Ferne schauen, wenn selbst in der deutschen Geschichte verheerende Auswirkungen vom „Rassenstolz" festzustellen waren und wieder sind? Man braucht das Geschichtsbuch nur ein halbes Jahrhundert und ein bisschen mehr zurückzublättern. Gibt es aber überhaupt eine „deutsche Rasse"? Da sind römische Söldner, Wikinger, Napoleons Soldaten, Skandinavier des 30-jährigen Krieges, in der jüngsten Zeit Russen, Franzosen, Briten, Amerikaner usw. in Deutschland durchmarschiert. Es ist kaum anzunehmen, dass sie alle sexuelle Enthaltsamkeit geübt haben. Dann ist es lächerlich, heutzutage von „Durchrassung" und „Durchmischung des deutschen Volkes" zu sprechen. Solche Aussagen sind nicht nur lächerlich, sondern auch gefährlich, wenn sie von mächtigen Politikern kommen. Auf solchem Boden könnte durchaus rechtsextremistische Saat gedeihen.

Sie sehen, meine Damen und Herren, so ganz ungefährlich ist das

Stolzsein gar nicht. Sehr gefährlich ist es, wenn es größere Menschen-massen erfasst, in der Deutung Arroganz, Hochmut, Überheblichkeit gegenüber anderen, die anders sind. Kein vernünftiger Mensch würde so etwas gutheißen können.

38. Egoismus und Egozentrismus

Eine wahre Geschichte: Es war die unmittelbare Nachkriegszeit. Er, sie und drei kleine Kinder wohnten in einer kleinen Wohnung. Ab und zu bekam er ein Päckchen von seiner Mutter. Er machte es auf. Es waren Schokolade und Kekse darin. Damals waren das ja Luxusgüter. Er fing an zu essen. Die Ehefrau und die Kinder standen drum herum. Sie bekamen nichts davon ab. Die Frau sagte: „Gib doch den Kindern we-nigstens etwas ab." Er: „Wieso denn? Die Schokolade hat meine Mut-ter mir geschickt." Und aß rücksichtslos weiter, bis nichts mehr übrig war. Alle die, die diese Geschichte hörten, meinten: Das ist Egoismus in höchster Form. Das ist wohl wahr. Gibt es auch Egoismus in etwas schwächer ausgeprägter Form? Sie brauchen nur einmal eine Auto-bahnfahrt zu unternehmen. Sie werden einer Menge rücksichtsloser Ausfahrer begegnen. Die Drängler, die Überholer, die langsamen Dau-erfahrer auf der äußersten Überholspur usw. Oder Sie wollen einen An-gehörigen im Krankenhaus besuchen. Vor Ihnen gehen ein paar Leute, die wissen, dass Sie direkt hinter ihnen hergehen. Trotzdem machen sie die Tür auf und gehen dann einfach weiter, sodass die Tür vor Ihrer Nase zufällt. Wenn diese Leute nicht nur an sich gedacht hätten, hätten sie die Tür kurz aufgehalten. Manchmal ist man geneigt, so jemandem laut zuzurufen: „Danke für das Aufhalten der Tür!"

Herr Weinzierl war arbeitslos geworden und fing an zu rauchen. Bald rauchte er 60 Zigaretten pro Tag. Seine Frau meinte: „Bitte rauch nicht soviel. Ich mache mir Sorgen um deine Gesundheit. Ich möchte nicht, dass du krank wirst und deswegen dann leiden musst. Das kann ich nicht ab, denn ich liebe dich." Herr Schneider rauchte ebenfalls 60 Zigaretten am Tag. Frau Schneider sagt zu ihm: „Hör endlich auf zu rauchen. Du wirst todsicher krank. Entweder kriegst du Herz- und Kreislaufkrankheiten oder sogar Lungenkrebs. Ich möchte nicht mit so einem kranken Mann leben und ihn ewig pflegen. Außerdem könnte ich mit dem Geld, was du verrauchst, etwas Besseres anfangen. Wir könnten beispielsweise häufiger zum Essen ausgehen, damit ich nicht ewig in der Küche stehen muss."

Ich glaube, man muss die Unterschiede in die Reaktionen beider Frauen nicht extra herausarbeiten. Sie sind deutlich und eklatant.

Es gibt aber auch leichte Formen von Egoismus und Egozentrismus, wo man sich dieser Eigenschaft nicht bewusst ist.

Telefonanruf: „Hallo, Frau Patel, hier spricht Astrid Winterstein. Ich hatte an Ihrem Malkursus im vorigen September teilgenommen. Ich wollte Sie fragen ..." usw. Zweiter Anruf: „Frau Patel, wenn ich die Hutschau mitmache ..." Sie sagt nicht mal, wer sie ist. Sie nimmt einfach an, dass meine Frau sie an ihrer Stimme erkennen muss. Kaum einer fragt, ob man gerade Zeit hat.

Es gibt aber auch Telefonanrufe, die so anfangen: „Sie kennen mich sicherlich ..." oder einfach „Ich bin es." Nun, wenn man in der Woche regelmäßig mehrmals Anrufe von der Tochter bekommt und einen sonst wenige Anrufer belästigen, ist dies kein Problem. Erstens kennt man die Stimme und zweitens hat man wegen der wenigen Anrufer keine große Auswahl zu treffen, um die Personen zu sortieren. Meine Frau bekommt aber eine Unmenge von Anrufen wegen ihrer Hutschau, Ausstellungen, Kurse, Messen, Porzellan usw. usw. Und dann auch noch natürlich von Freunden und Bekannten. Dann muss sie aber schnell eruieren, wer wohl am anderen Ende ist. Unsere Freundin aus Köln ruft wegen der Hutschau ziemlich oft an. Ihre Stimme ist für uns unverkennbar. Aber trotzdem sagt sie zuerst ihren Namen und dann erst redet sie weiter. Unsere Tochter fängt immer so an: „Ich bin es, Isabel" und dann redet sie weiter.

Die ersterwähnten Personen sind so egozentrisch, dass sie annehmen, dass der andere wissen muss, wer sie sind. Es ist aber nicht nur am Telefon so. Ich habe im Laufe meines Lebens sehr viele Patienten behandelt. Einmal habe ich Folgendes erlebt:

Ich bin auf dem Wochenmarkt. Da sagt jemand: „Grüß Gott, wie geht es Ihnen?" Pflichtgemäß sage ich: „Danke gut, und Ihnen?" Daraufhin er: „Man muss zufrieden sein. Es war doch sehr schwierig, gell?" Nun überlege ich mir schon die ganze Zeit, wer der Herr wohl sei, und ich muss mir auch noch Gedanken darüber machen, was wohl sehr schwierig war! Nun, es stellte sich heraus, dass es sich um einen Patienten handelte, den ich vor mehreren Jahren operiert hatte. Er meinte wohl nicht nur, dass ich ihn sofort erkenne, sondern auch, welche Operation ich bei ihm durchgeführt hatte. Und wie sie genau verlaufen ist. So etwas erlebe ich immer wieder. Dann habe ich noch etwas Tolleres erlebt. Einmal beschwerte sich eine Frau bei meiner Frau über mich. Meine Frau fragte, worum es ginge. Sie sagte: „Vor etwa 15 Jahren hat Ihr Mann meinen Vater operiert. Im Rahmen der Anghörigensprechstunde hat er mit mir ausführlich über die Krankheit meines Vaters gesprochen. Jetzt habe ich seinen Philosophie-Kurs besucht. Und wissen Sie was? Er hat mich nicht mit meinem Namen begrüßt!" Sie war richtig empört, denn sie war wahrscheinlich der Meinung, sie sei so eine tolle, imposante Frau und mache infolgedessen so einen nachhaltigen Eindruck, dass ihre Gesprächspartner sich ihren Namen bis in die Ewigkeit merken müssten. Wahrscheinlich passiert einem Lehrer Ähnliches. Viele ehemalige Schüler sind bestimmt der Ansicht, dass sie auf den Lehrer so einen Eindruck gemacht haben müssten, dass sie von ihm erwarten, dass er sich nicht nur ihren Namen gemerkt hat, sondern auch die Mathe-Note im Jahre X.

Dieses waren Beispiele vom egozentrischen Denken. Was ist Egozentrismus und Egoismus gemeinsam und was unterscheidet sie?

Im Philosophischen Wörterbuch von Schischkoff liest man: „Egozentrisch ist ein Mensch, der in allem Denken und Tun bewusst oder unbewusst das eigene Ich in den Mittelpunkt stellt." Unter Egoismus steht im selben Buch Folgendes: „Eigenliebe, Ichliebe; Verhalten, das vom Ichgefühl, von dem Gedanken an das eigene Ich beherrscht und geleitet wird."

Im Allgemeinen wird unter dem Begriff „Egoist" etwas Negatives verstanden. Wenn man sagt: „Er ist ein Egoist", dann gibt man zu erkennen, dass man keine gute Meinung von ihm hat. In dem eben erwähnten Buch steht aber mehr über Egoismus. Ich zitiere. „Der Egoismus ist zunächst ein Ausfluss des natürlichen Selbsterhaltungstriebs, der auch ethisch vom Wert des Lebens gefordert ist. Er ist notwendig zur Erkenntnis und Verwirklichung der Persönlichkeitswerte und zur Erfüllung der sittlichen Pflicht, die eigenen Anlagen und Fähigkeiten zu größtmöglicher Vollendung zu bringen. Er wird ethisch verwerflich, wenn der fremden Persönlichkeit weniger Wert beigemessen wird als der eigenen, wenn die Rechte anderer verletzt werden." Nun, da sind einige Ideen, die Schischkoff wohl von Kant übernommen hat, und worüber man strittig diskutieren kann. Es ist auch etwas umständlich geschrieben. Aber ich komme später darauf zurück, wenn ich das Thema Egoismus behandle.

In vielen Fällen verhalten sich die beiden Begriffe wie eineiige Zwillinge. Deswegen werden sie oft als Synonyme verwendet, was nicht ganz richtig ist. In vielen Fällen liegt auch eine Kombination in unterschiedlichen Mischungsverhältnissen vor, wobei in einem Fall der eine und im anderen Fall der andere die vorherrschende Rolle spielt.

Doch zunächst etwas über Egozentrismus. Eurozentrismus, Anthropozentrismus, aber auch Nationalismus und Provinzialismus sind Ausdruck des kollektiven Egozentrismus. Bisher habe ich vom Individual-

Egozentrismus geredet. Erweitern wir unseren Gesichtskreis etwas.

Eurozentrismus. Manchmal verwenden wir Begriffe wie selbstverständlich, ohne uns über deren Bedeutung im Klaren zu sein. Warum heißt es eigentlich „Naher Osten, Mittlerer Osten und Ferner Osten?" Warum heißt es nicht Europa, West-Asien, Zentral-Asien und Ost-Asien? Wenn man von Japan oder China die Welt anschauen würde dann würde man Amerika als den Osten bezeichnen und Europa womöglich als Westasien oder womöglich sogar als ferner Westen bezeichnen. Wohlgemerkt, dabei ist Europa eigentlich nur ein kleines westliches Anhangsgebilde Asiens. Die Engländer sind da noch hochnäsiger. Sie unterscheiden zwischen dem Kontinent und England. Als ob England nur die eine Insel des sogenannten Kontinents wäre! Mit dem Kontinent meinen sie natürlich nur den europäischen Teil des Riesenkontinents Eurasia. Beim Individual-Egozentrismus ist das eigene Ich der Mittelpunkt. Beim Eurozentrismus stellt man Europa in den Mittelpunkt. Nationalismus und Provinzialismus ist eine Mischung aus Egozentrismus und Egoismus. Auch der Humanismus fällt unter diese Kategorie. Davon später.

Anthropozentrismus ist auf die gesamte Menschheit ausgedehnter Egozentrismus. Im Anthropozentrismus steht der Mensch oder die Menschheit im Mittelpunkt. Nach dieser Anschauung ist der Mensch nicht nur der Mittelpunkt, sondern auch Zweck des Weltgeschehens. In Meyerschen Philosophie-Lexikon steht sogar: „Ziel des Weltgeschehens, als 'Krone der Schöpfung'. Eng mit anthropozentrischen Vorstellungen verbunden sind geozentrische Modelle der Welt, die die Erde im Mittelpunkt des Weltalls sehen." Diese besonders von den Religionen vertretenen Ansichten sind von den Naturwissenschaften stark erschüttert worden, besonders im geozentrischen Bereich. Heute wissen wir, dass die Erde bloß ein kleines Staubkorn in einer kleinen Galaxie ist, in der allerdings Milliarden Sonnen und Planeten vorhanden sind. Und es schwirren Abermilliarden Galaxien im uns bekannten Universum herum. Nach Ansichten der Wissenschaftler ist uns nur ein winzig kleiner Teil des unvorstellbar großen Universums bekannt. Und die Wahrscheinlichkeit, dass es unendlich viele Universen gibt, ist gar nicht so gering. Angesichts der unfassbaren Magnifizenz des Kosmos, in dem die Erde weniger als ein Staubkorn ist, maßt sich der Mensch, der ja auch ein noch winzigeres Staubkörnchen auf der Erde ist, an, eine besondere Bedeutung zu haben. Ist eine solche Behauptung nicht absolut überheblich? Wenn man die Geschichte des Lebens auf der Erde mit einen Tag vergleicht, ist der Mensch erst in der letzten Minute vor 12:00 Uhr auf der Erde erschienen. Die Dinosaurier haben die Welt 170 Millionen Jahren beherrscht. Der Homo sapiens ist erst vor 300.000 Jahren entstanden. Er ist nichts anderes als ein vorläufiges Endprodukt der Evolution, so wie alle anderen Lebewesen auch. Und die Evolution ist noch nicht abgeschlossen.

Vielleicht gibt es eines Tages einen Homo superior, der nicht nur 5 bis 10 Prozent seiner Gehirnkapazität nutzt wie der heutige Mensch, sondern 20, 50 oder mehr! Er wird uns wahrscheinlich genauso primitiv finden, wie wir die Neandertaler empfunden haben. Wir sind aber eben nichts anderes als die Neandertaler der Zukunft. Vielleicht gibt es nach dem nächsten Atomkrieg die Menschheit nicht mehr. Dann übernehmen möglicherweise intelligente Ratten die Regie. Sie sind bekanntlich sehr resistent gegen die atomaren Strahlungskräfte und viele andere schädliche Umwelteinflüsse. Unsere Vorfahren waren auch ziemlich kleine unbedeutende pferdeähnliche Tiere im Reich der mächtigen Reptilien. Als die Reptilien durch einen Riesen-Meteoriten ausgelöscht wurden, bekam das kleine pferdähnliche Tierchen die Chance sich zu behaupten und sich weiter zu entwickeln. Außer Ratten gibt es viele jetzt noch unbedeutende Tiere, die die Welt übernehmen könnten. Auch die Insekten, ja sogar die heute pflanzlichen Lebewesen kämen in Frage.

Angesicht der erwähnten Tatsachen und der Zukunftsperspektiven sollte man bescheiden sein und nicht so egozentrisch. Wenn die Menschheit auf der Erde nicht entstanden wäre, hätte es dem Kosmos gar nichts ausgemacht. Vielleicht gibt es in diesem unvorstellbar riesigen Kosmos 100, ja millionenmal ältere Rassen, die millionenfach intelligenter sind als wir. Vielleicht haben sie andere Eigenschaften als Verstand und Intelligenz, die wir mit unserem jetzigen Verstand nicht begreifen können, so wie die Tiere mit ihren begrenzten Wahrnehmungseigenschaften die Menschen nicht begreifen können. Begreift der Regenwurm oder der Kastanienbaum die Menschen?

Vielleicht sind wir im Vergleich zu diesen anderen hochentwickelten Spezies noch weniger als eine Mücke oder ein einzelliges Tier wie eine Amöbe. Wir sind mit der Eigenschaft Leben der toten Materie überlegen. Vielleicht gibt es sogar eine andere Eigenschaft, die der Eigenschaft Leben überlegen ist, und die wir uns mit unserem begrenzten Verstand nicht mal vorstellen, geschweige denn _sie_ begreifen können. Anstatt sich seiner unbedeutenden Rolle im Kosmos bewusst zu werden, maßt sich der egozentrische Mensch an, die Krone der Schöpfung zu sein. Er sei das Lieblingswesen des Schöpfers. Eins muss man dem Homo sapiens lassen. Fantasie hat er. Um den eigenen Egozentrismus zu befriedigen, erfindet er einen Schöpfer und meint, der Schöpfer habe ihn nach seinem eigenen Abbild geschaffen. Da erfindet er nicht nur einen Gott, sondern auch seine Helfer und Helfershelfer. Er erfindet unter anderem auch die Engel, die sich um das Wohlergehen des Lieblingswesens Gottes kümmern. Vor einiger Zeit hielt eine sogenannte Engelsdolmetscherin einen Vortrag im Schloss Hessellohe in Neuburg zum Thema „Wie man Unterstützung von den Engeln erhalten kann". Sie selbst halte Zwiegespräche mit den Engeln und vermittele auch den Kontakt mit den Engeln. Und es kamen viele Leute. Der Eintritt für den Vortrag kostete 12 €, und das Wochenend-Seminar, in dem praktische Übungen zum Engelskontakt vermittelt wurden, kostete noch ein wesentliches Sümmchen mehr. Da fragt man sich, ob diese anthropozentrisch orientierten Menschen sich für so wichtig halten, dass ein „Lieber Gott" speziell für sie die Engel herunterschickt, um ihnen aus ihren Problemen herauszuhelfen? Mir sagt mein gesunder Menschenverstand: Wenn es einen allwissenden Gott gäbe, würde er meine Probleme sowieso kennen. Und wenn er allgütig ist, dann kann er nichts anderes wollen, als meine Probleme mit seiner Allmacht zu beseitigen. Aber es scheint so zu sein, dass diesem religiösen oder esoterischen Anthropozentrismus viele Menschen verfallen sind.

Im Zusammenhang mit dem religiösen Anthropozentrismus möchte ich drei neue Begriffe kreieren, nämlich *Religiozentrismus, Christozentrismus* und *Katholozentrismus*.

Religiozentrismus. Anthropozentrismus wird seit Jahrtausenden von vielen Religionen gepredigt und propagiert, besonderes von den drei bekannten monotheistischen Religionen, nämlich: Judentum, Christentum und Islam. Hier ist der Mensch die Krone der Schöpfung und somit der Mittelpunkt der Betrachtung und Beachtung. Diese Denkweise ist spezifisch für die erwähnten monotheistischen Religionen. Den Wiedergeburtsreligionen wie Hinduismus, Buddhismus und Jainismus ist dieses Denken fremd, da hier dieselbe menschliche Person auch als Tier auf der Welt wiedergeboren werden kann. Da Budhdhismus und Jainismus atheistische Religionen sind, wo ein Gott nicht vorkommt, entsteht die Frage, ob der Mensch das Abbild Gottes sei, erst gar nicht.

Ein religiozentrischer Mensch stellt sich selbst und seine Betrachtungsweise in den Mittelpunkt und glaubt, da er selbst gläubig ist, müssten andere Menschen auch gläubig sein. So werde ich oft mit der Frage konfrontiert, welchen Glauben ich habe. Früher hat man den Miteinwohnern im Dorf oder Neuankömmlingen automatisch und selbstverständlich die Frage gestellt: Sind Sie katholisch oder evangelisch? Mir stellen sie solch eine Frage nicht, da es rein optisch zu ersehen ist, dass ich woanders herstammen muss und deswegen nicht nur diese zwei Alternativen habe. Heute sind solche Fragen sowieso rar geworden, da sehr viele Menschen aus der Kirche ausgetreten sind, zunehmend mehr austreten und die Zahl der Atheisten und Agnostiker stetig zunimmt. Laut Emnid-Umfrage vom Jahre 1998 glaubten erstmals in der Geschichte der Bundesrepublik die Mehrzahl, genauer gesagt 54 Prozent der Einwohner *nicht* an Gott. Die Bedeutung der Konfessionen und der Religionen nimmt also ab.

Christozentrismus. Dies ist zwar religiozentrisch, betrifft aber nur die Menschen, die an den Gottessohn Christus glauben. Ein Religionsanhänger glaubt in der Regel, dass sein Glaube der richtige ist. Ich habe einmal mit einem Arztkollegen in Indien gesprochen. Er war der Ansicht, dass der Hinduismus der einzig richtige Glaube sei. Als ich ihn fragte, wieso, war er richtig erstaunt. Die Richtigkeit seines Glaubens war für ihn doch eine solche Selbstverständlichkeit, dass er nicht mal in Erwägung gezogen hatte, dass irgendjemand dies in Frage stellen könnte. Allerdings ist diese Einstellung in Hinduismus nicht weit verbreitet. Das Grundprinzip des Hinduismus ist: „Solange du deine Pflicht tust, ist es egal, ob du an einen Gott, an mehrere Götter oder an keinen Gott glaubst." Als der ehemalige Gesundheitsminister Indiens, der ein Hindu ist, mich besuchte, habe ich ihm natürlich unsere Stadt Neuburg gezeigt. Wir sind dann in die Hofkirche hineingegangen. Er faltete seine Hände und verbeugte sich ehrerbietig vor dem Altar. Ich glaube, ein Muslim oder ein Christ würde sich vor den fremden Göttern kaum verneigen. Die polytheistischen Religionen sind in der Regel toleranter. Wenn man sowieso an mehrere Götter glaubt, dann ist ein zusätzlicher Gott kein Problem, sondern eher willkommen.

So gibt es in Indien Hindu-Tempel, wo eine Jesus-Statue, aber auch die Koranschriften zu finden sind. In einer christlichen Kirche wird man vergeblich nach fremden Göttern suchen. Ganz im Gegenteil. In der Augsburger Zeitung war ein Bericht mit der Überschrift: „Kirchen tabu für Tempeltanz; Diözese Augsburg verhängt Auftrittsverbot". In

Augsburg findet ein interreligiöses Festival und Treffen statt. Es soll die Verständigung zwischen den Religionen verbessern. Aber die Diözese meint, es sollen keine fremdreligiösen Zeremonien in den Kirchen stattfinden, denn die Kirchen seien heilige Orte. Ist dies der Beitrag der Diözese zur Verständigung zwischen den Religionen? Schizophrenerweise wird für die jüdische Religion eine Ausnahme gemacht mit der Begründung: „... da wir Christen den Gott Israels als den Gott Jesus Christi bekennen". Ich frage mich, hat die Diözese ihre Hausaufgaben nicht gemacht, denn sie müsste eigentlich wissen, dass der Gott Abrahams nicht nur der Gott der Juden und Christen, sondern auch der Gott der Muslime ist? Und außerdem wird Jesus von den Muslimen als Prophet anerkannt – nur nicht als Gottessohn. Sie sind der Meinung, dass es nur einen Gott gibt. Jemanden Gottessohn zu nennen ist für sie eine Blasphemie. Deswegen heißen bei ihnen alle Nichtmuslime Ungläubige und die blasphemischen Christen Christenhunde.

Hund ist übrigens die schlimmste Beleidigung im Islam. Hunde werden erbarmungslos gejagt, da angeblich ein Hund das Versteck des Propheten Mohammed verraten haben soll, als er auf der Flucht war. In Saudi-Arabien hatte ich einmal eine Diskussion mit einem muslimischen Arzt. Er war muslimischer Pakistani und hatte in England studiert. Deswegen hatte ich eigentlich mehr Weltoffenheit und Toleranz von ihm erwartet. Aber er war der Meinung, dass der Islam der einzig richtige Glaube sei und deswegen am Ende siegen werde.

Intoleranz ist leider das Markenzeichen der monotheistischen Religionen. Zur Verteidigung der Augsburger Diözese muss man sagen, dass sie gar nicht anders handeln kann, denn das christozentrische Denken ist biblisch begründet. Es wird sogar mit Höllenqualen gedroht, wenn man den christlichen Glauben nicht annimmt. Bei Markus, Kapitel 16, Absatz 16 lesen wir: „Wer da glaubt und getauft wird, der wird selig werden; wer aber nicht glaubet, der wird verdammt." Oder „Ich bin der Weg und die Wahrheit", Johannes 16,7 oder: „Wer meine

Worte hört und mir nicht folgt, bei ihm wird Heulen und Zähneklappern sein." Natürlich sind auch gut gemeinte Stellen in der Bibel zu finden. So wiederholt Jesus, was Budhdha, Konfuzius und Lao-Tse 500 Jahre vor ihm gesagt hatten, nämlich: „Liebe deinen Feind." Aber es stehen leider viele intolerante christozentrische Aussagen in der Heiligen Schrift. Wer die Bibel gründlich durchgelesen hat, kann nicht anders als mir dies zu bestätigen.

Diese Aussagen sind nicht ohne Auswirkungen geblieben. Man braucht sich nur die bisherige Geschichte des Christentums zu vergegenwärtigen. Aber entweder ist das menschliche Gedächtnis zu kurz oder man möchte mit dieser dunklen Seite des Christentums nicht konfrontiert werden. Hat man die Kreuzzüge und den 30-jährigen Krieg vergessen? Tausende nichtchristliche Indianer wurden mit päpstlichem Segen von den Spaniern und den Portugiesen auf schreckliche Weise gefoltert und umgebracht. Karlheinz Deschner erwähnt in seinem Buch „Abermals krähte der Hahn", dass allein in Mitteleuropa während der großen Inquisition 9 Millionen sogenannte Hexen gefoltert und umgebracht wurden. Das Christentum wurde nicht mit Liebe, sondern mit dem Schwert verbreitet. So ließ Karl der Große in Sachsen 4627 Adelige köpfen, weil diese die christliche Religion nicht annehmen wollten. Mir ist es ein Rätsel, wie so ein Mörder überhaupt „der Große" heißen kann! So könnte man unendlich viele Gräueltaten der Christen, und das auch noch im Namen eines liebenden Gottes, erwähnen. Wer darüber mehr wissen möchte, dem sei das zehnbändige Werk „Kriminalgeschichte des Christentums" von Karlheinz Deschner empfohlen. Mir geht es darum aufzuzeigen, dass der kollektive Egozentrismus zu Katastrophen führen kann.

Eine Unterart der Christozentrismus ist der Katholozentrismus. Danach ist die katholische Kirche die alleinseligmachende. Alle getauften Mitglieder der Kirche sind zur Erlösung auserwählt. Wie intolerant dieses Denken sein kann, sieht man allein daran, dass sie nicht mal in der Lage sind, mit den Glaubensbrüdern in Christo, den Protestanten, eine gemeinsame Ökumene-Feier abzuhalten. Wehe wenn sich ein katholischer Pfarrer dies doch wagt. Er wird gleich in den Ruhestand versetzt und kaltgestellt. In Fuldaer Dom stand eine Tafel mit der Aufschrift „Protestanten unerwünscht". Ob sie immer noch da steht, weiß ich nicht. Wenn sie sich nicht mal mit den Glaubensbrüdern verständigen können, dann kann man von ihnen kaum Toleranz gegenüber anderen Religionen erwarten.

Ohne Toleranz kann man nicht friedlich nebeneinander leben. In der immer kleiner werdenden Welt kann man ohne Toleranz und Kooperation nicht auskommen. Dies ist aber das Dilemma des Katholozentrismus. Wenn Sie sich streng an das in der Heiligen Schrift verkündete Wort halten wollen, können Sie nicht tolerant sein.

Dieser Glaube ans Auserwähltsein ist nicht nur bei der katholischen Kirche festzustellen, sondern auch bei vielen Sekten. Es gibt ja über 2500 Sekten im Christentum, und alle wähnen sich als die alleinig Auserwählten. Dieser egozentrische Glaube, dass man selbst auserwählt sei, nimmt manchmal furchtbare Formen an. Vor ein paar Jahren begingen alle Mitglieder einer Sekte gemeinsam Selbstmord, da sie der Meinung waren, dass, wenn man an diesem Tag aus dem Leben scheidet, man gleich in den Himmel kommt. In dieser zuletzt erwähnten Art der anthropozentrischen Denkweise nimmt man seine egozentrische Wichtigkeit wahr, weil man als Individuum ja ein Teil dieser Gruppe ist.

Egoismus. Ich habe anfangs einige Beispiele des Individual-Egoismus genannt. Aber so wie es beim Egozentrismus verschiedene Formen des kollektiven Egozentrismus gibt, so gilt dies auch für den Egoismus.

Wie anfangs erwähnt, wird im Allgemeinen Egoismus als ein negatives Werturteil verstanden. Es ist an der Zeit, dieses Missverständnis aufzuklären. Egoismus an sich ist kein Werturteil, sondern eine Eigenschaft, eine Tatsache. Seine Wertigkeit erhält er in seiner gesellschaftlichen Relevanz. Wenn durch ihn der Gemeinschaft Schaden zugefügt wird, ist er schlecht. Wenn die Gemeinschaft davon profitiert, ist er gut. Wenn man mit Dynamit Staudämme baut, damit die verdurstende Bevölkerung und die Landwirtschaft Wasser bekommt, ist sein Gebrauch gut. Wenn man mit Dynamitbomben Menschen umbringt und deren Häuser zerstört, ist es schlecht. Wenn durch die Steuersenkung für die reichen Unternehmen neue Arbeitsplätze entstehen, ist diese willkommen. Wenn die Fabrikbesitzer die dadurch gewonnenen Gelder zur Rationalisierung des Betriebes verwenden und die Arbeitsplätze sogar vernichten, dann kann man diese Art von Steuersenkung nicht als kluge Maßnahme bezeichnen. Also die gesellschaftliche Nützlichkeit ist der Maßstab für eine ethische Beurteilung.

Wir alle sind Egoisten. Stimmt das? In meinem Buch „Das Glück liegt diesseits des Todes" habe ich zunächst folgende Frage gestellt: „Was ist das Leitmotiv des menschlichen Tuns? Oder einfacher ausgedrückt: Warum tut ein Mensch, was er tut?" Ich habe dann die Frage wie folgt beantwortet: „Das Leitmotiv des menschlichen Tuns ist der Wunsch glücklich zu sein." Er möchte sich wohlfühlen. Er strebt immer angenehme Zustände an. Bis auf diejenigen mit einer krankhaften Psyche streben die Menschen immer danach, glücklicher zu sein als sie schon sind. Aber selber glücklich sein zu wollen ist ein auf sich bezogenes, also egoistisches Motiv. Auch die Religionen sind eine eudämonische, das heißt glückanstrebende Lehre. Auch wenn diese Art von Menschen sich selbst bewusst Leid zufügen, wie die sich geißelnden Mönche es taten, so doch mit der Vorstellung, dass dadurch ihre Chancen auf die Glückseligkeit im ewigen Jenseits steigen.

Es ist ja auch nicht verkehrt, das eigene Glück anstreben zu wollen. Diese Eigenschaft ist uns durch die Evolution gegeben. Es ist also ein Faktum. Diejenigen tierischen oder menschlichen Spezies, die das eigene Glück nicht angestrebt haben, sind durch den natürlichen Ausleseprozess ausgestorben. Stellen Sie sich eine Tierfamilie in freier Wildbahn vor. Die Tiere sind glücklich, wenn sie genügend zum Fressen, Wasser zum Trinken und Schutz vor fleischfressenden feindlichen Tieren haben. So überleben sie und vermehren sich. So erhalten sie ihre Art. Durch eine Mutation entsteht nun ein kleines Tier, das keine Freude an Fressen, Trinken und Sex hat; und es hat auch keine Angst vor den Karnivoren oder Jägern. So ein Tier kann nicht überleben; seine Gene nicht weitergeben. Damit ist dieser Genotypus für die Evolution uninteressant geworden. Also ist nicht der Kampf ums Überleben die Triebfeder der Evolution, sondern das Streben nach angenehmerem Leben. Das Überleben ist nur das Ergebnis. Dies ist nur eine kleine Korrektur der darwinistischen Evolutionstheorie.

Auch mit der menschlichen Rasse war es nicht anders. Die ersten Exemplare sind bekanntlich in Afrika entstanden. Durch den Wetterumschwung und Klimakatastrophen wurde die Nahrung knapp. Und Hunger ist wohl kein angenehmer Zustand. Also machten sie sich zur Nahrungssuche auf den Weg und breiteten sich in der ganzen Welt aus. Als Gedankenexperiment stellen wir uns vor, dass eine Gruppe dieser Spezies keinen Wert auf Nahrung und sonstige angenehmen Zustände legte und somit ausstarb. Also ohne egoistisches Streben nach dem eigenen Glück wären wir heute gar nicht da. Wir alle kommen als kleine Egoisten auf die Welt. Schauen Sie sich die kleinen Kinder an. Sie sind wahrhaft rücksichtslose Egoisten.

Die Säuglinge schreien nachts, wenn sie Hunger haben, ohne Rücksicht auf die Mutter, ob sie nun gerade eingeschlafen ist oder nicht. Wenn sie etwas älter werden, schubsen sie die anderen Kinder oder andere Mitmenschen, wenn sie spielen oder herumtoben. Die Kleidung kann auch ruhig schmutzig werden. Zu den Mahlzeiten muss das Essen auf dem Tisch stehen usw. Erst im Rahmen der Sozialisation innerhalb der Familie und Gesellschaft werden ihnen die altruistischen Werte beigebracht. Mutti sagt zu Lisa „Also, wenn du dem kleinen Bruder kein Bonbon abgibst, dann kaufe ich dir keine neuen mehr." Wenn Klein-Lisa dem Bruder Süßigkeiten abgibt, wird sie von der Mutter liebevoll umarmt und ihr wird erzählt, wie lieb sie sei. Das ist eine Belohnung, ein angenehmer Zustand, was Klein-Lisa natürlich mag. Jedenfalls sieht sie ein, dass es für sie selbst Nachteile bringt, wenn sie ihrem Bruder keine Süßigkeiten abgibt, es aber Vorteile bringt, wenn sie ihre Sachen mit anderen teilt. So werden Kindern sozialisiert und ihr altruistisches Denken wird gefördert.

Später, wenn die Kinder größer werden, bleibt der Appell an Lisas Egoismus aus: „Du bekommst keine weiteren Süßigkeiten mehr, wenn du sie nicht mit deinem Bruder teilst." Die Mutter sagt dann nur: „Gib deinem Bruder auch was ab!" Noch später wird das Teilenwollen zur Selbstverständlichkeit und zur Gewohnheit. Der egoistische Ursprung des Altruismus ist dann nicht mehr erkennbar. Es macht sogar Spaß, mit anderen etwas zu teilen, anderen zu helfen. Denn gegen die Denkgewohnheit zu handeln, würde einem Gewissensbisse verursachen. Das wäre dann ein unangenehmer Zustand.

Aus dem bisher Gesagten geht hervor, dass Egoismus genetisch vorprogrammiert ist. Die in Mode gekommene Soziobiologie übertreibt meiner Ansicht nach, wenn sie behauptet, das Gen selbst sei egoistisch. Deswegen könnten wir gar nichts dafür, wenn wir egoistisch, auch rücksichtslos handeln. Die Rolle der Erziehung und des Sozialisationsprozesses in der Familie und in der Gesellschaft werden völlig ignoriert. Wir seien bloß Marionetten in den Händen von Genen. Sie kennen womöglich das Buch „Das egoistische Gen" von Dawkins. Mittlerweile sind Hunderte solcher Bücher über dieses Thema erschienen. Nur ein paar kurze Bemerkungen dazu. Die Gene wären angeblich so rücksichtslos egoistisch, dass sie sich auf Biegen und Brechen fortpflanzen wollten, ohne Rücksicht auf Verluste. Den Genen wird also ein Wille zugestanden. Deswegen also auch die Polygamie und die Untreue in der Ehe. Schon da hätte ich meine Einwände. Wenn das egoistische Gen die Lust auf Polygamie und Seitensprung erweckt, nur um sich vielfach zu duplizieren, dann müsste es jedwedes Interesse verlieren, die Untreue der Menschen zu fördern, die Verhütungstechniken anwenden, und auch bei den Frauen, die nach einer Totaloperation keine Kinder mehr bekommen können. Es gibt Menschen, die bei Lebensgefahr andere Menschen retten. Wenn aber das Gen so egoistisch ist und nichts anderes im Sinn hat, als sich weiter zu reproduzieren, dann würde es dem Organismus, in dem es haust, gar nicht erlauben, sich in Lebensgefahr zu begeben.

Die Eigenschaft Egoismus ist aber mit Bewusstsein gekoppelt. Ist es gerechtfertigt, der Molekularansammlung, so wie Gene dies sind, überhaupt ein Bewusstsein zuzuschreiben? Hoimar von Ditfurth geht noch einen Schritt weiter. In seinem Buch „Am Anfang war der Wasserstoff" schreibt er sogar dem Atom ein Bewusstsein zu. Wenn man den Gedanken weiterspinnt, müsste man auch den anderen subatomaren Teilchen Bewusstsein zugestehen, wie den Quarks, Positronen, Photonen, ja sogar den Neutrinos, wobei man bei diesen nicht weiß, ob sie als Materieteilchen aufzufassen sind oder nicht. Das scheint mir nicht sehr plausibel zu sein.

Ich hatte erwähnt, dass Egoismus eine Eigenschaft ist, die ihre ethisch-moralische Wertigkeit erst in ihrer gesellschaftlichen Relevanz bekommt. Danach unterscheide ich drei Arten von Egoismus.

1. Wenn ich mich glücklicher fühle, indem ich anderen schade oder wehtue, ist dies ein rücksichtsloser Egoismus. Folterer, Diktatoren, Verbrecher, aber auch neidische Leute mit Missgunst, Gerüchteverbreiter etc. fallen in dieser Kategorie.

2. Wenn ich glücklich bin, weil ich Fahrrad fahre, Gartenarbeiten verrichte oder Musik höre, so ist dies zwar eine egoistische, aber gesellschaftspolitisch und ethisch-moralisch eine wertneutrale Handlung.

3. Wenn ich mich wohlfühle, indem ich anderen helfe, so ist dies ein altruistischer Egoismus.

Einmal fragte mich eine Journalistin, warum ich meinen Urlaub opfere, um in Indien bedürftige Patienten zu operieren. Ich sagte wahrheitsgemäß, dass ich es für mich selbst tue, denn dies gibt mir Genugtuung und Erfüllung im Leben, was mich wiederum glücklich macht, und eben andere Menschen auch.

Reine Selbstlosigkeit, selbstlose Nächstenliebe, ohne ein damit verbundenes eigenes Glücksgefühl, wie es viele Religionen predigen, gibt es nicht. Es wäre, wie wenn man Lotterie spielt und sich wünscht, dass der andere gewinnt. Deswegen nützen ach so hehre Gebote wie „Liebe deinen Feind" nichts. Herr George W. Bush, der sich so christlich gibt, wirft Bomben auf den Irak, anstatt Saddam Hussein zu umarmen. Völlig umsonst haben sich die Frühchristen in den römischen Arenen von Löwen fressen lassen. Sie würden sich im Grabe umdrehen, wenn sie wüssten, was die christlichen Militär-Herren heute alles anstellen.

Was ist, sagen wir mal mit der Mutterliebe? Ist die Mutterliebe selbstlos? Viele Mütter meinen, sie hätten soviel für die Kinder getan und jetzt seien diese so undankbar. Erstens, die Frauen, die Kinder haben wollen und nicht bekommen können, sind unglücklich. Und diejenigen, die welche bekommen haben, haben sie sich zur eigenen Glücksvermehrung angeschafft – von einigen Betriebsunfällen abgesehen. Zweitens, durch die Evolution, Hormone und erziehungsbedingte Denkgewohnheiten ist die Psyche der Mütter so geformt, dass wenn sie sich um die Kinder nicht sorgen würden, sie sich selber unglücklich fühlen würden. Einfach deshalb, wenn man nicht das tut, was man eigentlich hätte tun sollen, so fühlt man sich unwohl, also unglücklich. Die Kinder dagegen nehmen die Mutterliebe als Selbstverständlichkeit hin – bis sie selber Kinder bekommen und Einsicht in die Mutter-Kind-Beziehung erhalten. Also auch die Mutterliebe ist nicht selbstlos, da das Kinderhabenwollen auch zur eigenen Glücksvermehrung dient. Ich glaube, wenn Eltern sich dieser Tatsache bewusst wären, würde es viele Eltern-Kind-Konflikte nicht geben. Dann würden die Eltern von ihren Kindern nicht zuviel Dankbarkeit erwarten. Wer zuviel erwartet, wird zuviel enttäuscht.

Wir haben bisher über den Individual-Egoismus gesprochen. Aber genauso wie beim Egozentrismus gibt es auch einen kollektiven Egoismus. Diese Form kann dann Nationalismus, Rassismus, Provinzialismus, ja auch Humanismus heißen. Es kann auch in kombinierter Form auftreten, z. B. Nationalismus und Rassismus. Dieser kollektive Egoismus muss ethisch-moralisch nicht unbedingt negativ sein, genauso wie beim Individual-Egoismus. Die deutsche Nation hat bei der Tsunamikatastrophe 2004 spontan 500 Millionen Euro gespendet. Die Bürger haben sich gefreut, diese Hilfe trotz der allgemeinen finanziellen Knappheit den Notleidenden zukommen zu lassen.

Leider sind in der Geschichte negative Beispiele des Nationalismus häufiger anzutreffen. „Right or wrong, my country", sagten die Engländer und kolonialisierten mehrere Nationen, um sie für Eigeninteresse auszubeuten. „Für das Vaterland, König und Gott", sagten die Deutschen und zogen in den Krieg. Die Grande Nation Frankreich hat sich auch nicht anders verhalten. Und wie ist es heute? Ich fürchte, auch heute hat da keine große Veränderung stattgefunden. Die mächtigste Nation der Welt, die USA, ist das beste Beispiel dafür. Man hat das Gefühl, dass, seitdem der globale Gegenspieler, die Sowjetunion zerbrochen ist, die USA ihre hegemonistischen Machtgefühle ungehemmt ausüben. Das beste Beispiel ist doch der Irak. Unter dem Deckmantel der Verteidigung und Verbreitung der Werte wie Demokratie geht es doch eindeutig um billiges Erdöl, zumal das irakische Öl von besserer Qualität ist als das von vielen anderen Quellen. Es liegt auch ziemlich nah an der Oberfläche. Damit sind auch die Förderungskosten niedrig. Eigene Quellen wie z. B. die Ölsande etc. auszubeuten, ist da wesentlich teurer.

Wenn sie sich wirklich für Demokratie interessieren, wieso unterstützen sie immer noch diktatorische Regime wie die Saudi-Arabiens und die der anderen despotischen Ölscheichs, wo doch in den meisten dieser Länder das fundamentalistische islamische Scharia-Recht herrscht? Vielleicht haben viele vergessen, dass die USA im Irak-Iran-Krieg Saddam Hussein unterstützt haben. Ein bedeutender US-Politiker soll gesagt haben: „Saddam ist zwar ein Hurensohn aber er ist unser Hurensohn." Vergessen haben viele vielleicht auch, dass der gewählte Präsident Irans, Mossadeq von der CIA gestürzt und ermordet wurde, um den US-Vasall Schah auf den Thron zu bringen, damit er billiges Öl in die USA exportiert. Mossadeq hatte nämlich eine Ölpipeline in die Sowjetunion geplant, um endlich eine gewisse Verhandlungsfreiheit von den amerikanischen Ölmonopolisten zu gewinnen. So kann man unendlich viele Beispiele bringen. Jahrzehntelang haben die USA die Diktatoren in den mittelamerikanischen sogenannten Bananenrepubliken unterhalten, damit die United Fruit Company ihre Gewinne auf Kosten der wie Leibeigene gehaltenen Latifundios maximieren konnte. Alles, was den USA finanziell nützlich sein könnte, wurde kurzerhand zur amerikanischen Interessenzone erklärt, auch in den geographisch weit entfernten Schauplätzen dieser Erde. Es ging nur um den eigenen Nationalegoismus.

Auch Kolonialismus ist eine negativ besetzte Form des Nationalismus. Fremde Nationen wurden versklavt, nicht um die hehren menschlichen Werte zu verbreiten, sondern um sie im Eigeninteresse auszubeuten. Jahrhunderte haben die Engländer aus dem geknechteten Indien billig die Baumwolle importiert. In Birmingham produzierte Textilien wurden dann nach Indien exportiert und zu überhöhten Preisen verkauft. Indischen Produzenten, die den englischen zur Konkurrenz werden konnten, wurden keine Lizenzen zur Textilherstellung erteilt. Der Plan, das Taj Mahal zu demontieren und die Marmorsteine nach England zu bringen, um daraus vornehme Parkbänke zu machen, wurde zum Glück von einem Colonel der britischen Armee, der ein Kunstkenner war, im letzten Augenblick verhindert. Wir hätten heute sonst ein Weltwunder weniger. Aber dies war der englischen Regierung egal, so wie den amerikanischen Soldaten die 3000 Jahre alten Kulturdenkmäler am Euphrat egal waren. Diese wurden zur Abwechslung auch mal mit Panzergranaten belegt, oder die Ausplünderung der National-museen im Irak wurde nicht verhindert, weil man doch so mit der Etablierung der eigenen Herrschaft beschäftigt war.

In diesem Zusammenhang ist ein Geschehen erwähnenswert. In In-dien gab es eine Weberkaste, die sich lange Fingernägel wachsen ließ. In diese wurden winzigste Löcher zum Fädendurchziehen gebohrt. Da-mit haben die Weber dann die feinsten Stoffe produziert, die hochbe-gehrt und damit auch sehr teuer waren. Es waren die feinsten Stoffe der Welt; ein Windhauch ließ sie davonfliegen. Kurzerhand wurden den Webern per Erlass der Engländer die Endglieder der Finger abge-schnitten, damit sie keine Konkurrenz zu den feinen Stoffen aus Eng-land produzieren könnten. Es geschahen aber noch viel grausamere Dinge. Stets galt als oberstes Prinzip: Wahrnehmung der Eigeninteres-sen der britischen Nation. Die Spanier, Portugiesen, Belgier, Hollän-der, Franzosen und auch die Deutschen haben sich auch nicht anders verhalten, manche sogar viel schlimmer als die Engländer.

Rassismus ist ein ebensolcher negativ besetzter Egoismus. Genauso wie im Nationalismus, wo versucht wird, in erster Linie das Interesse der eigenen Nation wahrzunehmen, so geht es im Rassismus um die Wahrnehmung des Interesses der eigenen „Rasse". Die sogenannte „weiße Rasse" in den USA und in Südafrika hat jahrelang Sklaven ge-halten, um durch deren unbezahlte Arbeit die eigene wirtschaftliche Si-tuation zu verbessern. Sie waren Christen, gingen regelmäßig in die Kirche, hörten Predigten wie „Liebe deinen Nächsten wie dich selbst" oder das Jesuswort: „Was ihr meinem geringsten Bruder angetan habt, das habt ihr mir angetan." Wenn es um den eigenen Vorteil geht, hört die christliche Moral draußen vor der Kirchentür auf. Der Rassismus existierte auch nach der Abschaffung des Sklaventums in Form von Apartheid, da die ehemaligen Sklaven und deren Nachkommen immer noch billige Arbeitskräfte bedeuteten. Böse Zungen behaupten, dass der Rassismus in den USA immer noch nicht überwunden sei. Die heutigen Machthaber der vielen ehemaligen Apartheidsstaaten in Afrika drehen mittlerweile den Spieß um und benachteiligen die Menschen mit blasser Hautfarbe, was ebenso verwerflich ist. Die Araber sind mit den Afrikanern genauso umgegangen. Noch heute gibt es im Sudan solch ein Verhalten gegenüber der schwarzen Bevölkerung. Da mischt die religiöse Gesinnung mit, denn die Araber in diesem Land sind Muslime und die Verfolgten Nichtmuslime. Der Nationalismus geht hier eine unheilige Allianz mit dem Religiozentrismus ein. In Israel ist es nicht anders. Bei der Kritik an Israel muss man hierzulande vorsichtig sein, da die Gefahr besteht, dass die Kritik an der Politik der jetzigen israelischen Regierung als Antisemitismus aufgefasst wird. Aber den Leuten, die ein bisschen Geist aufzugeben haben, müsste klar sein, dass alle Juden nicht Israeliten sind und alle Israeliten nicht Juden. Es gibt in Israel selbst genügend Stimmen, die die Politik der jetzigen Regierung nicht gut heißen. Es wird auch nicht die gesamte israelische Leistung kritisiert, denn sie haben aus dem wüsten Land etwas gemacht. Sie haben also auch Positives geleistet. Es geht an dieser Stelle nur um den negativen kollektiven Egoismus in Form von Nationalismus, Religiozentrismus und Rassismus. Es geht um deren Verhalten gegenüber der nichtsemitischen, also nicht an das Judentum glaubenden Bevölkerungsgruppe, so wie die muslimischen Palästinenser dies sind. Das auserwählte Volk Gottes hat für sich das Land beansprucht, wo seit Hunderten von Generationen das palästinensische Volk wohnte. Aber sie kennen die Geschichte ja. Ich brauche nicht weiter darauf einzugehen.

Auch die Geschichte der „deutschen Herrenrasse" und deren Verhalten in der Vergangenheit gegenüber den von ihr als minderwertig eingestuften „Rassen" des slawischen Volkes und der Juden brauche ich vor Ihnen wohl nicht aufzurollen. Wenn man in der Geschichte weit zurückschaut, dann haben sich die Römer den Sklaven gegenüber auch nicht anders verhalten. Sogar Philosophen wie Aristoteles, im Rahmen des damaligen Zeitgeistes, sahen nichts Verwerfliches in der Sklavenhaltung. Als die Indoarier Indien eroberten, vertrieben auch sie die einheimischenVölker, unterjochten oder versklavten sie. Diese arische „Rasse" war stolz auf ihre hellere Hautfarbe, die manchen Uneinsichtigen noch immer als etwas „Besseres" gilt. Was ist mit dem Kapitalismus? Dies ist auch ein negativer Egoismus, da durch die Ausbeutung anderer, in welcher Form auch immer, Leute reich werden. Hier geht es darum, immer reicher zu werden, wenn auch die Ethik und die Moral auf der Strecke bleiben.

Wie ist es mit Patriarchalismus? Auch dies ist eine Form des Egoismus, der geschlechtsspezifisch ist. Hier geht es um die Vorherrschaft der Menschen, die männlich sind, und deren Bestreben es ist, im eigenen Interesse über das andere Geschlecht zu bestimmen.

Jetzt möchte ich mir eine Art von kollektivem Egoismus vornehmen, die mir für uns alle sehr wichtig erscheint, nämlich Humanismus. Was ist Humanismus? Wenn man im Meyerschen Philosophie-Lexikon nachschaut, liest man: „Menschenfreundlich, Menschlichkeit, Gesittung". Was ist menschenfreundlich? Ist damit die Freundlichkeit nur Menschen gegenüber gemeint, oder gehört die Tierliebe auch zu Menschenfreundlichkeit? Ist der Einsatz gegen das Waldsterben und die Abholzung der Tropenwälder und Verschmutzung der Weltmeere auch eine Menschenfreundlichkeit? Gebietet uns die Menschenfreundlichkeit, dass wir auch die Interessen von Tieren wahrnehmen, deren Fleisch wir essen? Auf alle diese Themen komme ich zurück, denn darüber nachzudenken lohnt sich für uns. Zunächst erwähne ich aber meine Definition des Humanismus. „Humanismus ist ein auf die ganze Menschheit ausgedehnter kollektiver Egoismus." Verwandt ist der Humanismus mit dem Anthropozentrismus, wo der Mensch im Mittelpunkt der Betrachtung steht. Aber beim Humanismus bleibt es nicht bei der Betrachtung, sondern es geht darum, die Interessen der Menschen wahrzunehmen, mit oder ohne Rücksicht auf andere Lebewesen. Dies lässt sich anhand eines ewig-aktuellen Themas besser illustrieren, nämlich Tierliebe. Zunächst ein paar Fragen:

1. Würden Sie sich aufregen, wenn Sie hören, dass im Dorf eine Katze herumläuft, der irgendjemand die Pfoten abgeschnitten hat, oder Ihr Nachbar den Hund sadistisch quält?

2. Würden Sie sich gleichermaßen aufregen, wenn jemand einer Fliege oder einer Mücke die Beine ausreißt?

3. Würden Sie sich auch gleichermaßen aufregen, wenn jemand einen Hund quält, ein Angler im stundenlangen Drill einen Fisch angelt, ein Gärtner eine Schnecke durchschneidet, oder eine Mücke durch Insektizide eine Atemlähmung bekommt und dadurch den Erstickungstod erleidet?

4. Würden Sie Schmerzmittel, Antibiotika, überhaupt Medikamente einnehmen oder sich operieren lassen, wenn Sie wissen, dass all dies zunächst in Tierversuchen getestet wird, bevor es bei Menschen angewendet werden? Oder soll die Anwendung der Schmerzmittel direkt am Menschen stattfinden ohne Tierversuche?

5. Würden Sie Fleisch, Fisch oder Eier überhaupt essen, wenn Sie wissen, dass die empfindlichen Schweine vor der Schlachtung vor Todesangst zittern, die Hühner in engste Käfige eingesperrt sind und die Fische auf dem Fischkutter, außerhalb des Wassers, ohne Sauerstoff zappeln und elend zu Grunde gehen?

6. Würden Sie gegen eine Malaria-Ausrottungs-Kampagne protestieren, da dabei doch Milliarden Mücken ihr Leben lassen müssen?

Die Antworten können unterschiedlich ausfallen, je nachdem, ob man im Tierschutzverein organisiert ist oder nur für sich in Anspruch nimmt, tierlieb zu sein. Ebenso anders können die Antworten ausfallen, wenn man ein Hundehalter ist, ein Muslim ist, der die Hunde aus religiösem Grund hasst, oder ein Chinese ist, der Hunde gerne mag, aber angeblich nur in Form von einer leckeren Speise. Unterschiedlich können die Antworten ausfallen, wenn man ein schneckengeplagter Gärtner, ein pharmazeutischer Wissenschaftler oder jemand ist, der sein Kind durch Malaria verloren hat.

Die meisten Menschen, die sich als tierlieb bezeichnen, nehmen durchaus eine Schmerztablette zu sich, wobei sie eigentlich wissen müssten, dass bei der Erprobung dieser Medikamente den Tieren zuerst Schmerzen zugefügt werden müssen. Daraus ist zu folgern, dass die Motivation der Tierliebe nicht so altruistisch ist, wie vielfach angenommen, sondern, dass sie, wie alle anderen Motive des menschlichen Handelns auch, ichbezogen, also egoistisch ist. Wenn man die Einstellung hat, dass unnötige Tierquälerei vermieden werden soll, die pharmakologischen Tierexperimente jedoch befürwortet mit der Begründung, dass sie notwendig sind, dann erhebt sich aber die Frage, notwendig für wen? Für alle Beteiligten? Die Hunde im Versuchslabor sind bestimmt anderer Meinung. Tierversuche im Rahmen der medizinischen Forschung sind für das Wohl der menschlichen Gemeinschaft notwendig, aber nur für sie, nicht für die Tiere. Hier wird der egoistische Charakter des Humanismus deutlich. Für das Wohl der Menschen werden die Quälereien anderer Lebewesen in Kauf genommen. Bei weiterer Analyse kommt auch der Individualegoismus zu Tage. Denn was für die menschliche Gemeinschaft gut ist, ist auch gut für das Individuum als Mitglied derselben.

Wie kommt es, dass ein und derselbe Mensch eine Blattlaus mit einem Insektizid bedenkenlos eines qualvollen Todes sterben lässt, aber eine Hundequälerei nicht mit ansehen kann? Ich glaube, wenn diese Menschen eine riesengroße Blattlaus als Haustier hätten und so eine gewisse Beziehung zu ihr entwickelten, würden sie sich wehren, wenn jemand diesem Tier Leid zufügen wollte. Ein Hund hat außerdem eine Körpersprache, Reaktionen der Freude, Angst, Wut und Trauer, die unseren sehr ähneln. Wir projizieren die menschliche Persönlichkeit in dieses Tier. Wenn man dem Hund Schmerzen zufügt, denkt man, dass es einem selber genau so wehtun würde, wenn einem ähnlich Schmerzhaftes geschieht. Dies ist wiederum eine ichbezogene Reaktion.

Wenn jemand einer Katze die Pfoten abschneidet, ist ein weiterer zu berücksichtigender Aspekt der der psychopathischen Verrohung des betreffenden Individuums. Wir alle sind natürlich generell gegen die psychische Verrohung in der menschlichen Gemeinschaft, denn in einer solchen Gemeinschaft ist das Glück des Individuums gefährdet. Wer sich gegenüber einer Katze so grausam verhält, der könnte auch anderen Lebewesen wie z. B. dem Menschen Leid zufügen. Das möchte niemand, was wiederum ein ichbezogenes, also ein egoistisches Motiv ist.

Es gibt engagierte Leute, die gegen Waldzerstörung und gegen die Ausrottung der bedrohten Tier- und Pflanzenspezies sind. Wir bewundern sie. Warum? Weil wir ahnen, dass eine starke Störung des ökologischen Gleichgewichtes letzten Endes für die Menschheit, damit also für uns, für sie und für mich, unvorteilhaft ist. Das ist dann auch ein der menschheits- und ichbezogener Aspekt.

Wir alle außer einigen machtbesessenen, politisch-militärisch pathologischen Typen, sind für den Frieden, gegen den Krieg und gegen die internationalen Konflikte in welcher Form auch immer. In der Vergangenheit, als die Menschen voneinander stark isoliert waren, hatte ein Konflikt in einem weit entfernten Teil der Erde keinen Einfluss auf eine andere Menschengruppe, die gar keine Verbindung mit der erstgenannten Gruppe hatte. Diese Situation hat sich grundlegend verändert. Die Menschen rücken jetzt näher zusammen. Die Globalisierung findet mit atemberaubender und zunehmender Geschwindigkeit statt. Nicht nur, dass die Menschen leichter in andere Regionen der Welt reisen können, auch die Kommunikation durch Medien und Computer erlaubt uns schnelle Informationen über die Ereignisse und die Völker der Welt. Internationaler Handel, wirtschaftliche Verflechtungen und viele andere Faktoren lassen die Welt immer kleiner erscheinen. Was heute in einem Teil der Welt geschieht, bleibt nicht ohne Konsequenzen für den Rest der Menschheit. Die geographisch relativ isolierten, aber sehr mächtigen USA haben am 11. September 2001 verspürt, dass auch sie nicht unverwundbar sind. Der Irakkrieg blieb nicht ohne Folgen für die Welt. Der Öl- und Rohstoffhunger der sich entwickelnden, bevölkerungsreichen Länder wie China und Indien bleibt nicht ohne Wirkung auf den Ölpreis und damit auf die Wirtschaft der westlichen Welt. Dabei wird der Ölpreis sicherlich noch in unvorstellbare Höhe steigen. Davon bin ich überzeugt. Sobald der Demokratisierungsprozess in den diktatorischen arabischen Staaten fortschreitet, wird der Ölpreis nicht mehr von monopolistischen Ölgesellschaften diktiert, sondern von den jeweiligen Ländern selbst. Die Ölreserven sinken, die Nachfrage steigt. Da bleibt die Preiserhöhung nicht aus. Auch dies bleibt nicht ohne Wirkung auf die Wirtschaft der restlichen Welt. Egal worum es geht; ob um Epidemien wie AIDS und SARS, um religiöse Konflikte zwischen Muslimen und Christen, zwischen ethnischen Gruppen, oder um den wirtschaftlichen und militärischen Machtkampf, die Menschheit wird im Ganzen davon betroffen sein. In einer Welt voller Konflikte, sei es innerhalb der Familie, des Dorfs oder auf der internationalen Ebene, können die Menschheit und die Individuen kein Glück genießen, also ihren positiven Egoismus nicht wahrnehmen. Im eigenen Interesse muss man jetzt Kooperation und nicht Konfrontation anstreben, auch wenn manche wirtschaftlich und politisch machtbesessenen Betonköpfe im Interesse des eigenen negativen, rücksichtslosen Egoismus es nicht wollen. Die Zeichen der Notwendigkeit einer kooperativen Denkweise im Interesse der Menschheit, damit auch im eigenen Interesse, sind unübersehbar. In einer globalisierten Welt sind wir alle Kosmopoliten, also Weltbürger. Im eigenen Interesse müssen wir lernen, die Interessen der Anderen wahrzunehmen und Kompromisse einzugehen anstatt Konfrontation anzustreben. Nur dann ist ein maximal mögliches Glück erreichbar. Und glücklich sein wollen wir doch alle! Oder?

39. Denkgewohnheiten

Genauso wie die Vorurteile, die wir haben, werden unsere Denkgewohnheiten aus der Umgebung, in der wir aufgewachsen sind, heraus-
gebildet. Dabei geht es nicht nur um ethisch-moralische oder religiöse
Vorstellungen, sondern auch um vieles andere wie z. B. Essgewohnheiten, Tischsitten, Art der Musik, die uns anspricht usw.

Wir neigen dazu, Erzählungen von anderen Leuten eher zu glauben,
wenn diese unseren Denkgewohnheiten entsprechen. Ein Horoskop-
Gläubiger wird ohne weitere Prüfung bereit sein zu glauben, wenn ihm
jemand erzählen würde, ihm sei dies und jenes so passiert, weil er ein
Steinbock oder ein Skorpion ist. Ein Wundergläubiger wird so einem
Zeitungsbericht eher Glauben schenken wollen als einer, der von Wundern nicht viel hält. Ein gläubiger Christ wird an Wunder im christlichen Vorstellungsrahmen eher glauben als an Erzählungen über Gott
Krishna oder Buddha, die einen Gelähmten geheilt hätten.

Wir neigen dazu, unsere Urteile so zu fällen, dass diese mit unseren
Denkgewohnheiten übereinstimmen. Ein geschickter Redner fängt seine Rede so an, dass die ersten drei oder vier Behauptungen den etab-
lierten Denkgewohnheiten entsprechen, damit die Zuhörer bereit sind,
diesen Ausführungen zuzustimmen.

Und wenn die Bereitschaft da ist, diese zu akzeptieren, dann wird der
Redner auf die Behauptungen übergehen, auf die es ihm eigentlich ankommt. Dies kann man in politischen Wahlveranstaltungen sehr deutlich wahrnehmen. Meistens sind die Zuhörer in solchen Veranstaltungen sowieso der Meinung des Redners. Ein FDP-Politiker z. B. könnte
anfangen, indem er die großen Verdienste des Politikers Genscher
rühmt. Da ist ihm der Applaus sicher. Dann kann er dazu übergehen,
zu erzählen, wie gut die Politik der Liberalen überhaupt ist. Und dann
endlich kann er seinen eigenen Standpunkt vorstellen. Da kann er der

Zustimmung sicher sein. Dies ist bei Politikern anderer Parteien auch nicht anders.

Aber nicht nur bei politischen Veranstaltungen ist dies der Fall. Ein Quacksalber, wenn er sich selber verkaufen möchte, würde zuerst mal einige Geschichten erzählen, wo er Wunder vollbracht hat. Und diejenigen, die einen Quacksalber oder Wunderheiler aufsuchen, sind sowieso bereit, solche Geschichten zu akzeptieren – ohne weitere Nachprüfung. Er kann sogar seine Kraft durch irgendwelche Tricks demonstrieren, so wie der philippinische Wunderheiler, der Blinddarm und Galle ohne Oparation – ohne einen Schnitt – aus dem Körper herausholte. Die Leute sind extra von Deutschland auf die Philippinen geflogen, um von diesem Wunder-Menschen behandelt zu werden. Sogar eine Ärztin hat über ihn positiv berichtet. Der ganze Hokuspokus platzte, als ein Zauberkünstler und ein Fernsehreporter per Filmaufnahmen nachweisen konnten, dass es sich nur um einen geschickten Taschenspieler-Trick handelte.

Unser eben erwähnter Quacksalber könnte dann auch einige Dankesbriefe von geheilten Menschen zeigen oder sogar einen Zeugen produzieren. Und wenn dies alles den Besucher dazu gebracht hat, seine Aussagen zu akzeptieren, dann wird er auf sein Anliegen zurückkommen, nämlich für eine kleine finanzielle Entschädigung das Leiden des Besuchers zu kurieren.

Also, wenn wir die Aussagen A, B, und C bereitwillig und enthusiastisch akzeptieren, müssen wir stets achtgeben, ob die nun folgende Aussage „D" stimmen kann.

Leider ist es nun so, dass Gedanken, die unser Gehirn positiv aufnimmt, uns bereit machen, weitere ähnliche leicht zu akzeptieren und diese dann als selbstverständlich zu betrachten, besonders wenn wir sie nicht widerlegen können. Ich glaube, die alte philosophische Behauptung, „was man nicht widerlegen kann, soll man akzeptieren" kann so nicht bejaht werden. Und wenn wir irgendeine Sache nicht anzweifeln, dann kann dies auf tiefsitzender Denkgewohnheit basieren und demzufolge auch falsch sein. Beispiele dafür gibt es mehr als genug. Unsere Vorfahren z. B. fanden es unmöglich anzuzweifeln, dass die Erde still steht und die Sonne um die Erde rotiert. Bis Kopernikus kam und zeigte, dass die Tatsachen besser erklärt werden könnten, wenn man annimmt, dass sich nicht die Sonne um die Erde, sondern die Erde um die Sonne dreht.

Die meisten unserer Denkgewohnheiten erscheinen uns so selbstverständlich, dass wir sie gar nicht erst in Frage stellen. Wenn wir dies feststellen, müssten wir Mut genug haben, die sogenannten Wahrheiten, die nur auf oben genannten Denkgewohnheiten beruhen, in Frage zu stellen.

Ich habe das Beispiel von der vor-kopernikanischen Ära gerade eben erwähnt. Damals glaubte man auch felsenfest, dass die Erde eine flache Scheibe sei. Jetzt ist es selbstverständlich, dass wir glauben, dass die Erde rund ist. Wieviel ist aber wahr, gerade in kosmologischer Hinsicht, was wir jetzt als selbstverständlich hinnehmen, weil es uns unsere Denkgewohnheiten so diktiert haben?

Hier mal wieder ein Beispiel: Vielleicht kennen Sie das euklidische Geometrie-Axiom: Die Summe aller 3 Winkel eines Dreieckes ist gleich 2 x 90°. Sie werden sagen, das ist doch klar. Man kann es ja nachprüfen. Man braucht den Mut eines Einstein, um eine solche offensichtliche Tatsache in Frage zu stellen. Er meinte, die Summe von 3 Winkeln ist 180°.

Aber muss sie es sein? Muss sie in dem ganzen Universum Validität besitzen? Und er entwickelte auf dieser Grundlage die Theorie des non-euklidischen Raumes; seine Relativitäts-Theorie, die die Welt verändert hat.

Wir sind gewöhnt anzunehmen, dass die Zeit stetig wie ein Strom in einer Richtung weiterfließt. Was ist aber mit der Zeit in einem implodierenden Universum im Gegensatz zu einem expandierenden Universum, das wir in unserer näheren kosmischen Umgebung wahrnehmen? Kann die Zeit nicht in der sich wieder zusammenballenden Materie in den Raum zurückfließen, da doch Raum, Zeit und Materie miteinander verbunden sind? Wir wissen ja jetzt schon, dass die Zeit mit zunehmender Geschwindigkeit langsamer fließt. In der Nähe der schwarzen Löcher, die ja nichts anderes sind als schwerste Materie-Ansammlungen, steht die Zeit praktisch still, wegen der enormen Gravitationskraft. Nebenbei sei bemerkt, dass diese Materie so schwer ist, dass sie nicht mal ankommendes Licht vorbeilässt. Ist der Zeitpfeil in diesem Bereich genau in entgegengesetzte Richtung gerichtet verglichen mit unserem Teil des Universums?

Wir haben in der Schule gelernt, dass die kürzeste Entfernung zwischen zwei Punkten eine gerade Linie ist. Dies ist für uns eine offensichtliche Wahrheit. Und da kommt einer wie Einstein und erzählt uns, dass der Raum krumm ist, und es deswegen überhaupt keine gerade Linie gibt!

Dieser kleine Ausflug in die Kosmologie soll nur zeigen, dass die Denkgewohnheiten unser Gehirn gegen neue Wahrheiten und Erkenntnisse verschließen können. Wir alle neigen dazu, unsere Probleme vom eigenen Standpunkt aus zu betrachten. Und dieser Standpunkt ist bestimmt durch unsere Lebensumstände. Wir leben in einem spezifischen geografischen Erdteil, in einem spezifischen Land, haben unsere besonderen religiösen, moralischen und kulturellen Traditionen und neigen dazu zu vergessen, wie viele unserer Urteile durch diese spezifische Denkweise bedingt und damit keine absolute Wahrheit sind.

Nur wenn wir anfangen, Religionen und Weltanschauungen sowie moralische Kodizes vergleichend zu studieren, nur dann ist zu erkennen, wie weit unser Urteil über richtig und falsch die objektive Wahrheit darstellt. Nur dann ist zu erkennen, dass der Anstrich von Allgemeingültigkeit, den wir unseren persönlichen Ansichten zu geben pflegen, in der Tat nur auf einem begrenzten individuellen Urteil beruht. Nur wenn wir lernen, vergleichend zu denken, in einer Weise, dass wir zunächst unseren persönlichen Standpunkt außer Acht lassen, können wir uns einigermaßen vor Fehlurteilen absichern.

Wie weit Menschen vom eigenen Standpunkt aus die Welt betrachten, erlebe auch ich persönlich im täglichen Leben. Sie, meine verehrten Leser, vielleicht auch. Man muss nur danach Ausschau halten.

Ich werde z. B. oft gefragt: „Wie feiern Sie Weihnachten in Indien?" Ich antworte im Allgemeinen, dass die meisten Inder keine Christen sind, weswegen sie auch nicht Weihnachten feiern. Manchmal sage ich auch etwas spitz: „So wie Sie den Geburtstag von Gott Krishna, Buddha oder Zarathustra feiern." Meine Frage ist nun: Wie kommt es, dass man überhaupt eine solche Frage stellt? Natürlich zeigt es die Gefangenheit der Denkgewohnheit eines in christlicher Umwelt aufgewachsenen Menschen. Er und alle, die er kennt, feiern Weihnachten, also muss es überall in der ganzen Welt so sein.

Oder manche Menschen fragen mich, welchen Glauben ich habe. Damit meinen sie natürlich einen religiösen Glauben, so wie sie ihn haben. Wenn ich dann sage, ich bin ein Atheist und glaube nicht an Gott, dann können manche sich das gar nicht vorstellen. Mein Gesprächspartner glaubt an Gott. Die Eltern, die Tante, das ganze Dorf, ja sogar die, die aus der Kirche ausgetreten sind, glauben an Gott. Es übersteigt sein Vorstellungsvermögen, dass einer an keinen Gott glaubt. Wenn ich ihnen dann erzähle, dass Buddhismus und Jainismus atheistische Religionen sind und in der Lehre von Konfuzius kein Platz für Gott ist und auch im Hinduismus ein Gottesglaube nicht notwendig, sondern jedem freigestellt ist, ob er an einen Gott glaubt, an tausend Götter oder an keinen Gott, ja dann sind die Leute völlig perplex. Manchmal, wenn ich etwas unausgeglichen bin oder absichtlich meinem Gesprächspartner einen heilsamen Schock versetzen will, sage ich: „Ich bin ein gottloser Heide, der laut christlich-biblischen Statuten zur ewigen Verdammnis bestimmt ist." Aber die meisten meiner Gesprächspartner wissen, dass ich eigentlich ein Humanist – ein guter

Mensch – bin, und deswegen kann ich doch nicht in der Hölle landen. Da ist doch ein Widerspruch zwischen seiner Denkgewohnheit als Christ und seiner Kenntnis über meine Person und meine humanistischen Arbeit.

Dies sollte ihn zum Nachdenken zwingen. So hoffe ich wenigstens, wenn ich meinem Gesprächspartner die oben genannte Antwort gebe.

Wie selbstverständlich anzunehmen, dass das eigene Land, der eigene Kontinent der „Nabel der Welt" sei, ist eine weitverbreitete Ansicht – genannt seien nur der Eurozentrismus und die Selbsternennung Chinas als „Reich der Mitte".

Woher kommt diese Denkgewohnheit? Ich nenne dies „Frosch im Brunnen"-Denkweise. Es war einmal ein tiefer Brunnen, wo ein paar Frösche seit mehreren Generationen lebten. Der Großvater sagte laut „quak, quak, quak" und die kleinen Kinder versammelten sich um ihn. Er erklärte ihnen die Welt: „Also, die Welt ist ein rundes Rohr, unten ist das Wasser, wo wir schwimmen können, oben ist eine blaue Scheibe, wo in den warmen Tagen ein Himmelslicht ist. Es ist so grell, dass man es nicht direkt anschauen sollte. Es wandert vom linken Rand des Welt-Rohres zum rechten. Wenn es kühler wird – das hat der Frosch-Gott so eingerichtet, dass es mal kühler, mal wärmer wird –, ist dieses Licht manchmal nur am Rande des Welt-Rohres zu sehen und später gar nicht. Von oben fällt die Nahrung für uns in unsere Welt in Form von leckeren kleinen Lebewesen, die mit ihren kleinen Flügeln zu uns hinunterfliegen. Wahrlich sage ich euch, sorgt euch nicht um Morgen, denn der liebe Frosch-Gott im Himmel sorgt für uns. So sieht also die Welt aus." Eines Tages kam ein Bauer und ließ einen Eimer an einem Seil hinunter, um Wasser zu holen. Für seinen Ochsen, den er tränken wollte. Als der Eimer auf das Wasser klatschte, machte es einen gehörigen Krach und wirbelte Wellen auf. Ein neugieriges Froschkind wollte sehen, was da nun los ist, wurde aber in den Eimer mit hineingezogen. Der Bauer goss das Wasser in die Tränke, und auf einmal stand das Fröschlein von Angesicht zu Angesicht einem Ochsen mit Riesenaugen und einem Riesenmaul gegenüber. Gehörig erschreckt sprang es aus der Tränke und in den Brunnen zurück. Nachdem es sich erholt hatte, ging es zum Großvater und sagte: „Großvater, Großvater, die Welt ist ganz anders, als du uns erzählt hast. Sie besteht nicht nur aus unserer Wasserwelt, es gibt Ziegelsteine und ein blaues Loch da oben. Daraufhin der Großvater: „Ach Unsinn, dies hier ist die Welt. Das hat mir mein Großvater erzählt und alle anderen wissen dies auch. Und ich bin das größte aller Wesen der Welt." „Nein, Großvater, da oben gibt es ein Tier, dass viel größer ist als du, es ist einfach unvorstellbar groß." „Wie? Größer als ich?" „Ja, ja, viel größer." Daraufhin blies der Großvater seine Backen mächtig auf und fragte: „So groß?" „Viel größer!" Daraufhin blies der Großvater seine Backen noch mächtiger auf, so stark, dass diese fast so groß waren wie sein Körper und fragte: „So groß?" „Nein Großvater, viel, viel größer!" Das ärgerte den Großvater so, dass er die Backen bis über die Grenzen der Belastbarkeit aufblies und platzte.

So wie der Frosch im Brunnen kommen die meisten Menschen aus ihrer Umgebung nicht hinaus. In dem Dorf ist man geboren, bekommt einen Job, heiratet, baut ein Haus, kriegt Kinder, geht sonntags in die Kirche und donnerstags zum Stammtisch. So wird man alt und stirbt, ohne die weite Welt kennengelernt zu haben, geschweige denn eine andere Denkungsart.

Natürlich kommen jetzt in einer immer kleiner werdenden Welt, besonders im Rahmen der Globalisierung, Menschen von verschiedenen Kulturkreisen zusammen und bieten somit dem, der bereit ist flexibel zu sein, die Möglichkeit, seine eigenen Denkgewohnheiten kritisch zu betrachten. Aber die Macht des anerzogenen Denkens ist so stark, dass viele Menschen, auch wenn sie geographisch zusammenleben, gedanklich doch verschiedene Welten bevölkern.

Ich möchte wissen, in wieviel Prozent der Fälle in Deutschland eine echte Freundschaft zwischen den Eingeborenen und den Zugewanderten auf Grund des gegenseitigen Verstehens besteht. Ein muslimischer Türke bringt seine Denkgewohnheiten mit und fühlt sich wohl bei Gleichgesinnten. „Birds of the same feather flock to gather." Aber ist es anders bei den Einheimischen? Wie soll eine echte Integration möglich sein, wenn man nicht bereit ist, flexibel zu sein, um eigene Denkgewohnheiten kritisch zu überprüfen? Wie ist es zu verstehen, dass einer muslimischen Frau die Lehrerlaubnis entzogen, der Verkäuferin die Stelle gekündigt wird, wenn sie mit einem Kopftuch an ihrem Arbeitsplatz erscheint, während eine andere Lehrerin mit Kreuz am Hals oder Nonnen in voller Montur unterrichten dürfen? Wie soll ein Kind geprägt vom muslimischen Kulturkreis sich in einem Unterricht wohlfühlen, wenn im Unterrichtsraum der Gottessohn ans Kreuz genagelt im Raum hängt, wo es dies als Blasphemie empfindet? Oder ein säkularer Humanist, der diese Darstellung von Christus als masochistisch-sadistisch empfindet? Ein Christ findet dies in Ordnung, weil es für ihn einfach durch seine Denkgewohnheiten selbstverständlich ist. Fundamentalistisch orientierte Rechts-Konservative reden sogar von Leitkultur. Wenn die Zugezogenen hier leben wollen, sollen sie sich gefälligst an die christlich geprägte deutsche Werteorientierung halten.

Ist es nicht pure Heuchelei, wenn ein streng gläubiger Katholik regelmäßig die Kirche besucht, aber Kondome benutzt, wo doch der oberste Herr der heiligen katholischen Kirche und Stellvertreter Christi auf dieser Erde dies verbietet. Beim näheren Hinsehen sind viele, die sich weltoffen nennen und in aller Herren Länder verreisen, doch letzten Endes Sklaven ihrer Denkgewohnheiten. Stellen Sie sich vor, jemand besucht die Aborigines in Australien, kommt zurück und berichtet: „Diese haben vielleicht eigenartige, unmögliche, schockierende Sitten, ihre Essgewohnheiten sind unmöglich, sie haben keine Manieren, und ihr Humor ist unter aller Kritik." Wie würde es im Klartext, bereinigt von eigener Denkgewohnheit aussehen? „Diese haben andere

Sitten als wir, auch ihr Humor ist anders, ihre Essgewohnheiten sind nicht nach meinem Geschmack usw." Ein aufgeklärter Anthropologe hätte entdeckt, dass die Aborigines einen raffinierten Moral-Kodex haben. Er würde deren Sitten als Tatsachen festhalten, unabhängig davon, ob sie nach seinem Geschmack sind oder nicht. Stellen Sie sich mal vor, ein Anthropologe berichtet Folgendes: „Ich habe ein Inselchen besucht, da lebt ein eigenartiges Volk. Diese haben eigenartige Frühstückssitten. Sie züchten wilde Tiere, dann machen sie aus der Haut mit dem darunterliegendem Fettgewebe Streifen und braten diese in einer Eisenpfanne mit dem Fett vom selben Tier.

Dann nehmen sie Eier von einem Vogel, der nicht fliegen kann, schneiden gesalzene und getrocknete Fleischstücke von dem gezähmten wilden Tier und machen einen weichen Pfannkuchen mit dem heißen Fett vom selben Tier. Sie haben gezüchtete Gras-Samen; diese werden zermahlen und eine Pasta daraus gemacht. Dann geben sie Pilzsporen hinein, machen eine runde Kugel daraus und lassen sie über Nacht stehen. Am nächsten Morgen wird diese Kugel ins Feuer geworfen, damit sie gar wird. Dann streichen sie diese mit dem tierischen Fett, das aus gegorenem Sekret der Milchdrüsen eines Säugetiers gewonnen wurde, ein. Darauf kommt aus Beeren gewonnener, eingedickter Saft. Dann essen sie dies alles zu später Vormittagsstunde als Frühstück, zusammen mit einer schwarzen heißen Brühe, gewonnen aus gegerbten Pflanzenblättern. Dies essen sie stundenlang und sagen dabei: Isn't it wonderful?" Sie haben es richtig geahnt, meine Damen und Herren, es ist von einem englischen Frühstück die Rede!

Besonders, wenn es um internationale Probleme geht, ist es angezeigt, die Relativierung der verschiedenen Standpunkte beizubehalten, wenn es z. B. um einen Konflikt zwischen, sagen wir mal, Ecuador und Venezuela geht, werden die meisten von uns in der Lage sein, unser Urteil einigermaßen objektiv zu bilden, natürlich vorausgesetzt, dass wir genügend Fakten über den Konflikt besitzen.

Wenn es aber um einen Konflikt zwischen unserer und einer anderen Nation geht, wird es uns schwer fallen, hier ein objektives Urteil zu fällen. Das sah man deutlich in dem Konflikt zwischen den USA und dem Irak. Die meisten US-Amerikaner standen hinter ihrem Präsidenten, ob er nun richtig handelte oder nicht. 1964 ging ich nach Großbritannien, um dort meinen Facharzt für Chirurgie zu erwerben. Damals war die Suez-Krise voll im Gange. Ich war absolut überrascht festzustellen, was für ein Unterschied in den Berichterstattungen und der Meinung des Mannes auf der Straße über Nasser und die Verstaatlichung des Suez-Kanals zwischen Großbritannien und Deutschland herrschte. In Frankreich muss wohl damals eine ähnliche Stimmung geherrscht haben, da die beiden Nationen ein unmittelbares Interesse am Suez-Kanal hatten, Deutschland dagegen nicht. Wenn wir nicht in der Lage sind, uns einen Überblick zu verschaffen über Lage, Ansichten und Gefühle der anderen Seite, können wir nicht wissenschaftlich an die Problematik herangehen, um uns ein wahres fundiertes Urteil zu bilden. Es ist ja fast so, als wenn man über einen Beschuldigten ein Urteil fällen will, und dann Richter und Staatsanwalt in einer Person vereint ist. Ein Richter muss ein objektives Urteil fällen. Wie kann dies möglich sein, wenn der Richter und der beschuldigende Staatsanwalt von einer Person repräsentiert werden?

Es wäre ein interessantes Experiment, zunächst einmal unsere eigenen Ansichten eines Konfliktpunktes aufzuschreiben, über den wir uns auf Grund unserer Denkgewohnheiten ein Urteil gebildet haben. Und dann ohne viel Veränderung des Inhaltes, das gleiche von der möglichen Sichtweise des Gegners. Dann können wir eher feststellen, ob unsere Ansichten eine wissenschaftliche Validität besitzen oder nur auf unseren Denkgewohnheiten basieren.

Solche Beispiele lassen sich besonders vorführen während eines nationalen Konfliktes wie z. B. Krieg. Den haben wir bei uns zum Glück nicht. Deswegen möchte ich ein paar Jahrzehnte in der deutschen Geschichte zurückgehen, um einen solchen Fall einmal zu konstruieren. Es könnte sein, dass Hitler folgende Rede gehalten hätte:

„Wenn wir Deutschen als Herrenrasse unsere Verantwortung in der Geschichte nicht übernehmen, könnte es nur in einem Desaster für die menschliche Rasse enden. In der Umwälzung der Menschheit, die jetzt stattfindet, sind 50 Millionen der arischen Rasse der Deutschen und die etwa 7 Millionen wahren Deutschen, die in Österreich leben, die einzige Kraft, die die ordentliche Freiheit gewährleisten kann.

Die 57 Millionen Deutschen, die eine deutsche Bibel lesen, die die deutsche Sprache sprechen und die deutschen Dichter wie Goethe und Schiller lesen, mit Idealen, die sie von unseren nordischen Vorfahren ererbt haben, diese Leute, die einen gemeinsamen Hintergrund der Zivilisation haben, haben die Pflicht, die Zivilisation der 2 Milliarden Menschen auf dieser Erde aufrecht zu erhalten."

Natürlich ist dies eine bewegende Rede. Worte wie Aufrechterhaltung der Zivilisation, Pflicht der Deutschen usw. klingen edel und appellieren an Emotionen. Um aber eine wahre Aussage der Rede zu ergründen, schreiben wir die gleiche Rede, aber an einem anderen Schauplatz. Dies kann die UdSSR, Frankreich oder Großbritannien sein; die Nationen, die im kriegerischen Konflikt mit Deutschland standen. Nehmen wir mal an, in England hielt ein anderer maßgeblicher Politiker eine praktisch gleiche Rede, aber mit anderen Denkvoraussetzungen.

„Wenn wir Engländer als imperiale Rasse unsere Verantwortung in der Geschichte nicht übernehmen, könnte es nur in einem Desaster für die menschliche Rasse enden. In der Umwälzung der Menschheit, die jetzt stattfindet, sind die 50 Millionen der weißen Rasse des englischen Imperiums und die etwa 200 Millionen der wahren amerikanischen Nation die einzige Kraft, die ordentliche Freiheit gewährleisten kann. Diese 250 Millionen Weißen, die die Bibel auf Englisch lesen, die englische Sprache sprechen und englische Dichter wie Shakespeare und

Byron lesen, mit Idealen, die ihren Ausdruck in der Magna-Carta gefunden haben, diese Leute, die einen gemeinsamen Hintergrund der Zivilisation haben, haben die Pflicht, die Zivilisation der 2 Milliarden Menschen auf dieser Welt aufrecht zu erhalten."

Im Grunde genommen ist es die gleiche Passage, aber an einem anderen Schauplatz. Die Reaktionen der damaligen Deutschen und Engländer werden zwar anders sein, aber qualitativ ist sie die gleiche; nämlich: „Wir haben imperiale/arische Verantwortung, während die anderen nur nationale zur Schau stellen."

In Jugoslawien wurden sicherlich während des Bürgerkriegs von den Anführern der Christen und Muslime oder anderen, sich gegenseitig bekämpfenden ethnischen Gruppierungen, ähnliche Reden gehalten.

In dem Konflikt zwischen den USA und dem Irak hätte sich die Mehrheit der Deutschen am liebsten herausgehalten, während die meisten US-Amerikaner über die europäische Haltung mit Unverständnis und Kopfschütteln reagierten. Die Unfähigkeit oder Unmöglichkeit, die Probleme nicht von einem anderen als nur vom eigenen Standpunkt aus sehen zu können, ist der Samen für die möglichen verheerenden Konflikte bei den betreffenden Parteien. Wenn diese Konflikte auf einer internationalen Ebene stattfinden, können sie durchaus in einem Krieg enden. Im Grunde genommen ist der Charakter des Streites nichts anderes als der Streit zwischen zwei Individuen.

Stellen Sie sich zwei Nachbarn vor. Herr Meier hat gerne Grillpartys in seinem Garten einer Doppelhaushälfte, zu der er viele Leute einlädt, da ist was los. Das ältere Ehepaar Schmidt lebt zurückgezogen in der anderen Doppelhaushälfte und ruht sich in ihrer Gartenhälfte gerne aus. Herr Schmidt denkt, wie kann man so viele Leute einladen und soviel Remmidemmi machen und dann noch der Rauch des Knoblauchfleisches, der zu uns herüberweht. Das zieht einem ja die Schuhe aus. Er schreibt dem Nachbarn eine Protestnote. Der Nachbar ist empört, versteht nicht, warum man, wenn man jung ist, das Leben nicht genießen soll. Und dazu gehört auch eine Grillparty mit Musik. Er schreibt eine bissige Antwort zurück und meint noch dazu, Herr Schmidt soll doch seinen Köter in Schach halten, denn er wildert manchmal in seinem Garten und bellt auch noch nachts, wenn alle schlafen.

„Unverschämtheit", sagt Herr Schmidt, „erst mal soviel Gestank und Lärm verursachen durch Grillpartys und dann noch meinen lieben Fifi als Köter beschimpfen." Bei der nächsten Grillparty bittet er über den Zaun den Nachbarn, doch nicht so laut zu sein und nicht soviel Rauch zu verursachen. Herr Meier versteht nicht, wie man grillen soll ohne Rauchentwicklung und antwortet entsprechend drastisch. Wutentbrannt über soviel Rücksichtslosigkeit greift Herr Schmidt mit dem Gartenschlauch den Grill an und macht auch die Gäste von Herrn Meier nass. Herr Meier sticht dann nachts die Reifen vom Auto des Herrn Schmidt an und Herr Schmidt haut ihm eine runter. Sie können sich vorstellen, wo das endet.

In diesem Fall ist es so, dass jeder glaubt, dass der Nachbar aus ganz trivialen Gründen aggressiv wird, während er selbst doch nur versucht hat, sich zu verteidigen.

Wenn wir jetzt als Nichtbeteiligte die Klagen der beiden unabhängig voneinander hören würden, wird jeder versuchen, sich in mildesten Tönen darzustellen, was für ein unschuldiges Lamm er doch ist, während der Nachbar ein böser Drachen ist. Uns als nichtbeteiligten Beobachtern wird es schwer fallen zu entscheiden, wer der Aggressor ist. Wir können höchstens feststellen, dass die beiden in eine Situation geraten sind, in der die gegenseitige Aggressivität immer weiter zugenommen hat. Wir können aber auch meinen, dass beide schuld seien, da der anfängliche Grund des Konfliktes so trivial war, dass eine jeweils härtere Gegenmaßnahme nicht gerechtfertigt war.

Eine ähnliche Situation kann auch zwischen zwei Nationen entstehen. Schauen Sie sich doch die Geschichte des Kalten Krieges an. Sagen wir, Nation X hat Angst, dass Nation Y mit ihr Krieg anfängt. Deswegen fängt sie an, ihre Stärke der Kriegsmaschinerie höher zu schrauben. Die Nation Y ihrerseits glaubt dann, dass die Gefahr durch die Nation X noch größer geworden ist, also verstärkt sie ihre Anstrengung der Verteidigung durch Aufrüstung und schließt einen Pakt mit befreundeten Staaten W und Z. Dies geht dann so weiter, bis die beiden verfeindeten Nationen eine Overkill-Kapazität erreicht haben. Um die gleiche Zeit aber versichern die Politiker beider Nationen, dass sie nur aufrüsten, um den Weltfrieden zu verteidigen und zu gewährleisten.

Ja, ein Besucher vom Mars als unabhängiger Beobachter würde sich fragen, ob die angeblich seriösen Politiker wohl noch ganz bei Trost sind. Leider ist es aber nun so, dass die individuellen Bürger der betreffenden Nationen aufgrund ihrer Denkgewohnheiten ernsthaft bereit sind, das zu glauben, was ihnen die eigenen Politiker und die Medien erzählen.

In einer solchen Situation ist es ratsam zu lernen, unser Denkschema in Frage zu stellen. Dann sind die Chancen, vernünftig zu handeln, für uns größer. Im Allgemeinen sollten unsere Gewohnheiten des Denkens nicht blind akzeptiert werden, sondern einer kritischen Prüfung unterzogen werden. Sogar Dinge, an die wir fest geglaubt haben, sind in Frage gestellt worden, z. B. das Konzept der flachen Erdscheibe, die euklidische Geometrie, das Prinzip von Ursache und Wirkung usw. Es ist nicht schlecht, wenn unsere tiefsten Überzeugungen hinterfragt werden, damit wir unsere Überzeugungen auf eine kritische Betrachtungsweise basieren können und nicht auf unsere Gewohnheiten. Es wäre z. B. gut, wenn die Christen die Schriften von Nietzsche und Holbach lesen würden. Leute mit festgefahrenen Gedanken, die ein geschlossenes Weltbild haben, würden sich unangenehm berührt fühlen, wenn an ihren lang gehegten Gewohnheiten gerüttelt wird.

Vielleicht haben ältere Menschen das Recht, sich vor solchen unbequemen Gedankengängen zu schützen, obwohl ich die Erfahrung gemacht habe, dass gerade ältere Leute in den letzten Jahren weltoffener und weiser geworden sind. Aber diejenigen, die jung sind und die nötige Flexibilität des Denkens haben, werden sicherlich davon profitieren.

In unserem Vokabular gibt es ein Wort: schockierend. Wir fühlen uns geschockt, wenn unsere lang gehegten, selbstverständlichen und liebgewordenen Angewohnheiten, auch des Denkens, in Frage gestellt werden. Wir mögen es einfach nicht, geschockt zu werden. Statt die Leute vor solchem Schock zu schützen, sollten sie meiner Ansicht nach, eher mehr (heilsam) geschockt werden als bisher.

Es gibt doch so viele Themen, Ideen und Fragen, die auf solche Leute schockierend wirken. Vor einiger Zeit las ich in der Regionalzeitung, dass an einem Baggersee ein paar unbekleidete Frauen lagen. Ein Bauer fand das schockierend und moralisch nicht haltbar. Er meinte, man müsste dagegen etwas unternehmen. Ich frage mich, warum er dann immer mit dem Fahrrad da hingekurvt ist!

Es sind so viele Fragen, die besonders, wenn es um Sexualmoral geht, auf Leute mit altem Denkschema schockierend wirken, z. B. Homosexualität, Geschlechtsverkehr vor der Ehe etc.

Noch vor ein paar Monaten musste die Statue einer nackten Frau von einem berühmten Skulpteur von einer Straße in Augsburg, auf Betreiben der Nonnen, entfernt werden. Ich darf in Erinnerung bringen, dass, als die ersten Miniröcke herauskamen, sich manche Leute entrüstet haben.

Wir müssen lernen, undenkbare, ja auch unangenehme Gedanken zu denken, z. B.: Ist die Ehe eine notwendige Institution?

Können wir uns eine Gesellschaft vorstellen, in der nicht finanzielle Motive die Treibkraft bilden und trotzdem die gesellschaftlichen Aufgaben erledigt werden? Kann die Zeit rückwärts laufen? Kann mehr als ein Universum an ein und demselben Platz existieren? Muss das Gesetz der Ursache und Wirkung überall im Universum Gültigkeit haben? Sind wir eine von Gott bevorzugte Spezies oder könnte es im Universum mehrere Wesen geben, die uns haushoch überlegen sind? Können wir uns vorstellen, dass nach einem Atomkrieg auf der radioaktiv verseuchten Welt der Homo sapiens ausstirbt und die resistenten Ratten die Welt übernehmen? Könnten sich dann diese Ratten im Laufe der Evolution zu einer hochstehenden Spezies entwickeln, genau so wie wir aus einem unscheinbaren kleinen Säugetier hervorgegangen sind? Können sie dann auch ein Konzept eines Rattengottes entwickeln, deren Lieblingswesen sie sind? Muss es Leben nach dem Tod geben? Gibt es Beweise dafür? Gibt es Wiedergeburt, so wie es Hindus, Jains und Buddhisten lehren? Gibt es überhaupt irgendeinen Gott?

Man kann so einen Fragekatalog unendlich fortsetzen. Fangen Sie doch mal bei sich selbst an! Suchen Sie sich ein paar eigene feste Ansichten und Denkgewohnheiten heraus und stellen Sie sie in Frage.

Natürlich ist es weder möglich noch wünschenswert, alle eigenen Denkschemata in Frage zu stellen. Das wäre absurd. Die Entwicklung unseres Denkens ist ebenso unvermeidbar wie die körperliche Entwicklung. Aber wir müssen jederzeit bereit sein, sie zu revidieren. Das, was einst nützlich war, kann irgendwann einmal ein Hindernis bilden auf dem Weg zu neuen Wahrheiten, so wie es mit der euklidischen Geometrie der Fall war.

40. Die Macht der Suggestion

Auch wenn wir uns mündig wähnen: Personen, die Willensfreiheit besitzen, unterliegen oft einem Phänomen, das von Psychologen als Suggestion bezeichnet wird. Oft wird dabei das Unterbewusstsein beeinflusst, und wir sind ohne bewusste Analyse nicht in der Lage, dies als solches zu erkennen.

Welches sind die häufigsten suggestiven Faktoren, die im täglichen Leben vorkommen? Auch hier ist die Liste sicherlich nicht vollständig und ich bin für jede Ergänzung dankbar.

Zunächst das äußere Erscheinungsbild, körperliche Schönheit. Auch wenn wir das Gegenteil behaupten würden, werden wir einen gutaussehenden Menschen positiver wahrnehmen als eine unästhetische Erscheinung. Natürlich wird behauptet, die Schönheit komme von innen. Aber im tagtäglichen Leben haben wir kaum die Möglichkeit, die Menschen, die wir treffen, so ausführlich kennenzulernen, dass wir uns ein fundiertes Urteil über sie bilden können. Der Politiker Erich Mende war ein ausgesprochen gut aussehender Mann und bekam sehr viele Stimmen von Frauen. Seine inneren Werte offenbaren sich aber beim IOS-Skandal, als festgestellt wurde, dass Mende als IOS-Präsident Abertausende Bundesbürger um Millionen von Mark geprellt hatte. Dass körperliche Schönheit im Leben eine große Rolle spielt, wissen besonders die Frauen sehr gut. Nicht umsonst wird in der Welt tonnenweise Make-up verkauft und werden Millionen Euros in den Friseurläden und Kosmetiksalons abgeladen.

Wenn wir das äußere Erscheinungsbild analysieren, dann spielt neben der körperlichen Schönheit die Kleidung eine große Rolle. Sie alle kennen das Sprichwort „Kleider machen Leute". Ein Finanzminister wird wohl kaum mit geflickter Jacke bei einer Veranstaltung von Industrie-Managern eine Rede halten. Pharmavertreter sind angewiesen, auch im heißesten Sommer auf die Krawatte nicht zu verzichten, wenn sie eine Arztbesuch-Runde drehen. Der hessische Jeans- und Turnschuh-Minister Joschka wurde vom stets gut gekleideten Krawatten-und-Anzug-Außenminister Fischer längst überholt.

Dass attraktive Kleidung im täglichen Leben eine große Rolle spielt, wissen nicht nur die Leute, sondern auch Industrie und Handel. Gerade deswegen werden in dieser Branche täglich Millionen umgesetzt. Warum auch nicht? Es tut einem gut, eine augenfällige Erscheinung wahrzunehmen. Eine gepflegte Kleidung legt den Schluss nahe, dass von den betreffenden Personen auch entsprechende Körperpflege betrieben wird, was wiederum den gesamt-positiven Eindruck (synergetisch-potenzierend) verstärkt. Das genaue Gegenteil: ungepflegte, dreckige, zerrissene Kleidung eines unrasierten Menschen mit fettigen Haarsträhnen würde den Eindruck erwecken, dass die Körperpflege doch ziemlich im Argen liegt. Der Kleidungshabitus beeinflusst nicht nur die körperliche Haltung, den Gang, die Bewegung und die Gestik, sondern auch das Selbstbewusstsein. Eine Frau, die in Jeans und Turnschuhen die Treppe herunterstapft, würde in einem eleganten, langen Abendkleid die Treppe herunterschweben.

Meine Frau trägt immer elegante Kleidung und extravagante Hüte, auch wenn sie auf dem Wochenmarkt einkaufen geht oder einen Flohmarkt besucht. Viele Frauen sagen ihr oft: „Ja, Sie können sich das als Künstlerin erlauben. Wenn wir uns so anziehen würden, würden wir schief angeguckt. Und soviel Selbstbewusstsein haben wir auch nicht." Nun, man kann darüber philosophische Haarspalterei betreiben, ob man sich deswegen elegant anzieht, weil man selbstbewusst ist, oder eine elegante Kleidung einen selbstbewusst macht. Wahrscheinlich sind die beiden Ansichten untrennbar wie siamesische Zwillinge und bedingen sich gegenseitig. Jedenfalls stimmt das indische Sprichwort: „Benimm dich wie eine Königin und die Leute werden Verbeugungen vor dir machen. Bücke dich immer demütig, dann werden sie dich in den Hintern treten." Mut muss man haben. Mut kann man sich auch aneignen, sagte meine Frau und organisierte flugs die größte Hutschau der Welt in unserer kleinen, aber entzückenden Stadt Neuburg mit dem Thema „Mut zum Hut". Und diesen Mut hatten die Besucherinnen, aber auch die Besucher, da die exponierten Hüte, auch extravagante und auffällige, reißenden Absatz fanden.

Die Suggerierung durch die äußere Erscheinung beschränkt sich natürlich nicht nur auf Individuen, sondern schließt auch nicht lebende Materie ein. Nehmen wir nur ein Beispiel: Die Parfümflasche. Es gibt ja eine unwahrscheinliche Vielfalt von Formen und Gestaltung, die alle aber nur eines signalisieren, nämlich: In der Flasche befindet sich ein wertvoller Inhalt. Wir können noch so ein hochwertiges Parfüm haben, wenn wir es aber in eine langweilige Flasche füllen, so können wir sicher sein, dass es kein Renner werden wird. Das Gleiche gilt überhaupt für Verpackungen aller Art. Eine hochwertige Verpackung kann signalisieren, dass auch der Inhalt wertvoll ist. Schauen Sie sich Pralinen-Packungen an! In so einer aufwendigen Verpackung ist mehr Luft drin als Pralinen. Wenn die gleichen Pralinen in einer einfachen Zellophan-Tüte verpackt angeboten werden, wird der Kunde kaum bereit sein, dafür viel Geld auszugeben.

Dann gibt es auch eine Verpackung ganz anderer Art. Und zwar Dessous; die Damenunterwäsche. Auch hier gibt es wahnsinnig viele und teure Angebote. Und die werden gekauft wie verrückt! Warum wohl? Der Inhalt, der an sich wertvoll ist, soll noch wertvoller, begehrenswerter erscheinen. Weitere Exkursionen auf diesem Gebiet überlasse ich Ihrer Fantasie.

Dann gibt es eine Verpackung völlig anderer Art. Die Kirche. Meistens sind die Kirchen dominante, schöne und imposante Gebäude in einer Stadt oder einem Dorf. Wenn Sie eine Kirche betreten, suggeriert die Atmosphäre durch die Höhe des Gebäudes, das Raumvolumen, die gedämpfte Beleuchtung, die Stille etc. Erhabenheit und Gottesnähe. Wenn Sie in der Lage sind, einigermaßen von einer Suggestion Abstand zu halten, würden Sie sagen: „Wenn du beten willst, gehe in dein stilles Kämmerlein, denn Gott ist überall." Es ist aber erstaunlich, wie viele Menschen, die auf anderen Gebieten ihren Verstand hervorragend einsetzen können, umfallen, wenn es um religiöse Suggestion, wie z. B. die Atmosphäre eines Kircheninterieurs geht, und dieser leicht anheim fallen.

Es gibt noch viele Arten von Verpackungen, die das Gesellschaftlich-höher-gestellt-Sein bzw. Wohlstand suggerieren. Wenn einer aus einem Rolls-Royce, Pullman oder Maybach vor einem Hoteleingang aussteigt, wird er mit einer anderen Aufmerksamkeit behandelt als einer, der aus einer Ente oder einem Trabbi aussteigt, unabhängig davon, ob das teurere Auto ein eigenes, geliehenes oder gar gestohlenes ist.

Ebenso geht eine Suggestion aus von einem Briefbogen, auf dem eine vornehme Adresse, wie z. B. Schloss Grünau oder Grünwald in München steht. Dann stehen womöglich mehrere Telefonnummern darauf, und das Ganze ist auf einem vornehmen teuren Papier gedruckt. Die Abzocker in der Immobilienbranche machen sich diese Tatsache zunutze und drucken ausgezeichnete Fotos von Schnäppchen-Immobilien auf den Kanaren oder sonstwo auf teurem Hochglanz-Papier, sodass der Eindruck entsteht, dahinter steckt ein seriöser Geschäftspartner.

Ich glaube, wenn man die Memoiren von Hochstaplern und Heiratsschwindlern lesen würde, welche Tricks sie benutzen, um den Eindruck von Autorität, Wohlstand und Seriosität zu erwecken, dann wird man mehr wissen über die unehrlichen Tricks der Suggestion. Schauen Sie sich doch das Beispiel vom Hauptmann von Köpenick an. Mit einem Offiziersmantel, einer offiziellen Kutsche, unterwegs rekrutierten Soldaten, unterstützt durch eine entsprechende Haltung und Gebaren gelang es ihm, nicht vorhandene Tatsachen vorzutäuschen.

Ein ganz anderes Kapitel ist die suggestive Wirkung von akademischen und sonstigen Titeln wie Doktor, Professor, Minister, Präsident, Seine Durchlaucht, Seine Eminenz oder Institutionen wie Max-Planck-Institut und Elite-Universitäten wie Harvard, Oxford und Cambridge. Natürlich, wenn man einen akademischen Titel wie Doktor oder Professor erlangt hat, ist die Meinung, dass dahinter eine Leistung steckt, nicht ganz ungerechtfertigt; wäre ja sonst auch traurig. Aber auch hier könnte es zu Fehlurteilen kommen. Ich kenne einige Professoren, die hervorragende Operateure sind, und man soll sie nicht alle in Bausch und Bogen disqualifizieren. Mir geht es an dieser Stelle nur darum, auf die suggestive Wirkung eines Professorentitels hinzuweisen.

Ein Trick, der suggestive Wirkung erzeugen soll, ist, wenn man im Gespräch beiläufig erwähnt, dass man mächtige Bekannte und Freunde hat. Sagen wir einmal, jemand aus München muss aus beruflichen Gründen mit Neuburg vorlieb nehmen. Er möchte nun in den CSU-Vorstand gewählt werden. Er könnte nun sagen: „Als wir beim Abendessen zusammen saßen, sagte Günther (Beckstein natürlich): Du, Herbert, du musst unbedingt politisch weiterarbeiten." Oder „Der Eddie – Edmund Stoiber natürlich – sagte beim Abschied: Du Herbert, lass dich mal wieder sehen. Du weißt, dass unsere Türen immer offen stehen für dich und die Karin freut sich auch immer, wenn du kommst." Natürlich muss er geschickt vorgehen und nicht übertreiben, sonst würde sein Suggestionstrick zum Eigentor werden.

Die wichtigste Suggestion ist der effektive Einsatz der Sprache mit der dazugehörigen Körpersprache, Mimik, Gestik usw. Es beeindruckt auch die gelegentliche Benutzung von Fremdwörtern und Fachjargon, um den Eindruck des Gelehrtseins zu erwecken. Auch, dass man einige statistische Zahlen aus dem Ärmel schüttelt und einen Informationsvorsprung geschickt einsetzt, gehört dazu. Ein guter Sprecher oder viele Politiker beherrschen die Kunst, lange und viel zu reden ohne etwas zu sagen. Konstruieren wir ein solches Beispiel. So könnte ein Politiker sagen: „Es muss mit aller Deutlichkeit, hier und jetzt, mit erhobener und fester Stimme, voller Überzeugung und mit unserem ganzen Bewusstsein, für die Kundgebung unseres Willens für Frieden, Freiheit und Gerechtigkeit, trotz der lügnerischen Verleumdung durch die heuchlerische Opposition, mit aller uns zur Verfügung stehenden moralischen Stärke gesagt werden, dass es so nicht geht, meine Damen und Herren." Ein tosender Applaus ist ihm gewiss.

Befassen wir uns also jetzt mit den Tricks der Suggestion, die ein begnadeter Redner, bewusst oder unbewusst, anwendet, um die Zuhörer zu überzeugen. Hierzu fallen mir drei wichtige Punkte ein.

1. Wiederholte Bekräftigung, Bejahung einer Aussage.

2. Selbstsichere Art des Sprechens.

3. Den Eindruck von Renommee, Prestige oder des hohen eigenen Ansehens erwecken.

Nehmen wir zunächst den ersten Punkt vor, nämlich: wiederholte Bekräftigung oder Bejahung einer Aussage.

Es ist ein psychologisches Faktum, dass, wenn eine Behauptung mit großer Selbstsicherheit immer wieder wiederholt wird, dann die Neigung der Zuhörer groß ist, ohne weitere Nachprüfung diese zu akzeptieren. Was meinen wir mit wiederholter Bejahung? Wenn wir jemanden von unserer Meinung überzeugen wollen, dann gibt es zwei Wege. Wir können alle Gründe für unsere Meinung darlegen. Wenn wir dies aber tun, müssen wir bereit sein, auf Gegenargumente zu stoßen. Dann kann der Diskussionsgegner seine Gründe darlegen, warum er mit unserer Meinung nicht einverstanden ist. Dies ist natürlich eine mühsame Methode und bei einer öffentlichen Rede auch kaum möglich. Und am Ende der Diskussion wird es auch schwer möglich sein, sich über die Sache, die zur Debatte stand, absolut sicher zu sein. Es hat natürlich den Vorteil, dass man etwas näher an die Wahrheit kommen kann, auch wenn die Chance gering erscheint. Wenn einer darauf erpicht ist, schnelle Ergebnisse zu erzielen – wie es bei einem politischen Redner der Fall ist, dann ist diese Methode nicht sehr hilfreich. Wenn einer eher darauf aus ist, schnelle positive Ergebnisse – natürlich von seiner Warte aus – zu erzielen, als sich auf den Pfad der Wahrheitsfindung zu begeben, dann muss er einen anderen Weg einschlagen. Wenn einer vorzieht, dass Leute blind und mit Enthusiasmus seinen Standpunkt akzeptieren und ihm gehorsam folgen, als dass sie in aller Ruhe mit Verstand sich mit der Sache befassen, dann muss er zu anderen Mitteln greifen. Eine andere Methode ist, seine Meinung immer wieder zu wiederholen.

Diese Art von Wiederholung, ohne Begründung, sieht man auch in gedruckter Form z. B. auf Plakaten. Darauf ist nur ein großes Foto zu sehen mit einem kurzen Text wie „wählt Schröder" oder „wählt Stoiber". Aus diesem Plakat können wir keine Begründung herauslesen, warum wir diesen oder den anderen wählen sollten. Das ist reine Suggestion.

Diese Suggestion kann mit einer Rede verstärkt werden. Aber eine stupide Wiederholung „wählt mich" reicht nicht aus. Dies geschieht auf eine viel subtilere Art. Die Botschaft „wählt mich" nimmt dann unterschiedlichste Formen an. Die einfachste Variation wäre, mit voller Überzeugung zu sagen: „ich werde gewinnen". Oder: „eine weise und stabile Regierung kann nur mit meiner Partei gebildet werden". Oder: „Unter der Führung eines fähigen Kanzler-Kandidaten wird unser Land zu einem großen Wohlstand gelangen." „Wir Bayern werden nie eine Partei ohne Prinzipien, wie die gegnerische Partei halt ist, unterstützen." „Unser Land braucht eine Partei mit soliden moralischen Idealen." „Das Land braucht eine standhafte Führung." Alle diese Formulierungen sind unterschiedlich gestaltete Phrasen. Aber sie enthalten nur eine Botschaft, nämlich: Wählt mich und meine Partei.

So ein Redner benutzt geschickt die Wiederholung, teilweise, um nicht monoton zu wirken, aber teilweise auch, um seine Methode der Beeinflussung raffiniert zu verstecken. So eine Rede ist wie ein Bild, gemalt mit nur zwei Farben, aber immer in unterschiedlichsten Verdünnungs- und Mischungsverhältnissen.

Aber ein geschickter Redner verlässt sich nicht nur auf bloße Wiederholungen. Diese Wiederholungen müssen in einer selbstsicheren Art vorgetragen werden. Eine halbherzig und unsicher vorgetragene Wiederholung würde keine suggestive Wirkung entfalten. Der geschickte Redner wird seine Brust herausstrecken, den Kopf erheben und mit einer sicheren und lauten Stimme seine Botschaft verkünden. Selbstsicherheit ist also das zweite Standbein einer geschickten Rede. Überzeugtsein von eigenen Ansichten kann dabei eine Hilfe sein, ist aber keine zwingende Notwendigkeit. Ein routinierter Redner mit

schauspielerischen Fähigkeiten hat den Trick der Selbstsicherheit er-
lernt und kann sie wie eine Maske überstülpen.

Das dritte Standbein ist das Ansehen – Renommee – des Sprechers.
Das Ansehen ist z. T. auch durch die Kleidung bedingt. Er wird sich so
vornehm kleiden, dass schon dieses Seriosität vermittelt. Da die Bescheidenheit ihn hindert, selbst zu sagen, was für eine großartige Persönlichkeit er ist, wird er einen Lokal-Matador als Gehilfen haben, der
ihn mit höchsten Lobesworten vorstellt. Wenn er natürlich eine höher-
gestellte Persönlichkeit wie z. B. einen Minister oder gar einen Kanz-
ler zur Hilfeleistung gewinnen kann, dann ist er noch besser dran. Die
Leute sind eher empfänglich für eine Botschaft, die von einer angesehenen Person vermittelt wird. Glücklich kann man die Redner nennen,
die selbst einen angesehenen Titel oder Beruf haben. Diese verstärken
sein Ansehen. Wenn einer aber alle diese Möglichkeiten nicht hat,
kann er geschickt seine Verbindung zu den mächtigen Leuten in seine
Rede einbauen.

Es gibt andere Tricks, die angewendet werden, um das eigene Renommee zu erhöhen; z. B. durch Verwendung von gelehrt klingenden
Fremdwörtern, Zitaten auf Lateinisch, Einstreuung von statistischen
Daten und Anwendung von Fach-Jargon. Solche Finessen beeindru-
cken die Zuhörer, da sie diese nicht als Trick wahrnehmen. Natürlich
müssen wir zugeben, dass, wenn einer seine Rede wie oben erwähnt
gestaltet, er nicht unbedingt ein unehrlicher Mann sein muss, der uns
imponieren will. Oft ist es nämlich notwendig, eine technische Termi-
nologie zu benutzen, wenn man kurz und prägnant eine Sache darstellen will. Es ist eine Art intellektuelle Stenografie oder Kurzschrift, die
einem erlaubt, mit einem Satz etwas zu sagen, was sonst mehrere Passagen oder Seiten eines Buches benötigen würde. Ein einfacher Weg,
um die Wahrheit herauszufinden wäre, den Redner oder den Gegendis-
kutanten zu fragen, ob er bitte doch in einfacher Sprache erklären würde, was er gerade gesagt hat. Wenn er dann aber in einfacher Sprache

nicht erklären kann, was er vorhin gesagt hat, dann wären unsere Annahmen, dass er selbst nicht versteht, was er gesagt hat, schon gerechtfertigt.

Wenn man solche Beispiele sucht, kann man bei den Büchern von Theologen wie Hans Küng fündig werden. Da wimmelt es nur so von hochtrabenden, nichtssagenden Sätzen wie „Gott ist nicht nur ein Teil der Wirklichkeit, ein Endliches neben Endlichem. Vielmehr ist er das Unendliche im Endlichen, die Transzendenz in der Immanenz, ein intentionaler Gegenstand im Herzen der Dinge, im Menschen, in der Menschheitsgeschichte, in der Welt."

Und so geht es weiter. Ich will Sie aber nicht weiter damit belästigen. Hier erhebt sich mit Recht die Frage, ob der Gelehrte weiß, was er sagt. In so einem Fall dürfen wir der Suggestion nicht unterliegen, dass es sich bei Herrn Küng um eine so gelehrte Person handelt, dass er selbstverständlich etwas Hochkarätiges gesagt hätte, nur man selbst ist nicht in der Lage, dies zu verstehen. Mutig sollte man ihn fragen, ob er, was er gesagt hat, in verständlicher Form darstellen kann. In solchen Fällen habe ich persönlich die Erfahrung machen müssen, dass dann als Erklärung wieder ein Schwall von noch unverständlicheren Sätzen folgt. Jedenfalls haben wir keinen Grund, eine obskure, unverständliche Ausdrucksweise als Zeichen einer höheren Intelligenz zu deuten.

Sammeln Sie doch bitte die Eröffnungsreden der sogenannten Kunstkenner bei Ausstellungen der modernen Kunst. Sie werden herausfinden, dass oft nicht viel hinter den hochtrabenden Worten steckt. Die Leute hören höflich zu und tun nachher so, als ob sie viel von der modernen Kunst verstehen. Das ist dann peinlich, wenn ein Künstler zugibt, dass er die Leute eigentlich – pardon – nur verarschen wollte, wie es Picasso später zugegeben hat.

Ein anderer Trick der Suggestion ist, die Frage so zu formulieren, dass die Antwort bereits in der Frage enthalten ist. „Sicherlich akzeptieren Sie die ethischen Werte, die in der Bibel stehen, nicht wahr?" Man kann die Frage auch so formulieren: „Sie akzeptieren nicht die ethischen Werte, die in der Bibel stehen, nein?" Die letzte Frage ist so formuliert, als ob die Antwort nein lautet, aber in der Wahrheit wird ein Ja erwartet.

Eine weitere Variante ist, die Frage so zu formulieren, dass, egal wie Sie antworten, Ihre eigene Position demoliert wird. Meistens sind mehrere Fragen als Fragmente vorhanden, z. B.: „Wird unsere Landwirtschaft durch erhöhte Preise profitieren, die das Ergebnis der Importzölle sein werden?" Egal wie Sie antworten – ja oder nein – Sie werden zugeben müssen, dass Importzölle automatisch die Preise der Landwirtschaftsprodukte erhöhen werden. Das gleiche Ergebnis könnte erzielt werden, wenn viele verschiedene Themen in eine komplizierte Frage hineingelegt werden. Da kann z. B. gefragt werden: „Geben Sie zu, dass Saddam Hussein Gefangene gefoltert, Kurdendörfer mit Frauen und Kindern bombardiert hat, auf das Rote Kreuz feuern ließ, den Terroristen Bin Laden unterstützt und Schiffe mit transportablen Krankenhäusern versenkt hat, ja oder nein?" Es ist doch klar, dass ein so Angesprochener einige Fragen mit ja und einige mit nein beantworten möchte. So eine Frage zu stellen, ist unfair und ein unehrlicher Trick. Wir können uns davor bewahren, indem wir dem Fragesteller klar machen, dass er eine Frage gestellt hat, die mehrere Fragen enthält und deswegen mit einem pauschalen Ja oder Nein nicht beantwortet werden kann.

Ein anderer Trick der Suggestion, um das eigene Prestige zu steigern, ist, wenn ein Redner seine Rede mit einem Zitat anfängt. z. B. „Schon Aristoteles hat gesagt ..." Erstens soll es suggerieren, dass der Autor belesen ist, und zweitens kann seine Meinung gar nicht so falsch sein, da sie mit einer berühmten Persönlichkeit korreliert. Das Zu-Hilfe-Ziehen größerer Persönlichkeiten in einer Diskussion, um seine eigene Meinung mit Gewichtigkeit zu untermauern, ist eine sehr fragwürdige Methode, auch nicht ganz ehrlich, auch wenn dies der betreffenden Person so nicht bewusst sein sollte. Dies stellt man oft fest, wenn über Gott, Sozialismus oder Kapitalismus diskutiert wird. Ein Gottesgläubiger könnte sagen: „Nobelpreisträger Herr ... glaubt auch an Gott, denn er hat im Jahre x schon gesagt ... Gott ist das Ende unserer Sehnsucht." Der Physik-Nobelpreisträger mag ein Experte im Gebiet der Quantenphysik sein, aber wenn es in der Diskussion um Gott und die Welt geht, dürfte man seinen Aussagen höchstens die gleiche Gewichtung zubilligen wie jeder anderen intelligenten Person, die die gleichen Fakten besitzt. Wenn ein Herr Planck oder Heisenberg über experimentelle Ergebnisse der Messung der kosmischen Strahlung berichtet, dann ist es vernünftig für einen Laien, an diese Aussage zu glauben, auch wenn wir selbst nicht in der Lage sind, diese Experimente selbst durchzuführen. Wir können seinen Aussagen Glauben schenken, nicht nur weil wir der Überzeugung sind, dass er ein zuverlässiger Experimentator ist, sondern weil auch andere Forscher seine Ergebnisse nachprüfen könnten. Wenn er aber seine Meinung über ein Thema wie z. B. „Freier Willen" äußert, müssen wir ihm aufgrund seiner Autorität in der Physik nicht mehr Aufmerksamkeit und Glauben schenken als einer anderen intelligenten Person.

Das Gleiche gilt nicht nur für Personen, sondern auch für Institutionen. Das Max-Planck-Institut ist z. B. eine bekannte Institution. Frithjof Capra, ein bekannter Physiker, hat hier längere Zeit gearbeitet. Er hat auch ein Buch geschrieben mit dem Titel „Wendezeit". Hier erklärt er die chinesische Yin-und-Yang-Theorie. Er meint, der Kosmos wird von einem weiblichen Prinzip Yang und von einem männlichen Prinzip Yin beherrscht. Und schließlich wird das weibliche Prinzip Yang siegen. Dann kommt er zu der erstaunlichen Schlussfolgerung, auch auf der Erde wird das weibliche Prinzip Yang siegen. Deswegen müssen die Frauen die Welt regieren! Nun mag es wahr sein, dass es für die Welt besser ist, wenn sie von Frauen regiert wird – die Beispiele von

Indien, Pakistan, Bangladesh, Israel, Norwegen und England lassen diese Schlussfolgerung allerdings nicht zu. Da war die Situation keinen Deut besser, als Frauen regierten. Aber dieser Meinung einen pseudowissenschaftlichen Anstrich zu geben dadurch, dass dieser Physiker als Wissenschaftler an einem renommierten Institut gearbeitet hat, heißt Ausnutzung der Suggestivkraft. Wir dürfen nicht so dumm sein darauf hereinzufallen.

Wenn man über Autorität redet, muss man gewisse Unterschiede feststellen können. Autorität auf einem Gebiet und Autorität auf allen Gebieten, Autorität an sich und vernünftige Autorität. Capra mag auf dem Gebiet der Physik eine vernünftige Autorität sein, da andere Forscher seine Aussagen experimentell nachprüfen können. Er ist aber nicht zwangsläufig eine Autorität, wenn er sich auf andere Gebiete einlässt. Missbrauch von Autorität als Suggestionsmittel wird aber auch innerhalb eines Fachgebietes möglich. Es sind so viele innovative Gedanken im eigenen Fachgebiet unterdrückt worden. Natürlich hat Autorität im jeweiligen Fachgebiet etwa Positives an sich. Nicht jede neue Idee ist jedoch in irgendeiner Branche der Wissenschaft wertvoll. Es ist also nicht unvernünftig für Experten in einer Branche zu sagen: „Wir haben in der Vergangenheit gesehen, wie viele Ideen, die anfangs als brillant angesehen wurden, sich später als Fehlurteile herausstellten. Unsere Erfahrung zeigt, dass diese neue Idee, die jetzt vorgestellt wird, im Lichte unserer Erfahrung eine fruchtlose Idee ist." Oft haben sie Recht. Manchmal können sie sich gewaltig irren mit desaströsem Ergebnis. Als Harvey die Blutzirkulation entdeckte, brauchte die Welt eine ganze Generation, bis seine Entdeckung akzeptiert wurde. Die Entdeckung Listers über den Gebrauch von Antiseptika in der Chirurgie wurde vom medizinischen Establishment ähnlich opponiert. Der ungarische Arzt Semmelweis wies nach, dass durch Desinfektion die Kindbett-Fieberrate erheblich gesenkt werden konnte, musste aber ähnliche Erfahrungen machen.

Damals liefen die Chirurgen mit von Eiter besudelten Schürzen herum. Es galt der Grundsatz: „Je mehr Eiterflecken auf der Schürze, desto tüchtiger der Chirurg."

Stellen wir uns ein Beispiel für die Zukunft vor. Ein Mediziner nimmt im Rahmen der Allgemeinbildung Erkenntnisse der Physik wahr, die besagen, dass Materie und Energie nicht zwei unterschiedliche Identitäten sind, sondern zwei Eigenschaften eines einzigen Stoffes – wie Wasser und Eis. Energie ist wiederum eine Form der Wellen. Es gibt Überlegungen darüber, dass alles im Universum auf einen einzigen Stoff zurückzuführen ist. Es sind letzten Endes alles nur Wellen. Demnach wäre ein Atom so zu definieren, dass es sich um Wellen handelt, deren höchster Konzentrationspunkt da ist, wo wir das Atom lokalisieren. Und diese Wellen breiten sich unendlich aus. Nun kommt der kühne Gedankensprung. Durch Turbulenzen, welcher Ursachen auch immer, kommt es zu Störungen des Gleichgewichts und zu Interferenzen in der Wellenlandschaft der Atome, damit auch der Moleküle, der Zellen und des gesamten organischen Wesens wie z. B. des Menschen. Krankheiten könnten durch diese Störungen des Gleichgewichts entstehen. Mit Verlaub, für diese Spinnereien bin ich allein verantwortlich; ich habe sie mir einfach ausgedacht. Sie können sich vorstellen, wie die medizinischen Kapazitäten darauf reagieren würden. Diese dürfen selbstverständlich dies ablehnen, aber nicht auf Grund ihrer Autorität, sondern mit detaillierter Begründung.

Wenn alles nur Wellen sind, kann man sich vorstellen, dass nebeneinander in der 4. oder 5. Dimension – theoretisch soll es 11 davon geben und nicht nur 3 so wie wir es kennen – parallele Welten existieren. Darauf kann man das Konzept einer Vielzahl von parallelen Universen im gleichen Raum ableiten. Aber Sie können sicher sein, dass Autoritäten in der Physik dieses in den Bereich der Science Fiktion verbannen werden, genauso wie sie damals die non-euklidische Geometrie in den Fantasiebereich verdammten.

Akupunktur ist ein ähnliches Thema. Vielleicht existiert ein anderes System im Körper neben dem Kreislauf- und Nervensystem. Aber dieses System werden wir mit tradiertem Denken nicht entdecken können. Vielleicht benötigen wir dazu Erkenntnisse aus anderen Bereichen wie z. B. Biotechnologie, Bioelektrik, subatomare Physik etc.

Religiöse Autorität ist auch ein gutes Beispiel. Die biblischen Texte, die als höchste Autorität gelten, haben erhebliches Unheil angerichtet. Nur um einiges zu nennen: Judenverfolgung, Hexenverbrennung, Sklavenhaltung, Erniedrigung der Frauen, von der verkorksten Sexualmoral nicht zu reden. Geschlechtsverkehr sei nur erlaubt, wenn dabei explizit der Wunsch besteht, ein Kind zu zeugen. Sonst sei dies eine Sünde. Damit wird die Benutzung von Kondomen von dem Stellvertreter Christi verboten, AIDS-Gefahr hin, AIDS-Gefahr her, unabhängig von der Gefahr der Bevölkerungsexplosion etc. Jede Abtreibung wird verboten, ob die Frau nun vergewaltigt wurde, ein Kind erheblich missgebildet ist oder aus welchen Gründen auch immer. Es wird sich auf die höchste Autorität Gott berufen, denn die Bibel soll vom Heiligen Geist inspiriert sein und heißt ja auch deswegen „Heilige Schrift". Mir geht es an dieser Stelle nicht darum, eine Diskussion um die Religion zu entfachen, sondern darum aufzuzeigen, welche Wirkung der Autoritätshinweis hat. Das Schlimme dabei ist, dass die menschliche Autorität zeitweilig in Frage gestellt werden kann, die vermeintlich göttliche dagegen nicht. Während bei menschlichen Auseinandersetzungen hinsichtlich der Aussagen der Autoritäten eine Korrektur der Ansichten und eine Annäherung möglich sind, bleibt bei den religiösautoritären Aussagen nur eine Radikalkur übrig.

Neben dieser Form des Autoritätsappells gibt es versteckte Formen von Appellen an die Autorität. Wenn man z. B. sagt: „so und so wurde immer geglaubt" oder „so und so verhält sich ein moderner Mensch" – so etwas soll uns nicht verführen. Im ersten Fall könnten wir durchaus fragen: Haben unsere Vorfahren gute Gründe gehabt für diese Meinung, und im zweiten Fall, ob der moderne Mensch besser informiert ist als die Vorfahren und deswegen eher Recht haben kann?

Zum Schluss dieses Kapitels möchte ich noch einige zusammenfassende Kommentare abgeben. Es gibt keinen Zweifel daran, dass wir im tagtäglichen Leben auf Meinungen von Experten, Autoritäten angewiesen sind. Aber in der Vergangenheit war es sehr oft so, dass Autoritäten ein Hindernis zum Fortschritt waren. Dieser Effekt kann reduziert werden, wenn wir lernen, unserer Anfälligkeit für Autoritätsglauben nicht blind anheim zu fallen. Der Zweck dieser Ausführungen ist, dem Leser zu helfen, sich selbst von der suggestiven Wirkung durch Appell an Autorität zu befreien. Dies geschieht, wenn man ihre wahre Natur erkennt und begreift. Diejenigen, die die wahre Natur der Suggestion begreifen, werden eher in der Lage sein, sich bei ihrer Meinungsbildung vor dem Einfluss des Redners oder des Autors effektiver zu schützen.

Nochmals zurück zum Beispiel des politischen Redners. Wenn man fair sein will, dann muss man zugeben, dass für den Redner viele von den erwähnten Tricks unvermeidbar sind. Wenn einer eine öffentliche Rede hält, kann man von ihm kaum erwarten, dass er im Interesse des klaren Denkens darauf verzichtet, mit Selbstsicherheit zu reden. Dann wird er keinen Erfolg haben. Die Zuhörer werden sich langweilen. Er kann auch auf die lobende Vorstellung seiner Person nicht verzichten. Wenn er seine Helfer anweisen würde zu sagen, es fehle ihm jede Kompetenz, wäre er ein ganz normaler Hanswurst. Intellektuelle Ehrlichkeit ist natürlich nicht unvereinbar in öffentlichen Reden. Deswegen wäre es dumm, wenn die ehrlichen Redner selber nicht reden und das Feld unehrlichen Tricksern überlassen würden. Die beste Kombination ist natürlich ein ehrlicher kraftvoller Redner und ein aufgeklärtes Publikum. Ist dies eine Utopie?

41. Vorurteile

Eins der größten Hindernisse auf dem Wege zum klaren Denken ist die Vorurteilsbildung. Liebe Leser, haben Sie sich manchmal gefragt, ob Sie Vorurteile haben? Fragen wir mal: Darf man z. B. Suppe schlürfen? Darf man Suppe schlürfen, wenn sie sehr heiß ist? Warum nicht? Wie sind Sie zu dieser Meinung gekommen? Darf man nicht rülpsen? Warum nicht? Es gibt Kulturen und Nationen, wo Rülpsen nicht als Missetat angesehen, sondern sogar gefordert wird. In Indien z. B. ist der Gastgeber sehr besorgt, wenn der Gast nach dem Essen nicht rülpst! Je lauter desto besser. Wenn der Gast schön rülpst, ist es ein Zeichen, dass ihm das Essen sehr gut geschmeckt hat und er satt geworden ist. Bei größeren Gesellschaften gibt es nach dem Essen fast einen Wettbewerb im Lautrülpsen, damit es bloß jeder hört. Es gibt sogar Superspezialisten, die so laut rülpsen können, dass nicht nur die Tischgesellschaft, sondern auch die Köche in der Küche es hören und dies als Bestätigung ihrer Kochkunst deuten können. Ist also Rülpsen als solches zu verurteilen, nur weil wir in unserem Kulturkreis als Kind schon beigebracht bekommen haben: „man rülpst nicht"? Ein Baby darf ein Bäuerchen machen, ein etwas größer gewordenes Kind nicht mehr. Wieso heißt es überhaupt Bäuerchen? Ich nehme an, dass es daher kommt, dass das Wort Bauer in diesem Zusammenhang so gedeutet wird, als einer, der keine Esskultur hat, folglich sich auch nicht zu benehmen weiß.

Was ist überhaupt ein Vorurteil? Die Wortbildung Vor-Urteil gibt eigentlich genaue Auskunft über das, was damit gemeint ist. Vorurteil ist im wörtlichen Sinne ein Urteil, das bereits vor jeder Beweisaufnahme gefällt wurde; im übertragenen Sinn: eine vorgefasste Meinung über Gegenstände, Vorstellungen, Personen oder Gruppen, die ohne bewusste Reflektionen und Prüfung objektiver Tatbestände für richtig oder wahr gehalten wird. Vorurteile lassen sich, selbst wenn man sie als falsch erkannt hat und man sich von ihnen distanzieren möchte, nur sehr schwer bekämpfen. Die meisten Vorurteile stammen aus unserer Kinderzeit. Im zarten Kindesalter, wo wir nicht in der Lage sind, kritisch zu sein, werden uns viele Werturteile von unseren Eltern, Tanten und Onkeln sowie von den Mitgliedern des Kulturkreises, aus dem wir stammen und in dem wir leben, aufoktroyiert. Lassen Sie mich bitte ein simples Beispiel aus meiner Kindheit erwähnen.

Ich komme aus einer Gegend, wo man sich nur rein vegetarisch ernährt. Fleisch, Fisch und Eier isst man nicht. Es wäre unmoralisch. Später studierte ich Zoologie. Da lernte ich, dass nicht nur Tiere Lebewesen sind, sondern auch die Pflanzen. Es gibt ja auch keinen grundlegenden Unterschied zwischen Pflanzen und Tieren. Wir Menschen haben die Lebewesen so klassifiziert, damit einigermaßen Ordnung herrscht in unserem Denken. Es gibt Tiere, die Chlorophyll besitzen und Pflanzen, die sich bewegen können. Wenn also zwischen beiden Lebewesen kein grundlegender Unterschied besteht und man die Pflanzen isst, müsste man doch auch Tiersubstanz essen können ohne Gewissensbisse. Dies war eine logische Schlussfolgerung. Aber trotz dieser Erkenntnis habe ich Jahre gebraucht, bis ich eine Kartoffel essen konnte, die mit Fleisch zusammen gekocht wurde. Es wurde mir jedesmal übel. Wenn trotz dieser Erkenntnis es so schwer war, wie ungleich schwerer muss es sein, Vorurteile zu bekämpfen, die man als solche nicht einmal erkant hat?

Vorurteile haben oberflächlich gesehen gewisse Vorteile, die sich aber bei genauerer Analyse summa summarum auch zu Nachteilen entwickeln können. Der menschliche Verstand neigt dazu, wie Francis Bacon vermutete, in der Welt mehr an Ordnung und Regelmäßigkeit anzunehmen als darin tatsächlich vorhanden ist. Da genügt schon ein einziges markant wirkendes Beispiel, um eine voreilige Verallgemeinerung daraus abzuleiten. Die Funktion solcher Verallgemeinerungen ist psychologischer Natur, und zwar dienen die Vorurteile im Wesentlichen einer Beschleunigung der Reaktionszeiten und einer Absicherung von Handlungsentscheidungen. So können Vorurteile Menschen entlasten z. B. in Situationen, in denen ein Orientierungsdefizit Angst erzeugt hat. Man kann schneller handeln, wenn gewisse Urteile bei sich schon fertig vorliegen. Wenn man z. B. entscheiden will, ob man mit dem Nachbarn verkehren will, der sich scheiden ließ und wieder geheiratet hat, wo doch der Herr Pfarrer dies verurteilte, und es in der Heiligen Schrift auch so steht. Dann fällt die Entscheidung schneller und man muss die näheren Tatsachen, die zu dieser Handlung geführt haben, nicht näher in Betracht ziehen und analysieren. Vorurteile vermitteln ein Bewusstsein von der eigenen gesellschaftlichen Stellung und bauen dadurch Unsicherheiten in Handlungen ab. Gemeinsame Vorurteile haben eine verbindende Wirkung in einer Gemeinschaft. Sie schaffen zwischenmenschliche Nähe unter den Mitgliedern derselben Vorurteilsgruppe.

Stellen wir uns ein Treffen von Horoskopgläubigen vor. Da sind sich alle einig, dass das Horoskop etwas zu sagen hat. Stellen Sie sich aber eine Diskussion vor zwischen Horoskopgläubigen und denen, die an so etwas nicht glauben. Das gleiche gilt auch für Religionsgruppen. Denn Religionsglaube ist nichts anderes als ein eingepflanztes Vorurteil. Aber darauf gehe ich noch später ein.

Diese gemeinsamen Verbindlichkeiten nehmen aber eine schwarze Färbung an, wenn es um Negativ-Klischees geht wie z. B.: Spaghettifresser, geiziger Schotte, ungläubige Christenhunde, menschenfressende Neger, arbeitsplatzwegnehmende Ausländer usw. Aber auch wohlgemeinte Annahmen wie z. B. alle Deutschen sind fleißig, alle Italiener sind besonderes musikalisch, alle Inder sind weise, stellen Vorurteile dar. Solche Vorurteile werden häufig von größeren Gesellschaftsgruppen vertreten. Zum Problem werden sie dort, wenn sie sich durch Propaganda oder Manipulationen durch z. B. die Medien vermitteln oder gar verstärken lassen. So kann ein Medien-Zar wie Berlusconi sogar Ministerpräsident werden, auch wenn er etlichen Dreck am Stecken hat. Besonders wenn eigene Unsicherheit und eigenes Unvermögen dadurch kompensiert werden sollen, dass sie auf Fremdpersonen und Gruppen, z. B. fremde Völker oder religiöse Minderheiten projiziert werden. Hierin sind die Rechtskonservativen besonders spezialisiert. Wenn sie dann auch auf Unterstützung durch medienwirksame Käseblätter rechnen können, wird es ganz schlimm. Wo die begründete oder unbegründete Angst um den Fortbestand oder das Wohlergehen der eigenen Gruppe unerträglich erscheint, kann die zunächst meist verbale Aggression in brutale physische umschlagen mit dem Ziel, das Beunruhigende, Fremde zu vernichten.

Wir haben dies besonders in den neuen Bundesländern beobachtet, wo hohe Arbeitslosigkeit herrscht. Da wurden Vietnamesen und Asylsuchende von Rechtsradikalen malträtiert und Asylantenheime angezündet. Dies ist schlimm genug. Noch schlimmer finde ich, dass ein nicht zu kleiner Teil der Gemeinschaft dies stillschweigend akzeptiert hat, ja wahrscheinlich sogar im Stillen seine Zustimmung gegeben hat. Gemeinsame gesellschaftliche Vorurteile haben hier zwar das Gefühl der Solidarität erzeugt, aber zu Handlungen geführt, die im Widerspruch zum klaren Denken stehen.

42. Religion und Vorurteile

Eine sehr große und wichtige Gruppe bilden die religions- und glaubensbedingten Vorurteile. Wir haben bei der Definition gesagt, ein Vorurteil ist im wörtlichen Sinne ein Urteil, das bereits vor jeder Beweisaufnahme gefällt wurde. Und die Religion hat mit Beweisführungen nicht viel im Sinn.

Wenn Sie ein Christ sind, fragen Sie sich bitte, wie es kommt, dass Sie es sind? Wenn Sie Katholik oder Protestant sind, wie kommt es, dass Sie zu dieser Glaubensgemeinschaft gehören? Doch wohl nur durch Ihre Geburt in diese Gemeinschaft! Wenn Sie im Iran geboren wären, wären Sie nach der Wahrscheinlichkeitsrechnung ein Muslim, wenn Sie in Japan geboren wären, ein Shintoist oder Buddhist. Der Glaube und die damit verbundenen Überzeugungen sind ohne Nachprüfung von der betreffenden Person angenommen worden, sind also Vorurteile. Ich glaube, diese Erkenntnis ist sehr wichtig, wenn man bedenkt, welchen Einfluss die Religionen in der Welt hatten und haben. Und welche Konflikte zwischen sehr großen aber auch kleineren Menschengruppen aufgrund der religiös bedingten Vorurteile entstanden sind. Ich glaube nicht, dass ich die Beispiele von Afghanistan, Jugoslawien, Irland und 11. September, aber auch die Verfolgung von sogenannten Ketzern, Juden und Wissenschaftlern durch das Christentum extra erwähnen muss. Religiöse Vorurteile penetrieren aber auf subtile Art auch unsere sogenannte aufgeklärte westliche Welt. Nehmen Sie doch die Diskussionen um die Gentechnik, Homosexualität, Ehe ohne Trauschein, Paragraph 218, aktive Sterbehilfe, Strafe bei Selbstmordversuch usw., von der vermurksten Sexualmoral nicht zu reden.

Dann gibt es auch eine Menge Leute, die sich emanzipiert wähnen und die offizielle Kirche kritisieren, aber die Existenz einer allmächtigen Kraft weiterhin annehmen, unter dem Motto „Kirche nein, Gott ja". Seit Kant wissen wir, dass Gott weder bewiesen noch beweisbar ist. Wenn wir aber nicht wissen können, ob es einen Gott gibt, dann können wir natürlich auch nicht wissen, was er will. Deswegen können wir unsere ethisch-moralischen Handlungs-Postulate darauf nicht basieren, falls wir bereit und in der Lage sind, logisch und klar zu denken.

Es ist erstaunlich, wie an sich intelligente Leute ihre geballte intellektuelle Unredlichkeit einsetzen, um ihre vorgefasste Meinung in der

Gottesfrage zu verteidigen. Hier ein paar Kostproben aus verschiedenen theologischen Büchern:

„Einen Gott, den es gibt, gibt es gar nicht."

„Gott ist das Woher meines Umgetriebenseins."

„Gott ist alles bestimmende Wirklichkeit."

„Gott ist nicht nur ein Teil der Wirklichkeit, ein Höchstes, Endliches neben Endlichem. Vielmehr ist er das Unendliche im Endlichen, die Transzendenz in der Immanenz, das Absolute im Relativen."

„Gott ist absolut-relative, diesseitig-jenseitige, transzendent-immanente, allesumgreifende, alles durchwaltende wirklichste Wirklichkeit im Herzen der Dinge, im Menschen, in der Menschheitsgeschichte, in der Welt."

„Gott ist das Unendliche in allem Endlichen, das Sein-Selbst in allem Seienden."

„Gott ist der mythologische Ausdruck für die Unbedingtheit personalen Verantwortlichseins."

„Gott ist der Name des unendlichen und unerschöpflichen Grundes der Geschichte."

Naja, da kann man unendlich viele Beispiele solcher Annahmen vorführen – beweisbar ist keine. Woher wissen all diese Schlauköpfe um die erwähnten Eigenschaften des angenommenen höchsten Wesens? Fragt man einen Theologen kritisch, wie man denn nun diese merkwürdigen Definitionen und Beschreibungen von Gott zu verstehen hätte, dann wird er sich irgendwann auf das „große Geheimnis um Gott" zurückziehen – als ob damit etwas erklärt wäre!

Wenn man mit diesen Argumenten den Begriff Gott retten könnte, dann könnte man den Teufel, Hexen, Geister und tausend andere mythologische Wesen aus verschiedenen Religionen auch retten.

Wann immer man eine interessante Argumentation eines Theologen, die recht vernünftig klingt, liest oder hört, kann man sich todsicher fragen, an welcher Stelle er es fertig bringen wird, den Pfad des Verstandes und der Vernunft schlagartig zu verlassen. Er kann ja auch nicht anders, weil religiöse Überzeugungen nicht auf Wissen und Logik, sondern auf Annahmen basieren, die in diesem Fall mit Vorurteilen gleichzusetzen sind. Nicht umsonst gibt es in der Theologie den Grundsatz „credo ut intelligam", auf Deutsch, „ich weiß, indem ich glaube". Eine wirklich interessante „wissenschaftlich-logische Methode, nicht wahr? Da kann man nur sagen: „Wenn ich glaube, dass ich ein Vogel bin, dann kann ich noch lange nicht fliegen!"

Es erhebt sich die Frage: Wie kann man mit einem mit Vorurteilen behafteten Leben umgehen? Wie kann man mit unlogisch-unkritischem Denken Wahrheit von Lüge oder sinnvolle von unsinnigen Aussagen unterscheiden? Wenn wir im täglichen Leben oder in der ganzen Welt mit Problemen konfrontiert werden und diese lösen wollen, ist es dann vernünftig, unsere Handlung auf vorgefertigte Vorurteile zu basieren, anstatt auf das klare, logische und konsequente Denken zu setzen?

43. Denkfallen

Seien Sie bitte ehrlich: Haben Sie schon mal etwas bereut und sich gesagt: „Wie konnte ich das nur tun?" „Wieso habe ich mich so dumm verhalten?" „Ich könnte mich in den Hintern beißen." „Ich hätte es besser wissen müssen!" „Warum habe ich dies oder jenes nicht getan; es wäre doch eine gute Gelegenheit gewesen?"

Ich gebe zu, in dieser Hinsicht bin ich auch keine Ausnahme. Aber wir alle befinden uns in guter Gesellschaft. Auch kluge und intelligente Menschen sind nur Menschen und fallen oft solchen Denkfallen zum Opfer. Davon gibt es genügend Beispiele.

Wieso überwies ein leitender Bankmanager aus Deutschland eine Millionensumme an die US-Bank Lehman Brothers, obwohl es bekannt war, dass diese Bank kurz vor der Pleite stand? Wieso ist die Bayerische Landesbank durch riskante Geschäfte in ein Millionenloch gefallen? Wer waren die Verantwortlichen? Bestimmt an sich keine dummen Leute! Nebenbei bemerkt: Die Zeche zahlt der Steuerzahler, ist doch klar!

Ein eklatantes Beispiel ist Josef Ackermann von der Deutschen Bank. Ursprünglich hatte er sich vehement gegen staatlichen Einfluss im Bankwesen gewehrt. Nach dem Banken-Debakel forderte er staatliche Unterstützung. Und als die Regierung – wieder auf Kosten der Steuerzahler – Unterstützung in Milliardenhöhe bereitstellte, riet er den Banken, diese abzulehnen. Zu welchen Zeitpunkt ist er in eine Denkfalle geraten und hat sich eventuell gesagt: Das hätte ich nicht tun sollen? Öffentlich wird er dies sicherlich nicht zugeben wollen.

Auch andere Politiker sind davor nicht gefeit. Ein einziger dummer Satz kann sogar ihre politische Karriere ruinieren.

Sie sehen also, auch berühmte, intelligente Leute können manchmal unglaublich dummen Denkfallen zum Opfer fallen. Ich sage dazu meinen Standard-Satz: Intelligenz schützt vor Dummheit nicht. Leute, die in einem Bereich intelligent sind, können in einem anderen Bereich sehr unbedarft sein. Ein Geschäftsmann kann erfolgreich sein, aber in seinen persönlichen Beziehungen, z. B. in der Familie, sich sehr unklug verhalten. Aber selbst in seinem Geschäftsbereich braucht er sich nur einmal unklug zu verhalten, und schon ist er ruiniert. Wenn er z. B. einen Riesenkredit aufnimmt, um ein riskantes Geschäft zustande zu bringen. Wenn dieses Geschäft nicht klappt und er den Kredit nicht zurückzahlen kann, dann ist er weg vom Fenster und fragt sich vielleicht im Stillen: „Wie konnte ich mich nur so verhalten?" Gier ist sicherlich einer der Gründe, die den Verstand vernebeln und einen in eine emotionsbedingte Denkfalle hineintappen lassen. Es muss ja nicht unbedingt nur Gier nach Geld sein. Es kann auch Gier nach Macht sein.

Man fragt sich in solchen Fällen „Was haben sie sich nur dabei gedacht? Was ist mit ihrer viel gerühmten Intelligenz passiert?" Ich denke mir, die Erklärung ist relativ einfach. Die Intelligenz ist noch da, aber sie hätten den ruinösen Schritt nicht getan, wenn sie ihre Denkfähigkeit besser eingesetzt hätten.

Nicht nur die Superintelligenten, sondern auch wir Durchschnittsmenschen sind anfällig für Denkfallen. Wir alle wissen von weltweiten Finanzkrisen in den letzten Dekaden. Einige reagieren mit kühlem Kopf; andere reagieren mit Panik. Viele verkaufen ihre Aktien, mit erheblichem Verlust. Viele kaufen Gold, das überteuert ist, oder holen Geld von der Sparkasse und stecken es zuhause in den Sparstrumpf. Es ist vorauszusehen, dass irgendwann der Goldpreis sinkt und der Dax sich im Normbereich bewegt. Es ist ja auch eine Binsenweisheit, dass man in der Tiefphase nicht verkauft, und wenn man einigermaßen finanziell solide ist, eher kauft. Im Großen und Ganzen sind aber Spekulationen und Börsengeschäfte nicht für Kleinanleger geeignet. Es gibt aber auch Menschen, die Kredite aufnehmen, um Spekulationsgeschäfte zu tätigen. Und sich dann, wenn die Katastrophe da ist, fragen: „Wie konnte ich nur so dumm sein?" Gier und Panik sind emotionale Zustände, die ein Hindernis für eine vernünftige Entscheidung bedeuten können.

Bevor wir uns den Beispielen aus dem täglichen Leben widmen, wäre es hier angebracht, dass wir klären, was eine Denkfalle ist. Im Laufe des Lebens entwickeln wir Denkgewohnheiten, die uns immer begleiten. In einer Problem-Situation werden wir oft mit diesem Denkmuster nicht fertig, und so tappen wir in eine Denkfalle, die zu falschen Urteilen, riskanten Manövern, falschem Verhalten etc. führen kann.

Natürlich gibt es positive Denkmuster. Aber an dieser Stelle geht es uns primär um die, die negative Auswirkungen, also Irrtümer auslösen können.

Selbstverständlich machen wir in unserem Leben Fehler. Das ist Teil des menschlichen Lebens. Wir bezeichnen es als dumm, wenn wir nachträglich feststellen, dass wir es zu dem gegebenen Zeitpunkt hätten besser wissen müssen. Wenn wir im Leben aber Glück anstreben, und das tun wir doch alle, dann kommt es darauf an, die negativen Denkmuster zu vermeiden. Um das zu bewerkstelligen, muss man erst wissen, welches diese sind. Dann könnten wir aus den in der Vergangenheit begangenen Fehlern lernen.

Vielleicht fragen Sie sich, wie soll man aus den tausenden möglichen Fehlern die wichtigsten herausfischen? Ich denke mir, die wichtigsten sind die, die für Sie die größten negativen Auswirkungen haben. Der Denkfehler von Präsident Bush, in Afghanistan und im Irak Krieg anzuzetteln, hatte und hat weltweite Konsequenzen, auch für uns. Aber die Denkfehler, die jemand z. B. in einer Partnerschaft begangen hat, haben für diese Person unmittelbar größere Konsequenzen.

Wir reden also über falsche Denkmuster, die auf vielfältigen Wegen unnötiges Leid verursachen. Wir sprechen von sehr spezifischen Denkfehlern, die Probleme erzeugen, die die bereits existierenden verschlimmern oder uns Schwierigkeiten bei der Lösung der Probleme bereiten. In diesem Fall lassen uns unsere Denkmuster im Stich. Wir interpretieren dann unsere Erfahrung falsch und schätzen andere, aber auch uns selbst, falsch ein.

Diese Fehlinterpretationen und Fehleinschätzungen lösen unangenehme, ja schmerzhafte Gefühle in uns aus. Diese Gefühle verleiten uns dann zu Handlungen, die wir später bedauern und bereuen. Diese Gefühle können uns durchaus auch in unseren Handlungen behindern, die für uns hätten nützlich sein können. Wenn man jemandem sagt: „Wie konntest du dich nur so und so verhalten?" hört man vielleicht: „Ich war so niedergeschlagen und depressiv." Oder er kann sagen: „Ich war so wütend, dass ich nicht klar denken konnte." Er könnte auch sagen: „Ich war so verliebt, dass ich den Kopf (sprich: Verstand) verloren hatte."

Es ist immer gefährlich, in einem emotionalen Hochgefühl Entscheidungen für eine Handlung zu fällen. Der Verstand wird dann in die

Verbannung geschickt. Je wichtiger eine Entscheidung ist, desto wichtiger ist es, sich Zeit zu nehmen und dann in aller Ruhe, nach gründlicher Analyse, Stellung zu beziehen. Wie heißt es doch: „Eine Nacht darüber schlafen, bevor man eine Entscheidung fällt." Oder: „Erst besinn's, dann beginn's."

Es wäre natürlich falsch, Gefühle überhaupt zu verneinen. Diese sind ein wesentlicher Bestandteil unseres Daseins. Sie sind die Triebfeder des menschlichen Handelns. Aber sie müssen eine enge Kooperation mit dem Verstand eingehen. Gefühle sind das Pferd, das den Menschen weiterträgt. Aber der Verstand sind die Zügel, die das Pferd hindern, den falschen Weg einzuschlagen.

Dazu muss man wissen, welche unterschiedlichsten Gefühle unser Leben beherrschen. Wenn man einer Denkfalle entgehen will, muss man diese erst kennen. Diese Klarheit würde uns helfen, sie rechtzeitig zu erkennen, wenn die Gefühle dabei sind, uns zu einer schädlichen Handlung zu verleiten. Deswegen liste ich sie auf, ohne Anspruch auf Vollständigkeit zu erheben.

Der Psychologe Schneider hatte bereits 1935 in seinem Buch „Pathophysiologie der Gefühle und Triebe", eine Liste zusammengestellt. Er unterteilt diese in zwei Hauptgruppen; nämlich 1. Zustandsgefühle und 2. Wertgefühle. Welche sind nun die Zustandsgefühle?

Die angenehmen sind: Freude, Behagen, Glücklichsein, Wohlfühlen, Zufriedensein, Leichtigkeit, Zuversicht.

Die unangenehmen: Traurigkeit, Sorge, Angst, Furcht, Panik, Unbehagen, Unglücklichsein, nicht Wohlfühlen, Unzufriedenheit, Zerrissenheit, Unheimlichkeit, Verzagtheit, Hilflosigkeit, Verzweiflung, Grauen, Schreck, Ärger, Zorn, Wut, Hass, Neid, Eifersucht, Langeweile, Leere, Depression, Sinnlosigkeit, sich nicht entscheiden können.

Jetzt zu den Wertgefühlen. Unter Selbstwertgefühle fallen: Kraft, Stolz, Eitelkeit, Selbstwertgefühl, Überlegenheit, Triumphgefühl, Trotz. Diese sind eher als bejahende zu deuten.

Als verneinende zu bezeichnen sind: Beschämtheit, Demut, Bescheidenheit, Schuldgefühl, Reue, Verlegenheit, Geiz.

Dann gibt es noch Fremdwertgefühle. Die positiven sind: Liebe, Zuneigung, Vertrauen, Mitleid, Achtung, Interesse, Billigung, Dankbarkeit, Ehrfurcht, Bewunderung.

Und die negativen? Hass, Abneigung, Misstrauen, Verachtung, Feindseligkeit, Spott, Missfallen, Entrüstung, Neid.

Aus allen diesen Gefühlszuständen lassen sich sogenannte gemischte Gefühle ableiten, z. B. Wehmut, Gerührtheit, Entsagung, Hass-Liebe.

Man sollte auch unterscheiden zwischen akut auftretender Gefühlsaufwallung und chronischen Gefühlszuständen. Zur ersten Kategorie gehören z. B. Schreck, Wut, Jubel, zur zweiten meiner Ansicht nach depressive Stimmungslagen, Fröhlichkeit, Leichtgläubigkeit.

Aus allen diesen Gemüts- und Gefühlszuständen entwickeln sich sogenannte seelische Triebe, wie Streben nach Macht, Einfluss, Reichtum, Ehre, Erfolg, Schönheit, Selbstbewusstsein.

Die Gefühlswelt ist also größer als man denkt. Natürlich lohnt es nicht, sich im täglichen Leben ständig mit der Klassifizierung auseinanderzusetzen. Aber wenn man einmal in eine schwerwiegende Denkfalle hineingeraten ist, dann lohnt es sich bestimmt, sich ein bisschen Zeit zu nehmen und die dafür verantwortlichen Gefühle unter die Lupe zu nehmen. Dann kann man in Zukunft vielleicht solche Denkfehler effektiv verhindern. Grübeln und sich ständig wiederholend vorzuwerfen: „Schlimm, schlimm, wie konntest du dich nur so verhalten?" bringt gar nichts. Aus den Fehlern lernen, um sie in Zukunft vermeiden zu können, nenne ich ergebnisorientiertes Denken.

Natürlich ist das Innere nach so einem schweren Missgriff in Aufruhr. Das ist verständlich. Wir alle sind schließlich ganz normale Menschen. Aber dann kommt es darauf an, seelische Lebenseinstellungen zu finden, die den inneren Aufruhr beruhigen und uns lehren, auf positive, produktivere Weise konsequent zu handeln. Das ist die Aufgabe unseres Verstandes. Den soll man ruhig in Anspruch nehmen. Es gibt Menschen, die behaupten: „Ich sage immer was ich denke." Sie sind auch noch stolz darauf! Wahrscheinlich wollen sie damit implizieren, dass sie absolut ehrlich sind. Das mag in gewissem Grade stimmen, aber ist es klug und weise, sich so zu verhalten?

Nehmen wir doch ein banales Beispiel. Jemand sagt zu einer Bekannten: „Du bist zu fett", „du bist sehr hässlich", „du hast viel zuviel Make-up drauf und siehst billig aus". Wie würde jetzt die betreffende Person reagieren? Dabei kommt es nicht darauf an, was man dem anderen mitteilen will, sondern wie man es macht. Welche Alternativen gibt es? Könnte man vielleicht in etwa sagen: „Dein Gesicht wirkt jetzt weniger faltig, wie hast du das gemacht?" oder „Meine Güte, ich habe so zugenommen. Nichts passt mehr." (Dann geben die anderen zu, auch zu dick zu sein.) Statt: „Du hast viel zuviel Make-up drauf" könnte man vielleicht sagen: „Du hast eigentlich so eine schöne natürliche Hautfarbe!"

Vielleicht haben Sie noch bessere Vorschläge, die zwar Ihre Meinung nicht verhüllen, aber auf den anderen nicht verletzend oder kränkend wirken.

Einmal habe ich für eine Vortragsreihe ein ziemlich gutes, fundiertes Manuskript, mit Autoren-Angaben und Zitaten geschrieben. Ich habe keine Mühe und Zeit gespart, um den Vortrag hieb- und stichfest zu machen. Meine Frau las das Manuskript und meinte: „Das ist ein wirklich sehr gut ausgedachtes und gründliches Manuskript. Es eignet sich bestimmt sehr gut für eine fachphilosophische Zeitschrift." Zuerst hat sie mich also gelobt, und dann mit dem zweiten Satz zu erkennen gegeben, dass für einen Vortrag so eine Ausführung nicht geeignet sei, besonders nicht für „Normalbürger", die dann als Zuhörer anwesend sind. Sie hat nicht gesagt: „Wie kannst du in dieser Form einen Vortrag halten? Dir schlafen doch die Zuhörer wegen der vielen Fremdwörter und langen Sätze ein!" Aber ihre Aussage war ausreichend. Ich gestaltete den Vortrag völlig um, und dann hat es geklappt. Kritik drängt einen in die Defensive, Widerspruch und Demotivation. Lob spornt an. Wenn wir uns dies merken, könnten wir manche Denkfallen umgehen.

Ich hatte vorhin eine Vielzahl von Gefühlen erwähnt, die uns zu Denkfehlern verleiten könnten. Das alles können wir auf Anhieb nicht verinnerlichen. Uns geht es an dieser Stelle um die häufigsten Denkfallen im täglichen Leben. In einer Lebenssituation können mehrere Denkfallen auf uns lauern.

Vielleicht ist Ihnen bekannt, dass in Bayern 30 Prozent der Ehen geschieden werden. Dabei sind die Leute, die in einer Partnerschaft ohne Ehescheein zusammen leben und später eigene Wege gehen, gar nicht mitberechnet. Ebenso unberücksichtigt sind die Eheleute, die zwar zusammen leben, aber sich entfremdet haben, streiten und unglücklich miteinander sind, aber aus unterschiedlichsten Gründen nicht auseinander gehen wollen und können. Diese Gründe können finanzieller, sozialer, religiöser oder psychologischer Natur sein. Die Zahl der unglücklichen Ehen oder Partnerschaften ist sicherlich ziemlich hoch. Es gibt Psychologen, die behaupten, glückliche Ehen gibt es überhaupt nicht. Dem muss ich energisch widersprechen. Meine Frau und ich sind absolut glücklich miteinander. Was schreibt Fernschpfarrer Fliege im Vorwort meines Buches *Das Glück liegt diesseits des Todes*: „Herr Patel, den ich in meiner Talkshow zusammen mit seiner als Seidenmalkünstlerin international bekannten Gattin, Ute Patel-Mißfeldt, so glücklich und beglückend erlebt habe. Ich möchte Ihnen kurz das glücklichste Ehepaar vorstellen, das mir in den letzten Jahren begegnete.‟

Wohlgemerkt, die Partnerschaft beschränkt sich nicht nur auf die Ehe. Ganze Familien oder geschäftliche Beziehungen, wo Menschen miteinander leben oder arbeiten, gehören in diese Kategorie. Es gibt aber gewisse Grundregeln für egal welche Art von Partnerschaft, die das harmonische Miteinander regeln. An dieser Stelle wollen wir uns aber auf die Ehe oder eheähnliche Gemeinschaft beschränken.

Es geht schon in der Pubertät los, manchmal sogar ein bisschen früher. Dies ist eine problematische Lebensperiode, sowohl für die Kinder als auch für die Eltern. Haben Sie schon mal das Wort „Jugendsünden" gehört? Haben Sie schon mal gehört, wie jemand sagte: „Ich war so verliebt, dass ich meinen Verstand verlor"? Der noch unreife Geist eines Jugendlichen wird auf einmal mit weiblichen oder männlichen Hormonen überschüttet. Die Emotionen nehmen überhand; der Verstand wird vernebelt, ja womöglich wird er erst gar nicht in Anspruch genommen. Man tappt von einer Denkfalle in eine andere. Solches Verhalten ist verständlich. Aber was verständlich ist, muss nicht richtig sein. Das Hauptproblem dabei ist, dass die Jugendlichen ihr augenblickliches Verhalten als richtig empfinden und elterliche Meinungen und Mahnungen als spießbürgerlich und veraltet ansehen. Das ist vergleichbar mit der folgenden Situation: Jemand ist dumm. Dafür kann er nichts. Schlimm ist aber, wenn der Dumme sich klug wähnt. Wenn er etwas klüger gewesen wäre, hätte er erkannt, dass er dumm ist. Das ist also ein unauflösbares Paradoxon. In der Pubertät ist es auch nicht anders. Der Verstand ist nämlich durch hormonell bedingte Gefühlsaufwallungen zum größten Teil ausgeschaltet. Da muss man andere Wege einschlagen.

Ich muss gestehen, ich habe da auch keine fertigen Lösungen. Ich bin kein Familienberater. Ich kann meine Meinung in diesem Bereich nur subjektiv zum Ausdruck bringen, ohne Anspruch auf Rechthaberei.

Meiner Ansicht nach sollten die Eltern konsequent in ihrem Verhalten sein.

Wichtig ist auch das Vorleben der Eltern. Sie müssen das Vorbild liefern. Wenn eine rauchende, übergewichtige Mutter, mit Zigarette und Kartoffelchips im Fernsehen einen gewalttätigen Film anschaut, wird sie dies alles dem Kind nicht verbieten können. Man kann mit Recht dagegen einwenden, dass auch aus einem vorbildhaften Elternhaus Taugenichtse und Kriminelle hervorgehen können. Das stimmt. Die

Formung der Psyche erfolgt nicht nur im Elternhaus, sondern auch im gesellschaftlichen Umfeld, vor allem im Freundeskreis. Das ist richtig. Auf vieles haben wir nur begrenzten Einfluss. Aber da ist es erst recht wichtig, dass mindestens zuhause die Sachlage richtig gehandhabt wird.

Wichtig sind Elternliebe und Halt in der Familie. Liebe kann man nicht befehlen. Aber im Grunde lieben alle Eltern ihre Kinder, von wenigen pathologischen Typen und Verhältnissen abgesehen. Das Kind muss das Gefühl haben, hier habe ich einen Halt, wenn ich Probleme habe. Denkfallen in der Partnerschaft können sein:

– Unterschiedliche Persönlichkeiten.
– Falsche Einschätzung von sich und dem Partner.
– Den Partner zu stark an sich binden wollen.
– Eifersucht, Misstrauen, Neid.
– Die Ratschläge der Schwiegermutter oder besten Freundin.
– Die Geburt des ersten Kindes.
– Langsames Auseinanderleben.
– Scheidung.
– Neuanfang.

Unterschiedliche Persönlichkeiten: In einer Partnerschaft leben zwei unterschiedliche Persönlichkeiten zusammen. Jeder ist eine fertige Persönlichkeit, bestimmt durch Erziehung, Vorurteile, gesellschaftliches Umfeld, Gene, Ausbildung und letztlich auch die Hormone, einschließlich der Höhe des Hormonspiegels.

Meistens hat jeder eine hohe Meinung von sich. Man glaubt im Allgemeinen, dass man alle anderen versteht und selbst von anderen verstanden wird. Jeder Mensch müsste entzückt sein, ausgerechnet einen selbst zu sehen und zu hören. Zwei Liebende sind davon überzeugt, dass einer den anderen bis auf den Grund der Seele versteht. Das ist ein ziemlich gravierender Denkfehler. Subjektive Überzeugungen haben keine Beweiskraft. Was der Liebende in der Geliebten wiederzuerkennen glaubt, das hat er sich häufig nur nach eigener Vorstellung in den Partner hineingeträumt.

Bei so vielen Unterschieden in den Persönlichkeitsmerkmalen erscheint die Forderung von Luther, dass die Ehepartner „ein Herz und eine Seele" sein sollten, in vielen Fällen illusorisch. Andererseits, wenn eine 100-prozentige Harmonisierung zwischen den Partnern unmöglich zu sein scheint, sollten wir danach streben, zumindest eine maximal mögliche Übereinstimmung zu erzielen. Dann ist das größtmögliche Glück in der Ehe durchaus erreichbar. Dazu muss man realistisch denken und zuerst analysieren, wo die möglichen Denkfehler liegen könnten. Und dann – darauf kommt es letzten Endes an – daraus lernen, Konsequenzen ziehen, und vor allem entsprechend handeln. Grau ist jede Theorie, wenn sie nicht zum Handeln führt.

Falsche Einschätzung des Partners: Dass Liebe blind macht und die Liebenden sich gegenseitig durch eine rosarote Brille sehen, hatte ich schon erwähnt. Besser ist zu erkennen, dass der Partner auch nur ein Mensch ist, mit seinen Stärken aber vor allem mit seinen Schwächen. Und auch wir selbst sind keine Supermenschen. Zu hohe Erwartungen in einen Partner zu setzen, bedeutet am Ende Enttäuschung. Wer zu viel erwartet, wird zuviel enttäuscht.

Haben Sie mal Ihrer Freundin oder vielleicht sich selbst gesagt: „Sie hätte doch eigentlich wissen müssen, was ich mag, möchte, denke." Wie ist es mit uns selbst? Haben wir uns auch Mühe gegeben, um herauszufinden, was der Partner möchte? Kritische Betrachtung des Verhaltens des Partners fällt uns leicht. Selbstkritik ist unangenehm, da wir nicht gerne unsere eigene Meinung in Frage stellen. Aber Selbstkritik und Eingestehen eigener Fehler zeugt von geistiger Stärke im Gegensatz zu Rechthaberei.

Den Partner zu stark an sich binden wollen: Dieser Monopol-Anspruch könnte genau das Gegenteil bewirken. Auch in einer Partnerschaft braucht jeder Mensch Freiräume, erst recht, wenn er sich eingeengt fühlt. Den Partner gängeln zu wollen, wird nur zur Disharmonie führen. Jeder Mensch ist ein eigenständiges Individuum mit einem eigenen Weltbild. Wenn man den Partner nach seinen eigenen Vorstellungen zu sehr unter Druck setzt, ist es, wie wenn man eine Sprungfeder mit großem Gewicht beschwert. Dann kann es sein, dass die Sprungfeder sich irgendwann einmal von dem Gewicht befreit und einem verletzend entgegenspringt. Das alles bedeutet nicht, dass der Partner Narrenfreiheit hat. Auch er müsste nach folgendem Grundsatz handeln: „Solange ich niemandem weh tue, niemandem schade und dabei mein Gesamtglück vermehre, kann ich tun und lassen, was ich will." Wenn seine Freiheit also von ihm so gedeutet wird, dass er außerehelichen sexuellen Abenteuern eifrig und mit den üblichen fadenscheinigen Begründungen nachgeht, wird er den Partner höchstwahrscheinlich damit verletzen, und dann ist die Harmonie dahin. Und wer wäre nicht verletzt, wenn er erfährt, dass der Partner untreu ist?

Aber es gibt gewisse Dinge, wo man dem Partner Freiheiten lassen muss. Auch in der heutigen, aufgeklärten Gesellschaft gibt es Männer, die die Rolle der Frau auf die biblischen Texte begründen. „Der Mann ist das Oberhaupt der Familie, die Frau hat dem Manne zu gehorchen, in der Gemeinde soll die Frau schweigen" usw. Wenn ich die Aussagen von manchen Bischöfen in den Medien wahrnehme, dann fasse ich mir an den Kopf und frage mich manchmal: Wo leben die denn? Im biblischen Zeitalter? Sie meinen, die Frau ist nur für Kinder und Küche zuständig. Da soll sie gefälligst bleiben, denn das ist von Gott so gewollt. Die Zeiten haben sich aber geändert. Zunehmend mehr Frauen sehnen sich nach Selbstverwirklichung und Emanzipation. Sie wollen sich am Lebensabend nicht mehr fragen: „War das alles?" Solange die Kinder noch klein sind, sind sie vielleicht viel zuviel beschäftigt, um sich mit dieser Problematik zu befassen. Was ist aber, wenn die Kinder groß geworden und aus dem Haus sind? Dann entsteht eine große Leere. Soll sie jetzt jeden Abend warten – überspitzt ausgedrückt –, dass der Mann vom Stammtisch nach Hause kommt und nach Essen verlangt? Womöglich sagt er auch noch: „Was hast du da für einen Fraß zubereitet?" Diese Zeiten sind vorbei – vielmehr sollten sie vorbei sein. Denn wenn ein Partner mit seinem Leben unzufrieden ist, bleibt dies nicht ohne ein Echo auf die Harmonie des Zusammenlebens.

Ich glaube, es ist eher die Pflicht des privilegierten Partners, die Fähigkeiten des anderen rechtzeitig zu unterstützen und zu fördern, schon allein im eigenen Interesse, denn mit einem unzufriedenen, nörgelnden Partner kann er auch nicht glücklich sein. In diesem Zusammenhang sollten wir vielleicht den großen weisen Sokrates und seine ewig nörgelnde Frau Xanthippe anschauen. Aus persönlicher Begegnung kenne ich sie beide nicht. Deswegen kann meine Meinung fehlerhaft sein. Aber wir wissen aus Überlieferungen, dass der große Philosoph nicht nur auf der Straße den Leuten Fragen stellte, sondern auch Philosophen zu sich nach Hause einlud. Xanthippe sollte zusehen, wie sie mit Verköstigung und Finanzen fertig wurde. Da musste sie sich natürlich ein paar lange Haare auf den Zähnen wachsen lassen.

Eigentlich sollte man froh sein – um das Wort stolz nicht zu gebrauchen –, wenn man einen kreativen und energischen Partner hat, der sich in der Welt behauptet. Ist es klug, solche Fähigkeit in den vier Küchenwänden vermodern zu lassen? Ist es klug, wenn der Partner sich dieses Zustandes bewusst ist und trotzdem in Kauf nimmt, dass der Schatten seines Unzufrieden- und Unglücklichseins auf die ganze Familie ausstrahlt? Die Antwort ist eigentlich in der Fragestellung bereits enthalten. Trotzdem gibt es dunkelleuchtende Beispiele solchen Verhaltens en masse, die häufig zur Scheidung oder zumindest unglücklichem Zusammenleben führen.

Ich bin mit einer äußerst erfolgreichen, kreativen, produktiven und energiereichen Frau verheiratet. Meinen Sie, dass ich sie, wenn ich vom Klinikum nach einem anstrengenden Tag im OP nach Hause kam, gefragt habe: „Weib, was gibt es heute zu essen?" Da können diejenigen, die uns kennen, nur lachen. Unsere Ehe funktioniert nach dem Motto: 1 + 1 ist nicht gleich 2, sondern 3, oder viel mehr. Deswegen sind wir auch glücklich und haben keine Zeit, um den Meinungsunterschieden in Kleinigkeiten große Beachtung zu schenken. Keiner fühlt sich gegängelt und genießt die Freiheit auf eigenem Gebiet. Sie malt erfolgreich, entwirft Porzellan, inszeniert Opern und organisiert nebenbei die größte Hutschau der Welt. Ich freue mich darüber. Sie aber ihrerseits wird mir auch nicht vorwerfen, dass ich viel zuviel Zeit als Kommunalpolitiker verschwende, wissenschaftliche und philosophische Artikel und Bücher verfasse, in Indien kostenlos operiere und überall Vorträge halte. All dies beansprucht natürlich sehr viel Zeit. Aber wir haben uns diese Freiheiten mit Vorteil für das glücklichere Leben gegönnt und können wunderbar zusammenleben.

Quintessenz? Freiheit ist die beste Bindung.

Eifersucht, Neid und Misstrauen: Wenn man sich die eben erwähnten Freiheiten innerhalb einer Partnerschaft gönnt, ist man häufig unter Menschen. Man lernt viele Menschen kennen. Für unreife Partner ist theoretisch Tür und Tor offen für Misstrauen, Eifersucht und eventuell auch Neid.

Anstatt sich am Erfolg des Partners bei anderen Menschen zu freuen, neigen manche Menschen zu Eifersucht. Wenn eine hübsche Partnerin elegant mit einem sie bewundernden Mann Tango tanzt, dann kann mancher Partner vor Eifersucht platzen. Anerkennung ist eine der Glücksursachen. Wenn die Komplimente und die Bewunderung des Tanzpartners die eigene Frau glücklich machen, sollte man sich da nicht eher freuen? Natürlich muss sich die Frau auch ihrer Grenzen bewusst sein. Das gleiche gilt auch für den Mann.

Wir hatten vor langer Zeit mal eine Party besucht. Es war auch ein junges Ehepaar dabei. Zur späten Stunde schmiegte sich die Ehefrau eindeutigerweise enger an den Tanzpartner. Noch später saßen sie an der Bar und schmusten. Der Ehemann saß derweilen schweigend und einsam die ganze Zeit an seinem Platz. Ich kann mir vorstellen, dass es zu Hause einen handfesten Krach gab. Von einer harmonischen Ehe kann man hier sicherlich nicht reden.

Misstrauen ist sicherlich eine der Ursachen von Eifersucht. Wenn ein Mann seiner hübschen Frau jedweden Kontakt mit anderen Menschen verbietet, seien es die ehemaligen Schulkameraden, sei es eine Frauengruppe, dann ist es ein klarer Fall von Misstrauen und Eifersucht. Er hat Angst, dass seine Frau mit einem anderen Mann Kontakt knüpfen könnte. Er betrachtet sie als sein Eigentum und verbietet ihr die selbstverständliche Freiheit. So ein Zustand ist sicher nicht gesund für die beiden.

Neid ist in Ehen häufiger anzutreffen als man glaubt. Wenn ein Partner Erfolg hat, dann platzt der andere vor Neid, anstatt sich zu freuen. Vielleicht denkt er im Stillen, wieso hat er oder sie soviel Erfolg und ich nicht, wo ich doch genauso gescheit bin, wenn nicht gescheiter. Dann ist eine solche Ehe ein Kampffeld für zwei, die in der Ehe die Oberhand anstreben. Gleichberechtigung bedeutet aber: Oberhand gibt es nicht.

Als Student war ich einmal bei einer sehr reichen Familie eingeladen worden. Der Mann war ein erfolgreicher Geschäftsmann und besaß mehrere Kaufhäuser. Die Ehefrau war eine ausgebildete medizinisch-technische Assistentin. Sie erzählte dann in der Gesellschaft, wie unmusikalisch ihr Mann doch sei, er könne Bach von Beethoven nicht unterscheiden. Neid ist etwas Schlimmes. Man macht den anderen unglücklich, aber sich selber auch. Diese Einsicht fehlt vielen Menschen. Diesen Denkfehler nehmen sie als solchen nicht wahr. Es ist durchaus möglich, dass Neid aus einem Minderwertigkeitskomplex entsteht. Anstatt selbst Erfolg anzustreben, machen sie andere nieder, die Erfolg haben. Ist es aber in der Partnerschaft klug, sich selbst erhöhen zu wollen, indem man den anderen niedermacht? Läuft man nicht Gefahr, ein Eigentor zu schießen? Könnte es den Zuhörern nicht auch peinlich sein?

Die Ratschläge der Schwiegermutter oder besten Freundin: Im Prinzip sind solche Ratschläge nicht zu verurteilen, wenn sie das Eheglück des Zuhörenden vermehren. Leider spielt eine gewisse Eifersucht bei den Ratgebenden aber oft eine Rolle. Die Mutter des Mannes sieht in der Schwiegertochter eine Konkurrenz, denn bisher war ja sie die maßgebende Frau im Leben des Sohns. Auf einmal kommt eine fremde Frau, die das Leben ihres Zöglings überwiegend mitbestimmt. Dann werden dem Sohn Geschichten über seine Frau erzählt, die nicht unbedingt stimmen müssen. Der Sohn täte dann gut daran, nicht alles, was die Mutter erzählt, für bare Münze zu nehmen. Hier ist Vorsicht geboten, damit man nicht in diese Denkfalle hineinfällt.

Ähnliches kann aber auch dem weiblichen Partner passieren. Auch hier kann ihre eigene Mutter Ratschläge erteilen, die für die Ehe schädlich wären. Vorsicht ist auch geboten, wenn die sogenannte beste Freundin mit dem folgenden Satz anfängt: „Ich will ja nichts sagen, aber ...“ Dann wird Negatives über den Ehemann oder andere Personen erzählt, die einem näher stehen. Wahrscheinlich spielt auch hier Eifersucht eine Rolle. Diese beste Freundin will ihre Freundin, die bisher sozusagen ihr Monopol war, mit den anderen nicht teilen und ist deswegen eifersüchtig auf die anderen, die ihr ein Teil von der Freundin weggenommen haben. Sie ist natürlich auch eifersüchtig auf den Ehemann, denn er ist nun der Mittelpunkt der Freundin, und nicht mehr sie selbst.

Die Geburt des ersten Kindes: Dieses Thema fällt zwar ein wenig aus dem Rahmen, ist aber trotzdem relevant. Da ändern sich auf einmal die Prioritäten im Leben einer Frau. Meistens sind in so einem Fall die Eheleute noch jung und relativ frisch verheiratet. Der Mann hat sich daran gewöhnt, der Mittelpunkt der Interessen der Frau zu sein. Dann kommt das Kind, das den Großteil der Aufmerksamkeit und Interessen seiner Frau in Anspruch nimmt. Der Mann fühlt sich vernachlässigt und versteht die Welt nicht mehr.

Die Frau wiederum versteht nicht, warum der Mann jetzt verschlossener wirkt und sich anders verhält. Das alles muss so nicht in allen Fällen eintreten. Aber in unterschiedlichen Graden ist es sicherlich in vielen Ehen der Fall. Der Mann muss sich nur dessen bewusst sein. Auch die Frau muss lernen, das Verhalten des Mannes – warum er sich verletzt fühlt – zu verstehen, wenn sie es herausgefunden hat.

Jetzt wage ich mich an drei Themen, die einen anderen Charakter haben, nämlich:

Auseinanderleben in der Ehe.

Scheidung und

Neuanfang.

Langsames Auseinanderleben: Ich hatte anfangs schon gesagt, dass etwa 30 Prozent der Ehen in Bayern geschieden werden. Der Prozess der zunehmenden Konflikte, Zunahme der Meinungsunterschiede und des Auseinanderlebens setzt aber schon viel früher ein.

Alle bisher erwähnten Faktoren können dazu führen, dass man sich auseinanderlebt, nebeneinander herlebt oder eventuell sogar scheiden lässt. Eine Scheidung ist kein einfacher Schritt. Psychisch ist sie sehr belastend. Aber es gibt jede Menge anderer Probleme. Hier seien sie nur kurz erwähnt. Es kann zu Streitigkeiten kommen, die zu finanziellen, existenziellen und vielen anderen Problemen führen. Wenn auch noch Kinder im Spiel sind, dann kann dies alles wiederum zu erheblicher psychischer Last werden. Man fühlt sich allein gelassen. Das kann einen in Melancholie und Depression führen. Wie sollte man sich dann verhalten? Ich kenne einige Leute, die mir nach der Scheidung sagten, wenn man nachdenke, sei die Entscheidung wohl nicht richtig gewesen. Man hätte sich dies und jenes an kleinkarierten Konfrontationen ersparen können. Das kann alles stimmen. Nun ist aber die Entscheidung gefallen. Man müsste Lehren aus der Vergangenheit ziehen, um die möglichen eigenen Fehler in Zukunft zu vermeiden. Dabei sei angemerkt, was die Leute als Nachdenken bezeichnen, ist oft nichts anderes als Grübeln. Grübeln ist aber nichts anderes als ein und denselben Gedanken immer zu wiederholen. Passives Grübeln ist hier nicht angezeigt. Man muss die unveränderbare Tatsache akzeptieren. Man sollte die Situation analysieren, um dann konsequent handeln zu können und ähnliche Fehler in Zukunft zu vermeiden. Wenn man eine Zitrone bekommt, muss man lernen, daraus eine Zitronenlimonade zu machen. Das Leben geht ja weiter. Natürlich gibt es unterschiedliche Menschentypen, die auf unterschiedliche Weise auf solch eine Situation reagieren. Konstruieren wir zwei solcher Beispiele, die unterschiedliche Verhaltensmuster zeigen.

Anton lässt sich scheiden. Er ist zutiefst deprimiert und meint, er tauge für eine Zweier-Beziehung nicht. Außerdem hat er im Augenblick die Nase voll von Frauen und will mit ihnen nichts mehr zu tun haben. Er igelt sich ein. Er besucht keine Kneipen oder Veranstaltungen mehr, auf denen er Frauen kennenlernen könnte. Zufällig aber lernte er eine Frau kennen, die ihm sympathisch erscheint. Er lädt sie zum Abendessen ein. Sie sagte ihm, dass an dem Abend ihre Mutter zu Besuch kommt und sie deshalb seine Einladung nicht annehmen kann. Anton ist sofort misstrauisch und sagt zu sich selbst: „Habe ich es doch gewusst, alles Ausreden. Keine Frau will mit mir etwas zu tun haben. Ich gebe auf; hat doch keinen Sinn. Frauen mögen mich eben nicht." Er denkt nicht an die Möglichkeit, dass diese Frau tatsächlich die Wahrheit gesagt haben könnte. Er resigniert einfach, aufgrund der früheren Enttäuschung.

Ein Freund überredet ihn, auf eine Party mitzugehen. Anton sagt zu sich selbst: „Was soll ich da? Keiner interessiert sich für mich. Ich werde da allein herumsitzen, während die anderen ihren Spaß haben. Wenn die Party zu Ende ist, werde ich gelangweilt und deprimiert nach Hause gehen." Er hat also sich selbst eine abstoßende, negative Aura verpasst. Trotzdem geht er mit und merkt auf der Party, dass eine Frau ab und zu mal verstohlene Blicke auf ihn wirft. Er dreht sich um, schaut, ob da hinter ihm ein attraktiver Mann sitzt, dem vielleicht die Blicke galten. Er kommt gar nicht auf die Idee, dass er selbst gemeint sein könnte.

Marianne reagiert nach der Scheidung anders. Sie setzt sich hin, macht sich Gedanken darüber, weshalb es zur Scheidung gekommen ist, welche Fehler sie gemacht hat, und beschließt bei einer zukünftigen Beziehung diese Fehler nicht zu wiederholen. Außerdem sagt sie sich selbst: „Ich habe aus der Vergangenheit gelernt und werde mich bei der zukünftigen Partnerwahl klüger verhalten. Ich lasse mir Zeit und werde bestimmt nicht so rasch wieder heiraten." Sie verhält sich also völlig anders als Anton. In beiden Fällen war das Ereignis – die Scheidung – dasselbe, aber die Reaktionen anders. Während Anton sich in sein Schneckenhaus zurückzog, blieb Marianne für eine erneute Beziehung offen.

Die Natur hat es so eingerichtet, dass der Mensch nach menschlicher Wärme, nach einer Zweierbeziehung strebt – sei es genetisch, hormonell oder durch Erziehung im Rahmen der Sozialisation in der Familie und Gesellschaft bedingt.

Nachdem wir uns ausführlich über Denkfallen in Ehe und Familie beschäftigt haben, wenden wir unsere Aufmerksamkeit anderen möglichen Denkfallen im täglichen Leben zu. Hier eine sicher unvollständige Liste:

1. Sorgen und Ängste
2. Panik
3. Bereitschaft, an Unbewiesenes, Übernatürliches zu glauben
4. Aberglaube und Glaube
5. Bereitschaft, ohne Nachprüfung an Gerüchte zu glauben
6. Bereitschaft, an Medienberichte (auch ohne Überprüfung) zu glauben
7. Durch Erziehung bedingte Vorurteile
8. Sich selbst unwiderstehlich finden

9. Sich selbst zu wichtig nehmen

10. Bei Problemen nach bequemen Scheinerklärungen (Ausreden) zu suchen

Themen wie Panik, sich zu wichtig nehmen, Vorurteile und einige andere habe ich bereits bei früheren Kapiteln abgehandelt. Aber vollständigkeitshalber habe ich sie in der obigen Liste nochmal erwähnt. Doch befassen wir uns jetzt mit dem sehr wichtigen Thema Sorgen und Ängste.

Was ist der Unterschied zwischen sich Sorgen machen und sich Gedanken machen?

Ich habe in meinem Buch „Das Glück liegt diesseits des Todes" geschrieben: „Lächeln Sie 3mal am Tag. Fragen Sie sich dann, warum lächele ich? Sie werden schon einen Grund dafür finden. Sagen Sie sich, es ist ja alles so furchtbar, und Sie werden Gründe dafür finden, warum alles so schlimm ist. Warum also nicht positiv denken?"

Wenn Sie glückliche Gedanken denken, sind Sie glücklich. Wenn Sie unglückliche Gedanken denken, werden Sie unglücklich. Wenn wir ängstliche Gedanken denken, werden wir ängstlich. Wenn wir ständig über mögliche Krankheiten nachdenken, werden wir womöglich krank. Heißt dies aber, dass man das Leben durch eine rosa-rote Brille sehen soll? Das wäre sehr unrealistisch. Wir alle haben unsere Probleme und Problemchen. Diese verschwinden nicht, wenn wir sie ignorieren, indem wir uns Friede, Freude, Eierkuchen vorgaukeln. Wichtig ist aber, wenn wir Probleme haben, sollten wir uns darüber Gedanken machen und keine Sorgen. Wo ist der Unterschied? Wenn ich als Fußgänger eine verkehrsreiche Straße überqueren will, mache ich mir Gedanken darüber, aber keine Sorgen. Sorgen machen würde hier heißen, ich stelle mir Fragen wie: Was passiert, wenn ich hier einen Unfall erleide? Muss ich dann ins Krankenhaus? Wer würde sich um die Kinder kümmern? Verliere ich dann meinen Job? Muss ich dann das Haus verkaufen usw.? Sich Gedanken machen heißt, das Problem zu erkennen und dann etwas zu unternehmen. Sich Sorgen machen heißt dagegen, sich verzweifelt und hoffnungslos im Kreis zu drehen. Das kann zu Panik und zu unüberlegten Handlungen führen.

Das typische Merkmal des Sorgenmachens ist, wenn man sich eine Denkgewohnheit aneignet, indem man sich Fragen stellt, die mit „was ist wenn ..." anfangen. Was ist, wenn ich die Stelle nicht bekomme? Was ist, wenn der Arzt bei mir die Diagnose Krebs stellt? Was ist, wenn die Aktien absacken? Was ist, wenn mich beim Spazierengehen ein Hund beißt? Ich habe Karten für das Freilichttheaterstück gekauft, was ist aber, wenn es regnet? Ich besuche meine Tochter. Was ist, wenn mein Schwiegersohn mich ablehnt, oder gar mit mir streitet? Was ist, wenn das Flugzeug abstürzt? Was ist, wenn ich versage, da ich als Stadtführerin neu und unerfahren bin? Was ist, wenn ich die Schweinegrippe bekomme? Ich muss meinen Vortrag schreiben, aber was ist, wenn ich krank werde?

Liebe Leser, diese Art von Denkgewohnheiten paralysiert Sie, weil Sie dann in Gedanken fürchterliche Dinge sehen, die Ihnen passieren könnten, wenn Sie irgendwas tun oder unternehmen wollen. Solche Menschen gehen kein Risiko ein, weil sie sich mehr mit eingebildeten Gefahren des Versagens beschäftigen, als mit den Freuden des möglichen Erfolgs.

Es wird häufig Murphy's Gesetz zitiert. Murphy meint: „Wenn irgendetwas schiefgehen kann, dann geht es auch schief." Für mich ist dieses Gesetz, gelinde ausgedrückt, blanker Unsinn. Sie könnten meinen: „Das Gesetz stimmt, denn es passieren dauernd schreckliche Sachen." Natürlich kann im Leben alles Mögliche schiefgehen. Aber wir sollten uns fragen, wie groß ist die Wahrscheinlichkeit, dass es schiefgeht? Wir sollten dann unsere Informationen prüfen. Diejenigen, die Angst vor dem Fliegen haben, meinen: Dauernd stürzen Flugzeuge ab. Aber wenn man sich informiert, erfährt man, dass die Wahrscheinlichkeit dafür womöglich eine Million zu eins ist. Autounfälle passieren wesentlich häufiger. Das Problem mit dem Grübler ist, dass er den negativen Ereignissen mehr Aufmerksamkeit schenkt, als ihnen dies statistisch zusteht.

Die Denkgewohnheit des Sorgenmachens lässt uns Probleme konstruieren, wo keine sind. Wir sehen uns oft möglichen Bedrohungen mit unbekannten, negativen Auswirkung auf uns gegenüber. Als Arzt kann ich Ihnen über eine Situation im medizinischen Bereich berichten. Stellen Sie sich bitte vor, Sie müssten sich operieren lassen. Die Operation kann erfolgreich verlaufen, und Sie sind dann geheilt. Der Chirurg kann Ihnen aber nur nach der Operation eine eventuell schlechte Nachricht mitteilen. Diese Möglichkeit besteht in manchen Fällen natürlich. Es ist verständlich, dass man sich darüber Gedanken macht. Der Grüblertyp konzentriert sich aber auf das Negative. Er baut sich ein Sorgengebilde auf. Er fragt sich in erster Linie, was ist, wenn der Arzt mir negative Nachrichten überbringt? Denn es kann bedeuten, dass ich mit einem längeren Krankenhausaufenthalt rechnen muss. Es kann bedeuten, dass der Arbeitgeber mich nicht mehr weiter beschäftigt. Vielleicht finde ich nie wieder Arbeit! Was wird mit meinen Kindern? Was ist, wenn ich dann meine Hypothekenrate nicht begleichen kann und das Haus notverkaufen muss? Vielleicht muss ich bald eines schmerzhaften Todes sterben.

Wenn man in diese Denkspirale gerät, verliert man jeden Bezug zur Realität. Sie wissen nicht und können nicht wissen, ob die Nachricht schlecht sein wird. Sie borgen sich Probleme, wo keine sind und machen sich schon vor der Operation Sorgen über eventuelle Schwierigkeiten. Die Ausgangssituation für solche Überlegungen ist fehlerhaft, da sie vor der Besprechung mit dem Arzt nicht wissen können, ob seine Mitteilung gute, schlechte oder halbgute Nachrichten beinhaltet.

Viele Leute gehen nicht zum Arzt, auch wenn sie sich krank fühlen, weil sie sich Sorgen machen über eine eventuell schlecht lautende Diagnose. Sie bleiben lieber zu Hause und machen sich Gedanken darüber, ob ihre Magenbeschwerden und Kopfschmerzen durch einen Magen- oder Gehirntumor verursacht sein könnten. Das ist keine gesunde Einstellung. Ein Besuch beim Arzt könnte Beruhigung bringen und die Feststellung, dass Sie sich unnötig Sorgen gemacht haben.

Wenn Sie aber nicht rechtzeitig zum Arzt gehen, werden im Falle einer behandlungsbedürftigen Erkrankung die Heilungschancen schlechter.

Was-ist-wenn-Denken muss nicht immer negativ sein, wenn Sie daraus Konsequenzen ziehen, die Sie dann auf Ihr Handeln übertragen, und sich nicht nur Sorgen machen. Das ist halt der Unterschied zwischen Nachdenken und Sorgenmachen.

Senta hat ein Problem. Morgen ist eine Besprechung mit dem Chef. Und sie weiß nicht genau, wie er reagieren wird, wenn sie ihre Vorstellungen präsentiert. Sie bereitet sich gründlich vor und stellt sich darauf ein, was ist, wenn er so reagiert, und was ist, wenn er anders reagiert. Sie denkt gründlich nach, anstatt sich Sorgen zu machen. Sorgen machen würde ihr Denken und ihre Konzentrationsfähigkeit nur paralysieren.

Sorgenmachen hat aber noch andere negative Eigenschaften. Diese haben auch eine gesundheitsschädliche Wirkung. Sorgen und Ängste sind emotionale Faktoren, die an einem zerren, erschöpfen, müde machen, depressive Stimmungslagen verursachen, Leistung beeinträchtigen und sogar grippeanfällig machen, von Kopf- und Rückenschmerzen nicht zu reden. Diese nervöse Spannung kann Asthma verursachen oder das bestehende Asthma verschlimmern. Die dadurch verursachte depressive Stimmungslage kann einen zu Selbstmordgedanken führen. In der reichsten Nation der Welt, den USA, sterben mehr Amerikaner durch Selbstmord als durch die fünf am weitesten verbreiteten Infektionskrankheiten.

Dr. O. F. Gruber, leitender Arzt an einer der Eisenbahngesellschaften in den USA meinte: „70 Prozent aller Kranken, die einen Arzt aufsuchen, könnten sich selbst helfen, wenn sie ihre Ängste und Sorgen nicht überhand nehmen ließen."

Angst und Sorgen können auf den Magen schlagen, und dies kann wiederum zu Magengeschwüren führen. Die Mayo Klinik führte einmal eine Untersuchung an 15.000 Patienten durch, die Magenbeschwerden hatten. Bei 80 Prozent der Patienten konnte ein objektivierbarer Befund nicht festgestellt werden! Angst und Sorgen waren zum größten Teil die Ursachen ihres Magenleidens.

Dr. Edward Podolsky beschreibt in seinem Buch „Gesund ohne Sorgen" einige andere schwerwiegende Krankheiten, die auf Sorgen und Ängste zurückzuführen sind, z. B. Herz- und Gefäßkrankheiten, Bluthochdruck, Schilddrüsen- und Zuckerkrankheit. Ja, sogar Rheumatismus und schmerzhafte Gelenkentzündungen fallen in diesen Bereich. Sorgen können sogar zu Zahnerkrankungen führen, da durch Sorgen oft der Calziumhaushalt gestört ist. In den USA sind Herzerkrankungen eine häufige Todesursache. Im Zweiten Weltkrieg wurden mehr als 300.000 Menschen Opfer des Krieges. In derselben Zeit aber starben eine Million an Herzerkrankungen.

Es gibt sehr viele Beispiele von erfolgreichen Managern, die früh gestorben sind. Ängste und Sorgen über ihre Geschäfte begleiteten sie lebenslang. Aber was nutzt einem der Erfolg, wenn gesundheitlich negative Begleiterscheinungen einen unglücklich und krank machen!

Die Moral von der Geschichte. „Wer nicht weiß, wie man Angst und Sorgen bekämpft, stirbt früher."

Was aber bringt uns all das Wissen darüber, wie Sorgen und Ängste entstehen und was sie alles anrichten können? Theorie muss auch in Praxis umgesetzt werden. Was können wir also dagegen tun?

Das Allerwichtigste erscheint mir, dass wir unsere Denkgewohnheit, „was könnte alles Schlimmes passieren, wenn wir dieses oder jenes unternehmen", ändern. Sie erzählen einem nahestehenden Menschen: „Irgendetwas Schlimmes wird wahrscheinlich geschehen, wenn ich dies oder jenes unternehme". Wenn dann dieser Mensch Ihnen sagt: „Das wird nicht passieren." sagen Sie: „Wie kannst du so sicher sein?"

Daraufhin er: „Das ist noch nie passiert." Sie sagen dann: „Es gibt immer ein erstes Mal." Falls Sie auf diese Art denken, gehören Sie zu der Kategorie der sich unnötig Sorgen machenden Menschen. Was Sie erwarten, ist eine absolute Garantie, dass es funktioniert. Eine absolute Sicherheit gibt es aber nicht. Wir müssen uns nach der Wahrscheinlichkeit richten. Natürlich kann das Flugzeug abstürzen, in dem Sie sitzen. Aber wie groß ist die Wahrscheinlichkeit, dass dies geschieht? Oder haben Sie das Gefühl, dass Sie von einer höheren Macht oder dem Schicksal für diese Katastrophe auserwählt sind? Wenn Sie sich weiterentwickeln, nicht aber das geringste Risiko eingehen wollen, dann können Sie sich nicht zum Positiven verändern. Sie bauen für sich selbst ein Gefängnis der Untätigkeit auf. Natürlich kann Was-ist-wenn-Denken auch Positives bewirken, indem es Ihnen hilft, alle Fakten in Betracht zu ziehen, um die bevorstehende Aufgabe zu bewältigen. Also müssten Sie sich fragen, falls Sie zu dieser übervorsichtigen Kategorie gehören, ob Ihnen diese Denkweise geholfen hat, im Leben weiterzukommen, oder ob sie sie unglücklich gemacht hat? Falls sie Sie unzufrieden und unglücklich gemacht hat, ist es höchste Zeit, sich aus diesem Denkgefängnis zu befreien.

Wenn ich mir über etwas Sorgen mache, was nicht häufig vorkommt, gehe ich wie folgt vor: Ich setze mich an den Schreibtisch und schreibe auf, worüber ich mir Sorgen mache. Ich sammele dazu Fakten und prüfe nach, ob diese stimmen. Dann analysiere ich sie, um effektiv handeln zu können. Aufgrund der Analyse und danach erfolgten Schlussfolgerung frage ich mich, was kann ich tun? Dann entscheide ich mich, dies auch in die Tat umzusetzen. Und dann kommt die wichtigste Stufe, die des Handelns nämlich: Wann handle ich nach dieser Entscheidung? Den Termin festlegen und dann auch handeln. Das Handeln also nicht verschieben. Wenn wir nicht handeln, sind das Faktensammeln und Analysieren für die Katz gewesen. Natürlich ist es sehr wichtig, zuerst die Fakten zu sammeln. Ohne Fakten könnte man leicht in Panik geraten.

Als 2008 die Lehman Brothers Bank pleite machte, fing die Wirtschaftskrise an. Viele reagierten mit Panik. Viele verkauften ihre Aktien und hatten Riesenverluste, da der Kurs abgesackt war. Einige wollten Geld von der Bank holen und in den Sparstrumpf stecken. Die Nachfrage nach Gold stieg, obwohl der Preis dann sehr hoch war und das Risiko, dass der Preis sich nach der Erholung der Wirtschaft nach unten bewegen könnte, ebenso hoch. Es kursierten die abenteuerlichsten Gerüchte, z. B. dass in den USA eine Währungsreform stattfinden würde, und dann der Dollar nicht viel wert sei. Es wurde über Inflation geredet. Dann sei das Geld nicht mehr viel wert. Also sollte man schnell Immobilien kaufen. Die Gerüchteküche war in Hochform. Natürlich kann man als Durchschnittsbürger alle Hintergründe nicht kennen, wo selbst die sogenannten Experten sich nicht einig waren, wie es weitergehen würde. Dann muss man halt die Fakten aus der Geschichte zur Hilfe holen. Der Westen ist bisher immer mit Wirtschaftskrisen fertig geworden. Im Rahmen der Globalisierung müsste man auch die Wirtschaftssituation anderer Nationen ins Kalkül ziehen. Die aufstrebenden Wirtschaftsmächte wie China, Indien und z. T. auch Russland hatten und haben hier hohe Wirtschaftswachstumsraten. Deswegen war es vorauszusehen, dass in diesen Ländern durch zunehmende Prosperität die Nachfrage nach Exporten aus den Industrieländern steigen wird. Wenn man in aller Ruhe diese Fakten gesammelt hätte, wäre man nicht so leicht Sorgen, Ängsten und Panik zum Opfer gefallen.

Wenn man also in aller Ruhe Fakten sammelt, sie objektiv analysiert, verschwinden meistens die Ängste und die Sorgen. Die meisten Sorgen der Welt werden von den Leuten verursacht, die, ohne die Fakten zu sammeln, eine Entscheidung treffen wollen.

Beim Faktensammeln und Analysieren sollte man alles zuerst aufschreiben. Beim Aufschreiben ordnen sich die Gedanken, im Gegensatz zum Grübeln, wo man denselben Gedanken immer wiederholt, ohne zu irgendeinem Ergebnis zu kommen. Beim Aufschreiben stellt man erstaunt fest, dass die Sorgenursachen, die anfangs so groß wie der Mount Everest schienen, plötzlich eine Gestalt annehmen, die kleiner ist als ein kleiner Hügel.

Eine weitere Änderung der Denkgewohnheit ist, dass man versucht, auf Kleinigkeiten nicht zu achten. Keiner mag auch nur die kleinsten Ärgernisse. Man regt sich darüber auf, weil man sie zu wichtig nimmt. Das kommt z. T. daher, weil wir uns selbst zu wichtig nehmen. Sie gehen einkaufen. Sie sehen zwei Menschen sich miteinander unterhalten. Einer hat zufällig einen Blick in ihre Richtung geworfen und lacht. Sie denken, womöglich hat er über meine Kleidung oder meinen Gang gelacht! Habe ich mich nicht richtig angezogen? Soll ich mich das nächste Mal anders anziehen? Sie kommen erst gar nicht auf die Idee, dass diese Menschen wahrscheinlich über andere Dinge gelacht haben könnten. Hier sollte man sich merken: „So wichtig wie wir für uns sind, sind wir für die anderen nicht." Und falls diese Menschen über Sie gelacht haben sollten, dann ist es ratsam zu denken: „So wichtig diese Leute für sich sind, so wichtig sind sie für mich nicht. Auf so eine Kleinigkeit achte ich nicht." Dann könnten wir uns unnötige Sorgen sparen.

Eine weitere Änderung der Denkweise, um Sorgen und Ängste zu minimieren oder sich gar zu ersparen ist: das Unvermeidbare und Unveränderbare zu akzeptieren.

Anton ist in den Zeiten der Wirtschaftskrise arbeitslos geworden. Er könnte sich selbst sagen: „Das ist aber schlimm. Ich mache mir Sorgen. Vielleicht bekomme ich keinen Job mehr. Die Rente wird auch ziemlich klein sein. Wie soll es mit meinen Finanzen weitergehen? Ich kann das Studium der Kinder nicht bezahlen. Das Auto muss ich verkaufen. Dann kann ich erst recht nicht auf die Suche nach Arbeit gehen. Und falls ich eine Arbeit bekomme, wie soll ich da hinkommen, wenn die Arbeitsstelle weit weg ist?"

Er wiederholt diese Gedanken immer wieder, also grübelt er, ohne zu einem Ergebnis zu kommen. Da er keinen Ausweg aus seinen Sorgen sieht, überkommt ihn eine depressive Stimmungslage. Ohne Arbeit kommt er sich wertlos vor und sucht Trost im Alkohol.

Senta reagiert völlig anders. Auch sie ist entlassen worden, da die Firma pleite gegangen ist; sie ist also in der gleichen Situation wie Anton. Sie sagt sich aber: „Na gut, also so ist die Situation. Mir bleibt nichts anderes übrig als sie zu akzeptieren, so wie sie ist. Wenn ich schimpfe oder mich ärgere, kann ich sie auch nicht ändern. Also was mache ich jetzt?" Sie liest Zeitungsanzeigen, fragt in ihrem Bekanntenkreis über Arbeitsmöglichkeiten nach usw. Kurz, sie akzeptiert das Unvermeidbare. Dann aber unternimmt sie etwas, um ihre Situation zu ändern.

Die Moral der Geschichte: Wenn wir Angst und Sorgen haben, ist die Gefahr real, dass wir ins Grübeln geraten. Die Entscheidungskraft leidet darunter. Doch wenn wir die Tatsachen, so schlimm sie auch sein mögen, akzeptieren, dann kommen wir aus dem Grübeln heraus und versetzen uns in die Lage, in der wir uns auf unser Problem konzentrieren und die Handlungsrichtlinien planen können.

Professor William Jones meinte kurz und prägnant: „Seid gewillt, die Dinge zu nehmen, wie sie sind. Die Annahme der Ereignisse ist der erste Schritt zur Überwindung der Folgen des Unglücks."

Eine verwandte Situation ist es z. B. jemanden zu verlieren, den man liebt, Trauer ist da unvermeidlich und verständlich. Aber ist es vernünftig, deswegen lebenslang Trauer zu tragen? Sie können es doch nicht ändern! Viel schlimmer ist die Situation, wenn Sie mit jemandem, den Sie lieben, wegen einer kleinen Meinungsverschiedenheit gestritten haben. Er setzt sich wutentbrannt in sein Auto, braust los und stirbt kurz darauf bei einem Autounfall. Sie machen sich Vorwürfe: Hätte ich bloß nicht so reagiert, dann wäre der Unfall nicht passiert. Nun ist es aber geschehen. Das können Sie nicht ändern. Lohnt es sich aber, sich über etwas, das man nicht ändern kann, fortwährend Gedanken zu machen bzw. zu grübeln? Unveränderbare Tatsachen muss man akzeptieren. Wenn Sie daraus eine Lehre ziehen und sich vornehmen, sich in einer ähnlichen Situation anders zu verhalten, dann ist es schon in Ordnung.

Damit keine Missverständnisse entstehen: Das oben genannte Beispiel enthält zwei Komponenten. Erstens die Trauer über den Verlust der geliebten Person und zweitens den Vorwurf gegen die eigene Person: Hätte ich bloß nicht so reagiert! Trauer ist, wie gesagt unvermeidlich. Die Dauer und Intensität dieses Zustandes ist abhängig von mehreren Faktoren, wie z. B. der Beschaffenheit der Psyche der betroffenen Person, den eigenen aktiven Interessen in der Gesellschaft, Ablenkungsmöglichkeiten usw. Auch der Selbstvorwurf ist verständlich, denn wir sind alle keine Supermenschen. In einsamen Momenten erinnert man sich sicherlich immer wieder an das eigene Verhalten. Es geht nur darum versuchen zu wollen, die Intensität und Häufigkeit der Selbstvorwürfe zu minimieren, da man durch solche Gedanken das Geschehene doch nicht ungeschehen machen kann. Übrigens so eine Situation kommt im Leben sicherlich nicht häufig vor. Mit solch übertriebenen Beispielen kann man sich nur leichter einprägen, dass stetes Wiederkäuen von eigenen Vorwürfen keinen Sinn hat.

Auch in der großen Politik kann Ähnliches passieren. In einem unbedachten Moment äußert ein Politiker etwas, das seiner Karriere Schaden zufügen kann. Was nützt es ihm aber, wenn er sich ewig Vorwürfe macht und sich immer wieder sagt: „Hätte ich das bloß nicht gesagt!" Nun ist es passiert und nicht mehr zu ändern. Er hat keine andere Wahl als dies zu akzeptieren und muss zusehen, was er noch retten kann. Er muss dann entsprechende Strategien entwerfen und danach auch handeln.

Es gibt natürlich auch andere Methoden, als eine Änderung der Denkgewohnheiten, um Grübeln, Sorgen und Ängste zu minimieren. Diese sind aber kein Ersatz für die Änderung der Denkgewohnheiten, sondern eine Ergänzung.

An erster Stelle sei Beschäftigung erwähnt. Wer Zeit hat nachzudenken, ob er wegen seiner Sorgen unglücklich ist, wird auch unglücklich. Geben Sie dieser Denkweise keine Chance, und beschäftigen sie sich immer mit irgendetwas, am besten mit etwas Positivem. Das schafft die Sorgen zwar nicht ab, aber es hilft Ihnen, den prozentualen Anteil der Sorgen zu minimieren. An erster Stelle würde ich die Beschäftigung mit Hobbys erwähnen. Es gibt ja so viele Hobbys: Malen, Fotografieren, Briefmarken-, Porzellan-, Schnupftabakdosen-, Bierdeckel-Sammeln, Modellbau, Sport usw., nur um einige zu erwähnen. Es kann sein, dass ein angefangenes Hobby Ihnen nicht liegt. Aber allein schon das Ausprobieren bietet Ihnen Ablenkung. Wenn Sie sich die Denkgewohnheit aneignen, gerne zu tun, was Sie tun, dann werden Sie glücklicher. Es ist auch ratsam, seine Interessen auf mehrere Gebiete zu verteilen. Wenn mit einer Beschäftigung nicht zufriedenstellende Ergebnisse erzielt werden können, können Sie immer noch auf andere zurückgreifen.

Hobbys würden Ablenkung von Sorgen und Ängsten bedeuten. Ich glaube aber, es gibt eine effektivere Ablenkung, nämlich Interesse an unpersönlichen Dingen und Personen. Was meine ich damit? Wenn Sie im Wald spazieren gehen, bleiben Sie mal stehen und schauen Sie doch z. B. am Waldrand wachsende Pflanzen an. Nicht nur anschauen, sonder genau und intensiv schauen. Schauen Sie sich die Blätter ganz nahe an. Wechseln Sie Ihren Standort und schauen Sie sie noch einmal genau an. Wenn Sie so beschäftigt sind, denkt das Gehirn nicht an Sorgen. Kein Gehirn kann zwei Gedanken gleichzeitig denken, sondern eins nach dem anderen.

Oder schauen Sie die Blumen in Ihrem Garten oder in der Wohnung genau an. Sie werden dann angenehme überraschende Details entdecken, die Sie beim flüchtigen Hinsehen nicht wahrgenommen hätten. Haben Sie sich die winzig kleinen Stempel der Begonien genau angesehen? Wenn ja, werden Sie eine Welt voller Wunder an Farben und Formen entdecken.

Aber auch scheinbar unattraktive Dinge können bei genauerer Betrachtung sehr interessant und schön sein. Haben Sie schon einmal ein Grasbüschel, das zwischen den Ritzen des Kopfsteinpflasters wächst, angeschaut? Bewundern Sie mal das zarte, grüne, elegant geschwungene Grasbüschel und seinen Kontrast zu den farblosen, eckigen Steinen. Es kommt aber darauf an, dass Sie interessiert das Objekt wahrnehmen. Während dieser Beobachtung werden Sie Ihre Sorgen vergessen, und das Gehirn hat Zeit, sich aus dem Circulus vitiosus zu befreien und sich zu erholen. Die Welt ist voller schöner Dinge. Man muss nur die Denkgewohnheit kultivieren, um dies auch wahrzunehmen. Glauben Sie mir, solche Denkgewohnheiten sind erlernbar.

Wichtiger als unpersönliches und freundliches Interesse an Dingen ist dasselbe für Mitmenschen. Wenn meine Frau in einem auffälligen Kleid und Hut in die Stadt geht, gibt es zwei unterschiedliche Reaktionen. Einige sagen: „Ja, wie kann man so nur rumlaufen!" oder „Haben wir Fasching?" Was haben sie mit einer solchen Bemerkung für sich bewirkt? Haben sie denn sonst keine Sorgen, dass sie diese durch zusätzlichen Ärger vermehren müssen? Andere meinen: „Toll, wie sie gekleidet ist! Sie ist für Neuburg eine Bereicherung." Manche kommen zu ihr und sagen ihr dies. Was haben sie damit bewirkt? Erstens haben sie jemandem, in diesem Fall meiner Frau, eine Freude bereitet, und zweitens haben sie sich selbst gefreut. Diese Person meint: „Sobald ich nach Hause komme, sage ich meinem Partner, dass ich heute etwas Schönes erlebt habe." So denkt sie die ganze Zeit beim Einkaufen und beim Heimgehen. Solch eine positive und freundliche Einstellung kann die sonst möglichen Sorgen mindestens für kurze Zeit in Verbannung schicken.

Eine so positive Einstellung sollten wir auch gegenüber allen Menschen entwickeln, die wir kennen oder auch nicht kennen. Ist dies nicht besser, als bei den anderen immer Fehler entdecken zu wollen und sie zu kritisieren?

Jemand, der solch genuines, freundliches und positives Interesse an anderen Personen hat oder entwickelt, wird in der Lage sein, seine Sorgen wesentlich effektiver bekämpfen zu können, als die Menschen, die zur negativen Einstellung neigen.

Man kann die positive Einstellung noch steigern, indem man sich gemeinnützig betätigt. In den meisten Städten gibt es genügend gemeinnützige Organisationen wie Tafel, Rotes Kreuz, Feuerwehr usw. Bereiten Sie jeden Tag jemandem eine Freude. Das ist das beste Rezept, um eigene Sorgen zu vergessen und sich vor einer depressiven Stimmungslage zu retten oder zu befreien.

Eine effektive Waffe gegen Sorgen und Ängste sind auch Entspannungsübungen.

Es gibt viele Entspannungs- und Ablenkungstechniken. Gehen Sie spazieren, setzen Sie sich an eine stille Stelle und genießen Sie die Natur. Nehmen Sie nicht nur die Gesamtstimmung, sondern auch einzelne Details intensiv wahr. Oder geben Sie sich eine Weile Ihren Tagträumen hin. Stellen Sie sich einen Strand vor. Blauer Himmel, das Rauschen der Wellen, angenehme Temperatur. Lassen Sie Ihre Füße im Wasser baumeln. Wie ist die Farbe des Wassers? Welche Form hat die kleine weiße Wolke am Himmel, welche Farbe und Konsistenz hat der Sand, wo steht die Sonne usw. Stellen Sie sich das alles sehr intensiv vor. Dann ist das Gehirn voll damit beschäftigt.

Es gibt natürlich aber viele andere Entspannungstechniken; z. B. Ihre Lieblingsmusik hören, ein warmes Bad nehmen usw. Alkohol und Drogen sind sicherlich nicht zu empfehlen. Eine der wichtigen Alternativen ist die Meditation. Dabei spielen die Atemtechnik und die Konzentration auf etwas Abstraktes eine wichtige Rolle. Setzen Sie sich in einen Raum mit gedämpftem Licht, wo es relativ ruhig ist. Atmen Sie tief ein, konzentrieren Sie sich auf den Scheitel des Kopfes (manche vermuten dort ein geistiges Energie-Chakra). Sagen Sie im Geiste ganz langsam das abstrakte Wort OM. Atem anhalten, dann sagen Sie ganz langsam das Wort OM wieder. Leeren Sie dabei Ihre Lunge vollkommen. Konzentrieren Sie sich ganz und gar auf Ihre Atmung und auf das Chakra am Scheitel. Sie sind mit diesen Vorgängen voll beschäftigt und haben keine Zeit für andere Gedanken. So unterbrechen Sie den Teufelskreis des Sorgenmachens und fühlen sich nach etwa 20 Minuten richtig erholt.

Ähnlich verhält es sich mit dem Lach-Yoga. Weltweit gibt es 5000 sogenannte Lachclubs. Da wird das gemeinsame Lachen des Lachwillens durchgeführt. Es ist durch wissenschaftliche Studien nachgewiesen, dass beim Lachen Endorphine und andere Stoffe entstehen, die eine positive Wirkung auf den Körper haben. Sie bauen Stress ab und sind stimmungshebend. Sie wirken entzündungshemmend und schmerzstillend und haben antidepressive Wirkung. Nebenbei wird das Gehirn mit mehr Sauerstoff versorgt. Sehr wichtig ist, dass man sich sehr auf das Lachen und auf die Atemtechnik konzentriert und dabei die Sorgen einfach vergisst. Die meisten Teilnehmer berichten, dass das dabei entstehende Glücksgefühl sehr lange anhält, länger als wenn man bei einem Witz oder einem Fernseh-Slapstick lacht. Besuchen Sie doch so ein Lachtreffen! In ihrer Nähe müsste doch so ein Club zu finden sein. Sie werden sich danach wohler und glücklicher fühlen.

Der Zweck dieser Ausführungen ist es nicht, Ihnen etwas völlig Neues zu erzählen. Bewusst oder unbewusst ist Ihnen dies alles wahrscheinlich bekannt. Der eigentliche Sinn ist, Sie dazu zu bewegen, Ihr Wissen in die Tat umzusetzen.

Wenn Sie sich also dabei erwischen, sich unnötige Sorgen zu machen und sich schrecklichen Folgen Ihres Tun ausmalen, dann sagen Sie zu sich: „Halt! Das ist der falsche Weg. Ich muss diese Denkgewohnheit ändern." Mit ein bisschen geistiger Disziplin ist dies sicherlich zu erreichen. Das traue ich allen Lesern dieses Buches zu.

44. Verdrehtes Denken und unehrliche Argumentation

In diesem Kapitel versuche ich, einige Formen der krummen Argumentationsmethodik zu untersuchen.

Sie haben Glück gehabt, meine verehrten Leser, wenn Sie niemals der Versuchung unterlagen, sich einer dieser unehrlichen, krummen Methoden bedient zu haben. Oft geschieht dies aber unbewusst, deswegen muss man vorsichtig sein, bevor man jemanden beschuldigt, eine unehrliche Argumentation bewusst eingesetzt zu haben. Auch ich könnte manchmal sicherlich krummes Denken eingesetzt haben, um meinen Ansichten mehr Gewicht zu verleihen, obwohl ich mir dessen nicht bewusst bin. Es kann natürlich sein, dass ich einer gewissen Selbsttäuschung unterliege. Ich kann kaum hoffen, dass auch ich immer unsaubere Argumentationen vermeide. Nichtsdestoweniger ist es hilfreich, sich mit diesem Thema zu befassen, um bei anderen, aber auch bei sich selbst Denk- und Argumentationsfehler zu entdecken.

Es gibt so viele Methoden, dass man sie nicht alle ausfindig machen kann. Ich bitte Sie daher, der Reihenfolge nicht soviel Bedeutung beizumessen. Ich gehe also rein subjektiv vor und behandle die Themen, so wie sie mir gerade einfallen.

Am Anfang des Buches habe ich das Beispiel der Diskussion bei Meiers vorgestellt. Darin sind jede Menge Ablenkungen eingebaut.

Der erste Redner wollte auf die Wohnungsnot in Dresden aufmerksam machen, indem er sagte, dass die Familie so eng zusammenlebte, dass sie sich nicht erlauben konnten, eine Katze zu halten.

Der zweite Redner lenkte sofort ab, indem er sagte, dass die Westdeutschen soviel Geld im Osten reingepumpt haben. Das sind aber zwei verschiedene Punkte, auch wenn der Übergang fließend ist. Offensichtliche Ablenkung war bei dem Redner festzustellen, der die

Umweltverschmutzung durch die Hunde dazu benutzte, die Fabrikbesitzer anzugreifen. Noch offensichtlicher ist die Ablenkung durch den Fabrikbesitzer. der die Attacke auf Fabrikschornsteine in eine Attacke auf die Grünen und die Linken umwandelte.

Wahrscheinlich verhalten wir uns alle, meine Wenigkeit mit eingeschlossen, auf diese Art und Weise. Warum tun wir dies? Man möchte über Themen reden, bei denen man sich kompetenter fühlt. Oder man möchte die Diskussion auf das Gebiet lenken, das einen mehr interessiert.

Eine solche Gelegenheit würde sich z. B. bieten, wenn einer sagt, Hunde sind intelligent. Er könnte dann etwa sagen: „Was ist Intelligenz? Sind Hunde vernünftig? Was ist eigentlich der Unterschied zwischen Intelligenz und Vernunft?" So hat er der Diskussion eine Wendung gegeben und sie auf ein für ihn interessantes Gebiet geführt.

Ich persönlich glaube, dies ist legitim und verständlich, und man kann dem Betroffenen keine Unehrlichkeit vorwerfen. Es gibt aber verschiedene andere Methoden des Ablenkungsmanövers, bei denen eine Art Unehrlichkeit dahintersteckt, auch wenn dies dem Betroffenen nicht bewusst sein sollte. Der eine Trick besteht darin, durch eine irrelevante aber humoristische Bemerkung den Redner lächerlich zu machen. Dies kann man besonders bei parlamentarischen Diskussionen beobachten.

Kurz nachdem er sich auf dem Gebiet der Volkswirtschaft promoviert hatte, gab Franz Josef Strauß in einer parlamentarischen Rede sein Bestes. Er baute in seiner Rede die englischen Wörter Input und Output so häufig ein, dass die Rede mit „Putlauten" vollgestopft war, bis ein professioneller Zwischenrufer von der Hinterbank ganz laut schrie: „Put-Put-Put". Es war natürlich beabsichtigt, Herrn Strauß lächerlich zu machen. Man muss zugeben, dass diese Bemerkung völlig irrelevant und unangemessen war, unabhängig davon, wie wir zu Herrn Strauß stehen, und unabhängig davon, dass die Bemerkung gewissen Humor beinhaltete.

Ich hatte einen Kollegen, der bei jeder Chefarztsitzung, wenn es darum ging, ernsthafte Dinge zu diskutieren, mit humoristischen aber völlig irrelevanten Bemerkungen den Gang der Diskussion durcheinander brachte.

Dies kenne ich auch aus Stadtratssitzungen. Es gibt da auch ein paar undisziplinierte und routinierte Zwischenrufer, die die Diskussion mindestens für kurze Zeit durcheinander bringen. Wenn Sie es genau beobachten, werden Sie solche Ablenker bei Vereinssitzungen, politischen Veranstaltungen, aber auch bei so manchem größeren gesellschaftlichen Beisammensein finden.

Ein Redner kann dabei leicht aus der Fassung geraten, sollte aber versuchen, seinen Zorn im Zaum zu halten. Denn als Zorniger kann man nicht effektiv argumentieren. Dann ist er gut beraten, wenn er durch eine humoristische Gegenbemerkung den Zwischenrufer selbst lächerlich macht. Wenn er diese Gabe nicht besitzt oder ihm auf Anhieb nichts Passendes einfällt, dann muss er versuchen, durch schnelles Denken die Diskussion wieder auf den ursprünglichen Punkt zurückzuführen.

Außer humoristischen Zwischenrufen gibt es eine unehrliche Form von Ablenkung durch einen unpassenden Einwand. Dies geschieht, wenn ein Detail, das für die Gesamtaussage irrelevant ist, beanstandet wird. Jemand könnte z. B. sagen, dass er die biblische Aussage schwer verdaulich findet, dass Jonas durch einen Wal geschluckt wurde und dann wieder nach längerer Zeit lebendig ausgespuckt wurde. Nun könnte ein Gegenredner den Einwand erheben, dass in der Bibel geschrieben steht, dass Jonas durch den Fisch geschluckt wurde und ein Wal kein Fisch ist. Dies stimmt, ist aber im Kontext der Gesamtaussage völlig irrelevant.

In einem Vortrag sagte ich u.a.: „Gott ist weder bewiesen noch beweisbar. Deswegen können wir erst recht nicht wissen, was er will. Deshalb ist es unvernünftig, unsere Handlung nach angeblich göttlichen Anweisungen zu richten." In der Diskussion meldete sich eine militante Feministin und meinte, es sei nicht gut, dass ich „Gott" gesagt hätte. Ich hätte „Göttin" sagen sollen. Das war ihr einziger Beitrag, und der ging an der Kernaussage völlig vorbei.

Familie Meier bekommt Besuch. Im Laufe des Gespräches wollte Herr Meier die Zustände in einem Altersheim vor 20 Jahren beschreiben. Er fängt an: „1983 besuchten wir meine alte Mutter im Altersheim." Daraufhin Frau Meier: „Liebling, es war 1982." Herr Meier: „Na, na, es war schon 1983." Frau Meier: „Na, ich glaube, es war doch 1982, als der Kleine seine ersten Zähne bekam." Nun, in diesem Fall war die genaue Jahreszahl weder für Herrn Meier noch für die Besucher wichtig. Es ging ja um die Zustände im Altersheim vor etwa 20 Jahren. Wie oft geht aufgrund solcher unnützer Diskussionen der Familienfrieden dahin! Von der Zeitverschwendung nicht zu reden!

Frau Meier wollte erzählen, was Fisch vor zehn Jahren kostete. „Wissen Sie, Herr Schmidt, als ich vor zehn Jahren in dem Fischgeschäft in der Schillerstraße ..." Sie wird jäh unterbrochen von Herrn Meier. „Das war nicht in der Schillerstraße, sondern in der Goethestraße. In der Schillerstraße gab es doch kein Fischgeschäft! Außerdem ist die Schillerstraße so weit weg vom Fischereihafen, wo soll denn da ein Fischgeschäft sein?" Frau Meier: „Das hat doch mit der Entfernung vom Hafen nichts zu tun. Ich weiß doch ganz genau, dass es die Schillerstraße war. Ich gehe doch einkaufen! Warte mal, ich rufe doch gleich bei Frau Müller an. Sie wird mir bestätigen können, dass das Fischgeschäft in der Schillerstraße war." Man kann natürlich die Diskussion noch weiter ausbauen. Jedenfalls, was Frau Meier über die Fischpreise sagen wollte, ist auf der Strecke geblieben. Vielleicht war Herr Schmidt sogar aus Australien angereist, um alte Freunde zu besuchen. Was interessiert ihn, ob das Fischgeschäft in der Schillerstraße war oder in der Goethestraße. Außerdem, muss man den Partner immer korrigieren, besonders wenn fremde Leute anwesend sind? Wozu soll solche Rechthaberei gut sein?

Dies sind banale Beispiele gewesen, aber sie kommen im täglichen Leben vor und sind deswegen wichtig. Aber bei ernsthaften Angelegenheiten können sie eine ernsthafte Diskussion über ein wichtiges Thema torpedieren.

Wenn ein politischer Redner über die Grausamkeiten während des Hitler-Regimes berichtet, könnte er z. B. sagen: „Während der zwölf Jahre dieses Regimes sind sechs Millionen Juden in den Gaskammern umgekommen." Daraufhin eine Unterbrechung durch einen Zwischenruf. „Es stimmt nicht. Erstens waren es viereinhalb Jahre, zweitens waren es nur 5,98 Millionen Juden und drittens, es sind nicht alle in Gaskammern umgekommen, sondern einige sind erschossen worden. Also erzählen Sie uns keine Märchen, sondern bleiben Sie bei der Wahrheit. Das sollten Sie tun, falls Sie ein ehrlicher Mensch sind." Da darf der Redner nicht die Nerven verlieren und die Diskussionsebene nicht auf den Zwischenrufer verlagern. Er muss die Diskussion auf den Hauptpunkt zurückführen. Dabei könnte er auch den zweifelhaften Trick der Berufung auf Autorität benutzen und sagen: „Kein vernünftiger Mensch kann heute Abend von mir erwarten, dass ich detaillierte Zahlen vorlege. Ich habe meine Zahlen aus dem statistischen Jahrbuch vom Verlag X sowie dem Untersuchungsausschuss vom Jahre Y entnommen und erwarte von Ihnen nicht, dass Sie diese kennen. Aber kehren wir lieber zum Hauptthema zurück, anstatt uns mit unwichtigen Nebensächlichkeiten abzugeben. Dies bin ich meinen überwiegend vernünftigen Zuhörern schuldig."

Natürlich wäre es besser gewesen, wenn sich der Redner vorher besser informiert hätte, um solche Zwischenfälle zu vermeiden. Er hätte sich diesem irrelevanten Einwand erst gar nicht aussetzen müssen. Aber wir alle machen manchmal Fehler. Dennoch ist es ein unehrliches Argumentieren, wenn man versucht, diese Fehler auszuschlachten, um den Redner lächerlich zu machen.

Es gibt einen weiteren Trick der Ablenkung, und zwar, dem Redner etwas in die Schuhe zu schieben, was er gar nicht behauptet hat. So könnte ein Befürworter der Hartz-Reformpläne, einschließlich der Vermögenssteuer, von einem Gegner attackiert werden mit dem Satz: „Glauben Sie etwa, dass diese Reform das Paradies schaffen wird?" Dann muss der so Attackierte einen kühlen Kopf bewahren und antworten: „Ich habe gar nicht gesagt, dass diese Reform paradiesische Zustände schaffen wird. Ich habe nur gemeint, dass diese soziale Reform nur die allgemeine Verarmung durch gerechte Verteilung der materiellen Güter verhindern kann." Die Konzentration nur auf diesen Punkt wird ihm behilflich sein, seine Zuhörer davon zu überzeugen, dass eine Sozialreform wünschenswert ist. Er darf auf die Aussage durch den Gegner nicht hereinfallen und behaupten, die Reform wird alles besser machen. „Alles" ist eine extreme Position und schwer zu verteidigen.

Ein Beispiel von krummem Denken ist, wenn man versucht eine Behauptung zu verteidigen, indem man eine andere Behauptung aufstellt, die mit der ersten keinen Zusammenhang aufweist. Konstruieren wir ein Gespräch.

Herr X: „Es ist unglaublich, dass unser Pfarrer gesagt hat, dass der Arbeiter in der Sowjetunion höheres Ansehen hatte als in vergleichbaren Ländern." Herr Y, der auch nicht viel mehr Informationen über die Sowjetunion hat als die restlichen Anwesenden: „Das könnte doch durchaus sein, oder?" Herr X: „Was, das ist doch eine Lüge! Oder wussten Sie nicht, dass in den letzten Jahren in der Sowjetunion einige tausend Menschen umgebracht wurden, nur weil sie Christen waren?" Dies ist eindeutig eine Ablenkung, weil man nicht ernsthaft behaupten kann, dass in einem Land, wo Christen verfolgt werden, der Arbeiter nicht hohes Ansehen genießen kann. Dass die Christen verfolgt werden und die Arbeiter hohes Ansehen genießen, sind zwei unterschiedliche Behauptungen. Die beiden könnten wahr oder falsch sein, aber die 2. Behauptung ist kein Gegenbeweis für die 1. Behauptung.

Oder folgendes Beispiel:

Herr X: „Indien ist das größte demokratische Land der Erde."

Herr Y: „Demokratisches Land? Dass ich nicht lache! Da werden Menschenrechte mit Füßen getreten. Haben Sie denn nicht gelesen, dass vor zwei Jahren ein christlicher Missionar mit seiner Familie grausam umgebracht wurde?" Auch hier kann das Argument, weil in einem Land drei Christen umgebracht worden sind, nicht als Gegenargument zu der Behauptung 'Indien ist das größte demokratische Land' logisch eingesetzt werden.

Ein Verteidiger der jetzigen Regierung könnte sagen: „Die jetzige Regierung ist die sozialste Regierung in der Geschichte der Bundesrepublik. Die Rechte der Benachteiligten werden eher wahrgenommen als unter der konservativen Regierung, wo die Reichen bevorzugt werden. Sie ist also menschenfreundlich." Daraufhin der Gegenspieler „Sozial! Menschenfreundlich! Das ist ja wohl der größte Witz des Tages! Haben Sie denn wirklich nicht gewusst, dass Schröder bei seiner Vereidigung die Formel 'So wahr mir Gott helfe' nicht ausgesprochen hat? Trauen Sie so einem Nicht-Christen eine humane, soziale Politik zu?"

Nun unabhängig davon, ob diese Regierung sozial ist oder nicht, ob einer, der auf die Formel „So wahr mir Gott helfe" verzichtet, gleich ein Atheist ist und ein Atheist gleich als unsozial zu sehen ist, taugt die zweite Aussage nicht, um die erste zu widerlegen. Einer, der die Formel „So wahr mir Gott helfe" nicht in Anspruch nimmt, kann durchaus eine humane und soziale Politik betreiben.

Ich habe bereits erwähnt, dass man vom Hauptpunkt abzulenken versucht, indem man etwas Nebensächliches erwähnt. Eine Abwandlung davon ist, wenn man dem Redner eine triviale Nebensache widerlegt, um damit den Eindruck zu erwecken, dass er in seinem Hauptanliegen ebenso falsch liegt.

Da ist jemand, der als Unterstützung seiner Darstellung sehr viele Fakten auf den Tisch legt. Da ist es durchaus möglich, dass er vielleicht einen Punkt vorträgt, bei dem er sich irrt. Nun kann es sein, meistens ist es auch so, dass dieser Irrtum in einem Punkt nicht ausreicht, um seine Schlussfolgerungen zu unterminieren. Aber der Gegner, der sich auf diesen Punkt festbeißt und ihn als unrichtig nachweisen kann, kann den Eindruck erwecken, dass die gesamte Darstellung des Redners in Frage zu stellen ist. Der Redner muss dann in der Lage sein, den Irrtum als möglich zuzugeben, aber gleichzeitig betonen, dass dieser eine Punkt die Gegendarstellung nicht wesentlich beeinflusst.

Ich glaube, die gängigsten Methoden bei den Ablenkungstaktiken erfasst zu haben. Sicherlich haben sich einige weitere meiner Aufmerksamkeit entzogen.

Das Wichtigste ist, wenn so ein Ablenkungsmanöver stattgefunden hat, die Diskussion schnellstmöglich auf den ursprünglichen Punkt zurückzubringen. In der Praxis ist dies nicht ganz einfach. Ein gewissenloser Gegner könnte einem dann vorwerfen, dass der Redner auf seine Argumente überhaupt nicht eingeht! Aber ich glaube, dass dies in den meisten Fällen mit Geduld und ohne die Fassung zu verlieren und mit ein bisschen gedanklicher Anstrengung gelingen kann.

Es gibt einen Trick, der mit der Ablenkungstaktik verwandt ist. Da könnte der Gegner in einer öffentlichen Diskussion sprechen und dann als Unterstützung seiner Aussage irgendeine Autorität zitieren, die dem Redner wahrscheinlich unbekannt ist, z. B. ein politischer Redner tut seine Meinung über Rezession und Depression kund. Nun könnte der Gegner den unehrlichen Trick anwenden und sagen: „Nach der Theorie von Kondratiev findet die zyklische Rezession in den kapitalistischen Ländern alle sieben Jahre statt. Seit der letzten Rezession sind noch keine sieben Jahre vergangen, also kann man jetzt nicht von Rezession reden." Nun steckt der Redner in der Klemme. Er möchte natürlich in der Öffentlichkeit nicht zugeben, dass er die Theorie von Kondratiev nicht kennt, weil er sich nicht blamieren will.

Ich weiß nicht, wie er aus dieser Klemme herauskommen will, aber jedenfalls bleibt die Argumentationsmethodik des Gegners unehrlich. Ich habe auf Urologenkongressen oft gleiches beobachten können. Da möchte sich ein jüngerer Kollege habilitieren und muss deswegen viel veröffentlichen und auch viele Vorträge halten. Dabei ist es schier unmöglich, dass er sich über jedes Thema ausführlich, bis ins kleinste Detail, informieren kann, da er ja als angestellter Assistent auch noch die tägliche Arbeit erledigen muss. Da musste ich mit ansehen, wie manche älteren Kollegen, vornehmlich Ordinarien, den jungen Kollegen, womöglich aus einer Fakultät, deren Chef ihnen unsympathisch ist, fertig zu machen versuchten. Ihr Diskussionsbeitrag verlief etwa so: „Über dieses Thema hat bereits 1958 Johnson in der Zeitschrift Journal of Urology etwas anderes veröffentlicht. Seine Ergebnisse unterscheiden sich wesentlich von Ihren. Wie erklären Sie das?" Nun, das ist wirklich ein unfaires Argument. Ich könnte dem Kollegen den Hals umdrehen. Der arme junge Kollege muss nun zusehen, wie er aus dieser Situation heil herauskommen kann. Während er sich windet und versucht, irgendwie seine Aussage zu untermauern, lacht sich der ach so renommierte Fragesteller ins Fäustchen.

Rechtfertigung eines Übels mit Hinweis auf ein anderes Übel: Ich als Nichtraucher diskutiere oft mit Leuten, die am Glimmstängel hängen. Natürlich mache ich sie darauf aufmerksam, wie gesundheitsschädlich die Wirkung des Rauchens ist. Dann treffe ich häufig auf ein Gegenargument, das man als krummes Argument bezeichnen kann: „Alkohol ist schädlicher. Er verursacht Leberschäden, Vernebelung des Denkens, Ausfall an Arbeitskraft, Vernachlässigung der Familie usw." Das mag richtig sein. Aber der Hinweis auf ein stärkeres Übel heißt nicht, dass das Rauchen kein Übel ist.

Das Argument, man sollte doch lieber den Alkoholkonsum bekämpfen als das Rauchen zu verteufeln, ist auch ein krummes Argument. Die richtige Schlussfolgerung wäre:

Beide sind Übel. Und beide müssten bekämpft werden. Und wenn er der Meinung ist, dass der Alkoholkonsum schädlicher ist, dann wäre seine Schlussfolgerung: „Alkoholismus muss stärker bekämpft werden" akzeptabel. Andererseits war der Hinweis auf ein stärkeres Übel als Rauchen für die Verteidigung der Rauchgewohnheit überhaupt nicht angebracht.

Wenn man Raucher auf die Todesfälle, die durch das Rauchen verursacht werden, anspricht, hört man häufig als Gegenargument: Aber durch Verkehrsunfälle sterben mehr Leute. Das ist wieder ein krummes Argument. Dann muss man schlussfolgern, dass auch dieses energisch bekämpft werden muss. Als Entlastungsargument taugt es jedenfalls nicht.

Im *Spiegel* war einmal ein Interview mit einem Diebes-Trio abgedruckt. Sie wurden gefragt, ob sie kein schlechtes Gewissen haben, wenn sie dem Durchschnittsbürger sein teuer erarbeitetes Gut stehlen. Was war die Antwort? „Schließlich muss man ja von irgendwas leben. Außerdem gehen wir das Risiko ein, gefasst zu werden." Das nenne ich sekundäre Rationalisierung und werde dies später eruieren. Aber dann kommt ein krummes Entlastungsargument, nämlich: „Wir sind aber keine Mörder!" Der Charakter eines unehrlichen Argumentes ist offensichtlich. Weil ein anderer ein Mörder ist, rechtfertigt das nicht, dass man selbst ein Dieb sein darf.

Diese Art von Argumentation hat natürlich größere Implikationen, wenn es um die sozialpolitischen Themen geht.

Wenn das Gespräch sich um Konzentrationslager dreht, wo Millionen Juden und politische Gegner umgekommen sind, wird von einigen geantwortet: „Konzentrationslager sind keine deutsche Erfindung. Die Engländer hatten sie auch gehabt. Und unter Stalin sind auch viele Menschen in Sibirien umgekommen." Oder auf die Judenverfolgung angesprochen, wird argumentiert, dass dies auch in Italien und England geschah. Auch hier aber gilt der Grundsatz: Falsch bleibt falsch.

Ein Negativum kann man nicht damit rechtfertigen, dass man mit dem Finger auf das größere Übel zeigt.

Wenn man das Verhalten der Deutschen in ihren Kolonien kritisiert, indem man ihnen Bilder zeigt, wo Farbige in angekettetem Zustand zur Arbeit geführt wurden, neigen manche zu solchen Antworten: „Die Engländer, Franzosen, Spanier, Belgier und Portugiesen haben in ihren Kolonien noch schlimmer gehaust."

Der Vorteil von der krummen Argumentation ist deren extreme Flexibilität. Und man kann sie missbrauchen, um eine Maßnahme gegen ein Übel zu verhindern. Es gibt selten ein Übel, das so groß ist, dass man nicht ein noch größeres ausfindig machen könnte, um es als Gegenargument zu benutzen.

Ich weiß es zwar nicht, aber ich kann mir vorstellen, dass ein Kommunalbeamter, der kleine Bestechungsgelder angenommen hat, dies damit rechtfertigt, dass die „großkopferten Politiker" vielfach höhere Summen angenommen haben. Womöglich bedauert er im Geiste sogar, dass er nicht die Position eines Möllemann, Strauß oder Kohl bekleidet.

Eigene Meinung als goldener Mittelweg: Das ist ein häufig angewandter Trick, der normalerweise als Trick nicht erkannt wird.

Selbst demjenigen, der dies anwendet, ist es als Trick nicht bewusst, da er von der eigenen Meinung stark überzeugt ist. Dies ist der Kunstgriff, die eigene Meinung als eine moderate – also als Mitte zwischen zwei extremen Meinungen – vorzustellen. Wir alle finden einen Kompromiss vernünftig. Deswegen, wenn eine Meinung als Mitte zwischen zwei Extremen präsentiert wird, neigen wir dazu, ihr zuzustimmen. Dies wohl wissend, präsentieren Leute mit unterschiedlichen Meinungen die eigene als den goldenen Mittelweg.

Ein Republikaner kann sich als Mitte zwischen NPD und Sozialdemokraten sehen. Dann kommt ein SPD-Mann, stellt sich als Mittelding zwischen kapitalistischen und kommunistischen Parteien vor. Die

Kommunisten haben ihre Stellung als Mittelsmann zwischen Sozialisten und Anarchisten, die ja überhaupt keine Regierung wollen.

Wenn es soweit ist, könnte unser Glaube an den goldenen Mittelweg stark erschüttert sein und unsere Meinung, die Wahrheit liege in der Mitte, für praktische Zwecke untauglich erscheinen. Einen anderen Grund, dass die Meinung „die Wahrheit liegt in der Mitte" nicht stimmen muss, gibt es auch. Es kann nämlich sein, dass eine Meinung, die als Extrem dargestellt ist, durchaus wahr sein kann. Nehmen wir uns ein emotionsfreies Beispiel aus der Mathematik vor: $2+2 = 5$, das ist das Mittelding zwischen $2+2 = 6$ und $2 + 2 = 4$. Hier wird $2 + 2 = 4$ als ein Extrem dargestellt, es ist aber trotzdem wahr.

Dass dies auch im täglichen Leben wahr sein kann, ist durchaus vorstellbar. Ein jüngerer Sprössling kommt im feuchten November nach Hause und macht die Teppiche mit seinen schmutzigen Schuhen dreckig. Die Mutter sagt: „Kannst du denn nicht die Schuhe am Eingang ausziehen? Ist ja unmöglich!" Der Junge: „Aber ich lasse meine dreckige Kleidung nicht überall herumliegen wie der Papa, dies wäre noch schlechter für die Wohnung." Nun, hier wird das Verhalten, nur mit unsauberen Schuhen auf die Teppiche zu gehen, als Mittelding zwischen zwei Extremen dargestellt, nämlich die Wohnung mit Schuhen und Kleidern zu verdrecken und überhaupt nicht zu beschmutzen.

Jeder vernünftige Mensch wird hier dem als Mittelweg aufgezeichnetem Verhalten wohl nicht zustimmen. Eine ähnliche Situation ist es, wenn der Ehemann seine benutzte Wäsche überall herumliegen lässt, anstatt sie in den Wäschekorb zu legen. Von der Ehefrau darauf angesprochen, könnte er antworten: „Aber ich stelle doch meine Schuhe ordentlich in den Schuhschrank." Solche Beobachtungen gibt es im täglichen Leben in Hülle und Fülle. Halten Sie die Augen und Ohren offen und Sie werden sie finden.

Natürlich kann auch die als Mittelweg vertretene Meinung richtig sein, aber nicht, weil sie als goldener Mittelweg präsentiert wurde.

Wenn z. B. gesagt wird: Zuviel Essen ist nicht gut, und zuwenig auch nicht, sondern maßvoll. Die meisten werden wohl dieser Meinung zustimmen, aber dies sollte nicht geschehen, weil dies als Mitte zwischen zwei extremen Positionen dargestellt wird, sondern weil uns dies als vernünftig erscheint.

Jetzt möchte ich einen Punkt behandeln, den ich inkonsequentes Argumentieren nenne. Hierbei werden oft Zusammenfall und Zusammenhang bewusst verwechselt. Bei zwei Fakten, die zusammenfallen, wird ein Zusammenhang hergestellt. Zur Veranschaulichung gebe ich zunächst ein absurdes Beispiel, um später die Anwendung dieser Denkmethode bei ernsteren Themen zu erläutern.

Prämisse 1: In der Kalahari-Wüste leben die Pygmäen.

Prämisse 2: In der Kalahari-Wüste regnet es kaum.

Schlussfolgerung: Weil da die Pygmäen wohnen, regnet es wenig, oder noch absurder: Da, wo es wenig regnet, wohnen die Pygmäen. Nun, ich glaube nicht, dass ich diesen Fall ausführlich analysieren muss. Die Absurdität ist offensichtlich.

Wenden wir diese Denkmethode in der Praxis an.

Ein konservativer Stammtisch- bzw. Bierbankpolitiker könnte folgendes Argument hervorbringen: „Seit 1998 regiert die rot/grüne Koalition. Seit 1998 ist alles schlechter geworden. Z. B. die Zahl der Umweltkatastrophen hat zugenommen! Schauen Sie sich doch die Hochwasser-Katastrophen an!"

Also ist die Koalition schuld am Hochwasser. Eigentlich dürfte sich die Logik durch diesen Missbrauch beleidigt zurückziehen.

Aber in der Regel pflegen bei einem Stammtisch die Leute dementsprechende Äußerungen ohne weitere Nachprüfung zu akzeptieren, da diese ihren eigenen Denkgewohnheiten entsprechen. Es gibt aber subtilere Formen dieser Argumentationsmethodik, wo Fakten und Fiktion unüberschaubar und damit schwer verifizierbar sind. Die Benzinpreise waren seit 1998 gestiegen. Seit 1998 regierte die rot/grüne Koalition.

Also: An der Preissteigerung war die Koalition schuld. Solche Argumente sind sehr populär, und jeder Autofahrer neigt dazu, ohne weitere Gedankenarbeit dies zu akzeptieren. Sicherlich hat die Ökosteuer dazu beigetragen. Kaum einer stellt die Frage, ob die Ökosteuer allein daran schuld ist. Wenn man sich ein richtiges Urteil bilden will, entstehen eine Menge Fragen, die analysiert und beantwortet werden müssen, bevor man sich ein Urteil erlauben darf.

Das ist natürlich unbequem, und es wird deshalb gern darauf verzichtet. Ich erwähne nur ein paar Punkte, die in Frage kommen:

1. Trägt die Ökosteuer allein die Schuld an der Preiserhöhung? Ist die Ökosteuer eine Erfindung der Koalition? Hat Frau Merkel dies nicht gefordert, als sie Umweltministerin war? Wäre dann die Einführung der Ökosteuer auch während einer Unionsregierung beschlossen worden?

2. Spielen der Irak-Krieg, Streik der Ölarbeiter in Venezuela, Politik der Ölkonzerne sowie des Öl-Kartells auch eine wesentliche Rolle?

3. Ist die Zahl der Autofahrer in Deutschland und damit die Benzinnachfrage gestiegen?

4. Ist unter der konservativen Regierung der Benzinpreis nicht auch stetig gestiegen?

5. Wo soll das Geld herkommen, wenn der Schuldenberg hoch und die Staatskassen leer sind?

Natürlich hat die Erhöhung der Ökosteuer einen Einfluss auf die Benzinpreiserhöhung. Aber ist sie alleine schuld daran und damit die damalige rot/grüne Koalition?

Oder sind andere Faktoren maßgebend? Wohlgemerkt, mir geht es hier nicht darum, die Ökosteuer zu verteidigen oder zu verdammen, sondern nur darum, die subtile Form der unehrlichen, inkonsequenten Argumentationsmethodik aufzuzeigen, die dazu dient, den politischen Gegner als Alleinschuldigen für irgendeine Misere darzustellen und zu diffamieren. Hier muss man zugeben, dass die befragten Personen nicht immer absichtlich diese Argumentationsform benutzen. Aber wenn jemand vom eigenen Urteil überzeugt ist, dann sind sie sorglos in der Auswahl der Argumente, die für ihren Standpunkt sprechen.

Ich habe einen Kollegen gehabt, der in seinem politischen Denken, milde ausgedrückt, ziemlich rechts zu platzieren war. *Spiegel* und *Stern* waren in seinem Weltbild, um es wieder milde auszudrücken, verdammt links zu platzieren. Er erzählte mir, dass es sehr schädlich ist, sie zu lesen, da es im Donaukurier nachzulesen war, dass, wenn man den *Spiegel* liest, man so und soviel Becquerel Strahlung abbekommt, da für die Farben, die bei dem Farbdruck benutzt werden, entsprechende strahlungsaktive Stoffe verwendet werden. Nun, sein Pech, dass ich diesen Artikel auch gelesen hatte. Es war ein allgemeiner Artikel über strahlungsaktive Elemente in modernen Farbabbildungen. Der Journalist hatte nur den *Spiegel* als Beispiel erwähnt, aus welchen Gründen auch immer, denn es gibt so viele Illustrierte, die viel mehr Farbabbildungen haben als der *Spiegel*. Nun hat mein Kollege bereits eine vorgebildete negative Meinung über den *Spiegel* gehabt und war bereit, jedes Argument, dass diese Meinung bestätigt, zu akzeptieren.

Wie ging er also vor? Farbabbildungen enthalten Stoffe, die eine schädliche Strahlung abgeben. Der *Spiegel* enthält Farbabbildungen, also ist *Spiegel* lesen schädlich.

Wie wäre eine ehrliche Argumentationsmethodik gewesen? Farbige Abbildungen enthalten Stoffe, die eine schädliche Strahlung abgeben, also alles was farbig gedruckt ist, kann Schaden verursachen. Deswegen sollte man alle Zeitschriften, die farbig gedruckt sind, nicht lesen.

Mir geht es an dieser Stelle nicht darum, zu prüfen, ob die Farbdrucke wirklich so schädlich sind, dass man die Zeitschriften laut Donaukurier deswegen nicht lesen sollte. (Vielleicht wollte der Journalist sich nur profilieren). Es ging nur darum, den unehrlichen Charakter der inkonsequenten Argumentation aufzuzeigen. Reden wir jetzt über einen völlig anders gearteten Punkt.

Beweisführung durch selektive Bestandsaufnahme. Diese Art von Argumentation ist im täglichen Leben gang und gäbe. Und man kann sie mit Recht als nicht ehrlich bezeichnen, auch wenn es dem Betreffenden nicht bewusst sein sollte. Richtig unehrlich ist es dann, wenn der Betreffende, nachdem man ihn auf die Unzulänglichkeit dieser Methode aufmerksam gemacht hat, weiterhin genauso argumentiert. Der Erfolg dieser Art der Argumentation hängt davon ab, ob wir als Zuhörer sie als selektive Beweisführung entlarven können oder nicht. Wir können uns aber angewöhnen, den Redner darauf zu drängen, darzulegen, ob es um repräsentative Beispiele bzw. berechtigte Beispiele handelt.

Der Diskutant, der sich dieser Methode der selektiven Beweisführung bedient, läuft Gefahr, mit selektiven Beispielen konfrontiert zu werden, die einem genau den gegenteiligen Beweis liefern.

Ich möchte wieder das Beispiel vom Raucher nehmen. Wenn man erzählt, dass das Rauchen das Leben verkürzt, hört man häufig vom Raucher, dass sein Opa geraucht hat und 90 geworden ist.

Dann könnte ich entgegnen, mein Onkel hat geraucht und ist mit 40 Jahren an Lungenkrebs gestorben. Damit ist ein Impasse erreicht. Natürlich ist das zweite Argument auch eine Methode der selektiven Beweisführung, eignet sich aber ausgezeichnet, um dem Raucher die Insuffizienz seines Argumentes vor Augen zu führen.

Um zu einem richtigen Urteil zu kommen, muss man eine große Zahl von Fällen untersuchen. Um sicher zu gehen, sollte so eine Untersuchung nicht von einer Zigarettenfirma finanziert werden. Je größer die Fallzahl, desto sicherer ist die Analyse. So müsste man z. B. 10.000 Fälle von Rauchern mit 10.000 Fällen von Nichtrauchern, die alle unter vergleichbaren Bedingungen leben, z. B. Ernährungsgewohnheiten, Lebensumstände, genetische Zusammensetzung, Nebenkrankheiten usw. in Betracht ziehen.

Nur dann kann man eine statistisch signifikante Aussage erhalten.

Etwas leichter ist ein Umweg. Man könnte eine multizentrische Studie in Lungenkrebskliniken durchführen, um herauszufinden, wie viele von ihnen schwere Raucher waren. Das erfolgt in zwei Stufen.

Erstens muss man die Daten über die Lungenkrebskranken erheben, und es muss eine genaue statistische Analyse über die Umstände der Entstehung des Lungenkrebses erfolgen.

Wenn aber herauskommt, dass 90 % der Lungenkrebskranken Kettenraucher waren, was tatsächlich der Fall ist, dann ist die Annahme gerechtfertigt, dass zwischen Rauchen und Lungenkrebsentstehung ein statistisch signifikanter Zusammenhang besteht. Aufgrund dieser Erkenntnisse haben in den USA die Zigaretten-Produzenten horrende Summen an durch das Rauchen erkrankte Patienten bezahlen müssen.

Was würde der Richter sagen, wenn bei einer Gerichtsverhandlung ein Manager einer Zigarettenfabrik sagen würde: „Mein Opa hat auch geraucht und ist 90 geworden!" Es ist ja auch anzunehmen, dass die Zigarettenfirmen nicht freiwillig auf die Verpackung drucken: „Rauchen ist schädlich für Ihre Gesundheit." Sie können davon ausgehen, ohne statistisch signifikante Untersuchungsergebnisse wäre eine ähnliche Gesetzgebung aufgrund einer selektiven Beweisführung gar nicht zustande gekommen.

Kennen Sie Argumente „im Kreis"? Es gibt einen jüdischen Witz, der dies sehr schön illustriert: „Gott redet mit Rabbi Benjamin, weil er ein ehrlicher Mann ist." „Woher weißt du das?" „Meinst du, dass Gott mit jemandem redet, der nicht ehrlich ist?"

Im praktischen Leben ist es oft schwierig, den Charakter von Zirkel-Argumenten zu entdecken. Oft fällt es mir erst auf, wenn ich nach einer Diskussion nach Hause komme und darüber nachdenke, warum die Diskussion in einer Sackgasse endete. Dies ist oft der Fall, wenn es um Religion geht. Nur ein Beispiel:

„Gott hat die Bibel diktiert." „Warum glauben Sie dies?" „Weil es in der Bibel so steht, dass Gott sie diktiert hat." Das ist wieder ein Argument im Kreis: eine Schlange, die sich selber in den Schwanz beißt; ein Zirkelargument.

Zusammenfassung.

– Sinn und Zweck: unehrliche (bewusste oder unbewusste) Argumentationstechnik bei anderen und auch bei sich zu entdecken.
– Verschiedene Variationen:
– Verwechslung zwischen einige und alle, Pauschalurteil, z. B. „(Alle) Farbigen sind dumm." Wenn man aber auf Leute hinweist wie Nelson Mandela, Kofi Annan, Martin Luther King etc. dann heißt es:
– „Ausnahmen bestätigen die Regel." Das ist grundfalsch. Denn Ausnahmen widerlegen die Regel. Ursprünglich hieß es: „Um eine Regel zu bestätigen oder zu widerlegen, muss man nach Ausnahmen suchen."
– Ablenkungsmanöver:
– Von einem Thema zum anderen überspringen, oder nicht beim ursprünglichen Thema bleiben. Dies kommt beim gesellschaftlichen Beisammensein häufig vor. Man fängt bei Adam und Eva an und landet bei „wie man schmackhafte Bratkartoffeln zubereitet".
– Irrelevanter humoristischer Zwischenruf, der den Redner aus der Fassung bringen kann.
– Bei der Diskussion irrelevanter Einwand, eine Nebensache, die mit dem Hauptthema nichts zu tun hat. Beispiel: „Biblische Aussage, dass Jonas von einem Fisch geschluckt wurde und drei Tage später lebend ausgespuckt wurde, ist nicht glaubhaft". Daraufhin ein irrelevanter Einwand von einem Diskussionspartner: Jonas wurde von einem Wal verschluckt, und der Wal ist kein Fisch."
– Beispiel Redner: „Während des Hitlerregimes sind in fünf Jahren 6 Millionen Juden in den Gaskammern umgekommen." Der Zwischenruf: „Stimmt nicht. Erstens waren es 4,5 Jahre und zweitens

waren es nur 5,90 Millionen Juden. Erzählen Sie uns doch kein Märchen!"

- Eine andere Behauptung aufstellen, die mit der ersten keinen oder nur scheinbaren Zusammenhang aufweist.
- Der Gegner widerlegt beim Redner eine triviale Nebensache, um den Eindruck zu erwecken, dass seine gesamten Ausführungen nicht stichhaltig sind.
- Rechtfertigung eines Übels mit Hinweis auf ein anderes Übel. Beispiel: Im Straßenverkehr kommen mehr Menschen ums Leben als durchs Rauchen.
- Bewusst in einem Zusammenfall einen Zusammenhang sehen wollen. Beispiel: „Jetzt ist Rezession. Jetzt regiert die große Koalition. Also die große Koalition ist schuld an der Rezession."
- Dem Diskussionspartner etwas in die Schuhe schieben wollen, was er gar nicht gesagt hat.
- Mehrere Einwände in eine Aussage verpacken wollen (wovon einige stimmen können aber andere nicht) und dann vom Diskussionspartner ein klares Ja oder Nein für das gesamte Paket verlangen.
- Eigene Meinung als goldenen Mittelweg präsentieren. Der Mittelweg muss aber nicht immer der richtige sein.
- Beweisführung durch selektive Einzelbeispiele: „Mein Opa hat geraucht und ist 90 geworden." Dann kann man ein ebenso unehrliches Gegenargument bringen: „Mein Onkel hat geraucht und ist mit 40 Jahren an Lungenkrebs verstorben." Hier sind statisch signifikante Daten eher zuverlässig als Einzelbeispiele.
- Argument im Kreis: „Gott redet mit Rabbi Benjamin, weil er ein ehrlicher Mann ist." „Woher weißt du das?" „Meinst du, Gott redet mit jemandem, der nicht ehrlich ist?"
  Oder: „Gott hat die Bibel diktiert." „Warum glauben Sie dies?" „Weil es in der Bibel so steht."
  Zuletzt:

– Emotionen trüben den Verstand. Eine Diskussion soll dazu dienen, produktiv Gedanken auszutauschen und eventuell die eigene Meinung zu ändern, wenn stichhaltige Gegenargumente vorliegen, anstatt Rechthaberei zu pflegen. Man muss dann mit kühlem Kopf stichhaltig argumentieren und sich von Emotionen, bedingt durch die eigene standfeste Überzeugung, nicht verleiten lassen.

45. Ist Lügen eine Sünde?

Für den Anfang möchte ich mich der biblischen Sprache bedienen. „Euch ist gesagt worden: Du sollst nicht lügen. Ich aber sage euch, wer sagt, er habe nie gelogen, der lügt."

Sehr geehrter Leser, Hand aufs Herz, wer von Ihnen hat nie gelogen? Sie haben vielleicht als Kind heimlich ein Stück Kuchen gegessen, und als die Mutter danach fragte, haben Sie vielleicht aus Angst vor der Strafe mit nein geantwortet.

Wie ist es mit Komplimenten? Haben Sie nicht manchmal Ihren Bekannten Komplimente gemacht, wegen des neuen Kleides oder dem Hut, auch wenn Ihnen diese Sachen gar nicht gefielen?

Wie ist es mit der Steuererklärung? Wie ist es mit kleinen Nebeneinnahmen; die Sie dem Finanzamt verschweigen? Sind Sie nicht höflich zu den Menschen, die Sie nicht mögen? So kann man im Alltagsleben Hunderte solcher Beispiele finden, wo die Lüge glänzt. Sicherlich kennen Sie noch mehr solcher Beispiele.

Die Heidelberger Psychologen gehen nach den neuesten Erkenntnissen davon aus, dass nur etwa 40 Prozent aller Alltagsäußerungen der reinen Wahrheit entsprechen. Die restlichen 60 Prozent seien Fantasie, falsche Bescheidenheit oder sogar plumpe Lügen – eben Unwahrheiten.

Wie sieht es aus mit der Werbung? „Wir helfen Deutschland sparen durch billige Preise." „Wir arbeiten für die Umwelt durch gute Chemieprodukte." „Geiz ist geil." „Bei unserer Bank bekommen Sie eine sehr günstige Rendite." „Bei unserer Versicherung sind Sie am besten aufgehoben." „Bei uns bekommen Sie garantiert beste Bioprodukte." „Unsere medizinischen Biopillen sind gut für Ihre Gesundheit." „Sie haben 60.000 Euro gewonnen. Senden Sie uns Ihre Bankverbindung." So oder ähnlich lauten viele Anzeigen. Machen Sie doch bitte irgendeine Zeitung oder ein Magazin auf. Da finden Sie jede Menge solcher Anzeigen. Entsprechen sie der Wahrheit?

In der Politik ist es auch nicht viel anders. Es ist ungefähr so, wenn ein katholischer Pfarrer heimlich Kinder hat und Enthaltsamkeit predigt. Oder wenn er Kinder missbraucht und dann von der Kanzel hehre Werte predigt oder den Gläubigen die Beichte abnimmt. Wie ist es, wenn ein Bischof HIV-infizierte Priester in abgelegene Orte abschiebt und lügt, wenn man ihn nach deren Verbleib fragt? Wie Sie sehen, verehrter Leser, Lüge ist ein weit verbreitetes Phänomen.

Hierbei kommt es mir nicht darauf an, eine ausführliche wissenschaftliche Abhandlung über die Lüge vorzutragen, sondern um die prinzipielle Frage: Haben „Du sollst nicht lügen" als absolutes unantastbares Gebot (Oder-Verbot) sowie die anderen sogenannten göttlichen Gebote ihre Daseinsberechtigung?

Was ist überhaupt Lügen? Und ist Lügen immer schlecht und eine Sünde, wenn man gegen dieses Gebot verstößt?

Lügen ist laut philosophischer Wörterbücher – an dieser Stelle komprimiert ausgedrückt – „die Unwahrheit sagen".

Zunächst müssen wir uns aber – wenn wir klar denken wollen, und das wollen wir doch alle – damit befassen, ob Lüge ein einziger Begriff ist oder ob es da Unterteilungen gibt, die unterschiedliche Inhalte beherbergen. Ich würde bei der Unterteilung folgende Kriterien in Betracht ziehen:

I. **Qualität**

1. Die gemeine bzw. verbrecherische Lüge
2. Wertneutrale Lüge
3. Notlüge
4. Nützliche und positive Lüge
5. Wortlose Lüge

II. **Quantität**

1. Geringfügigkeit
2. Mittelschwer
3. Schwer

Die gemeine bzw. verbrecherische Lüge: Das Grundprinzip dabei ist, dass jemand zu seinem Vorteil lügt, und dabei jemandem oder der Allgemeinheit einen Schaden zufügt. Es beinhaltet eine bewusste Täuschung der anderen. Dazu möchte ich ein lustiges aber wahres Beispiel erzählen. In dem Buch „Haben Tiere Bewusstsein" wird über eine Krähengruppe berichtet, die ein japanischer Forscher jahrelang beobachtete. Bekanntlich halten sich Krähen in Gruppen auf, um sich so die besseren Überlebenschancen zu sichern.

Eines Tages sichtete eine Krähe einen kleinen Tierkadaver im Wald. Nun wollte sie den großen Brocken fressen, bevor die anderen kamen. Also flog sie an eine weit entfernte Stelle, wo kein Kadaver war und rief in der Krähensprache: „Hier ist Futter, hier ist Futter". Als alle da waren, flog sie heimlich zu dem kleinen Kadaver und fing an zu fressen. Also hat sie eindeutig gelogen. Aber Krähen sind schlau. Die Wächterkrähe merkte, wohin die besagte Krähe flog, und alarmierte die ganze Schar. Diese flogen sofort dahin und verprügelten die Lügnerin. Es gibt genügend Beispiele in der Tierwelt, wo bewiesen wird, dass Tiere lügen können.

Ja, sogar in der Pflanzenwelt gibt es Lügen. Die fleischfressenden Pflanzen täuschen die Insekten mit Aussehen und Geruch, um sie anzulocken und zu verspeisen. Der Sonnentau ist ein solches Exemplar.

Auch Orchideen können täuschen und lügen. Ich zitiere den Text aus der Zeitschrift „Spiegel" vom 14.4.2008, Seite 141:

„Einige Orchideenarten der Gattung Cryptostylis treiben die Verführung auf die Spitze: Ihr Blütenduft gaukelt Schlupfwespenmännchen derart realistisch vor, es mit einem Weibchen zu tun zu haben, dass sie die Blüte regelrecht begatten und sogar Spermaspuren hinterlassen. Für die Orchideen bedeutet der betrügerische Blumensex einen klaren Vorteil: Die Wespenmännchen der Art Lissopimpla excelsa tragen Blütenstaub von Blume zu Blume und befruchten sie so. Die Orchideenarten, die das bizarre Verhalten auslösen, nämlich Bestäubung mitsamt Kopulation, haben die höchste Bestäubungsrate."

Es gibt Unkräuter, die ganz ähnlich wie Zierpflanzen aussehen und in deren unmittelbarer Nähe wachsen. Sie belügen und täuschen den Gärtner, damit er sie nicht herausreißt.

Uns interessiert aber an erster Stelle, was in der menschlichen Gesellschaft täglich vorkommt. Ich glaube, hier brauche ich nur einige Beispiele zu nennen. Einige habe ich bereits eingangs erwähnt.

Lügen in Form von üblem Klatsch. Um sich in einer Gesellschaft selbst zu profilieren, streut man üble Gerüchte aus über Leute, die man womöglich kaum kennt oder über Prominente.

Reifen zerstechen oder Holzblöcke von der Autobahnbrücke werfen und sonstige Verbrechen sind an sich keine Lüge. Aber wenn der Betreffende zur Rede gestellt wird und er die Tat verneint, dann ist dies eine Lüge. So gibt es eine Menge Leute in unserer Gesellschaft, die zum eignen Vorteil so lügen, dass den anderen ein Schaden entsteht.

Der Schaden ist natürlich größer, wenn Lügen auf der Kollektivebene betrieben wird. Im Mittelalter war es üblich, unbeliebte Personen als Hexen zu denunzieren. In der Nazi-Propaganda, aber auch im Christentum wurde so über Juden gelogen, dass es sie oft das Leben kostete. Auch Luther war da keine Ausnahme.

Kriegspropaganda ist meistens voller Lügen. Da wird nicht nur die feindliche Regierung, sondern auch deren Bevölkerung verunglimpft. Auch heute ist dies in vielen Regionen der Welt so.

Obwohl gegenteilige Informationen vorlagen, beschuldigte Präsident Bush den Irak, im Besitz von chemischen, biologischen und Atomwaffen zu sein, um dieses Land bombardieren zu können, und so für den eigenen Vorteil an deren Öl heranzukommen. Er war natürlich der Meinung, dass die „Iraker auf unserem Öl sitzen". Ich brauche nicht zu betonen, dass diese für den eigenen Vorteil verbreitete Lüge Millionen anderen unbeschreibliches Leid verursacht hat. Am 21.4.2008 war in der Augsburger Allgemeinen Folgendes zu lesen: „Die US-Regierung hat laut ‚New York Times' Militärexperten amerikanischer Fernsehsender beeinflusst, damit sie positiv über den Irak-Krieg oder das Gefangenenlager Guantanamo berichteten. Dabei zielte das Pentagon vor allem auf hochrangige US-Militärs, die in den verschiedenen Fernsehsendern oft als Experten befragt werden. Die Militärexperten erhielten offenbar Verträge mit der Rüstungsindustrie und anderen Dienstleistern der Streitkräfte."

Jetzt wollen wir uns die wenig beachtete wertneutrale Lüge vornehmen. Verehrter Leser, Sie kennen sicherlich die Erzählungen mancher Angler, wenn sie uns weismachen wollen, was sie nach stundenlanger Arbeit für einen Riesenfisch geangelt haben. In Wahrheit hatte der Fisch Stichlingsgröße und musste wieder ausgesetzt werden. Auch die Jäger sind da nicht zimperlich. Ganz klar, dass sie einen kapitalen Bock zur Strecke gebracht haben. Wäre es dann klug, denen ins Gesicht zu sagen: „Sie Lügner"? Die Angler und die Jäger freuen sich und haben niemandem geschadet; also lassen wir das und denken uns unseren Teil.

Aber nehmen wir ein Beispiel aus dem täglichen Leben. Eine Frau findet sich, zu Recht oder zu Unrecht, etwa zu dick und möchte abnehmen. Beim Abendessen sagt sie zum Beispiel: „Ich habe heute gar keinen Hunger. Ich habe nämlich vorher eine Kleinigkeit gegessen." Das stimmte natürlich nicht. Aber sie wollte bei der Familie nicht den Gedanken aufkommen lassen, dass mit ihr gesundheitlich etwas nicht stimmen könnte. Hier hat die Lüge also eine positive soziale Funktion. Ganz wertneutral kann man sie natürlich nicht nennen, da sie eine positive Funktion hat. Aber diese Lüge kann man nicht als negativ, gar als Sünde, bezeichnen. Diese Feststellung ist mir wichtig, weil das Wort „Lügen" im Allgemeinen eine negative Färbung hat.

Man kann aus dem Urlaub eine Karte schicken und über alles höchst positiv berichten. Dabei lagen die Menschen wie Sardinen in der Büchse am Strand, das Essen und die Unterkunft waren miserabel. Aber wem schadet so eine Mitteilung? Der oder die Betreffende hat den Bekannten und Freunden nur eine Freude bereitet.

Eine ähnliche Situation ist, wenn man nach einem Konzert berichtet, wie toll das Konzert war. Dabei mag die betreffende Person die atonale Musik, die da gespielt wurde, überhaupt nicht.

Man kann sich aber selber belügen, ohne dass andere Personen –positiv oder negativ – davon betroffen sind. Beispielsweise, wenn das Wetter draußen trüb, nebelig und ungemütlich ist und man sich selber einzureden versucht, wie schön draußen die Natur doch ist. Dann ist dies auch eine Lüge.

Einmal sagte ein Radiosprecher: „Draußen gießt es in Strömen; oh wie schön!" Nach einer halben Sekunde sagte er: „Wenn ich mich nicht freue, regnet es trotzdem. Das kann ich nicht ändern. Da freue ich mich lieber, anstatt trübselig zu sein."

So gibt es viele Beispiele im täglichen Leben, wo man eine wertneutrale Lüge anbringt, wenn man dem andern nicht schadet. Die ist dann als positiv zu bezeichnen.

Zwischen einer wertneutralen Lüge und einer positiven und nützlichen Lüge gibt es keine scharfe Trennlinie; eher fließende Übergänge. Damit kommen wir zum nächsten Punkt, nämlich:

Positive und nützliche Lügen.

Das Beispiel vom Kompliment hatte ich bereits erwähnt. Da machen wir jemand eine Freude, auch wenn es nicht stimmt. Ähnlich verhält es sich wenn man jemanden lobt, wo es nichts zu loben gibt.

Wenn ein Kind etwas ausgefressen hat, ist es da nicht klüger, statt zu tadeln, es wegen irgendetwas anderem zu loben, auch wenn man innerlich kocht und ihm am liebsten eine Watschn verpassen möchte? Lob motiviert nämlich mehr als jede Kritik.

In einem Buch, „Management by Joy", habe ich folgende Aussage gefunden: „Der Autor empfiehlt dem Manager, die Mitarbeiter nicht zu kritisieren, auch wenn diese Kritik gerechtfertigt wäre. Denn Kritik ruft Widerspruch und Widerstand hervor und demotiviert. Der Manager sollte den Arbeiter für irgendeine Kleinigkeit, die er gut hingekriegt hat, loben, auch wenn er der Meinung sein sollte, der Betreffende hätte es viel besser machen können. Denn Lob motiviert."

Es gibt auch andere Bereiche, wo Lügen für den Betreffenden durchaus nützlich sein kann. Zum Beispiel ein erfolgreicher Geschäftsmann, zu dem jemand kommt, von dem er weiß, dass er ein Konkurrenzgeschäft aufmachen will. Dann wäre es wohl nicht klug von ihm, dem Besucher über das Geschäft wahrheitsgemäß Informationen zu liefern.

Oder da ist ein Geschäftsmann, der vorübergehend in eine finanzielle Klemme geraten ist. Wenn er jetzt für eine kurze Zeit etwas Kleingeld erhalten würde, könnte er das Geschäft retten. Also braucht er einen Kredit. Dann wäre es dumm von ihm, dem Kreditgeber zu erzählen, dass das Geschäft im Augenblick nicht gut läuft.

Oder schauen wir mal auf die internationale Ebene. Sie machen Urlaub im Sudan. Sie geraten in einen entlegenen Ort. Eines Tages erscheint eine sudanesisch-arabische Miliz und will Menschen fangen, um sie als Sklaven zu verkaufen. Die Einwohner flüchten und verstecken sich im Wald, gerade in der Nähe von Ihrem Standort. Die Miliz kommt angeritten und fragt Sie, ob Sie die Dörfler gesehen haben, wo sie sich versteckt halten. Würden Sie sich dann an das achte Gebot halten und die Wahrheit sagen, und so hunderte Menschen dem Sklaventum zum Opfer fallen lassen? Oder würden Sie lügen und sagen: „Ich weiß von nichts"?

Eine andere Begebenheit. Es ist Krieg. Ein Kriegsgefangener wird gefoltert, um herauszufinden, wo seine anderen Kameraden sich befinden. Der Gefangene sagt: „Ich weiß es nicht", obwohl er weiß, wohin sie geflüchtet sind, oder im welchen Graben sie sich versteckt halten. Was meinen Sie? Hätte er die Wahrheit sagen sollen, auch wenn er als strenger Katholik gelernt hat, dass in der Bibel steht: „Du sollst nicht lügen"?

Wenn ein Patient todkrank ist, aber immer noch die Hoffnung hegt, dass er geheilt werden kann, soll der Arzt ihm wahrheitsgemäß sagen: „Was wollen Sie denn? Sie sterben sowieso bald und das ziemlich qualvoll"? Oder soll er lügen, um dem Patienten die letzte Hoffnung nicht zu nehmen? Was meinen Sie?

Frau Peters sagte zu einer Freundin, die ziemlich krank war: „Du siehst besser aus." Hätte sie sagen sollen: „Du siehst aber elend aus!"? Nun, gewiss gibt es hier sehr viele Nuancen. Wenn man eine solche Aussage macht, dann muss man mehrere Faktoren in Betracht ziehen. Die jeweilige Situation, die Persönlichkeit, Intelligenz und Empathie beider Personen etc. Und dann muss man entsprechende Aussagen konstruieren. Es wäre natürlich nicht klug, solch eine relativ positive Aussage zu machen, wenn einem das Entsetzen im Gesicht steht und damit der positiven Aussage glatt widerspricht, Oder wenn die Freundin seit dem letzten Wiedersehen 15 Kilo an Gewicht verloren hat. Dann wäre eine Aussage wie die folgende vielleicht angebracht:

„Du weißt doch, dass ich dir immer die Wahrheit sage. Du gefällst mir gar nicht. Aber weißt du was? Ich habe neulich eine Bekannte getroffen, die ich ein Jahr lang nicht gesehen hatte. Vor einem Jahr ging es ihr gar nicht gut, sie hatte die gleiche Krankheit wie du. Und jetzt? Jetzt sieht sie blendend aus. Ich habe sie gefragt: 'Was hast du denn gemacht?' Sie sagte, sie hätte einen Artikel gelesen, dass positives Denken und Hoffnung das köpereigene Immunsystem stärken. Vielleicht hat ihr dies geholfen. Ja, so ist das. Aber weißt du, ich habe neulich mit einem mir bekannten Arzt gesprochen. Er erzählte mir, dass eine völlig neue Generation von sehr wirksamen Cytostatika, mit ganz wenigen Nebenwirkungen unmittelbar vor der Zulassung stehen. Und es werden völlig neuartige Behandlungsmethoden entwickelt, die kurz vor der Fertigung stehen, zum Beispiel, man schleust entsprechend gentechnisch veränderte Viren oder Bakterien in den Körper, die nur Krebszellen befallen. Also da ist die Medizin ganz schön weit. Man darf die Hoffnung nie aufgeben."

Das war natürlich eine Lüge. Sie hatte weder die erwähnte Bekannte noch hatte sie mit dem Arzt gesprochen. Aber vielleicht hat sie einen Funken Hoffnung bei der Freundin entzündet, die sonst aus dem Grübeln über ihre Krankheit nicht herauskam. So ist ihre Lebensqualität durch Hoffnung ein Quäntchen besser geworden. Ist dies nicht eine humanistische Handlung?

Ich hatte einen Kollegen, der ein malignes Melanom mit Metastasen hatte. Er war im Endstadium. Er war voller Hoffnung und erzählte uns, dass der Professor in Hamburg ihm über sehr wirksame Cytostatika erzählt hatte. Er behielt also die Hoffnung bis zuletzt und war nie in eine depressive Stimmungslage hineingerutscht.

Letzten Endes ist es egal, ob Wahrheit oder Lüge. Wenn wir damit jemandem helfen, dann ist es eine humanistische Handlung. Das persönliche Ego „Ich sage immer die Wahrheit", wäre hier eine nicht sehr lobenswerte Haltung.

Frau Peters erzählte über ihren Mann, der todkrank war und sterben würde. Sie wusste es. Das ist natürlich schlimm. Sie wusste aber nicht, wie weit ihr Mann darüber orientiert war. Deswegen wusste sie auch nicht, wie sie vor ihn treten sollte; mit hoffnungsvollem oder wissendem Gesicht. Das ist eine schwierige Situation. Jeder Rat ist hier teuer.

Ich denke mir, dass man den behandelnden Arzt fragen muss, wie weit der Patient über seinen Zustand aufgeklärt worden ist. Jedenfalls ist es nicht ratsam, mit vom Weinen geröteten Augen und grauem Gesicht vor ihn zu treten. Schon allein die fürsorglichen, häufigen Besuche würden bei dem Patienten, mindestens zeitweilig, positive Gedanken aufkommen lassen.

Frau Schuck meinte, ob es denn nicht die moralische Pflicht des Arztes sei, den Patienten die reine Wahrheit zu sagen. Meiner Ansicht nach ist die oberste Pflicht des Arztes, ein Humanist zu sein. Dem Patienten zu helfen, ist seine höchste Pflicht. Ob das mit Wahrheit, Teilwahrheit oder Unwahrheit geschieht, ist hier unwichtig.

Wahrheit ist keine absolute Tugend, die man auf Biegen und Brechen einhalten muss, ohne Rücksicht auf das Ergebnis. Die Heilige Schrift sagt uns zwar, Lügen ist immer eine Sünde und muss bestraft werden. Aber gibt es auf Biegen und Brechen einzuhaltende Tugenden?

Frau Schuck meinte, sie sage immer die Wahrheit. Wenn sie das nicht täte, hätte sie ein schlechtes Gewissen. Das kann gut sein. Aber woher kommt diese Einstellung?

Vielleicht ist sie als Kind angehalten worden, immer die Wahrheit zu sagen. Vielleicht ist sie religiös so indoktriniert worden, dass Lügen immer eine Sünde ist. Diese im Unterbewusstsein fest verankerte Einstellung hinterlässt solche festen Spuren, dass jedes Mal, wenn man nicht die Wahrheit sagt, ein unbestimmtes Gefühl von Unwohlsein zurückbleibt. Dies geschieht auch, wenn man verstandesmäßig zu einer anderen Beurteilung kommt. Dann versucht man diese Einstellung zu rechtfertigen. Zum Beispiel: „Ich bin halt so. Ich kann das nicht ändern. Es fällt mir schwer, mich anders zu verhalten" usw. So etwas nenne ich sekundäre Rationalisierung einiger früher angeeigneter Überzeugungen, die einer objektiven Ratio nicht standhalten können.

Ich glaube, Überzeugungen wie „ich bin halt so; ich kann mich nicht ändern", sind so nicht zu rechtfertigen. Wenn man einmal erkannt hat, dass hier ein Fehlverhalten vorliegt, dann muss man versuchen, dies zu ändern. Ich gebe zu, dass dies nicht leicht ist, es ist aber möglich. Dazu gehören erstens die Bereitschaft, sich zu ändern und zweitens die geistige Disziplin. Jedesmal, wenn man sich erwischt, in falscher Richtung zu denken, dann muss man sich sagen: „Halt, das ist der falsche Weg." Wenn man versucht, sich im positiven Sinne zu verändern, dann erreicht man, wenn nicht 100 oder 50, dann eventuell nur 10 Prozent. Aber das ist auch schon besser, anstatt sich zu sagen „ich bin halt so", damit basta. Eine mögliche Erklärung darf nicht zur Entschuldigung eigenen Fehlverhaltens führen.

Das ist ja das Ziel meiner Ausführungen, durch klares Denken zu versuchen, manche Denkfehler bei sich selbst zu korrigieren. Und wenn wir unklares Denken bei anderen entdecken, dann soll das dazu dienen, uns selbst nachdenklich zu machen, ob ähnliche Denkfehler vielleicht nicht auch bei uns vorhanden sind.

Manche Menschen fürchten sich vor denjenigen, die um jeden Preis die Wahrheit sagen, weil man sich leicht beleidigt fühlt, und eventuell die Wahrheit auch gar nicht wahr haben will. Man möchte sich z. B. nicht verteidigen müssen. Dann spielt es auch eine Rolle, ob ich gewillt bin, mich zu erklären, etwas zugeben zu müssen oder mich zu verteidigen.

Wenn man mit den Nachbarn Probleme hat, muss man versuchen, sie zu lösen. Im Prinzip ist es ein richtiger Gedanke. Mit den Nachbarn in Frieden leben ist besser, als ewigen Streit mit ihnen zu haben, der eskalieren kann. Da muss man miteinander reden. Aber oft kann es um subtile Diskrepanzen gehen. Manche Eigenschaften des Nachbarn oder auch einiger Bekannter gefallen einem nicht. Dann grüßt man sich halt und geht weiter. Da will man sich kaum Zeit für die Psyche des Einzelnen nehmen, um herauszufinden, warum die betreffende Person so ist. Man kann sich nicht mit allen Personen gründlich befassen. Man muss im Leben Prioritäten setzen, sonst sieht man vor lauter Bäumen den Wald nicht mehr.

Ein eleganter Weg ist, den Nachbarn für irgendeine Kleinigkeit zu loben, auch wenn dies der Wahrheit nicht ganz entspricht. Ändern werden wir ihn nicht können. Also können da manch kleinere Lügen oder eben Unwahrheiten hilfreicher sein, anstatt ihm ins Gesicht zu sagen: „Hey, Sie, ich liebe Wahrheit, deswegen sage ich Ihnen, dies und jenes mag ich nicht an Ihnen. Wollen wir darüber reden?" Auch wenn wir uns mit ihm beschäftigen würden, 100 Prozent verstehen werden wir ihn nicht, da jedes Individuum einen ausgeprägten eigenen Charakter sowie eine ihm eigene Vergangenheit hat.

Einen Aspekt sollte man dabei nicht außer Acht lassen. Vielleicht liegt es an uns, dass manche seiner Eigenschaften uns nicht schmecken. Wir sind anders veranlagt, anders erzogen und haben eine andere Lebenseinstellung. Darüber ließen sich eher produktive Gedanken machen, als über die Mängel des Nachbarn. Aber es ist ja so schwer, sich selbst kritisch zu betrachten.

Eine Frau sagte, sie hätte ihren Mann nie angelogen. Natürlich kann ich dies nicht nachprüfen und möchte es auch nicht. Nehmen wir eine einfache Begebenheit. Sie hatte ein wunderbares Abendessen gekocht. Es war aber nicht genug davon da. Er aß mit großem Genuss, und nahm mehrere Portionen davon, und sie freute sich darüber. Dann sagte er auf einmal: „Nimm du dir doch auch noch." Sie sagte nun: „Ich bin schon lange satt; nimm du lieber den Rest." Das war natürlich eine Lüge, denn sie hätte schon gerne etwas mehr davon gegessen. Aber diese kleine, soziale Lüge hat beide glücklich gemacht, auch wenn es eine Unwahrheit war.

Man vergisst solche kleine Begebenheiten, die im täglichen Leben vorkommen, die eine Unwahrheit dokumentieren, weil sie so unwichtig sind, und man unter Lügen etwas Schwerwiegendes und Negatives versteht. Dennoch kann man nicht mit dem Brustton der Überzeugung sagen: „Ich habe nie gelogen." Menschen, die so etwas sagen, sollten schon mal überlegen, ob dies erstens überhaupt stimmt und zweitens, ob es ein ergebnisorientiertes Denken darstellt.

Manche Menschen finden, dass man Leuten, die man gut kennt und mag, die Wahrheit glatt sagen darf. Die Frage ist, man kann schon, aber soll man es immer? Tut man dies, um stolz behaupten zu können: „Ich sage immer die Wahrheit"? Wissen wir denn wirklich, ob sich unsere Mitmenschen dadurch nicht im tiefsten Inneren doch verletzt fühlen? Wenn es in Form von einem klugen Ratschlag geschieht, oder in der Absicht, dass man anderen dadurch nur helfen will, und wenn es von diesen auch so gesehen wird, dann hat dies seine Daseinsberechtigung. Ist es aber immer so? Hier sollte man vorsichtig sein. Wird von den anderen meine Aussage auch so verstanden, so wie es meiner Intention nach war? Oder wird es von jenen ganz anders aufgenommen? Hier sollte man die Fähigkeit entwickeln, sich in andere Köpfe hineinzuversetzen. Spätestens, wenn Sie sagen müssen: „ich habe es nur gut gemeint", dann wissen Sie, dass Sie mit Ihrem Wahrheitsfanatismus falsch lagen und bei dem Anderen anstatt zu helfen, Schaden angerichtet haben. Ist dies erstrebenswert?

Ich glaube, wir lernen im Leben immer etwas dazu. Man lernt Wichtiges vom Unwichtigen zu trennen, wird reifer, klüger und weiser. Man ignoriert halt solche Kleinigkeiten, sonst wird das Leben viel schwerer. Mit zunehmendem Alter und wachsender Erfahrung könnte man durchaus lernen, seine Prioritäten besser zu setzen. Jüngere Menschen neigen dazu, von sich überzeugt zu sein. „Ich bin halt so, ich habe meine Prinzipien und halte daran fest, z. B. immer die Wahrheit zu sagen, koste es, was es wolle." Dabei ist dieser Satz die erste von drei Deklinationen: „Ich habe meine Prinzipien", „Du bist unflexibel" und „Er ist stur wie ein Esel". Drei Sätze mit einem Inhalt.

Wenn wir über Wahrheit und Lüge reden, sollten wir nicht wissen, was sie überhaupt bedeuten? Die ultimative Wahrheit, wie der Kosmos beschaffen ist, werden wir nie erfahren können, da wir nur mit fünf Sinnesorganen ausgestattet sind. Diese liefern uns die Sinneseindrücke, die das Gehirn verarbeitet und so unser Weltbild bestimmt. Vielleicht hätte ein anderes Wesen, das 9 oder 20 Sinne besitzt, ein anderes Bild vom Kosmos. Aber auch dann ist dieses Bild subjektiv und gibt uns keine objektive Information über die ultimative Wahrheit. Darüber zu spekulieren oder die Definition der Wahrheit genau erforschen und bestimmen zu wollen, ist eine Utopie und für unser tägliches Leben auch nicht notwendig. Wir haben ja nur dieses eine Leben und sollten versuchen, es mit Anstand zu meistern.

Ganz am Schluss erscheint mir noch etwas erwähnenswert, auch wenn es mit dem Thema Lügen nicht direkt etwas zu tun hat.

Während einer Disskusion wurde einmal eingeworfen, es wäre interessant zu wissen, wie die Grußsitten in anderen Ländern sind. Ich muss gestehen, ich bin nicht kompetent genug, um genaue Informationen über kulturelle Hintergründe zu geben. Ich weiß nur, dass in manchen Völkergruppen Menschen ihre Nasen gegeneinander reiben. In Japan ist das Händeschütteln nicht üblich, sondern man begrüßt sich mit einer leichten Verbeugung des Oberkörpers. In Indien grüßt man sich, indem man vor sich die Hände zusammenlegt, sich leicht verbeugt und „Namaste" sagt, das heißt wörtlich übersetzt „Ich verbeuge mich vor Ihnen". Das Duzen ist in Indien nicht weit verbreitet. Ich habe meine Eltern und älteren Geschwister nie geduzt. Wenn ich meine Cousine, die etwas älter ist als ich, auf Deutsch anspreche, duze ich sie. Wenn ich sie auf Gujarati anspreche, sieze ich sie.

In Deutschland gibt man sich die Hand oder umarmt sich, wenn man befreundet ist und gibt sich symbolische Bussi links und rechts. Dem Nachbarn sagt man: Grüß Gott, Guten Morgen, Guten Tag, Moin Moin usw. Als ich dort einmal in einem Restaurant Kaffee bestellte, sagte die Kellnerin „yes, honey darling". Natürlich hat sie es mit *honey darling* nicht ernst gemeint. Das war einfach eine Lüge, wenn auch eine unbewusste. Alle diese Begrüßungsformen sind Phrasen ohne Inhalt. Wenn man in Indien Namaste sagt, meint man sicher nicht ernsthaft, dass man sich vor dem anderen voller Ehrfurcht verbeugen will. Wenn wir dem Nachbarn „guten Tag" sagen, wünschen wir ihm nicht bewusst oder voller Überzeugung einen wunderschönen Tag. Vielleicht meinen wir in unserem tiefsten Herzen sogar: „Geh doch zum Teufel."

Dann war es natürlich eine bewusste Lüge. Wenn wir jemandem „auf Wiedersehen" sagen, kann es sich auch um eine leere Floskel handeln. Aber wenn wir innerlich meinen „nö, so schnell möchte ich ihn nicht wiedersehen", dann war es eine Lüge. Wenn Sie stolz darauf sind, sich immer der Wahrheit verpflichtet zu fühlen, dann müssten Sie sagen: „Ich hoffe, dass ich Sie so bald nicht wieder sehe." Der soziale Frieden wäre allerdings dann dahin. Das könnte zu einem Desaster werden, wenn wir mehreren Menschen so etwas sagen würden.

Im täglichen Leben hat diese Art von Lügen eine soziale und humanistische Funktion. Die soziale Lüge soll dem Wohl des Belogenen oder der Harmonie einer Gruppe dienen, im Sinne eines friedlichen Miteinanders und der Leistungsmotivation.

Es waren einmal zwei Freundinnen, die sich gut verstanden. Irgendwann einmal hatten sie wegen einer Kleinigkeit Meinungsverschiedenheiten. Nun fingen sie an, eine über die andere negative Gerüchte zu verbreiten, unter anderem auch bei einer weisen guten Frau, die sie beide gut kannten. Diese Frau wählte einen klugen Weg, beide wieder zusammenzubringen. Sie erzählte der einen Frau, dass die andere nur gut über sie gesprochen hätte. Sie wäre so eine nette, tolle, kluge, fähige, zuverlässige Frau usw. Das gleiche machte sie mit der anderen Frau. So brachte sie beide durch diese Lüge wieder zusammen. Der soziale Frieden war wieder hergestellt. War das Lügen hier unangebracht, ja sogar eine Sünde?

Ich kenne Menschen, die behaupten, sie sagen immer die Wahrheit. Sie sagen „Ich sage, was ich denke". Sie sind auch noch stolz darauf.

Ist dies aber nicht ein rücksichtloses, asoziales Verhalten, wenn sich andere dabei verletzt fühlen? Wenn einer nicht gerade hochintelligent ist, ist es dann sozial und menschenfreundlich, zu ihm zu sagen: „Du bist aber blöd"? Wenn einer ein unterdurchschnittliches Aussehen hat, ist es dann richtig, ihm oder ihr zu sagen: „Schön finde ich Sie nicht!"

Ich möchte jetzt zwei weitere Punkte erwähnen, 1. Die Notlüge und zweitens die wortlose Lüge.

Die Notlüge: Ein Kind hat auf dem Heimweg von der Schule getrödelt. Wenn es von den Eltern zu Rede gestellt wird, erfindet es irgendetwas, um der Strafe zu entgehen. Es sagt zum Beispiel, sein Freund hat es aufgehalten. In Wahrheit ist es vor einem Spielautomaten stehen geblieben, ohne selbst zu spielen, einfach weil es von der Technik so beeindruckt war.

Eine Frau kauft ein Kleidungsstück, Schuhe oder einen Hut. Der Ehemann fragt: „Wieviel hast du dafür ausgegeben?" Sie sagt: „Ach Liebling, die Preise waren erheblich – bis zu 70 Prozent – herabgesetzt. Deswegen habe ich die Sachen sehr, sehr preiswert bekommen." Sie nennt dann einen ganz niedrigen Preis, was natürlich nicht stimmt.

Ein Geschäftsmann oder ein Angestellter kommt später nach Hause als normal und die Ehefrau fragt: „Du wolltest heute Lebensmittel einkaufen. Hast du das gemacht?" Er sagt daraufhin: „Heute war so viel zu tun; ich musste Überstunden machen." In Wahrheit hat er es erstens vergessen und zweitens hat er im Betrieb den Geburtstag von einer reizenden Kollegin gefeiert.

Fazit: Die Notlüge dient in der Regel der Abwendung humaner oder ökonomischer Nachteile des Lügners oder einer Gruppe, um ein größeres Ziel nicht zu gefährden.

Wortlose Lüge: Man kann lügen, ohne sich der Sprache zu bedienen. Sie umarmen jemanden, obwohl Sie den nicht mögen.

Ihnen geht es nicht gut. Sie sind zu einem gemütlichen Beisammensein eingeladen. Ihnen ist nicht zum Lachen zumute. Sie lächeln aber trotzdem, um den Abend einigermaßen zu überstehen.

Sie tanzen nicht gerne, besonders nicht mit viel älteren Partnern. Die Pflicht verlangt aber das Tanzen, und das auch noch mit Freude (es ist ja die Frau Ihres Chefs!). Sie tanzen also mit vorgetäuschtem Enthusiasmus.

Eine Frau hat keine Lust auf Sex mit ihrem Mann. Es war ein stressiger Tag, und sie hat Kopfschmerzen. Der Ehemann hat aber Lust darauf. Sie macht halt mit und täuscht mit ihren Körperbewegungen, ohne ein Wort zu sprechen, Freude vor, damit der Mann nicht zu enttäuscht ist.

Sie sind in einer Gesellschaft. Da spricht man über eine Person, über Sachen oder Dinge, die nicht stimmen. Sie wissen das. Aber 90 Prozent sind einer Meinung. Sie schweigen, um nicht anzuecken. Ist das Schweigen hier also nicht auch eine Lüge?

Es ist eine Gerichtsverhandlung. Eine Person wird fälschlicherweise einer Straftat beschuldigt. Sie wissen, wer der wahre Täter ist. Es kann sich um Ihren Sohn oder um jemanden handeln, die Sie lieben oder mögen. Um ihn nicht zu belasten, schweigen Sie. Ist nicht auch hier das Schweigen eine Lüge?

Sie sehen, meine Damen und Herren, Lügen ist omnipräsent in unserer Gesellschaft, auch wenn die Heiligen Bücher dies explizit verbieten. Zweite Erkenntnis sollte sein, dass Lügen auch positive Funktionen haben kann.

Nun kommt die Quantitätsfrage ins Spiel.

Wichtig ist diese Fragestellung eher, wenn es um gesellschaftsschädliche Wirkung der Lügen geht. Wenn ein Angler über seinen Fischfang lügt, so ist dies eine geringfügige Lüge und gesellschaftlich gesehen praktisch irrelevant. Genauso ist es, wenn man Hunger hat und dies verneint.

Bei mittelgradiger Schwere der Lüge gibt es sicher mehrere Nuancen. Man geht spazieren, kommt an einem Maisfeld vorbei und möchte ein paar Maiskolben mit nach Hause nehmen. Man sammelt ein paar Kolben. Da taucht der Bauer auf. Man schmeißt heimlich die Kolben weg. Der Bauer stellt einen zur Rede und fragt, was man hier mache. Man sagt dann: „Ach, wissen Sie, ich bin Botaniker und schaue mir die Maispflanzen genau an." Oder da ist einer, der knapp bei Kasse ist und nichts zu essen hat. Er geht in einen Discountladen. Er will gerade ein paar Lebensmittel heimlich in seine versteckte Tasche tun. Da taucht der Ladendetektiv auf und fragt, was er mache. Er sagt: „Ach nichts, ich wollte schauen, ob dies Bio-Lebensmittel sind oder nicht. Deswegen studiere ich das Kleingeschriebene. Vielleicht weiß ich dann auch, wo die Waren herkommen." – Oder etwas Ähnliches. Ein schwerer Grad der Verfehlung liegt dann vor, wenn es sich um hochwertige Waren handelt.

Mit der Steuererklärung ist es ähnlich. Hier ist die Höhe der Summe wichtig. Es ist ja ganz etwas anderes, ob ein Durchschnittsbürger versucht, ein paar Euro dem Finanzamt zu verschweigen, oder wenn ein Multimillionär oder größere Pharmafirmen Millionenbeträge an dem Finanzamt vorbeischmuggeln.

Damit kommen wir zum 3. Grad der Schwere der Lüge.

Wir wissen alle, dass diverse Unternehmer und Manager Millionen Euro auf schwarzen Konten in Steueroasen lagern. Wenn man sie danach fragt, dann verneinen sie dies natürlich.

Wir wissen auch, dass viele Banken mit falschen Versprechungen Kunden anlocken, sei es wegen Kreditvergabe, An- und Verkauf von Wertpapieren usw. Ein gesamtgesellschaftlicher Schaden ist auch hier sehr groß.

Das Beispiel vom Irakkrieg hatte ich schon erwähnt. Hier ist der Schaden für die Welt sehr groß. Der Krieg war ja auch auf Lügen aufgebaut. Dieser Krieg hat seine dunklen Schatten nicht nur auf die USA-Wirtschaft geworfen, nein auf die ganze Welt. Von der Quantität her gesehen, muss die Lüge nach dem gesamtgesellschaftlichen Schaden bewertet werden. Je höher der Schaden, desto schädlicher muss die Lüge bewertet werden.

Ich habe versucht darzulegen, dass wenn man das Thema „Lügen" anschneidet, man sehr differenziert vorgehen muss. Lügen kann schädliche, aber auch positive Aspekte haben. Eine absolute Verurteilung des Lügens ist meiner Ansicht nach nicht haltbar. Und trotzdem tun es viele Religionen. „Du sollst nicht lügen", fertig und basta. Jedwede Lüge ist angeblich falsch, ja sogar Sünde.

In der Lehre des Buddhismus steht ein Gebot mit dem Wortlaut „keine lügnerische Rede". Vor längerer Zeit war in der Zeitschrift „Spiegel" ein Leserbrief, wo die betreffende Person schrieb: „Ich lüge nicht, denn ich bin ein Buddhist". Was sagt uns das achte Gebot (eher ein Verbot) der „Heiligen Schrift"? „Du sollst gegen deinen Nächsten kein falsches Zeugnis abgeben". Sie könnten mit Recht einwenden, dass diese etwas unklare Formulierung nicht jede Art von Lüge verbietet. In der von Gott bzw. vom Heiligen Geist diktierten Bibel wimmelt es aber nur so vom expliziten, absoluten Lügenverbot. Darauf komme ich etwas später zurück.

Zunächst aber das achte Gebot. Wer ist „dein Nächster"? Was ist, wenn zwei betroffene Parteien entgegengesetzte Meinungen vertreten? Was ist, wenn durch falsches Zeugnis jemand gerettet werden kann? Falsches Zeugnis kann also positiv oder negativ gefärbt sein. Aber falsch bleibt falsch, Lüge bleibt Lüge.

Im Dritten Reich versteckt jemand einen Juden oder einen Kommunisten. Der Retter ist ein angesehener Mann. Die Gestapo klopft an die Tür. Er versichert den Schlächtern, dass sein Gast kein Jude oder Kommunist ist. Das war natürlich falsches Zeugnis. Das war aber eine edle Tat. Das achte Gebot aber verbietet schlichtweg falsches Zeugnis.

Auch der Begriff „Nächster" ist etwas schwammig. Vielleicht war sein Bruder bei dieser Gestapo-Truppe! Ist sein Bruder sein Nächster oder sein Gast, den er beherbergt? Bei schwammiger Formulierung sind viele Deutungen möglich. Die Apologeten und die Schriftgelehrten werden nicht müde, mit einem hohen Grad an intellektueller Unredlichkeit die „wahre Deutung" herauszuarbeiten. Aber wie bereits erwähnt, der Heilige Geist in der Bibel betrachtet Lügen als Sünde und belegt sie mit absolutem Verbot. Es drohen höllische Strafen, wenn man gegen dieses Gebot verstößt.

Ich will hier nur ein paar Stellen zitieren.

1. Ihr sollt nicht stehlen noch lügen. (3.Mose, 19,11)
2. Halte Dich ferne von einer Sache, bei der Lüge im Spiel ist. (2. Mose, 23,7)
3. Leget die Lüge ab und redet die Wahrheit. (Eph. 4,25)
4. Belügt einander nicht. (Kol. 3,9).
5. Lüget nicht wider die Wahrheit. (Jak 3,14)
6. Alle Lügner, deren Teil wird sein in dem Pfuhl, der mit Feuer und Schwefel brennt. (Offb. 21,8)
7. Darum leget die Lüge ab. (Eph. 4,25)
8. Lüget einander nicht an. (Kor. 3,9)
9. Redet untereinander die Wahrheit. (Sach. 8,16)
10. Ein jeder hüte sich vor seinem Nächsten und keiner traue seinem Bruder; sie haben ihre Zungen mit Lügen belegt. (Jer. 9,3)
11. Ein Armer ist besser als ein Lügner. (Sprüche, 19,22)
12. Jedes Lügenmaul wird gestopft. (Ps. 63,12)
13. Die Lügenmäuler sollen gestopft werden. (Ps. 31,19)
14. Du bringst die Lügner um. (Ps, 5,7)

Es sind mehrere solcher Stellen in der Heiligen Schrift. Ich empfehle jedem Gläubigen, aber auch den Nichtgläubigen, die Bibel genau zu lesen, nach dem Motto „suchet und ihr werdet finden". Gleichzeitig empfehle ich jedem das Buch von Prof. Franz Buggle „Denn sie wissen nicht was sie glauben".

Was sagen die Kirchengelehrten, wie der heilige Augustinus und Thomas von Aquin, zum Thema Lüge und Wahrheit?

Der heilige Augustinus war der erste Philosoph und Theologe, der sich mit dem Thema systematisch und ausführlich beschäftigte. Natürlich waren seine Überzeugungen biblisch begründet. Er lehnt Lügen kategorisch ab und betrachtet sie als Sünde. Nicht einmal solche Lügen sind erlaubt, die eine schwere Sünde, wie zum Beispiel Mord, verhindern könnten. Außerdem gibt es für Augustinus kein höheres Gut als die Wahrheit, und deswegen ist eine Lüge immer unzulässig. Augustinus gibt zu, dass es schwerere und leichtere Lügen gibt. Währenddessen Lügen in Glaubenssachen und Lügen, die anderen Schaden zufügen wollen, besonders schwere Sünden darstellen, handelt es sich im Fall von Nutz- und Scherzlügen nur um leichtere Sünden. Der Charakter der Sünde bleibt jedoch bei jeder Lüge erhalten.

Thomas von Aquin ist im Großen und Ganzen der gleichen Meinung wie Augustinus. Kluges Verschweigen und zweideutige Rede sind auch für ihn als leichte Sünde zu deuten. Aber diese sind trotzdem zulässig, wenn sie den Menschen vom wahren Ziel nicht abhalten.

Immer wieder wird mir erzählt, dass Notlügen erlaubt seien. Bisher habe ich eine solche Stelle in der Bibel nicht gefunden. Aber auch wenn es sie gibt, bleibt die Frage unklar, an welche Bibel-Aussage man sich halten sollte und warum. Im achten Gebot ist das Lügen absolut verboten, auch bei vielen anderen Stellen in der Heiligen Schrift.

Jetzt nur eine kurze Schlussbemerkung: Die Lüge ist omnipräsent. Ohne Lügen würde unsere Gesellschaft nicht gut funktionieren. Wenn alle stets nur die reine Wahrheit sagen würden, würde es ein Tohuwabohu geben. Lügen können positive, soziale Funktionen haben. Deswegen finde ich es unhaltbar, dass man das Lügen per se verdammt, nur weil es so bei den 10 Geboten und sonstwo in der Bibel steht und angeblich von Gott stammt. Wenn es von Gott stammt, dann müssen diese Gebote die absolute Wahrheit bis in die Ewigkeit besitzen und dürfen nicht in Frage gestellt werden. Ein analytischer, kritischer Verstand ist hier nicht gefragt, nur absoluter Glaube und Gehorsam. Das gilt nicht nur für das achte Gebot, sondern auch für die restlichen neun.

Prof. Dr. med. Vallabh Patel, Arzt, Urologe, Philosoph, diplomierter Zoologe und Kunstschaffender

Vallabh Patel ist am 6. Februar 1934 in einem Dorf mit etwa 150 Einwohnern in Indien geboren. Im vierten Lebensjahr wurde er eingeschult und übersprang danach zweimal eine Klasse. Deswegen machte er bereits mit vierzehn Jahren Abitur. Schon im Alter von acht Jahren hatte er Mathematik, Algebra und Trigonometrie in der Schule unterrichtet. Er war neunzehn Jahre jung, als er das Diplom für Zoologie erwarb. Danach arbeitete er ein Jahr als Dozent für Zoologie an der Baroda-Universität.

Von 1954 bis 1959 studierte er Medizin in Bonn. Das Studium schloss er mit einem Staatsexamen ab. 1960 promovierte er. Gleichzeitig erwarb er das Diplom für Tropische Medizin und Medizinische Parasitologie.

Anschließend (1966) spezialisierte er sich zum Facharzt für Chirurgie in Edinburgh (Fellow of the Royal College of Surgeons, F.R.C.S.Ed.) und zum Facharzt für Urologie in Aachen. Danach wirkte er als Senior Professor, Consultant and Advisor am Kidney Research Institute in Rajkot, in Indien.

In seiner Wanderschaft als Arzt erwarb er sich umfassende Klinikerfahrungen in Wien, Berlin, Aachen, Oldenburg, Saarbrücken, Bremerhaven, Offenbach, Ingolstadt, Saudi-Arabien sowie in verschiedenen Krankenhäusern in England, Schottland, Afrika und Indien.

Mit weitreichenden medizinischen Kenntnissen ausgestattet arbeitete er bis 1999 als leitender Oberarzt und Stellvertreter des Chefarztes im Klinikum Ingolstadt/Deutschland. In inländischen und ausländischen Fachbüchern sind von ihm entwickelte Operationstechniken erwähnt, ebenso über hundertfünfzig Fachvorträge zu Urologie und Chirurgie bei nationalen und internationalen Kongressen.

Er hielt 108 Vorträge auf nationalen und internationalen Fachkongressen für Urologie und Chirurgie.

Auf dem größten Urologen-Kongress in den USA mit ca. 4000 Delegierten wurde er als der berühmteste Urologe bezeichnet. Er hat elf neue operative Techniken erfunden, die in vielen Lehrbüchern stehen.

Von aufklärerischen Bestrebungen geleitet, wandte er sich neben seiner Tätigkeit als Arzt mit Vorträgen über Wissenschaftliche Ethik der Philosophie zu. So wurde er ein gern gesehener Gast an Hochschulen. Unter anderem hielt er Seminare für Ethik-Lehrer.

Er war aktives Mitglied des Exekutivkomitees des College of Bhavnagar (1951), des Exekutivkomitees of Hostel Student's Organisation in Bhavnagar, des Exekutivkomitees der World University Service Bonn (1955 bis 1959), der Medizinischen Fakultät, der Indischen Gesellschaft in Bonn (Generalsekretär, 1957 bis 1958) und zuletzt Präsident der Indischen Gesellschaft (1958 bis 1959). Zwei Jahre war er Gastprofessor an der Universität Regensburg, Fakultät für Religionswissenschaften. 18 Jahre war er Stadtrat und Referent für Soziales und Integration, einige Jahre auch Kreisrat. Von der „Augsburger Zeitung" bekam er die Auszeichnung „Silberdistel".

40 Jahre operierte er in seinem Jahresurlaub kostenlos (über einen Zeitraum von mehreren Wochen jährlich) bedürftige Patienten in Indien und Afrika. Daneben gründete er ab 1986 – ebenfalls in Indien – zusammen mit seiner Gattin Ute Patel-Mißfeldt Kindergärten und Schulen für über 5000 Kinder sowie in den Slums eine Frauenorganisation (von der UNESCO als beste Non-Profit-Organisation in Indien ausgezeichnet) in Bhavnagar. Diese Einrichtungen unterstützte er bis zu seinem Tod kontinuierlich materiell.

Seine kämpferische Natur hat Wurzeln in der Generationenfamilie.

Patels Vater war Mitkämpfer von Mahatma Gandhi und Vallabh Patel, Patenonkel des Autors, war Erster Innenminister der indischen Republik. Vallabh Patel wurde nach seinem Onkel benannt. Lange Jahre bestand ein reger Kontakt zwischen der Familie des Autors und Mahatma Gandhi sowie Vallabh Patel.

Vallabh Patel und Gattin Ute Patel-Mißfeldt verbindet eine große persönliche und künstlerische Vertrautheit. Künstlerisch sind sie sich bei gegenseitiger Ermunterung und Förderung eng verbunden. Seit den Neunzigerjahren widmete Prof. Dr. Vallabh Patel sich der experimentellen, computergenerierten Fotomalerei. Seine künstlerischen Entwürfe landeten auf Schallplattenhüllen und Fotokalendern. Viele seiner Bilder wurden in Europa, Indien und Amerika ausgestellt.

Ute Patel-Mißfeldt ist eine weltbekannte Künstlerin, malt Aquarell, Pastell und auf Seide; hat neueste Techniken und Geräte für das Malen auf Seide entwickelt. Sie hat 40 Bücher über diese Kunsttechniken geschrieben. Sie hat weltweite Ausstellungen unter anderen mit Picasso und Dali. Sie war Gastprofessorin in Indien und Taiwan. In Österreich war sie 10 Jahre Intendantin der Donaufestspiele.

Dieses Buch erscheint posthum. Mein wunderbarer Mann starb am 26.9.2017. Er wird in unseren Herzen leben als ein Mensch, der sich mit allem, was er hatte, für die Gerechtigkeit einsetzte, bewundernswert, furchtlos, auch, wenn er sich manches Mal selbst in Gefahr brachte.

Vallabh Patel
Du hast nur ein Leben für das Glück –
Der beweisbare Sinn unseres Daseins

„Natürlich habe ich nur ein Leben, mag der rational veranlagte Leser jetzt denken. Manche glauben vielleicht an Wiedergeburt; für sie wäre der Buchtitel schon nicht mehr zutreffend. Andere glauben an ein Leben nach dem Tod und daran, dass das Glück nur im Jenseits zu finden ist, während die Erde ein Jammertal ist." Es geht um den Sinn des Lebens, der das persönliche Glück, aber auch das der Welt beinhaltet, unabhängig von Herkunft und Religion. Es handelt von einer rationalen, beweisbaren Ethik, einer Philosophie für jedermann, im täglichen Leben. Ein klug und verständlich geschriebenes Buch, das keine philosophischen Kenntnisse voraussetzt. Hier geht es um eine praktische Lebenshaltung in Zeiten weit verbreiteter Orientierungslosigkeit. Das Buch bietet dem Leser Stütze und Hilfe für fast alle Bereiche des Lebens.

332 S. | kart. | ISBN 978-3-943624-09-0 | € 19,90

Walter Witt
Die Bibel ist ein Märchenbuch
Historisch – wissenschaftlich – juristisch – theologisch

Fakten, Fakten, Fakten – das vorliegende Buch enthält eine Fülle an Dokumenten aus dem „Buch der Bücher", die sich bei genauerem Hinsehen als widersprüchlich und fragwürdig entpuppen. Die in verschiedenen Zusammenhängen aufgelisteten Bibelverse und Texte aus anderen Quellen belegen kompakt und leicht verständlich die Diskrepanzen innerhalb der christlichen Lehre. Witts charmante Schlussfolgerung aus seiner eingehenden Beschäftigung mit der Grundlage der christlichen „Wahrheiten": Die Bibel ist ein Märchenbuch.

283 S. | kart. | ISBN 978-3-943624-07-6 | € 19,90

Jan Bretschneider / Hans-Günter Eschke (Hg.)
Humanismus, Menschenwürde und Verantwortung
in unserer Zeit

In einer sich stetig wandelnden Welt gilt es, die Beziehungen zwischen Verantwortlichkeit für die und Freiheit in der Welt immer wieder zu überdenken. Zu Wort kommen Tierphysiologe Heinz Penzlin, Philosoph Hans-Günter Eschke, Ökologe Rudolf Bährmann, Philosoph Rolf Löther, Naturphilosoph Jan Bretschneider und Philosophiehistoriker Georg Biedermann. Das Thema erschließt neue, weltliche, freidenkerische Sichtweisen auf Natur und Mensch.

273 S. | kart. | ISBN 978-3-933037-39-8 | € 20,90

Werner Haas
Lisa, Gott und der Außerirdische
Ein Streitgespräch der dritten Art

Xenos, ein außerirdischer Forschungsreisender, muss nach einer Panne die Hilfe der Erdenbewohnerin Lisa in Anspruch nehmen. Sie beherbergt ihn für einige Tage. Die beiden werden miteinander vertraut und verwickeln sich kurz vor der Abreise des exoplanetarischen Gastes in ein Streitgespräch über Gott. Der Fremde ist neugierig, aber skeptisch. Lisa sieht sich veranlasst, ihren Glauben an Gott zu verteidigen. Xenos hält dagegen. Dank seiner informationstechnologischen Überlegenheit scheint er bald besser über die irdischen Verhältnisse Bescheid zu wissen als seine Gastgeberin, was diese in zusätzliche Bedrängnis bringt. Doch auch Lisa lässt sich nicht unterkriegen ... Die Debatte verläuft lebhaft, nicht immer bierernst, manchmal polemisch, aber immer in einer Atmosphäre der Sympathie vor dem Hintergrund einer außergewöhnlichen Begegnung. Mehr als die Meinungsverschiedenheit selbst macht dem ungleichen Paar am Ende der nahende Abschied zu schaffen. Dieses Buch richtet sich an:
· Leser, die es reizt, religiöse Überzeugungen im Lichte von Wissenschaft und Philosophie zu betrachten
· spirituell Suchende sowie deren (selbstkritische) Spötter
· irdische Atheisten gleichermaßen wie Menschen, die trotz allem an das Überirdische glauben (wollen)
· Romantiker, die glauben, dass Streiten auch verbinden kann, selbst über die Grenzen des bekannten Universums hinweg ;-)
Der Autor: Werner Haas hat Psychologie und Philosophie studiert, war viele Jahre tätig als Leiter einer psychologischen Beratungsstelle und ist mehrfacher Buchautor mit Publikationen in den Themenbereichen Erziehung, Kritik dubioser Psychotechniken und – unter dem Pseudonym „Theo Logisch" – Religionskritik.

196 S. | kart. | ISBN 978-3-943624-39-7 | € 16,90

Bitte fordern Sie unseren Katalog an:

Angelika Lenz Verlag | Beethovenstr. 96 | 63263 Neu-Isenburg
Tel. 06102-723509 | info@lenz-verlag.de
www.lenz-verlag.de | www.facebook.com/AngelikaLenzVerlag

Angelika Lenz Verlag